Travel and Tourism Marketing

개정판 여행·관광마케팅

정찬종 저

백산출판사

머리말 PREFACE

여행사들은 대부분 '여행이란 단지 사람을 모아서 여행을 보내는 것'이라는 인식으로 여행업을 운영하는 것 같다. 여행하는 사람들은 여행을 떠나기 전부터 혹은 여행을 하면서, 여행지에서 집으로 돌아올 때까지 '좋은 추억'과 '즐거운 기억'을 갖고 싶어 한다.

SNS시대에 과연 여행사는 필요한 존재일까? 즉 Web판매가 없던 시대에 항공사의 항공권 판매는 시내 도처에 산재되어 있던 여행사의 점포네트워크에 의존하지 않으면 안 되었다.

항공사들은 자기 점포를 가지기보다 여행사들에게 대매(代賣)수수료를 지급하는 쪽이 이익이라는 사고방식을 가지고 있었다. 그러나 여행사에게는 기대도 의존도 하지 않고 판매촉진 비용을 제로 베이스(zero base)로 하는 저가항공사(LCC)들은 여행사와 항공사 공존(共存)의 의미마저 부정하고 있는 추세이다.

여행사 또한 정보의 비대칭이 붕괴되고, 생산자나 소비자나 얻을 수 있는 질량(質量)에 차이가 없게 되었다. 즉 정보가 가격이나 제도에 대해서 프로나 아마추어의 차이가 확연하던 시대는 이미 사라졌다. 또한 여행사 창구에서 소비자들이 추구하는 것들도 많이 변했고, 여행사의 점포에서 일하는 사원들의 기능 또한 급격히 변하고 있다.

여행사를 개업하거나 인수하고 사업구상이 실패한 이유를 살펴보면 대개는 마케팅발상이 결여된 경우가 많다. 여행자들이 어떤 여행을 하고 싶은지, 여행자들의 입장에서 가격은 어떤지, 어떤 여행지를 선호하는지 등의 마켓 인(market in) 발상을 하는 것이 아니라 남들이 만든 여행상품을 가지고 가격경쟁으로 일관하는 여행사들이 아직도 상당수를 점하고 있다.

여행은 즐거움을 확대하여 관여하는 것이기 때문에 그 기대에 부응하기 위해서는 다른 일반상품 이상으로 고객의 입장에 입각한 마케팅발상이 필요하다. 이러한 마케팅

발상의 중요성은 모든 비즈니스현장에서 예외 없이 들리는 소리지만 비즈니스 현장에서 실제로 적용할 수 있는 마케팅 교재는 흔치 않은 것이 작금의 현실이다.

이 책은 이와 같은 현실을 감안하여 실제로 관광산업에 종사한 경험이 없는 사람들도 가능한 한 알기 쉽도록 마케팅이론에 여행사, 항공사, 호텔 등 관광관련 산업체 현장에서 일어나는 사례들을 발굴하여 접목하려 애썼다. 그러므로 이론과 업계의 사례를 동시에 배울 수 있다는 점에서 일거양득의 책이라고 할 수 있다.

끝으로 이 책의 출판에 즈음하여 집필에 도움을 준 여행업계 관계자 여러분께 이 자리를 빌려 감사의 인사를 드리며, 내용과 체제 양면에서 부족한 이 책을 출판할 수 있도록 허락해 주신 백산출판사 진욱상 회장님을 비롯하여 편집부 직원들의 호의에 깊은 감사를 드리는 바이다.

2018년 2월

저자 드림

차례

Chapter 3 여행업 마케팅 / 147

Chapter 4 여행업 마케팅믹스의 이해 / 189

Chapter 5 여행상품믹스 / 201

Chapter 6 여행가격믹스 / 273

Chapter 7 여행유통믹스 / 305

Chapter 8 여행촉진믹스 / 337

Chapter 9 21세기 여행업의 인재 / 363

CHAPTER 1

마케팅의 이해

01 마케팅의 이해

1.1 마케팅의 개념

마케팅이란 용어는 이제 우리 사회에서도 생소한 용어가 아닐 정도로 많이 사용되고 있다. 또한 이 용어만큼 광범위하게 사용되는 용어도 드물다. 일반적으로 마케팅 하면 판매 정도로 생각하는 사람도 많다.

마케팅의 정의는 오늘날 무수히 존재하지만 다음과 같은 정의가 있다. 마케팅은 생산자가 소비자에게 재화와 용역을 소비자에게 전달하는 과정에서 생산자의 이윤추구 목적 달성과 소비자의 기대수요 만족을 제공하는 유통과정의 제 행위이다.[1)]

즉 마케팅이란, 단적으로는 수요를 예측하고 수요를 파악하여 수요를 자극하고 더욱이 수요를 만족시키는 것이다. 그것은 누구에게, 언제, 어디서, 어떤 수량을 판매하지 않으면 안 되는 것을 파악하는 것이다.

이 마케팅의 정의에는 다음과 같이 세 가지의 중요한 의미가 포함되어 있다. ① 기업 · 조직의 관리기능이 있고, ② 비즈니스 · 조직과 관련된 모든 활동의 중심이며 기초이다. ③ 마케팅의 사고방식에는 〈표 1-1〉처럼 판매(selling)와는 다른 의미가 포함되어 있다.

1) J. C. Holloway, C. Robinson, Marketing for Tourism, John Wiley & Sons Inc., 1995, p. 4.

〈표 1-1〉 판매와 마케팅 콘셉트의 차이

구분	기점	초기 활동	초점	수단	종점
판매	공장 →	생산 →	기존상품 →	판매·판매촉진 →	판매량으로부터의 이익
마케팅	시장 →	조사 →	고객욕구 →	통합마케팅 →	고객만족으로부터의 이익

즉 마케팅이란 상품이 생산자로부터 소비자 또는 사용자에게 사회적으로 유통되어 가는 현상으로서[2] 소비자의 욕구만족을 위해 시간적·장소적·내용적 효용을 창출하는 과정이다. 즉 마케팅이란 생산과 소비를 연결시키는 유통과 소비자가 원하는 상품을 만들어 파는 판매라는 두 가지 기본적 활동을 의미한다.[3]

그러나 현대는 마케팅이 오로지 생산과 유통 및 판매에 국한되는 것은 아니며 기업활동 그 자체로 파악하는 이른바 전사적 마케팅(total marketing)으로 그 개념이 확대되고 있다.[4]

간단히 말하면 생산물을 소비자에게 판매하기 위한 일련의 활동이다. 여기에는 세 가지 방법이 있다. 즉 ① 좋은 생산품을 만드는 것, ② 생산된 상품을 잘 파는 것, ③ 고객의 필요와 욕구를 이해하고 그에 기초하여 상품을 생각하는 것이다.[5] 마케팅이란 영어의 시장(市場)이란 뜻의 Market에 ing가 붙어 Marketing이 된 것이다. 즉 상품을 시장에 출하하여 매매하려고 하는 적극적인 의미가 변하여 '시장에서 상품을 팔기 위한 활동'이라는 뜻이 되었다. 나아가서 팔기 위해서는 소비자를 만족시켜야 하기 때문에 소비자에게 만족을 주기 위한 기업활동이란 뜻이 되었다.

2) 오상락, 마케팅원론, 박영사, 1983, 16쪽.

3) 정찬종, 관광마케팅믹스요인이 여행사의 이미지형성에 미치는 영향에 관한 연구, 경기대학교 대학원 박사학위논문, 1992, 10쪽.

4) 池沢辰夫·小田島弘·納谷嘉信·原田明·米山高範, サービス産業のTQC, 日科技連, 1990, 96~98쪽.

5) 호텔신라, 서비스산업의 경영관리, 1989, 707쪽.

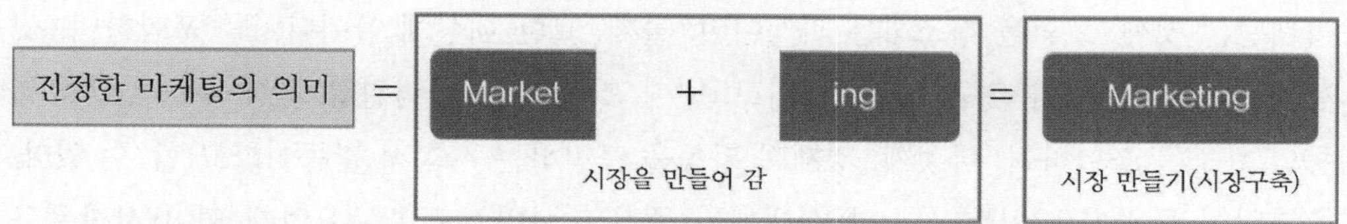

자료 : 중소기업청·소상공인진흥원, 업종별 점포운영 매뉴얼, 2009, 58쪽.

〈그림 1-1〉 마케팅 개념도

★ Product Out : 최상의 상품을 생산하여 판매하면 된다는 사고방식으로, 즉 시장이나 환경의 변화와 요구에 대한 창조적인 적응보다는 기업 위주의 폐쇄적인 기업활동 방식이다.

★ Market In : 기업 위주의 폐쇄된 사고방식이 아니라 시장에서 수용되고 받아들이는 상품을 생산해서 판매한다는 수요자 중심의 사고방식이다. 다시 말해 '고객의 필요와 욕구를 상품 생산에 반영해서 팔릴 수 있는 것을 만들어서 판매'한다는 고객중심적 사고의 착상이다. 여기서 "Market in"이란 소비자 동향, 소비자 요구(needs) 등 소비자 · 사용자 · 생활자의 시각에서 마케팅전략을 수립하고 소비자의 요구에 맞는 상품을 개발 · 판매하고자 하는 발상을 의미한다고 볼 수 있다.

1.2 마케팅의 과제

소비자가 구입하여 만족을 느낄 수 있는 상품을 만들고 소비자가 바라는 방법으로 판매하는 것이 마케팅이다. 따라서 소비자만족을 추구하는 것이 기업으로서는 가장 중요한 과제이며, 그를 위해 기업의 모든 노력을 경주해 나가야 한다.

이와 같이 소비시장에 대하여 소비자의 입장에서 생각하는 것이 소비자지향(消費者志向)이라고 하며 이런 점을 학문으로 체계화한 것이 마케팅이라고 할 수 있다. 따라서 마케팅은 첫째, 교환을 창조하는 과정이며, 둘째, 교환 대상에 아이디어를 포함하며, 셋째, 다양한 소비자의 욕구를 충족시키고, 넷째, 상품개발, 가격결정, 판매촉진, 상품유통 등의 요소를 조합하여, 다섯째, 경제적 활동을 포함하는 사회적 활동이라고 할 수 있다.

그런데 물건이 넘치는 성숙한 시대에는 물건도 서비스도 팔 수 없게 되어 시장욕구를 연구하면 할수록 대기업도 중소기업도 같은 상품을 만들게 되어 많은 분야에서 중소기업은 대기업에 대적되지 않게 되었다. 거기서 경쟁지향(competition oriented) 원리가 연구되게 된 것이다.

1.2.1 마케팅 콘셉트

1) 생산 콘셉트(production concept)

생산지향 시기는 마케팅에서 오래된 철학이다. 생산 콘셉트란 소비자가 상품을 구입할 만한 여유가 있고 또한 쉽게 구입할 수 있는 상품을 선호하기 때문에, 경영자는 생산성을 높이고 유통효율을 개선시키려는 데 초점을 두어야 한다는 관리철학을 말한다.

2) 상품 콘셉트(product concept)

판매자가 따르는 또 하나의 주요한 철학인 상품 콘셉트는 소비자들이 품질, 성능, 특성 등이 가장 좋은 상품을 선호하기 때문에, 조직체는 계속적으로 상품개선에 정력을 기울여야 한다고 보는 개념이다.

3) 판매 콘셉트(selling concept)

판매 콘셉트는 어떤 조직이 충분한 판매 및 촉진노력을 기울이지 않는다면, 소비자들은 그 조직의 상품을 충분히 구매하지 않을 것이라는 관리철학으로서 많은 조직들은 판매 콘셉트를 따르고 있다. 판매 콘셉트는 전형적으로 비탐색품(소비자들이 정상적으로 구입하지 않을 것이라고 여겨지는 보험, 백과사전, 묘지 등)에 사용된다. 이러한 산업들은 잠재고객을 발견하기 위한 판매기법을 개발하여, 그들에게 그 상품의 이점을 적극적으로 판매한다. 그리고 비영리부문에도 역시 적용된다.

4) 마케팅 콘셉트(marketing concept)

마케팅 콘셉트는 조직의 목표를 달성하기 위해서는 표적시장의 욕구와 욕망을 파악하고 이를 경쟁자보다 효과적이고 효율적인 방법으로 충족시켜 주어야 한다고 보는 철학이다. 놀랍게도 이 개념은 상당히 최근에 등장한 경영철학이다.

마케팅 콘셉트는 여러 가지 다양한 방법으로 표현되는데, "고객만족경영을 일회성 캠페인이 아닌 회사의 영원한 과제로 삼겠습니다"(동아백화점), "당신의 마음에 꼭 들게 해드립니다"(Burger King), "귀하께서 만족하기 전에는 우리도 만족하지 않는다"(GE) 등이다. 이것은 마케팅 콘셉트를 잘 표현한 것이다.

판매 콘셉트와 마케팅 콘셉트는 흔히 혼동되고 있는데, 판매 콘셉트는 기업 내에서 출발하여 기업 밖으로 향하는 관점이다. 즉 공장에서 시작하고, 기존상품에 초점을 맞추고, 수익성 있는 판매를 실현하기 위해서 강력한 판매와 촉진활동을 수행한다.

반면에 마케팅 콘셉트는 기업 밖에서 출발하여 기업 안으로 향하는 관점이다. 이는 잘 규명된 시장에서 시작하고, 그 시장 내의 고객 욕구에 집중하고, 고객에게 영향을 미칠 수 있는 모든 마케팅 활동을 조정하고, 고객에게 만족을 제공한 결과로서 이익을 창출한다. 즉 마케팅 콘셉트하에서 기업은 고객이 원하는 것을 생산하고, 그 결과로 고객에게는 만족을 주고, 기업은 이익을 획득한다.

성공적이며 유명한 많은 기업들이 마케팅 콘셉트를 따르고 있다. McDonalds사는 충실하게 마케팅 콘셉트를 지키고 있다. 또한 마케팅 콘셉트는 산업재 기업들보다는 소비재 기업들이 더 많이 채택하고 있으며, 중소기업보다는 대기업이 더 많이 채택하고 있음을 알 수 있다.

많은 기업들이 이 개념을 따르고 있다고 말하지만, 실제 활동은 그렇지가 못하다. 즉 그들은 마케팅 담당 부사장, 상품관리자, 마케팅 계획, 마케팅 조사 등의 마케팅 형태는 갖추고 있지만, 실제적으로는 그렇지 못하다. 판매 지향적인 기업이 마케팅 지향적인 기업으로 변환하기 위해서는 수년간의 힘든 작업이 필요하다.

5) 사회 지향적 마케팅 콘셉트(societal marketing concept)

사회 지향적 마케팅 콘셉트란 조직체(기업)가 표적시장의 욕구와 욕망 및 관심을 파악하여, 경쟁자보다 더 효과적이고 효율적으로 바람직하게 충족시켜 주어야 하지만, 이 과정에서 고객과 사회의 복지를 보존하거나 향상시킬 수 있어야 한다는 관리철학이다.

즉 오늘날의 환경오염, 자원부족, 폭발적 인구증가, 무시되고 있는 사회적 서비스 등이 성행하는 시대에 순수한 마케팅 콘셉트가 적절한 경영철학이 될 수 있는 것에 대한 의문에서 생겨난 것이다.

다시 말하면, 개인의 욕구를 발견하고, 봉사하고, 충족시키고 있는 기업이 항상 장기적인 관점에서 소비자와 사회를 위해 최선을 다하고 있는가에 의문을 가진다. 사회 지향적 마케팅의 관점에서 볼 때, 순수한 마케팅 콘셉트는 소비자의 즉각적인 욕구와 장기적인 소비자의 복지 사이에서 야기될 수 있는 갈등을 무시하고 있다.[6]

6) 관계마케팅 콘셉트(relationship marketing concept)

이 콘셉트는 고객서비스와 품질을 시장 지향적(market orientation)으로 통합하여 협력관계를 강화하는 것으로 새롭게 관심의 초점이 되었다. 관계마케팅은 고객을 획득하고 유지하는 측면을 강조하는 마케팅이다. 즉 고객서비스와 전사적 품질결정은 경쟁적 마케팅전략의 맥락에서 이루어진다.

〈표 1-2〉 시대별 사고의 중심과 마케팅 과제

시대	사고의 중심	마케팅의 과제
생산 지향	품질만 좋으면 판매됨 (product out)	상품선택의 폭이 좁음
판매 지향	어떻게 팔까? (판매중시)	인적 판매, 유통정책, 판매촉진
마케팅 지향	팔리는 물건을 만듦 (관리차원의 마케팅)	시장조사, 광고, 판촉, 상품 등을 별도로 조합
종합마케팅 지향	마케팅은 전사적 과제 (경영차원의 마케팅)	각 기능의 통합전략 (마케팅믹스)
사회적 마케팅 지향	사회적 책임의 중시 (사회적 차원의 마케팅)	무공해, 안전, 에너지 절약 등 사회성 협조
전략적 마케팅 지향	시장환경에의 적합 (전략차원의 마케팅)	전략사업영역의 명확화
생태적 마케팅 지향	지구환경에의 적합 (환경보전의 마케팅)	자연보호, 리사이클(재활용)

자료 : 妹尾晶夫, 目で見て進める新商品·新事業開拓, 日刊工業新聞社, 1992.

6) 서성한·최덕철·이신모, 관광마케팅론, 법경사, 1993, 34~36쪽.

관계마케팅이 관심이 될 분야는 거시적 관점에서 소비자 시장, 종업원 시장, 공급업자 시장, 내부시장, 소개시장, 그리고 정부나 금융시장과 같은 영향자 시장을 포함하는 광범위한 범위까지 영향을 미친다는 인식과 미시적으로는 고객과의 상호관계의 본질이 변화하고 있다는 인식이다.

〈표 1-3〉 기존마케팅과 관계마케팅의 전략적 비교

구분	기존마케팅	관계마케팅
고객을 보는 시각	판매의 대상, 경쟁관계	동반자, 협력관계
고객과의 의사소통	일방적	쌍방향
경제 패러다임	규모의 경제	범위의 경제
마케팅 성과의 지표	시장점유율	고객점유율
차별화 및 관리의 초점	상품판매	고객유지
고객(소비자)	신규고객창출	기존고객관리
시간적	단기간	장기간
마케팅 수단	4P믹스전략 중심	고객과의 파트너십 관리

자료 : 이유재, 서비스마케팅, 학현사, 2001, 544쪽.

기업의 전략영역은 다음의 세 가지 차원으로 구성(① 공간의 확대, ② 시간의 확대, ③ 의미의 확대)되며, 그 기업의 인식과 기업을 둘러싼 환경 측의 인식과의 합의(전략영역합의)가 크면 클수록 사회의 지지는 커진다고 지적하고 있다. 마케팅은 이 "전략영역 합의를 어떻게 확대시키는가의 전략이다"라고 말해도 과언이 아니다.

이제 마케팅이 무엇인지 알 만한가? 마케팅은 판매할 수 있는 조직이라고도 할 수 있고, 어떻게 물건을 파는가를 생각하는 것이라고 말하기 쉽지만, 원래 마케팅이라는 것은 기업이 고객에게 가치를 창조하고 그것을 주고받는 고객과의 커뮤니케이션과 관련된 일련의 과정으로서 단순히 물건을 팔기 위한 활동인 세일즈와는 구별된다. 즉 마케팅이란 보이지 않는 고객의 욕구나 욕망을 정확하게 파악하여 그것을 만족시키는 것이다.7)

7) 本間行作・渦原実男, 現代サービス商業概論, 税務経理協会, 1996, 24~25쪽.

1.3 마케팅활동의 목표

마케팅이란 기업 및 기타 조직이 고객의 요구를 충족시키면서도 사업목적을 달성할 수 있도록 고객과의 교환관계 및 타 이해관계집단과의 동반관계를 구축 · 유지 · 발전시키려는 일련의 활동이라고 할 수 있다.[8)]

그러나 직접적인 고객지향만으로는 불충분하며, 간접적인 인간애의 사회적 영향까지도 배려한 개념, 더욱이 인류의 생존까지도 고려한 생태학적 마케팅이 제창되어 있다는 것도 인식하지 않으면 안 된다.

그렇다고는 하나 본질적으로 기업, 기타 조직의 기본적 철학과 방향을 고려하면, 마케팅에는 고객 지향이 대전제가 되며 고객의 요구와 욕망을 만족시킬 것을 목표로 하는 사업활동이라고 할 수 있다.

그 경우 단순히 조사 · 계획 · 광고들을 개별적으로 전개하는 것이 아니라, 이들 모두를 포괄하여 광범위한 것을 생각해야만 하고 소위 마케팅믹스의 개념에 따라 표현되는 것이다.

마케팅 목표를 달성하기 위해서는 어떤 방법에 의해 어떤 고객 유형을 유인하고 싶은 것인지, 어떻 시장을 세분화하는지를 결정하는 것이 필요하다. 예를 들면 고객층이란 신규고객인가, 재방문자인가, 고액소비자인가, 저액소비자인가, 혹은 한정된 고객인가, 대량고객인가를 결정하는 것은 필요불가결하다.

어느 여행자는 사람들이 적거나 없는 장소에 여행하기를 선호한다. 예를 들면 한국인 여행자 중에는 해외여행 중 외국의 호텔이나 식당 등에서 같은 한국인을 만나는 것을 굉장히 꺼려하는 사람들도 상당수 있다. 그러나 다른 여행자는 끼리끼리의 여행자가 많이 몰리는 것을 대단히 좋아한다.

그러므로 마케팅목표는 당연히 경쟁시장에 있어서 자사상품의 상대적 위치관계를 명확화하기 위한 적절한 작업이 필요하다. 여행지가 유인하고 싶다고 생각하는 여행자의 이미지 혹은 유형은 물론 제공되는 여행상품이나 서비스등급 수준과도 관계될 것임에 틀림없다.

---

8) 長谷政弘, 観光マーケティング, 同門館, 1996, 8쪽.

그리고 호텔의 식자재나 산품(産品)이 당해 지역에서 생산된 것으로 조달되는지 또는 외부 혹은 외국산으로 조달되는지에 따라서 문제도 달라진다. 그에 따라 여행의 대상물, 시기, 장소 등마다 마케팅전략이 달라질 것은 뻔한 이치이다.

예컨대 스위스에서는 계획적으로 일반대중을 위한 대량시장화와 등산객을 대상으로 한 전문시장 등 2개의 유형으로 루트를 설정하여 스위스 이미지에 조화시키는 프로그램을 개발하여 성공을 거두고 있다.[9] 산악여행을 쇠퇴시키지 않기 위해서는 이러한 이미지 하에서의 등산은 스위스 마케팅 목표에 있어서 중요하다.

또 다른 사례로는 버뮤다섬의 예이다. 이 섬의 마케팅 목표는 고소득자의 유치이다. 따라서 버뮤다 정부에서는 고소득자(비싼 호텔요금)를 한정시장으로 하여 대중시장인 대량여행객의 도착 및 전세기편의 왕래를 인정하지 않는다는 마케팅전략을 구사하고 있다.

여행지에 유인하고 싶다고 생각되는 여행객의 이미지 혹은 유형은 물론 제공되는 여행상품 · 서비스의 등급수준과도 관련 있음에 틀림없다. 그래서 또한 호텔의 식재 · 산품(産品)이 그 지역에서 조달한 것인가, 외부 혹은 외국산을 이용하는가에 따라 문제도 다르게 나타난다. 그러한 까닭에 여행의 대상물 · 시기 · 장소마다 마케팅전략이 다른 것은 당연할 것이다.

결국 여행 · 관광마케팅의 목표는 ① 여행소비자가 추구하는 여행상품이나 여행서비스를 생산하는 것. ② 여행소비자에게 수용될 수 있는 가격으로 판매하는 것, ③ 광고 · 선전 등의 판촉활동을 통해서 여행상품의 존재를 알게 하는 것, ④ 여행상품을 구입할 수 있는 장소나 방법을 여행소비자에게 제공하는 것이다.[10]

마케팅의 일반적인 절차(process)는 〈그림 1-2〉와 같다.

9) 山上徹, ホスピタリティ · 観光産業論, 白桃書房, 1999, 126쪽.

10) 小田毅, 旅行マーケティング入門, 1994, 21쪽.

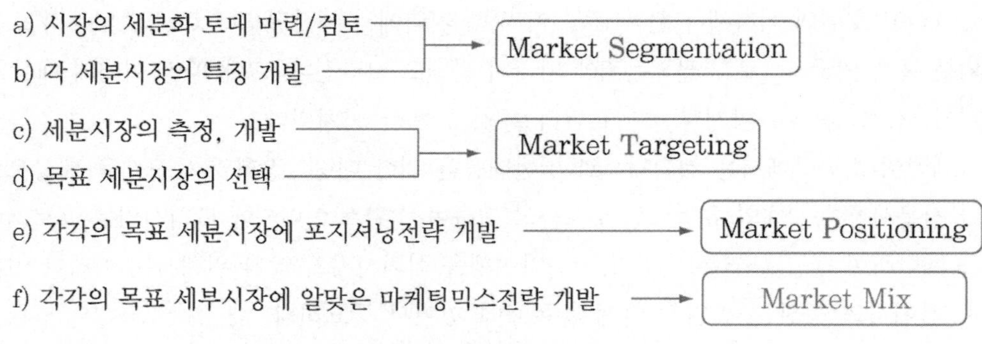

〈그림 1-2〉 마케팅의 기본적인 절차

여행·관광마케팅 목표를 달성하기 위해서는 어떤 방법에 의해, 어떤 여행자 유형을 유인하고 싶은가, 어떤 시장을 세분화하는가를 결정하는 것이 필요하다.

어느 여행자는 여행객이 적은 장소의 여행을 선호한다. 다른 여행자는 유사한 유형의 여행객이 많이 가는 쪽을 환영한다. 〈그림 1-3〉은 여행상품 포지셔닝을 나타낸 것으로 이와 같이 경쟁시장에 있어서 자사상품의 상대적 위치관계를 명확히 하기 위한 적절한 작업이 필요하다.

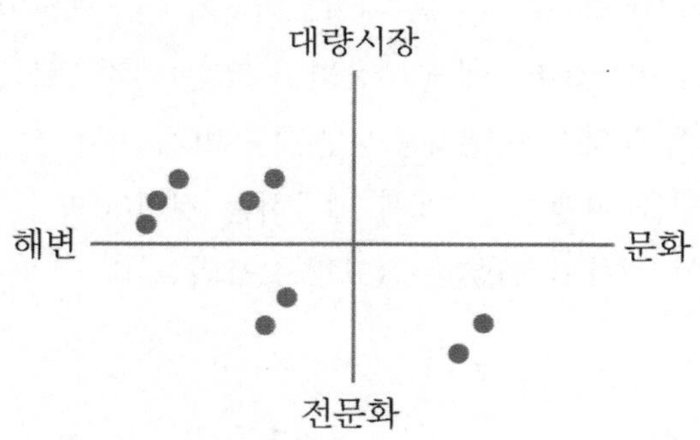

자료 : J. C. Holloway, C. Robinson, Marketing for Tourism, Longman House, 1995, p. 24.

〈그림 1-3〉 여행상품 포지셔닝

이처럼 여행·관광마케팅의 목표는 표적시장의 선정과 이에 따른 시장세분화를 통해 적절한 마케팅믹스전략을 구사해야만 효율적으로 달성될 수 있는 것이다.

1.4 시장의 정의

경제학자에게 시장이라는 말은 물재나 서비스재를 거래하는 구매자와 판매자 모두에 관한 것을 의미하고 있다. 따라서 어느 서비스를 제공하는 호텔시장은 그 서비스를 이용하는 소비자 및 그 호텔 객실서비스를 공급하는 기업 전체로 성립되어 있다. 경제학자는 또한 그 시장의 구조나 행동 및 그 실적에 관심을 가지고 있다.

그러나 마케터에 있어서 시장이란 상품이나 서비스를 실제로 구매하고 있는 혹은 구매할 의사가 있는 모든 예상고객을 의미하고 있다. 시장은 구매자 전체이고 산업이 판매자인 셈이다.

한편 시장규모란 개별시장 주문에 대해 잠재적으로 존재하는 구매자의 수이다. 잠재적 구매자는 관심, 소득 및 접근이라는 3가지 특징이 있다. 이와 같이 시장의 형태를 결정하는 요인에는 ① 재화의 공급자와 수요자의 수, ② 재화의 유사성 또는 동질성, ③ 산업에로의 진입여부와 자유성, ④ 가격결정력, ⑤ 비가격경쟁의 존재여부 등이다.[11] 이를 요약하면 〈표 1-4〉와 같다.

〈표 1-4〉 시장의 형태

특징	시장의 형태			
기업의 수	완전경쟁 (무수히 많음)	독점 (하나)	과점 (몇 개)	독점적 경쟁 (많음)
재화의 동질성	같음	단일상품	① 같음, ② 다름	다름
가격통제력	없음(가격순응자)	매우 큼(가격결정자)	작음	작음
진입장벽	진입자유	진입불가능	장벽 큼	장벽 약함
비가격경쟁	없음	없음	강함	매우 강함
한국경제의 예	과일, 계란, 채소	전기, 수도, 철도	① 설탕, ② 승용차	이발소, 미용소, 약국

자료 : 권오철, 현대경제학입문, 삼영사, 1997, 261쪽.

11) 권오철, 현대경제학입문, 삼영사, 1997, 260쪽.

앞에서 말한 대로 시장은 상품의 실제적 및 잠재적인 모든 구매자의 집합을 말한다.[12] 즉 시장(market)이란 말은 다양한 의미를 가진 용어로 때로는 매매의 중심무대로서 상품매매가 이루어지는 장소로 이해되며, 때로는 특정상품의 수요와 공급 간의 관계에서 상품과 화폐가 교환되는 장소의 의미로, 때로는 어떤 것을 판매하는 행위를 시장의 의미로 사용하기도 한다. 즉 그 본래의 의미에서의 시장은 판매자와 구매자가 재화나 서비스를 교환하기 위해 모이는 물리적 장소였다.

여행시장은 여행상품을 이미 구입한 사람이거나 장차 구입하려고 하는 사람들을 포함한 집합체라고 할 수 있다.[13] 즉 마케터에 있어 시장이란 어느 상품의 현재적(顯在的) 구매자와 잠재적 구매자 모두로 구성된 집합을 말한다.

기업의 입장에서 전개되는 마케팅에 있어서는 일반적으로 충족되어야 할 욕구와 욕구충족을 위한 재화와 서비스를 획득할 수 있는 능력을 가진 개인, 집단 및 조직과 같은 사람들의 총체를 나타내는 것으로 정의된다.

그러나 여행은 여러 가지 복합적인 현상으로 구성되어 있기 때문에 여러 요인들이 다원적으로 여행시장에 영향을 미치고 있음을 이해할 필요가 있다. 즉 지리, 지형, 기후, 경관, 희귀 동식물, 사용언어, 사고방식, 인구밀도 등 불가변적인 것은 물론이고, 여행지의 기반시설(infrastructure), 주민의 경제구조, 산업 및 교통운수시설, 경기(景氣), 여행자의 심리적 영향, 정치적 상황, 구매력 등 가변적 요소들이 여행시장을 구성하는 데 영향을 주고 있다.[14] 이 가운데서도 여행시장은 여행자의 환경과 심리적 요구가 요체가 되고 있다.

1.4.1 여행시장의 분류

1) 여행목적에 의한 분류

(1) 휴가여행시장(holiday market)

휴가여행은 보다 장기적인 여행지 체류라는 특징을 지니는데, 이러한 여행의 동기는

12) 서울대학교 경영대학 경영연구소 편, 경영학핸드북, 서울대학교출판부, 1983, 343쪽.
13) トラベル ジャーナル, 1984, 3. 5, 80쪽.
14) 최태광, 관광마케팅론, 백산출판사, 1987, 33쪽.

기후 · 노동 · 일상에서의 탈출욕구와 주위환경, 경관, 사람들을 변화시키려는 욕구와 같은 동기들이 혼합된 시장이다.

(2) 문화여행시장(cultural tour market)

다양한 문화활동에 대한 경험을 추구하는 시장을 말하며, 문화적 표현을 추구하고 사랑하는 정신상태와 행동유형이라 할 수 있다. 다른 지역, 다른 사람들의 생활양식, 전통 및 관습에 관한 정보와 지식을 풍부하게 하기를 열망하는 사람들, 고대박물관 및 현대의 예술 · 회화 · 조각을 구경하고 싶어 하고, 음악연주회와 유명한 오페라 등에 참석하고 싶어 하는 사람들이 포함된다.

(3) 국제회의 여행시장(convention tour market)

국제회의 여행시장은 오늘날 그 중요성이 매우 큰 시장으로 인식되는 여행시장의 한 형태로 ① 국제회의 조직협회의 본사 및 지사의 위치, ② 국제회의시설 및 조직, ③ 숙박시설, ④ 잠재참가자와 관련된 회의장의 위치, ⑤ 비용, ⑥ 접근성의 용이, ⑦ 국제회의 개최지의 여행자원, ⑧ 국제회의 현장과 관련된 회의장의 중요성, ⑨ 효율적인 마케팅 기능 등의 요인에 의해 국제회의시장의 지리적 분포를 결정하여 준다.

2) 추세에 따른 분류

여행목적지와 관련한 시장의 위치에 따라 제1차(primary), 제2차(secondary), 기회(opportunity) 시장으로 분류된다.

(1) 제1차 시장

근접성 · 유사성 또는 다른 이유 때문에 실제적으로 여행목적지로의 여행객 이동의 주된 부분을 형성하고 있는 선택된 시장을 말한다.

(2) 제2차 시장

이미 목적지에 상당한 여행객 이동을 창출하고 있지만, 다른 목적지에도 꽤 많은 여행객 이동이 발생하고 있기 때문에 잠재력이 큰 시장을 말한다.

(3) 기회시장

목적지와 멀리 떨어져 있어 얼마 안되는 수의 방문객을 창출하거나 목적지로의 여행객 이동을 전혀 제공하지 못할지도 모르는 시장이다.

3) 등급에 따른 분류

(1) 상위계층지향

기존의 여행사가 역사성과 상표이미지를 중심으로 고객과의 관계개선을 통해 시장에서 확보해 놓은 기득권을 중심으로 경쟁업자와의 관계에서 비교우위를 점하는 시장으로서 위상확보를 전제로 시장의 고품격 지향의 고객을 접근할 때 활용하는 시장이다.

(2) 중위 및 하위계층시장

여행상품 구입의 초입단계에 머물러 있는 고객인 중·고등 학생과 대학생 및 소비수준이 저열한 단계에 머물러 있는 대상고객이 중심인 시장이다. 주로 가격요소를 중심으로 하여 시장이 형성된다.

4) 여행조직형태에 따른 분류[15)]

(1) 개인여행(FIT) 시장

Foreign Independent Travel로 불린다. 적은 인원으로 마음이 맞는 친구나 가족, 또는 개인으로 떠나는 자유행동형 여행시장이다. 자유여행시장이라고도 하며, 말 그대로 본인이 여행의 모든 것을 예약하고 책임진다. 단체로 움직이는 것이 아니고 인솔자가 동반하지 않기 때문에 안전문제에는 취약하다.

그러나 자유여행시장은 점차 확대되고 있다.[16)] 여행사로서는 자유여행객들의 성향을 파악하는 것이 무엇보다 중요하다. 특히 호텔에 관한 것이 중요 변수이다. 최근에는 정형화된 호텔보다는 다양한 호텔이 개인여행자들의 선택을 받았다.

각 지역의 랜드마크로 여겨지는 인기호텔 외에도 다양한 호텔들이 인기를 얻고 있다.

---

15) 長谷川巌, 旅行業通論, 東京観光専門学校出版局, 1986, 42~48쪽.

16) 한국소비자원, 해외여행과 쇼핑, 2012, 10쪽.

단품판매도 가능한 시장이기 때문에 상품을 잘 이해하여 개인여행 지향의 여행자들을 최대한 끌어들이지 않으면 안 된다.[17]

자유여행 목적 외에도 가족여행이 급증함에 따라 가족여행에 적합한 시설을 갖춘 호텔들도 선호하고 있다. 자유여행 · 가족여행 · 허니문 등 다양한 수요를 아우를 수 있는 태국, 싱가포르, 하와이 지역의 호텔은 시설의 깔끔함이나 지리적 여건이 고려되고 있는 것으로 나타났다. 호주 · 뉴질랜드는 트래블롯지 시드니, 이비스 시드니 월드 스퀘어 등 연중 소비자들에게 사랑받는 호텔들이 여전히 인기를 이어가고 있다.[18]

(2) 패키지여행(package tour) 시장

여행사가 불특정 다수의 소비자를 대상으로, 일반모집으로 집객(集客)하는 여행시장이다. 이 패키지투어를 기획 · 실시하는 여행사를 여행도매상(travel wholesaler)이라 한다. 한국에서는 하나투어를 비롯하여 모두투어 등이, 일본에서는 니혼고쓰코샤(일본교통공사 · Japan Travel Bureau)나 긴키니폰투어리스트(近畿日本ツ-リスト) 등이 이에 해당한다. 각종 광고나 선전을 통해 불특정 다수를 일반모집하는 여행시장으로서 여행시장 중 가장 큰 부분을 점유하고 있다.

(3) 단체기획여행 시장

최근 뜨고 있는 MICE[19]산업과 관련된 여행시장이다. 단체객 영업시장은 종종 소비자시장에 비하여 보다 귀찮은 부분이 있으며, 또한 기술적 정보를 더욱 필요로 한다. 많은 단체객 시장에서는 1년 이상이나 이전에 예약을 하는 것이 보통이다. 이 사이에 인지적 부조화[20]가 발생하기 때문에 마케터는 판매자 측의 호텔을 선택할 때 그것이 적절한 결정이었다는 것을 확신시키기 위해 구매자와 긴밀한 접촉을 계속하지 않으면 안 된다.

---

17) ジェイテビ能力開発, すぐに役に立つ海外旅行カウンター販売, (財)日本交通公社, 2002, 51쪽.

18) 세계여행신문, 제766호, 2014. 1. 6.

19) 기업회의(Meeting), 포상관광(Incentive tour), 컨벤션(Convention), 전시박람회와 이벤트(Exhibition & Event) 등의 영문 앞글자를 딴 말. 좁은 의미에서 국제회의와 전시회를 주축으로 한 유망산업을 뜻하며, 광의적 개념으로 참여자 중심의 보상관광과 메가 이벤트 등을 포함한 융 · 복합산업을 뜻한다.

20) 인지적 부조화란 내적인 태도와 행위에 관련된 인지들 간에 존재하는 심리적 불일치를 뜻하는 것으로, 이 경우 불편함이나 긴장(부조화)을 경험하게 되기 때문에 개인은 그것을 제거하여 심리적 균형을 회복하기 위해 행동한다는 것이다.

단체객 시장에 관한 4개의 범주가 있다. 즉 컨벤션 협회의 회의, 기업의 회의, 그리고 SMERF(S : 사회관계, M : 군 관계, E : 교육관계, R : 종교관계, F : 동업자 관계)[21] 등의 단체객이다.

단체객 영업은 대다수 여행사나 호텔에 있어 매우 중요한 세그멘트이다. 유능한 호텔은 어느 단체객을 유치하면 좋은지, 필요한 일수를 채우기 위해 단체객 영업을 어떻게 이용하면 좋은지, 그리고 단체객에 대해 단순히 가격보다도 오히려 어떻게 호텔의 편익을 팔 수 있는지 등에 대해 잘 알고 있다. 여행사에서 학단(學團 · 학생단체)유치에 혈안이 되어 있는 것도 이와 무관하지 않다.

(가) 컨벤션

컨벤션(convention)은 주로 회의, 집회 등과 유사한 개념이다.[22] 그러므로 여기에는 집회를 비롯하여 대회, 회의, 연구회, 심포지엄, 견본시(見本市), 강연, 세미나, 워크숍, 강습회, 전시회, 행사, 회합, 축하연(祝賀宴) 등이 포함된다.[23] 컨벤션은 광범위한 회의 설비를 필요로 하는 전문적 시장이다.

그들은 통상 협회의 연차회의이며, 일반적 회의나 위원회, 특정분야의 회의 등이 포함되어 있다. 전시회(trade show)는 대개 연차적 컨벤션의 중요한 부분이다. 컨벤션에 참가하는 사람들은 일반관광객들보다 장기체재와 씀씀이가 크다는 데 매력이 있다.[24]

컨벤션 가운데에는 이벤트 개최의 10~15년 전부터 계획된 대규모 컨벤션도 있다. 협회 가운데에는 매년 같은 도시에서 컨벤션을 개최하는 것을 선호하는 경우도 있지만 한편으로는 매년 국내의 다른 지역으로 이동하는 것을 좋아하는 협회도 있다. 컨벤션을 주관하는 여행사를 보통 공식(지정)여행사(official agent)라고 하며 대개는 공개입찰과정을 통해 지정여행사를 선정하고 있다.

컨벤션은 대규모적으로 진행되는 게 보통이므로 주최기업에게는 큰 수입원이 될 수 있다. 전시회 공간의 등록요금 및 판매는 수입의 중요 원천이다. 전시공간에 부과되는

21) SMERF는 Social, Military, Educational, Religious and Fraternal organization)의 약어.
22) 최승담·한정헌·김상열, 컨벤션센터 건립방안, 교통개발연구원, 1994, 4쪽.
23) 日本観光協会, 21世紀コンベンション戦略, 観光産業連絡会議コンベンション分科会報告書, 1986. 9, 5쪽.
24) 한국관광공사, 국제회의운영편람, 1986, 17~18쪽.

가격은 참가자 수와 관련된다. 컨벤션 장소를 선정하는 경우 협회에서는 회원들이 접근하기 쉽고, 더구나 매력적인 장소를 물색한다. 연간예산을 잘 짜는지의 여부는 충분한 출석자 수에 달려 있다.

컨벤션 기획자는 목적지를 선정하는 경우 가장 중요한 요소로서 다음과 같은 것을 들고 있다. 즉 ① 호텔이나 제 설비의 이용가치, ② 교통기관에 대한 이용상의 편리함, ③ 교통비, 출석자의 소재지로부터의 거리, ④ 기후, 오락성, 경치나 문화적 행사 등이다.

호텔의 중요한 속성 요소는 ① 회의실, ② 지방세, ③ 식사의 품질, ④ 침실, ⑤ 지원적 서비스, ⑥ 청구수속, ⑦ 체크인 · 체크아웃, ⑧ 종업원의 할당량, ⑨ 전시회의 공간, ⑩ 이전의 경험 등이다.[25)]

또한 식사의 품질이 컨벤션 기획자에게는 매우 중요하다는 것에 주목할 필요가 있다. 보통 이하의 칵테일 리셉션이나 독특한 커피브레이크 등 볼 만한 연회는 출석자끼리 이야기꽃을 피울 수 있는 것으로서 컨벤션의 차이로 연결되는 요점이 될 것이다. 이에 반해 빈약한 식사나 서비스는 출석자에게 그 컨벤션에 대한 좋지 않은 감정을 품게 할 것이다. 지원적 서비스는 필요한 때에 이용할 수 없으면 안 된다.

(나) 협회의 회의

협회는 지역회의나 특정분야의 회의, 교육관계 회의, 위원회 등 여러 가지 유형의 회의를 후원하고 있다. 예를 들면 협회의 이사회를 비롯하여 전국단위 또는 지역단위의 각종 회의를 개최한다. 협회의 회의기획자에게 있어 가장 중요한 개최지 선정요인은 ① 호텔이나 시설의 이용가치, ② 교통의 편리함, ③ 참가자로부터의 거리 및 교통비이다.

날씨나 오락, 문화적 행사 등은 회의 그 자체가 흡인요소이기 때문에 컨벤션시장에 있어 그만큼 중요하지는 않다. 호텔 선택에 있어 협회의 회의기획자는 식사의 질이나 요금, 회의실, 청구수속 및 전시회 공간을 제외하고 컨벤션 기획자의 경우와 똑 같은 요소를 추구하고 있다.

협회의 회의기획자에 대해서 주의해야 할 것은 식사나 음료가 가장 중요한 요인이라는 것이다. 특히 무역협회나 경영자협회 등과 같은 대규모 협회는 그 규모가 방대하므

---

25) Larry Letich, "Let's Make a Deal," Meeting and Conventions- Meeting Market Report(Mar 1, 1992), p. 123.

로 이들 협회의 회의기획자와는 각별한 관계구축이 바람직하다.[26)]

회원은 협회의 회의에 임의로 출석한다. 호텔에서는 가능한 한 매력적으로 보이는 개최장소가 되도록 회의기획자들을 설득시켜야 한다. 회의기획자가 지방의 매력을 틀림없이 알아차려, 결혼식 등의 이용에도 편의를 봐주고, 컨벤션 후의 제 활동 전개를 거들어주는 것은 호텔과 회의기획자 모두에게 도움이 되는 것이다. 목적지와 호텔 쌍방이 모두 시장에 있어서는 매우 중요하다.

(다) 기업의 회의

기업의 종업원에 있어 회사의 회의는 명령적 직무이다. 그들은 선택권 없이 회의에 출석하도록 지시받는다. 강제적인 참가에 관한 하나의 시사는 리드 타임(lead time)[27)]의 짧음이다. 참가자를 모으기 위한 마케팅 계획을 개발하거나 실행하지 않으면 안된다는 것은 아니기 때문에 1~2주간의 리드 타임으로 늘 회의를 기획하는 것이다.

기업의 중요 관심사는 생산적이며 기업의 중요 목표를 달성할 수 있는 회의이다. 기업회의의 유형은 연수나 관리, 기획 등으로 구성된다. 기업회의 그 자체의 유형으로는 인센티브(incentive)회의가 있다.

법인회의 영업을 자신의 것으로 하여 영구적으로 유치하는 데 관심을 가지고 있는 여행사는 회의실이 충분할 정도로 완벽하게 준비해야 한다. 회의기획자는 참가자가 쾌적함을 느끼기를 바라기 때문에 침실 등도 중요하다.

그들은 또한 음식의 질에 대해서도 걱정하고 있다. 오락시설 또한 중요할지도 모른다. 장기간에 걸친 전문적 회의에서는 정식회의 이외에 참가자끼리의 교류가 가치가 높다.

골프나 테니스는 참가자에게 사회적인 공통기반에서의 교류를 촉진하고, 또한 전문회합의 단조로움을 보충하는 의미에서도 이용할 수 있다. 마찬가지로 저녁에 지구 내의 식당이나 스포츠 이벤트, 문화적 이벤트 등에 나가는 것도 참가자들에게는 즐거운 휴게시간으로서 도움이 될 것이다.

---

26) 十大田朗, 観光まちづくりのマーケティング, 学芸出版社, 2011, 137~139쪽.

27) 물품이 발주되고 납품되어 사용할 수 있게 될 때까지의 기간. 일반적으로는 어떤 상품이 '발주'되면서부터 상품이 실제로 전량 '납품 완료'되기까지 소요되는 전체적인 시간을 의미한다. 이 기간에는 목표로 하는 조달기간과 그에 따른 차질기간을 고려해서 조달시간에 어느 정도의 여유를 보고 날짜를 정해 다소의 시간 지연이 생겨도 조정할 수 있도록 조달기간을 잡는다.

〈표 1-5〉 여행시장의 분류

종류		내용
여행목적	관광여행시장	가장 일반적인 여행형태로 역사나 자연, 문화를 찾거나 취미, 휴양, 쇼핑 등을 목적으로 한 여행시장
	업무도항시장	외국과의 상담, 기술지도 등을 위한 해외출장여행 시장
	시찰여행시장	주로 기업 간부가 선진적인 브랜드나 생산시스템을 시찰하거나, 정부, 지자체의 직원이 해외의 복지정책, 교통시스템 등을 벤치마킹하는 것을 목적으로 하는 여행
	연수여행시장	주로 단기 어학연수 등이나, 외국계 기업의 사원이 본사에서 훈련이나 연수를 받는 등의 목적으로 실시되는 여행시장
	문화 · 스포츠시장	주로 정부나 지자체 및 각종 단체가 외국에 자국의 전통공예, 문화, 스포츠 등을 소개하기 위해 대표단을 파견하거나 외국의 극단이나 오케스트라를 초청하거나 하여 문화 · 스포츠교류의 촉진을 목적으로 실시하는 여행시장
	국제회의시장	주로 정치 · 경제분야의 제 문제 토의, 그에 따른 학술문화교류 국제회의에 참가하기 위한 여행시장
조직형태	단체기획여행시장	여행사 이외의 기업, 각종 단체, 자치체, 학교 등이 중심이 되어 참가자를 조직하는 단체시장. 통상적으로 오거나이즈드 투어(organized tour)라고 부른다.
	패키지여행시장	여행사가 불특정 다수의 소비자를 대상으로, 일반모집으로 집객(集客)하는 여행시장. 이 패키지투어를 기획 · 실시하는 여행사를 여행도매상(travel wholesaler)이라 한다.
	개인여행(FIT)시장	Foreign Independent Travel로 불린다. 적은 인원으로 마음이 맞는 친구나 가족, 또는 개인으로 떠나는 자유행동형 여행시장
참가자층	신혼여행시장	국내외 신혼여행
	수학여행시장	국제화, 상호이해, 문화교류 등의 견지에서 국내외 여행지를 체험하는 학교여행
	중장년 여행시장	자녀의 성장과 독립, 혹은 바쁜 업무나 가사노동에서 해방된 중장년층의 여행
	연금여행시장	장기간 근무한 회사를 퇴직하고 연금으로 생활하는 사람들을 대상으로 한 여행시장
	노인(silver)여행시장	풍부한 여가, 노후생활을 보내려는 사람들을 위한 여행시장

자료 : 정찬종, 여행상품기획판매실무, 백산출판사, 2006, 81~82쪽에 등에 의거 재구성함.

(라) 스머프(SMERF)

SMERF(Social, Military, Educational, Religious and Fraternal organization)는 사회(S), 군대(M), 교육(E), 종교(R) 그리고 자선(F)이라는 조직을 대표하는 것이다. 특수전문적 시장인 이러한 단체는 공통적으로 가격에 민감한 관계자군을 거느리고 있다.

이들의 조직에 있어 후원되는 이벤트의 대다수는 개인으로부터 지불되며 때때로 그 요금은 세금이 공제되지 않는 것도 있다. 따라서 당연한 것이지만 참가자에게는 항상 가격의식이 있다.

그들은 싼 객실요금을 원하며, 종종 너무 비싼 호텔 내의 식사나 음료에 신경이 쓰이면 밖의 어딘가에서 먹으려고 하거나 혹은 식품을 구입하거나 자신들의 방에서 먹기도 한다. 이러한 분류에 들어가는 많은 단체는 호텔 내의 식료품점을 이용하지 않는다.

좋은 면에서 보면 SMERF는 보다 싼 객실요금을 기꺼이 확실하게 해주는 것에 순종하는 것이다. 그들은 한업기(閑業期)나 주말에 기꺼이 지불해 준다. 대개의 참가자는 그들의 자유로운 시간에 회의에 출석하기 때문에 언제나 주말 쪽을 좋아한다. 따라서 SMERF는 한산한 시기에 좋은 형편의 결손 보충적 영업을 제공해 주면 좋다.

1.4.2 여행시장세분화(market segmentation)

시장세분화란 ① 시장을 단일 · 균질적인 것이 아니라 이질적 부문으로 구성되어 있다고 생각하고, ② 대상구역(segmentation)마다 욕구를 파악하여, ③ 대상구역(segmentation)에 적합시킨 상품을 개발하여 마케팅 활동을 전개하는 것이다[28].

즉 시장세분화(market segmentation)란 일정한 기준에 따라서 전체 시장을 몇 개의 동질적인 고객집단으로 나누는 것을 의미한다. 즉 시장세분화(market segmentation)란 소비자의 욕구나 필요 등 여러 기준에 입각하여 모든 시장(total market)을 여러 개의 작은 부분으로 구분하는 것이다.[29] 즉 시장을 세분화한다는 뜻은 일정기간에 걸쳐 특정 상품의 마케팅활동에 대한 예상반응이 유사한 예상소비자들을 집단화하는 것을 말한다.

여행업 관리자가 시장을 세분화하려는 이유는 ① 시장세분화를 통해 여행자의 욕구

28) 宇野政雄, 総合マーケティング·ハンドブック, ビジネス社, 1985, 235쪽.
29) 同文舘, マーケティング用語辞典, 1988, 77~78쪽.

및 구매동기 등을 보다 정확히 파악할 수 있으며, 또한 변화되어 가는 시장수요에 창조적으로 대응할 수 있는 마케팅전략을 세울 수 있고, ② 여행사경영자는 여행사의 강점과 약점 및 기회와 위협(SWOT)을 평가하여 보다 유리한 시장을 선택할 수 있으며, ③ 여행사는 시장세분화를 통해서 각 마케팅활동에 대한 여행자들의 반응을 잘 알고 있으므로 마케팅자원을 보다 효과적으로 배분할 수 있고, ④ 시장세분화를 통해 시장에서의 목표를 더욱 뚜렷이 설정할 수 있다는 점에서 찾을 수 있다[30].

이상의 시장세분화 정의를 토대로 여행시장세분화를 정의하면 여행시장세분화(travel market segmentation)란 일정한 특징을 가진 여행시장으로 분류하는 것이며, 일단 세분화를 한 후에 여러 세분시장 중에서 특정한 세분여행시장을 선택하게 된다.

다시 말하면 이질적인 전체 여행시장을 여러 개의 부분으로 구분하는 과정으로, 각 부분은 모든 중대한 관점들이 동질적인 특성을 갖게 된다. 그리고 여행업은 이들 여행세분시장들 중에서 하나, 혹은 그 이상의 부분을 조직의 표적시장(target market)으로서 선택하게 된다. 여기에서 표적시장의 각 부분, 혹은 전체를 위한 독립적인 여행마케팅믹스가 개발된다.

시장세분화의 필요조건은 ① 시장을 측정할 수 있고 실질적일 것, ② 시장은 결합하여 있으며 다른 것과 별개일 것, 즉 공통적 특성을 서로 나누어 가질 수 있을 것, ③ 시장이 기업의 목표로서 적당할 것, ④ 세분화는 유통, 프로모션의 경로를 통하여 접근할 수 있을 것 등의 네 가지이며 효과적인 시장세분화의 기본적인 조건은 목표집단에 효과적으로 의사소통하는 욕구이다.

예를 들면 여행목적의 여행자 시장을 세분화하고 있는 여행도매업자(tour operator)는 소득 집단의 욕구가 상이하다는 것을 발견할지도 모른다. 〈그림 1-4 (c)〉에 있어서 번호(1, 2, 3)는 각각의 구매자에 대한 소득계층을 구별하기 위해 이용되고 있다. 소득별 세분화는 3개의 시장분할을 가져오고 소득계층 1이 최대의 시장분할이 된다.

한편 그 도매업자는 휴가를 즐기려는 젊은이와 연배자 사이에 상이한 요구가 존재한다는 것을 발견할지도 모른다. 〈그림 1-4 (d)〉에서는 A와 B의 문자가 구매자의 연령집단을 나타내기 위해 사용되고 있다. 연령별 시장세분화는 2개의 분할로 구별되어 각각의 분할은 세 사람의 구매자로 성립되어 있다.

30) 서울대학교, 경영학핸드북, 서울대학교출판부, 1983, 445~446쪽.

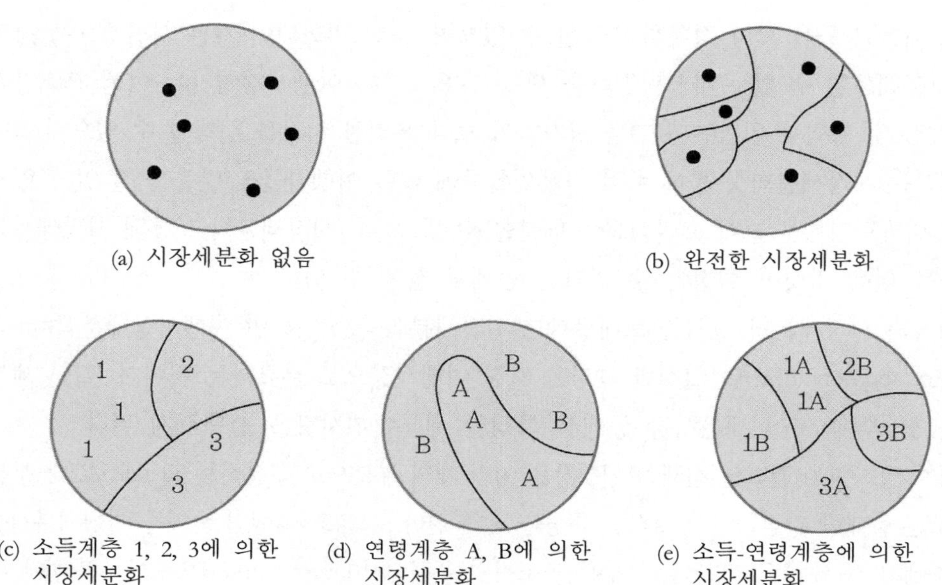

자료 : Philip Kotler · John Bowen James Makens, Marketing for Hospitality & Tourism, Prentice-Hall Inc., 1996, p. 245.

〈그림 1-4〉 시장에 있어서의 여러 가지 세분화 모형

도매업자는 〈그림 1-4 (e)〉에 나타난 바와 같이 연령과 소득 양쪽에 있어 시장을 세분화하는 것을 선호할지도 모른다. 그것은 다섯 개의 분할로 구분된다. 시장이 보다 많은 특성을 사용하여 세분화되면 각 분할의 정확도는 높아지지만 분할의 수는 증대하고 각 분할의 인원은 감소한다는 대가를 수반하는 것이다.

이와 같은 장점에도 불구하고 시장세분화 시의 유의점은 첫째, 시장세분화에 대해 적합한 마케팅활동을 전개하려면 각기 나름의 주의와 관리기 필요해져서 추가적인 비용지출이 수반되게 된다. 따라서 세분시장이 가치가 있는지를 충분히 검토해야 한다. 둘째, 실제 세분시장을 분할하는 데 이용될 특성, 즉 세분화 기준을 선정하는 것이 용이하지 않다는 점이다. 셋째, 시장을 세분화하는 데 있어서 너무 세밀하지도 너무 광범위하지도 않게 세분화한다는 것이 쉽지 않다는 것이다. 넷째, 시장세분화를 하는 데 있어 성장 가능성이 적은 세분시장에 마케팅자원을 투입할 경우가 생길 수 있다는 점이다.

1.4.3 여행시장세분화와 목표설정

목표를 설정하기 위해서는 우선 시장을 어떤 기준으로 몇 개의 그룹으로 나누지 않으면 안 된다. 이때의 기준은 하나로 그치지 않고, 많은 경우는 몇 개의 기준을 조합하여 자사의 서비스 특징에 맞는 그룹으로 나눈다. 그래서 어떤 기준에 따라 나누어진 그룹의 하나하나를 세분화라고 부르며 시장을 세분화하는 것을 세그멘테이션(분할 · segmentation)이라고 한다. 세그멘테이션을 위한 기준으로는 여러 가지 것이 있다. 세분화에 대해서는 몇 가지 주의하지 않으면 안되는 점이 있다.

시장세분화를 위한 기준이 되는 변수(variables)들은 상품, 서비스의 성격, 고객 및 경쟁특성에 따라 다양하게 달라질 수 있다. 다양한 세분화 변수 중 어느 것을 이용해서 세분화를 하든 궁극적으로 마케팅 프로그램을 실행할 수 있고 마케팅 비용에 대비해서 충분한 시장반응을 얻을 수 있으며 아이디어를 자극할 수 있도록 이루어져야 한다.

일반적으로 시장을 세분화하기 위한 단일방법은 존재하지 않는다. 마케터는 시장구조를 검토하는 유익한 방법을 발견하기 위해 여러 가지 세분화변수를 단독, 또는 복수로 짜맞추어 시도할 필요가 있다. 즉 시장을 몇 개의 공통요소 · 기준으로 분할하는 것이다.[31)]

관광산업의 시장세분화기준은 사전적 기준과 사후적 기준으로 나눌 수 있는 바, 전자에는 인구통계적 및 사회경제적 변수, 지리적 변수가 있고, 후자에는 심리적 변수와 행동분석적 변수가 있다.[32)]

31) 大野和雄, 現代観光マーケティング論, 函館大学 · 北海道産業開発研究所, 1986, 190쪽.

32) 김홍철, 관광마케팅관리, 백산출판사, 1997, 74쪽.

〈표 1-6〉 시장세분화의 기준

변수		세분화 실례
지리적 변수	글로벌	동남아, 중동, 일본, 중국, 남미, 미국, 유럽 등
	국내	호남, 충청, 경상, 수도권, 경기, 광역시 등
	도시 규모	총인구 규모에 따른 분류
	인구밀집 정도	도시, 교외, 시골, 인구 밀도에 따른 분류
	기후	강수량/적설량, 해안/산악/평야 등
인구 통계적 및 사회 경제적 변수	연령	10대, 20대, 30대… 등 특정 연령 구분에 따른 분류
	성별/결혼 여부	남, 여, 기혼/미혼 등
	가족 수	1명, 2명, 3~4명, 5명 이상 등
	세대 구성	1세대, 2세대, 3세대 등
	가족 라이프사이클	싱글, 기혼(자녀 유무), 자녀 수/학년, 맞벌이 여부 등
	소득	월 ○○○만 원, 연 ○○○○만 원 등
	직업	전문직, 기술직, 사무직, 학생, 주부, 실업상태 등
	교육	고교 이하, 대학, 석사, 박사 등
	종교	기독교, 천주교, 불교, 무교
	인종/국적	백인, 흑인, 황인 등/한국, 일본, 중국, 미국 등
심리적 변수	사회적 신분	하위층, 중산층, 상류층, 노동자층, 고위층 등
	라이프 스타일	성취지향적, 경쟁적, 투쟁적 등
	인성/성격/개성	완고, 권위적, 야망이 있는, 사교적 등
행동 분석적 변수	사용상황	규칙적, 특별한 경우 등
	혜택(이점)	품질, 서비스, 경제성, 편리성, 속도 등
	사용자 유형	사용 무, 교차/잠재적/처음/정기적 사용자 등
	사용률	낮음, 보통, 높음, 매우 높음 등
	충성도 정도	없음, 약함, 중간, 강함, 절대적 등
	구매준비단계	모름, 알고 있음, 관심 있음, 구매 욕구, 구매 예정 등
	제품에 대한 태도	정열적, 적극적, 무관심, 소극적, 부정적, 적대적 등

자료 : Philip Kotler · John Bowen James Makens, Marketing for Hospitality & Tourism, Prentice-Hall Inc., 1996, p. 247에 의거 재구성함.

1) 지리적 변수에 의한 세분화

지리적 변수에 의한 세분화는 국가, 도(道), 지역, 지부, 군부(郡部), 도시, 농촌, 인근과 같은 여러 가지 지리적 단위로 시장을 구분하는 것이다. 우리나라의 경우 수도권과 비수도권, 영남, 호남, 도심과 도시근교, 여행지 · 주거지 · 상업지역, 또한 서울시내에서는 강남, 강북 등으로서의 시장의 지리적 분할이 가능하고, 지리적 세분화는 지역에 따라 사람의 취향과 필요, 욕구, 구매력이 다른 것이라고 기대하는 데서 비롯되는 것이다.

마케터는 지역의 요구나 차이에 주의를 하며 하나 혹은 복수의 지역에서 행동하는지, 모든 지역에서 행동하는지의 여부를 결정할 것이다. 지리적 세분화는 시장잠재력과 마케팅비용이 시장의 지리적 위치에 따라 다름을 전제하고 있기 때문에 공급자는 인구밀도, 기후, 지리적 규모에 따라 자사가 수용 가능한 가장 유리한 시장을 선택하게 된다.

이러한 지리적 세분화는 일반기업의 경우 지역토착소주의 예와 참이슬소주의 판매시장의 범위에서 잘 이해된다. 또한 이러한 지리적 세분화는 호텔업의 경우, 서울을 중심으로 볼 때 어떠한 지역이 경제수준이 높은가를 고려하여 지역주민의 유인에 유리한 지역을 선정하여 그러한 지역에 호텔을 건립하는 경우에서 잘 이해할 수 있다.

2) 인구통계적 변수에 의한 세분화

인구통계적 변수는 오래전부터 시장세분화의 기준으로 널리 사용되어 왔는데, 소비자들의 욕구와 밀접히 관련되어 있을 뿐만 아니라 여타 세분변수에 비해 측정하기가 용이하기 때문이다.

여기서는 연령, 성별, 가족생활주기, 소득, 직업, 주거지, 교육수준, 가족생활주기, 사회계층, 주택소유여부, 가족 수, 종교, 인종, 국적 등의 인구통계학적 변수를 기초로 하여 시장은 몇 개의 집단으로 시장을 구분하는 것이다.[33] 인구통계학적 변수는 몇몇 고객집단을 구별하기 위한 가장 일반적인 기준이다.

예컨대 시장분할이 최초로 성격이나 기타 기준을 사용하여 규정되었다 해도 표적시장의 규모를 측정하거나 그것에 효율적으로 도달하기 위해서는 인구통계학적 변수를 잘 이해할 필요가 있다.

---

33) 최종필, 마케팅, 학문사, 1995, 129쪽.

3) 심리적 변수에 의한 세분화

(1) 동기(motivation)

인간의 모든 행동에 바탕이 되는 것은 욕구이다. 그런데 이 욕구가 외적 또는 내적 자극을 받아서 활성화되면 동기로 변한다. 즉 인간의 활성화된 상태의 욕구가 곧 동기인 셈이다. 동기이론(motivation theory) 중 가장 널리 알려진 것은 매슬로(Maslow)의 욕구 계층이론(일명 욕구단계설)일 것이다.

매슬로는 인간의 동기를 유발하는 필요조건인 욕구를 다음과 같은 다섯 단계로 분류하였다. 즉 ① 생리적 욕구(physiological needs): 갈증, 피곤함 등 생리적인 긴장상태를 해소하려는 기본욕구, ② 안전욕구(safety needs): 위험이나 불안정한 상태를 벗어나려는 욕구(보호, 질서, 안정, 보안), ③ 사회적 욕구(social needs): 우정, 사랑, 소속감에 대한 욕구, ④ 존경욕구(esteem needs): 다른 사람으로부터 인정과 존중, 존경을 받으려는 욕구(위신, 성공, 성취, 체면, 권위의식), ⑤ 자아실현의 욕구(self-actualization needs): 자아실현과 자기개발에 대한 욕구 등이며, 이들 욕구를 여행업무에 적용하면 다음과 같다.

〈표 1-7〉 욕구단계설의 여행업무에의 적용

욕구단계	여행업무에의 적용
생리적 욕구	화장실의 위치 고지(告知), 물병 준비, 청·노년층의 식사 구분
안전욕구	적절한 예견, 안전·안심·안락 등 삼안(三安)의 확보, 서비스의 특성 파악
사회적 욕구	참가자 상호 간의 자기소개 기회부여, 소정양식의 단원명부작성 및 배포, 여행종료 후의 상호 간 정보교환
존경욕구	여행자 중 특정분야의 전문가가 있는 경우 그 지식을 발표케 함. 의사나 어학에 능통한 자와의 협력
자아실현욕구	개개인의 잠재적 자기실현욕구에 대응하기 위한 철저한 여행준비, 부가가치가 발휘되는 여행계획 및 실시, 오랫동안 잊혀지지 않는 추억을 제공

자료 : 香川昭彦, 添乗人間学, トラベル ジャナル, 1988, 44~47쪽을 참조로 재구성.

여행동기는 그 욕구(drive)가 내부에서 비롯되느냐 외부에서 당겨지느냐에 따라 "내적 동기요인" 즉 일상생활의 권태와 스트레스 때문에 스스로 여행의 필요성을 느끼게 될 경우(push factor)와 "외적 동기요인" 즉 특정여행지의 매력요인에 의해 이끌렸을 경우(pull factor)로 나누어진다고 하면서, 휴양지 호텔의 광고 · 홍보전략은 잠재고객의 마음에 내재하고 있는 내적 여행동기를 일깨움과 동시에 차별화된 서비스로 외적 동기를 제공하는 것이어야 한다고 역설하고 있다.

(2) 지각(perception)

지각이란 주어진 자극을 주관적으로 해석하고 나름대로의 의미를 부여하는 것이다. 동일한 마케팅자극이 주어졌다 하더라도 소비자는 자신의 배경이나 경험, 기대, 동기, 관심 등에 따라 이를 서로 판이하게 이해하고 받아들일 수 있다. 즉 외부자극이 개개인의 의식 속으로 들어와 자신에게 의미있는 정보로 탈바꿈하는 과정에서 왜곡과 가공이 이루어지는 것이다.

소비자들은 자신이 노출되는 모든 외적 자극 중 극히 작은 일부에 주의를 기울이고, 자신의 선입관에 맞춰 정보를 뜯어 맞추고 합리화하며, 자신의 믿음과 태도, 그리고 행동을 뒷받침해 주는 정보만 기억하는 경향이 있는데, 이러한 지각적 측면들은 차례대로 선택적 주의(selective attention), 선택적 왜곡(selective distortion), 선택적 보유(selective retention)라고 불린다.

여행자에게 지각이란 곧 현실이다. 그런데 고객의 지각과 여행업마케터의 지각 사이에는 종종 차이점(gap)이 발생한다. 가령 어떤 여행지의 안전에 아무런 문제가 없는데도 불구하고, 현재 그 지역의 안전성에 대한 의심 때문에 가기를 회피하는 고객이 있을 것이다.

만약 영업마케터가 이러한 고객의 지각위험도(perceived)를 이해시키지 못한다면 그들을 실제고객으로 전환시킬 방안이 세워질 수 없다. 여행업마케팅 관리자는 고객측면에서 그들이 지각하는 대로의 여행목적지(여행사)의 이미지, 서비스의 질, 문제점 등을 파악할 줄 알아야 한다. 여행사 입장에서 보는 여행목적지가 고객이 지각하는 여행목적지일 것이라는 착각에서, 시장의 필요와 욕구에 초점을 맞춘 효과적인 마케팅전략이 수립되지 못하고 결국 실패하게 되는 것이다.

(3) 태도(attitude)

태도란 사람이 어떤 것에 대하여 지속적으로 품고 있는 호의적 혹은 비호의적인 감정을 말한다. 소비자의 일정상품에 대한 태도는 그 상품에 대한 평가를 나타내며, 그것을 구매하려는 행동경향의 선행조건이 될 것이다. 태도는 감정적 요소로서, 인지적 요소인 신념(belief)을 바탕으로 형성되며, 다시 구매의도(intention)에 영향을 미친다.

태도측정 시에는 태도의 대상이 무엇인지를 정확히 구분할 필요가 있다. 일정 대상에 대한 태도와 그 대상과 관련된 행위에 대한 태도는 서로 차이가 있을 수 있다. 예를 들어 가격이 저렴하고 깨끗한 어떤 호텔에 대해서 호의적인 태도를 갖고 있으나, 자신의 사회적 지위(social status)나 남들이 보는 눈을 의식하여 그 호텔을 자신이 직접 이용하는 행동에 대해서는 부정적인 태도를 가질 수도 있는 것이다.

(4) 학습(learning)

학습이란 경험이나 사고에서 나오는 개인의 행동변화를 말한다. 즉 어떤 자극과 그 자극에 대한 반응 간에 직접적인 관계가 성립된 경우, 학습이 이루어졌다고 할 수 있다. 상품정보와 사용경험은 모두 소비자에게 자극의 역할을 하며, 소비자들은 이를 바탕으로 자신의 태도나 신념(belief), 행동 등을 변화시킨다. 소비자들이 상품을 구매하거나 서비스를 경험하면서 이를 선호하거나 기피하도록 되었다면 이는 곧 학습이 이루어졌다고 말할 수 있는 것이다.

학습과정에는 크게 인지적 학습과정과 행동주의적 학습과정이 있다. 인지적 학습이란 상품 · 서비스정보와 경험 등에 의한 주관적 판단을 통해 배우는 것이며, 행동주의적 학습이란 중립적인 조건자극을 특정반응을 유발하는 무조건자극과 결부시켜 반복적으로 노출시킴으로써, 조건자극이 처음의 무조건자극에 의해 일어난 반응과 동일한 반응을 유발하도록 하는 비인지적 학습이다.

가령, 어느 호텔 내에서 자신이 좋아하는 음악이나 향기, 또는 색깔에 노출되어 자신도 모르게 그 호텔에 대해 좋은 태도를 갖게 되었다면 행동주의적 학습이 발달된다.

(5) 개성(personality)

개성이란 개인이 다양한 주위환경에 대하여 일관성 있게 반응하게 만드는 독특한 심리적인 특성이다. 즉 사람은 저마다 개인적 특성과 심리적 성향을 갖고 있으며, 이러한 자기 나름대로의 개성과 성격은 종종 외적 행동에 반영된다.

가령, 단체여행은 자아중심적인 사람보다 다방면관심형의 사람들에게 두드러질 것이며, 친목모임, 맥주파티 등은 소극적 · 내향적인 사람보다는 적극적 · 외향적인 사람들이 즐길 것이다. 또한 사람들은 자신의 진실된 개성이나 내재적 성향보다는 자신이 그렇다고 여기거나 그렇게 되기 바라는 자아개념(self-concept)에 따라 행동한다. 자기 자신이 그린 자화상에 따라 거기 걸맞은 행동을 연출하는 것이다.

〈표 1-8〉 개성과 SWOT

S : 내부적 강점 • 화술 • 활달한 성격	W : 내부적 약점 • 급한 성격 • 지나친 낙천주의
O : 기회가 되는 외부요소 • 인간성을 중요시하는 집단 • 화합을 중요시하는 집단	T : 위협이 되는 외부요소 • 보수적 집단

4) 행동(행태)분석적 변수에 의한 세분화

행동적 변수에 의한 세분화에서 구매자는 상품에 대한 그들의 지식, 태도, 사용, 또는 반응을 기초로 각각의 집단으로 나뉜다. 많은 마케터는 행동변수가 시장분할을 구축하는 데 있어 최선의 출발점이라 믿고 있다.

인간행태를 중심으로 세분화하는 행동적 변수는 시장 환경에서 소비자들이 어떠한 소비행동을 보이는가를 중심으로 고찰 분석하여 소비자들의 제 양태를 중심으로 시장 환경 분위기의 고조를 달성할 수 있는 행태요인을 추출하여 소비자들을 분석하는 것을 의미한다.

이러한 소비자들의 행태적 요인은 소비자들이 소비행동을 함에 있어 소비자들의 상품에 대한 인식과 지식 정도, 태도, 반응, 상품의 사용행태를 중심으로 분류되는데 이러한 구체적인 사례는 다음과 같다.

첫째, 소비자들의 의사결정과정과 구매동기는 어떠한가.

둘째, 소비자들의 혜택추구의 범위가 어느 범위까지 확대되어 있는가.

셋째, 소비자들이 잠재된 상태에 머물러 있기를 원하는가, 현재 소비자로 만들 준비가 많이 되어 있는가.

넷째, 상표충성도의 고려를 확대하는가.

다섯째, 구매준비의 단계가 다단계 탐색과정과 검토과정을 거쳐 소비행동에 임하는가 등의 제 요소를 대상계층별로 정도의 심화 정도를 고려하여 자사가 추구하는 목표고객의 위상 정도를 고려하여 고객의 접근방법을 모색하는 시장세분화를 의미한다.

이러한 행태적 변수는 여행업의 입장에서 소비자들의 행태가 단체여행 지향인가 개인여행 지향인가와 객실이용의 행태는 어떠한 유형을 선호하는가, 고급화된 체인호텔을 선호하는가, 신혼여행이나 효도여행 및 가족여행 시 고급호텔을 선호하는가, 비즈니스 이용객의 호텔선호도는 어떠한가, 호텔이용 시 편익추구의 행태는 어떤가 등 다양한 고객의 행태를 중심으로 행태적 변수를 분석, 여행업의 발전을 가져오는 데 도움이 되는 제 요소를 분석하여 고찰하는 세분화변수를 의미한다.

신혼시장은 여행관련 산업계에 대해서 현저한 가능성을 수반한 구매상황을 제시하고 있다. 많은 문화에 있어 신혼여행은 양친이나 기타 가족에 의해서 지불이 이루어지고 있다. 선물로서 신혼패키지는 호텔의 스위트룸이나 일등석의 항공운임 등 고급스러운 상품이나 서비스를 포함하고 있을지도 모른다.

구매상황에 의한 세분화의 가장 예외적인 것의 하나는 캐내디언 퍼시픽 호텔의 앤드 리조트의 더블트리(Double tree) 호텔이 제공하는 "가족적 숙박풍의 욕실"계획이다. 더블트리 호텔은 감사제와 크리스마스 사이 긴급숙박을 필요로 하는 여행자에 대해 단기간의 자유스러운 숙박을 제공하고 있다. 이들은 긴급 의료처치를 받고 있는 사람들을 방문하기 위해 여행하는 사람들이다. 지방의 병원이나 적십자에서는 해당 고객에 대해 어느 의사에게 진찰을 받으러 오라는 지시까지 부여하고 있다.

5) 포괄적 시장세분화

여행조건에 의거 대상계층의 구분 없이 투어코스를 중심으로 여행사에서 상품을 기

획 · 개발하여 많은 대중 중심의 시장을 개척하고자 할 때 이용되는 시장세분화로서 보편적 시장세분화의 의미와도 동격으로 사용한다.

6) 전문시장 세분화

특수목적여행 또는 주제가 있는 여행(SIT : Special Interest Tour)과 같이 주제와 테마 중심의 전문시장으로 여행경험이 풍부한 여행자를 중심으로 고객계층을 확보해 나갈 때 접근하는 시장세분화의 유형이다.

목적의식이 뚜렷한 여행자는 개인여행으로서 FIT여행지향을 추구하고 또한 그룹여행으로서 SIT에의 참가를 추구하고 있다. SIT와 같은 여행사가 기획 · 모집하는 여행은 여행자들이 높은 목적의식을 가지고 있는 것이 특징이다. 따라서 이들 고감도 여행자에게 대응하려면 여행사의 풍부한 정보력과 컨설팅능력이 요구된다.[34)]

7) 보편적 시장세분화

무수한 대중을 중심으로 일반재화의 필수재화를 판매하여 고객을 접근시키도록 하는 방법과 같이 무작위의 고객에게 접근해 나가는 시장접근방법이다.

8) 차별적 시장세분화

여행경험이 있는 기존고객을 중심으로 투어코스를 점차 차별화하여 고객의 여행경험 기회를 증대 혹은 확대할 수 있도록 투어코스의 다양화, 전문화, 집적화를 통해 여행시장을 확대해 나가는 고객접근방법이다. 도미경은 상품차별화, 서비스차별화, 고객차별화 이미지차별화 등을 통해 포지셔닝을 해야 한다고 말하고 있다.[35)]

9) 집중적 시장세분화

배재여행사의 배낭여행이나, 혜초여행사의 트레킹 여행, 대구에 소재한 성지여행처럼 어학연수 중심의 상품을 기획 · 개발하거나, 조계사반야여행사처럼 불교성지순례여행자를 대상고객으로 한정 또는 집중적으로 여행자를 모객하여 여행사의 독자적 위상을 확

---

34) 岡本義温 · 小林弘二 · 広岡裕一, 変化する旅行ビジネス, 文理閣, 2003, 111쪽.

35) 도미경, 웰빙시대의 관광마케팅, 기문사, 2010, 153~157쪽.

보해 나가는 시장고객유치 및 접근방법이다.

1.5 시장세분화전략

현대의 소비자 요구는 다양하고, 이질적이며, 이들 시장을 포괄적 · 균질(均質)적으로 보는 것이 아니라, 새로운 시점으로 마케팅을 재편성 · 재구축함으로써 신규수요를 창조하지 않으면 안 된다. 바야흐로 창조적 세일즈 시대가 다가온 것이다.[36] 그 경우 적절한 마케팅믹스활동을 전개하는 데에는 특정 기준하에서 시장세분화전략이 전개되는 것이 필요하다.

시장세분화전략은 여행수요분석의 일반적인 접근방법이지만 다음과 같은 4가지 전제에 기반하는 것이다.[37]

① 여행객은 서로 다른 여행구분에 따라 그룹화할 수 있다.
② 사람들은 휴가 · 여행 욕구가 있으며, 그리고 특정시장구분에 입각하여 선호한다.
③ 특수한 여행지 혹은 여행객의 체험이 다른 장소, 사람에 의해 시장세분화되는 경향이다. 예컨대 해상 크루즈는 청소년층에 대한 것이라기보다 중장년층에 판매하는 것이 쉬울 것이다.
④ 여행공급자는 마케팅 노력에 따라 특정시장을 명확하게 세분화하여 상품 · 서비스의 개발 · 개량이 가능하다.

이론적으로는 수요가 둔화하는 성숙기 · 포화기에는 시장세분화전략을 전개하고, 이질 · 다양성을 인위적으로 만들어내는 것이 필요하다. 특히 상품의 서비스판매대상지역을 전국 일제(一齊)발매로 하지 않고, 지역한정으로 하거나, 성별, 연령별, 생활수준이나 소득수준, 생활양식, 가치관 등의 라이프 스타일(life style)의 특성을 파악하여 세분화하고 있다.

36) 口田紀·越出均, 先端ソフトセルス, 木の旅社出版事業部, 1988, 53~59쪽.
37) M. M. Coltman, Introduction to Travel and Tourism, Van Nostrand Reinhold, 1989, p. 300.

더욱이 상품을 수직적 · 수평적으로 다양화하여 소비자욕구를 충족시키기 위한 상품세분화전략도 전개되어, 성숙기 상품의 경우 시장세분화와 상품세분화를 통합한 전략이 필요하게 된다.

관광산업 세분화 사례로는 계절성이 있는 산악리조트에 있어서 통년화(通年化)하기 위한 마케팅전략이 전개되지 않으면 안 된다. 많은 관광산업은 연간 수개월은 한산기(閑散期), 즉 오프 시즌이며, 그 기간에 여행하는 것을 선호하는 중장년층을 표적시장으로 만들 수 있다.

종종 특정고객층을 획득하면 점차 고정화하는 경향이 있으며, 관광산업의 마케팅전략에서는 복수의 요인을 근간으로 세분화를 실천하고 있다.[38)]

예를 들면 호텔체인에서는 세분화를 할 때, 요금격차에 따라 각 클래스에 호텔의 등급, 객실유형을 이질적인 것으로 조합하고 있다. 다른 한편으로 단일기업 자체 내에서도 가격차에 의해 다소의 질적 서비스차이 등 특징을 내세워 객실을 제공하고 있다. 항공사는 동일 항공기에 대해 가격차가 꽤 있는 1등석, 우등석 및 2등석 좌석으로 세분화하고 있다. 게다가 라이프 스타일의 변화로 유통계 여행업에의 진입을 예고하고 있다.[39)]

1.5.1 여행시장 세분화전략

여행시장을 몇 개의 기준하에서 세분화하고, 그 세분화에 따라 시장을 위한 특이한 상품이나 서비스를 개발하기 위해서는 더욱이 분석하는 것이 필요하다.

다음은 휴가활동 선호에 따라 미국인의 캐나다에의 휴가여행시장에 관한 연구이다. 이것은 4개의 휴가로 구분되어 있고, 개별적으로 중요할뿐더러 그 전체의 세분화 속성이 상호 연관되어 있음을 알 수 있다.

---

38) 刀根武晴 · 日本アプタセールス研究委員会, アプタセールス戦略, プレジデント社, 1983, 43~54쪽.

39) 秋場良宣, 旅行業未来戦略, 日本能率協会マネジメントセンター, 1992, 190쪽.

〈표 1-9〉 중요한 여가의 시장세분화전략

전체적 세분화	도시의 세분화	여행의 세분화	리조트의 세분화	아웃도어의 세분화
① 휴가가격 설정 ② 다양한 활동 ③ 현지와의 교류촉진 ④ 서비스의 질	① 문화적 활동 ② 역사적 건축물 ③ 컨벤션 ④ 쇼핑 ⑤ 대도시	① 고급레스토랑 ② 고급호텔 ③ 소규모도시 ④ 문화적 활동 ⑤ 역사적 건축물 ⑥ 농촌(전원)	① 고급레스토랑 ② 고급호텔 ③ 리조트지역 ④ 나이트·오락	① 전원(田園) ② 해안 ③ 호소·폭포 ④ 산악 ⑤ 국립공원·삼림 ⑥ 황야

자료 : M. M. Coltman, Introduction to Travel and Tourism, Van Nostrand Reinhold, 1989, p. 302.

결과적으로 최초의 전체적인 속성은 모든 세분화에 공통적인 것이며, 다른 4개의 속성이 실제로 구체화하기 전에 그것이 설정되지 않으면 안 된다. 분류항목의 유형은 마케팅 프로모션 계획에 있어서도 매우 중요한 속성이다.[40]

1.5.2 표적(target)여행시장

표적시장화(target marketing)란 여러 세분시장 가운데 매력적인 몇몇을 선정하여 마케팅활동의 표적으로 삼는 것이다. 표적시장 선정에서 고려해야 할 요소에는 세분시장의 규모, 수익성, 성장률, 경쟁의 강도, 경쟁사의 현 위치 및 변화 방향, 자사의 수요충족 능력 등이 있다. 시장세분화는 시장을 동질적인 여러 개의 하위시장으로 구획하고 각 구획시장에 적합한 마케팅프로그램을 적용하려는 전략이다.

세분화의 등급설정이 이루어지면 마케팅담당자는 어느 특정 여행지의 어떤 잠재적 여행고객층을 유인할지 결정하지 않으면 안 된다. 이러한 선택은 일반적으로는 단순히 전체의 여행시장을 대상으로 하는 것이 아니라 특정 부분을 초점으로 하고, 그것을 여행시장의 표적시장(target market)이라 지칭하고 있다.

〈표 1-10〉과 같이 표적시장 마케팅에 있어서는 당해 관광산업의 목표나 경영자원으로 생각하여 부분여행시장에 대하여 최적 세분화가 이루어지는지를 파악할 필요가 있다. 어떤 구분 혹은 복수의 구분에 대한 수요의 잠재력을 파악하는 것이 필요하다. 즉 잠재적 여행객 수를 산출하면서 1일당 소비액을 산출하는 것이다.

40) M. M. Coltman, Introduction to Travel and Tourism, Van Nostrand Reinhold, 1989, p. 301.

〈표 1-10〉 표적마케팅의 중요단계

시장세분화(segmentation)

1. 세분화의 기준을 명확히 한다.
2 각 세그멘트의 개요를 분석한다.

표적시장의 설정

3. 세그멘트의 매력도를 측정한다.
4. 목표 세그멘트를 선택한다.

시장위치설정(positioning)

5. 목표 세그멘트에서의 포지셔닝을 결정한다.
6. 목표 세그멘트에 있어서의 마케팅믹스를 개발한다.

자료 : Philip, Kotler, Marketing Management, Englewood Cliffs : Prentice-Hall Inc., 1984, p. 251를 토대로 재구성.

표적시장의 마케팅은 경제상황에 관한 정확한 분석을 하고 또한 표적시장을 여행지 개발 비용 및 그 표적시장의 취급 혹은 제공하는 여행지의 자금적·관리적인 능력 등을 감안하여 그 결과 최적인 표적여행시장을 결정하지 않으면 안 된다.

표적여행시장이 선정되어 추출되면 마케팅담당자는 통제할 수 없는 외적 환경의 제 요인을 분석하고 계획을 구체화하는 것이 필요하다. 이들 외적 영향력으로는 정치(표적시장의 국가에 의한 통화 혹은 여행의 제한이 있는지), 경제(체재기간까지도 관계하지만 표적시장으로서 총가격이 좀 더 고액이 되는지), 기술(여행지에의 비행이 편리한지), 문화(호스트지역이나 표적시장과의 사이에 충돌이 있는지) 등을 생각할 수 있다.

마케팅담당자는 표적여행시장에 대한 마케팅전략이 여행지에서의 전체적 전략에서도 최적인 것을 제안하지 않으면 안 된다. 시장계획이 호텔처럼 개별적 비즈니스라면 그 기업에 최적인 것이지 않으면 안 된다.

또한 상품·서비스가 표적시장에 충분히 적합하다는 것을 확증하기 위한 분석이 행해지지 않으면 안될 것이다. 특히 경쟁기업의 대응책까지도 검토하지 않으면 안 된다. 마지막으로 마케팅담당자는 제한된 마케팅전략이 각 부문마다 강약을 배려하면서 전체적으로 적절한지의 여부를 확인하는 것이 필요하다.

표적시장 선정에 있어 주의해야 할 점은 표적으로 삼은 세분시장들의 성격이 서로 상충되지 말아야 한다는 점이다. 고객믹스가 중요성을 갖는 호텔산업에서 서로의 욕구와 기대가 상이한 세분시장들이 함께 맞부딪히면 자칫 마찰이 생길 수 있다. 표적시장 선정 시 신중히 고려해야 할 요인은 ① 수익성, ② 성장잠재력, ③ 경쟁적 위치, ④ 자사의 자원 등이 있다.

〈표 1-11〉 표적시장 선정기준

잠재수익성과 시장점유율이 어느 정도인가?
그들의 수요특성은 무엇이며 구매력은 어떠한가?
현재 경쟁회사들이 이 세분시장에 어떠한 전략으로 접근하고 있는가?
자사의 경영목적에 부합되는가?
표적시장들의 성격상 서로 양립될 수 있는가?
이 세분시장 욕구를 충족시킬 만한 자원이 자사에게 있는가?
자사의 이미지와 가치관에 부합되는 시장인가?
이 시장을 개발할 타당성이 무엇인가?

1) 표적여행시장의 선정

시장세분화를 수행하게 되면 세분시장별로 기회와 위협을 파악할 수 있게 된다. 따라서 구체적으로 어떤 세분시장이 기업이 충족시키고자 하는 표적 내지 목표시장으로 적합할 것인지를 결정하는 문제가 중요하다. 이처럼 시장세분화를 통해 확인된 여러 시장들을 평가하여 어떤 세분시장을 목표로 할 것인가를 고려하여야 하며 표적시장을 선정하는 데는 몇 가지 사항을 고려할 필요가 있다.

표적시장은 ① 객관적으로 보아 매력 있는 시장이어야 한다. 즉 현재의 매출액, 성장속도, 수익률, 경쟁의 강도, 유통의 난이도 등의 기준에 비추어볼 때 전망이 밝다고 인정되어야 한다. ② 여행사가 그 여행시장에서 성공할 수 있는 강점이 있어야 한다. 객관성이 좋다고 해서 모든 세분시장에 진출할 수는 없다. 그 여행시장에서 성공할 수 있는

특유의 요건을 회사가 갖추어야 한다. 다시 말해 객관적으로 매력 있고, 여행사가 그 시장에서의 성공요건을 갖춘 세분시장을 회사는 표적시장으로 해야 하는 것이다.

흔히 시장세분화를 하는 데 있어 범하기 쉬운 과오는 너무 과대하게 세분화하여 능률성을 상실하는 경우이다. 따라서 세분시장 간 비용, 성과, 기술적인 측면에서 상호 관련성이 있는 것을 모아 시너지 효과를 기하도록 하는 것이 현명하다. 그리고 세분시장에서의 진출은 순차적으로 계획을 수립하여 실시하는 것이 경쟁자의 대응을 고려할 수 있어 안전하다.

따라서 표적시장을 선정할 때 기업은 기업의 자원, 제공되는 서비스의 동질성, 서비스 상품의 수명주기, 시장의 동질성, 경쟁사의 전략 등을 고려하여 가장 적절한 세분시장을 택해야 한다. 표적시장의 선정을 위해서 기본적인 것은 시장세분화이며, 시장세분화의 준거는 학자 등에 따라 다양하게 제시되고 있다.

이와 같은 변수들을 정리해 보면 첫째, 심리적 변수로서 여행자의 유형을 그 심리적 특성에 따라 나눠 시장을 세분화하며, 주로 ① 지위추구자(status seeker)의 상류층(elite), ② 새로운 장소에 관심있는 탐험자로서 모험을 즐기는 계층, ③ 안전성 · 쾌적성을 찾는 품질추구자(quality seeker), ④ 취미 등 특정이익 추구자, ⑤ 스포츠 등 행동적인 계층, ⑥ 싼 가격의 경제추구자(economy seeker) 등으로 분류한다. 둘째, 목적변수로서 여행목적별로 시장을 세분화하는 것으로 ① 상용, ② 휴가, ③ 가족 · 친구 · 친척의 방문 등으로 분류한다. 셋째, 편익변수로서 여행자가 여행에서 얻을 수 있는 편익으로 시장을 세분화하는 것으로 ① 호화로움, ② 높은 수준의 서비스, ③ 여행지의 입지, ④ 이용숙박시설의 분위기 등에 의한 세분화 등으로 분류한다. 넷째, 거리변수로서 ① 장거리, ② 중거리, ③ 단거리 등으로 분류한다.

관광마케터는 이러한 변수들로 시장을 세분화해서 자신의 상품에 맞는 세분시장을 찾아내 표적시장을 선정해야 한다.

2) 자사(自社)의 시장위치설정(positioning)

업태란 무엇인가 "여행업은 정보시스템과 인적 서비스를 조합한 시스템"이라고 정의하면, 정보시스템에는 '종합'에서 '전문'까지 폭이 있다는 것을 알 수 있다. 인적 서비스에는 그 농도에 따라 큰 차이가 있다. 인솔자를 반드시 동행시키는 여행상품만을 취급하는 여행사가 있는가 하면 에어온리(air only)만 판매하는 회사도 있다. 거기서 인적 서비스의 정도도 상당히 달라진다.

여기서 가로축에 정보시스템의 전문성과 종합성을, 세로축에 인적 서비스의 밀도를 파악하면 〈그림 1-5〉에서는 여행사의 위치가 확실해진다. 예를 들면 폭넓은 상품을 판매하는 종합여행사로 여행에는 반드시 인솔자를 동행하는 상품을 판매하는 여행사는 A에 위치가 설정되어 있고, 허니문이나 해외예식을 전문적으로 판매하는 여행사라면 B라는 형태로, 자사의 시장위치가 명확하게 되어 자사 마케팅전략의 책정이 용이해진다.

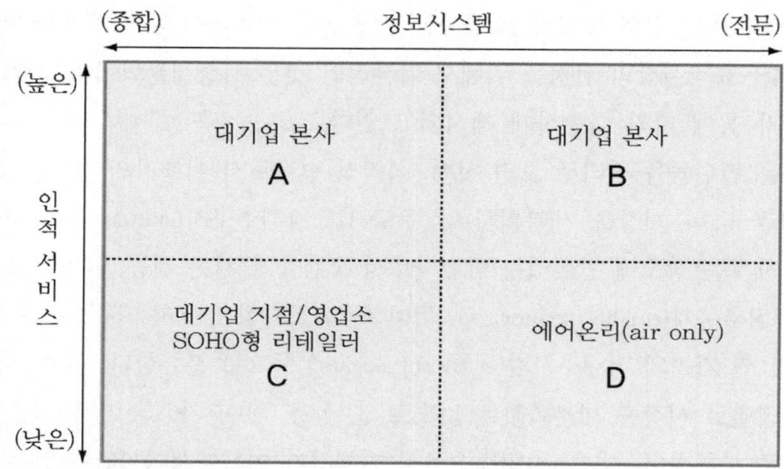

자료 : 津山雅一·太田久雄, 海外旅行マケティング, 同友館, 2000, 106쪽.

〈그림 1-5〉 여행업의 시장위치

A에는 가장 큰 대기업인 하나투어, 모두투어, 롯데관광, 한진관광 등의 홀세일러가, B에는 여행목적지, 어느 특정 연령층, 혹은 크루즈 등을 판매하는 특정한 여행전문점이 위치한다. C에는 큰 여행사의 지사 또는 지점이, D에는 전형적인 에어온리(air only)업자가 위치한다.

윤대순은 신여행사, 공격적 기존 여행사, 보수적 기존 여행사로 업태를 구분하고 있는데, 신여행사군은 광고로써 시장진입을 노리는 여행사로, 공격적 기존 여행사(aggressive leaders)군은 일정한 시장점유율을 확보하고 있는 기존 시장선도업체 자유투어, 노랑풍

선 등이 이에 해당하며, 보수적 기존 여행사군은 이미 시장선도업체로서 하나투어, 모두투어 등이 여기에 해당한다.

한편 대기업계열사(tycoon members)군은 비교적 안정적인 재무성과를 기대할 수 있는 여행사군으로 과다한 마케팅비용을 사용하지 않고 여행사를 경영하며, 일정한 현금흐름의 안정적인 재무구조를 기반으로 한 여행사군으로 나누고 있다.[41]

3) 포지셔닝(positioning)전략

포지셔닝전략이란 특정 표적시장에 특별히 소구할 수 있어야 한다는 당위론적 측면에서, 기업을 차별화할 수 있는 이미지의 개발과 관련된다고 봄으로써 상품차별화에 초점을 맞추고 있는데, 여기에는 소비자 포지셔닝전략, 경쟁적 포지셔닝전략, 재포지셔닝전략 등이 있다.

(1) 소비자 포지셔닝전략

소비자 위치정립은 상품과 고객의 욕구를 연결시키는 데 있어서 소비자가 추구하는 이점과 상품의 특성을 관련시키거나 호소적인 이미지나 환경을 조성하는 포지셔닝방법이다. 상품은 두 가지 기준, 즉 구체적 포지셔닝 대 일반적 포지셔닝과, 정보전달적 포지셔닝 대 이미지 포지셔닝에 의하여 특정 소비자층에 포지션된다.

(가) 구체적 포지셔닝전략 대 일반적 포지셔닝전략

구체적 포지셔닝전략은 직접적으로 상품과 그 상품을 사용하게 되면 얻을 수 있는 이점을 연결시켜 포지셔닝하는 방법이다. 이에 비해 일반적 포지셔닝전략이란 막연하고 애매한 이점에 소구하여 소비자들이 의도된 이점에 익숙하도록 유도하는 포지셔닝 방법이다.

(나) 정보에 의한 포지셔닝전략 대 이미지에 의한 포지셔닝전략

정보에 의한 포지셔닝은 정보를 인용함으로써 직접적으로 상품과 이점을 연결시키는 포지셔닝전략인 데 비해 이미지에 의한 포지셔닝은 이미지와 상징을 통해 분위기를 간접적으로 조성하는 포지셔닝전략이다.

---

41) 윤대순, 여행사마케팅, 대왕사, 1999, 58쪽.

(2) 경쟁적 포지셔닝전략

상품포지셔닝의 또 다른 방법에는 경쟁상태에 중점을 두어 상품과 이점을 연결하는 경쟁적 포지셔닝전략이 있다. 이 전략은 관광마케팅관리자가 이미 소비자의 마음 속에 내재된 이미지와 상품을 연결시킬 수 있다는 장점이 있다.

(3) 재포지셔닝전략

기존 제품도 판매감소를 탈피하기 위하여 종종 재포지셔닝되어야 한다. 재포지셔닝 전략은 많은 전략적 이점도 있지만 한 상표에 대한 신념이나 지각이 이미 확립되면 변화시키기 매우 어렵기 때문에 신상품의 포지셔닝전략보다 성공하기 어렵다는 위험도 있다.

4) 포지셔닝의 분석

포지션의 분석방법에는 다음과 같은 두 가지 방법이 있다.

(1) 질적 분석법

일반적으로 이 조사에서는 관찰법(observation methods)과 집중집단면접법(focused group interviews)이 쓰이는데, 이러한 방법은 첫째, 고객 반응의 파악은 조사자의 해석에 주로 의존하게 되고, 둘째, 유용한 집단반응의 획득은 집단조정자의 유효성에 의존하기 때문에 한계가 있다. 따라서 이러한 방법에만 의존하지 말고 콘셉트조사의 초기단계에서 쓰는 것이 좋다.

(2) 양적 분석법

이 분석에서는 상호보완적인 성격을 가지는 다음과 같은 세 가지 방법이 주로 쓰인다.

① 고객태도 및 의도조사법(surveys of customer attitude and intention) : 소비자에게 기존상품의 상품포지션(물리적 속성, 성능특성 및 가격범위 등의 정보 포함)과 신상품의 포지션을 제시하고 그들의 선호도나 구매의도를 조사하는 것이다. 이 방법은 이미 상품포지션이 확인되었다고 가정하고 있고, 그것을 좋아하는 이유나 구매의도의 이유는 모르고 다만 그 범위만 알려준다는 면에서 한계가 있다.

② 다차원척도법(MDS : multidimensional scaling techniques) : 위치정립할 상품의 주요 속성(차원)과 이러한 속성의 이상적인 결합의 위치를 알 수 있게 함으로써 포지션의 확인을 가능하게 하여 주는 기법이다. 이 기법은 다차원 공간 내에 일정한 요구를 충족하기 위해 제공될 수 있는 상품에 대한 고객의 지각을 그림으로 나타내줌으로써 주요한 위치정립속성 내지 차원을 확인할 수 있게 해준다. 즉 마케팅 자극에 대한 지각도의 작성을 위한 목적으로 개발된 전문적 기법이다.

이때에는 고객이 고려 중인 상품에 대한 유사성 판단에 입각하여 도식화하는데, 이러한 지각도식화(perceptual mapping)를 하는 과정에서는 특정차원에서의 경합의 소지가 있음을 알 수 있다. 이는 지각도, 상품공간도(product space map) 등으로 불린다.

이 기법을 쓰면, 첫째 지각적 진공대(perceptual vacuum)를 알 수 있어 신상품에 대한 위치정립을 명확히 확인할 수 있고, 둘째 신상품아이디어를 여러 가지 상품포지션의 형태로 제시할 수 있게 해준다는 이점이 있다. 그러나 상품위치정립 결정 면에서는 다음과 같은 문제가 있다.

- 최소한 8개 정도의 상품이 있어야만 믿을 만한 2차원 지각도(知覺圖)를 그릴 수 있다.
- 두 가지 차원을 확인 또는 규정한다는 것은 임의적이다.
- 관찰된 유사성(고객의 유사성 판단)을 지각도상의 상품포지션에 대응시킬 수 있는 차원의 수를 결정하는 과정이 아주 복잡하다.

③ 컨조인트분석법(conjoint analysis) : 여러 상품의 특정적 구성요인이 결합된 상대적 매력을 평가하기 위한 수단으로 최근에 도입된 기법이다. 이 역시 앞서의 방법과 마찬가지로 개인의 상품에 대한 선호는 관련되는 속성의 수로 나타낼 수 있다는 가정을 하고 있으나, 전자와 달리 관리목적상 직접적으로 통제할 수 있는 실체적 속성을 다룬다는 점에서 차이가 있다.

따라서 양자는 상호보완적인 관계를 가지는데, 왜냐하면 전자는 상품포지션의 확인에 도움을 주며, 후자는 상품포지션을 더욱 정밀화하는 데 필요한 통찰을 할 수 있게 해주기 때문이다.

1.5.3 여행상품 차별화전략

경쟁이 격심한 상황에서 유능한 경영자는 자사의 상황과 경쟁상대를 비교·검토할 것이다. 비교분석 시 경영자는 경쟁상대의 상황을 판단하여 자사의 상품·서비스의 차별화전략을 시도할 것이다. 즉 기업은 경쟁기업에 대항하여 자사상품·서비스의 특이성, 우위성을 내세우고, 그 차이를 강조하는 것으로 고객을 유인하여 시장점유율을 높이려고 한다.

상품차별화전략(product differentiation strategy)의 이론은 라이벌과는 이질적인 우위성을 강조하여 차별화해야 한다는 것이다. 회사는 프리미엄 가격에 대한 기대가 가능하도록 어떤 면에 있어서 실질적으로 특이성을 실현하던지 혹은 특이성이 있다고 인정시키지 않으면 안 된다.[42)]

〈표 1-12〉 차별화의 새로운 방향

		의미	사례
	기술적 차별화	- 기술적 차별화 - 산업 성숙 및 제품 수명의 단축으로 점차 어려워짐 - Cost 절감이 동반된 기술적 차별화만이 살 길	- PDP-TV, LCD-TV 등 디지털 TV는 기존 TV보다 화질이 월등하면서 두께는 현저히 얇아서 소비자가 좋아함
지금까지↓	커뮤니케이션 차별화	- 광고 등을 통한 브랜드 이미지 제고 - 기존 방법은 많은 광고비가 드는 데다 광고효과도 불투명함 - BTL에 주목	- 대부분의 Luxury Goods, Fashionable Goods
앞으로는	제품 및 서비스 개념의 확장	- 기존 제품에 부가서비스를 제공하거나 다른 기업과의 제휴 등 - 막대한 연구개발비나 광고비가 필요하지 않음. 창의적 아이디어가 필요	- 주유소의 세차 서비스 - 마트의 주유소
↓	제품 및 서비스 개념의 단순화	- 집중화된 콘셉트로 복잡한 시장에 지친 소비자들에게 소구	- Walmart, Costco - 외팅어 맥주, 구글

자료 : 문화체육관광부 예술경영지원센터, 마케팅전략-기업의 성공사례에서 배운다, 2010, 26쪽.

42) 土岐坤他, 競争優位の戦略, ダイヤモニド社, 1989, 20쪽.

상품차별화전략은 상품의 수명주기로부터 시작되지만 성장기, 성숙기를 이행하는 데 따라서 본래의 품질적 기능 이외의 차이성이 강조되지 않으면 안 된다. 전형적인 상품차별화는 업무 혹은 생산지향의 어느 쪽에서 생긴다.

업무지향은 보다 많은 투어패키지를 판매하기 위하여, 보다 많은 호텔객실을 충족하기 위하여, 그리고 보다 많은 레스토랑의 식사를 판매하기 위한 필요성에서 상품차별화가 전개된다. 즉 비가격 경쟁에 따라 자사와 타사의 상품 · 서비스와는 이질적인 것을 잠재적 소비자에게 인지시키고 선호를 높이는 활동을 상품차별화전략이라 칭하고 있다. 차별화방법으로는 다음과 같은 것을 생각할 수 있다.

① 기술혁신에 따른 상품품질의 효용, 성능이나 기능상에 있어서의 실질적 기능을 향상시키는 상품차별화이지만 근년 많은 공업품의 경우 이와 같은 차별화는 쉽지 않고 그다지 보이지 않는다고 볼 수 있다.

② 상품 그 자체가 아니라 포장, 디자인, 컬러, 분위기, 경관 등의 외관을 타사의 것과 이질화, 개별화, 보증조건, 고품질서비스를 제공함으로써 차별화되는 방법이다. 서비스제공자 측은 가능한 한 개별적인 한 인간으로서의 대응이 필요하며, 그것이 좋은 서비스라는 평가를 받기 위한 첫걸음이다.[43)]

③ 타사의 유사상품과 구별시키기 위한 각종 세일즈 프로모션활동이 있으며, 특히 광고 · 홍보 등에 따라 이미지개선을 꾀하며 자사의 독자성을 소구하는 차별화 방법이다.

여행상품의 역할은 이질적으로 실질적 기능의 차별화를 하기보다 ②, ③에서는 타사의 유사상품과는 실질적인 차이가 없고, 외관상 혹은 심리적으로 소비자의 요구 · 용도에 부응하는 차별화가 진행되고 있다. 특히 ③의 경우 광고 등에 의하여 한번 이미지가 형성되면 진입장벽이 높아지게 된다. 상품차별화를 효과적으로 수행하기 위해서는 고객이 자사에 대하여 인식하고 있는 이미지, 태도, 평가 등을 이해할 필요가 있다.

오늘날 비가격경쟁수단에 의한 부가가치 설정의 차별화전략은 상품에 대한 기술면, 즉 상품차별화전략뿐만 아니라 서비스, 판매를 위한 유통시스템에 의한 것, 마케팅방법이나 점포이미지에 의한 것 등 다면적인 차별화가 진행되고 있다.

여행에서의 부가가치를 증대시키려면, 만남, 교류, 감동, 체험, 공부 등 가치 있는 경

---

43) 前田勇, サービスマネジメント, 日本能率協会, 1987, 29~32쪽.

험을 하게 하는 여행상품을 만들지 않으면 안 된다.[44] 따라서 부가가치를 증대시키는 것은 기본적인 것 이외에 플러스알파를 제공해야 함을 의미한다.[45]

관광산업, 예를 들면 레스토랑의 소유주는 저렴한 식사보다도 호화로운 분위기나 정중한 접대, 호스피탤리티(hospitality)에 의하여 고객을 유인할 수 있다는 것을 인식할 수 있다. 특히 호텔의 차별화는 분위기, 환경, 장식, 입지, 경관 및 기타 서비스 품질의 고저에서도 가능하다.

사실상 차별화에 따라 심리적 가격의 가산이 가능하게 되어, 즉 고객이 만족하는 상품 · 서비스의 선호에 따라 가격을 설정할 수 있다. 차별화가 크면 높은 가격을 설정할 수 있는데, 예를 들면 그러한 상황에서는 특수한 틈새시장이 만들어져 그 관점으로부터 패셔너블(fashionable)한 레스토랑 및 회원제 리조트는 독점 내지 독점도를 높임으로써 특정 고객을 획득할 수 있게 된다.

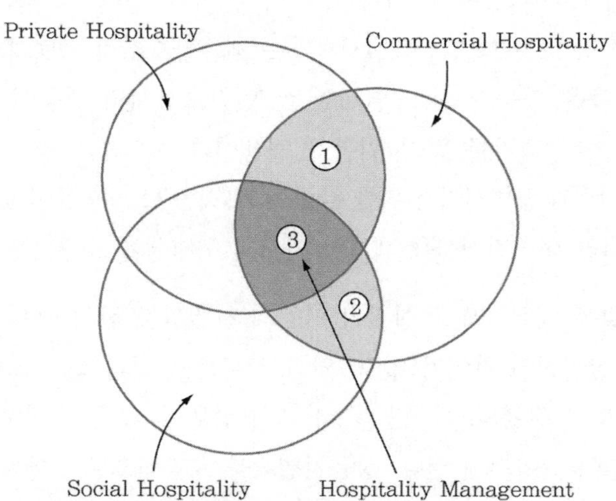

자료 : International Journal of Hospitality Management, No. 19, 2000. 3. 15.
주 : ①은 회사·호스피탤리티 등 인센티브 투어가 포함되는 분야.
② 비영리단체(NPO: Non Profit Organization)나 재단 등 기부행위 등을 포함하는 분야. 개발도상국가에서의 봉사를 겸한 투어가 이에 해당됨.
③ 호스피탤리티의 매니지먼트.

〈그림 1-6〉 3개의 호스피탤리티

44) 高橋秀夫, 理想の旅行業クラブツリズムの秘密, 毎日新聞社, 2008, 123~124쪽.
45) 川井十朗, ソフトサービス化戦略, 海南書房, 1987, 57~61쪽.

1.5.4 여행상품 진부화전략

진부화전략이란 새로운 여행상품이 탄생해도 곧 수명이 다하여 폐기되는 과정이며, 특히 대체품이 출현함으로써 당해 여행상품은 일거에 쇠퇴화한다. 관광산업에 있어서는 자사 여행상품에 대한 반복수요를 계속화시키기 위하여 당해 여행상품의 수명을 의도적·계획적으로 단축화하려는 상품진부화전략(product obsolescence strategy)이 취해진다.

왜냐하면 오늘날 여행시설은 장치형 산업이 되어 매스투어리즘(mass tourism)의 수요에 부응하고 있지만 결과적으로 유사상품화는 소비시장을 포화상태로 만들어 신규수요의 촉진책으로서 다음과 같은 진부화전략이 전개되고 있다.[46]

① 보다 뛰어난 기능·성능을 부가한 신 여행시설·기능을 개설함으로써 기존의 여행시설에서는 기술적·기능적 열위(劣位)가 되는 신규기능의 부가를 생각할 수 있다.

② 여행상품의 제공기간을 설정하여 그 컨벤션을 의식적으로 단명화(短命化)하여 한정된 기간 내에서만 동일 이벤트의 여행상품을 제공함으로써 집객력을 높인다. 그 후 별도의 여행상품, 이벤트, 테마, 아이디어를 개조하면서 신규고객·반복여행자를 유인한다는 기간한정에 따른 진부화가 있다.

③ 스타일, 디자인, 경관 등의 외관을 주기적으로 개선하여 내용적으로 새로운 것이 없는지, 새로운 여행상품을 제공하는지와 같이 신규고객·반복고객을 유치한다는 심리적인 진부화가 있다. 기술적으로도 혁신가능한 관광산업은 신규수요, 반복여행자의 수요를 개척하기 위하여 계획적으로 여행상품의 진부화가 가속화하고 있는 것도 사실이다.

이와 같은 진부화전략은 분명히 신규투자가 계속적으로 전개되고 수요환기가 이루어지기 때문에 장치형산업으로는 필요할 것이다. 그러나 이 외관만의 가짜 진부화하는 전략의 매너리즘화로는 신규수요뿐만 아니라 반복여행자의 수요창조로 연결되지 않고 관광산업의 격심한 경쟁 사이에서 지속적 발전을 위해서는 계속적인 혁신전략을 전개하지 않으면 안 된다.

---

46) 河原茂太朗·長谷政弘·佐藤念, 今日のマーケティング, 白鳥書房, 1986, 55쪽.

1.5.5 경쟁대응 마케팅전략

어떠한 기업 · 업태에 있어서도 모든 경영조직은 현재 이상으로 수요의 동향에 대하여 선제적인 대응이 필요하며, 현재적인 시장뿐만 아니라 잠재적인 수요창조와 잠재적 수요를 조직화하면서 경영조직의 존속 · 성장을 도모하는 것이 필요하다. 그러한 까닭에 경영전략의 중심에 마케팅전략을 전개하는 것이 필요할 것이다.

오늘날 여행시장의 잠재성장력은 한정되어 있으며, 기업 간 경쟁이 격화되고 있지만, 자사가 놓여 있는 경쟁적 지위에 부응한 대응이 필요하다. 즉 자사의 양적 경영자원과 질적 경영자원을 근거로 하여 경쟁지위의 유형화가 필요하며 다음과 같은 분류를 할 수 있다. 여행상품과 같은 무형상품을 위해 고객을 획득하기 위해서는 상품을 유형화하는 전략이 필요하다.[47)]

1) 선도자(leader)

선도기업은 시장점유율, 명성, 이미지와 더불어 시장을 리드하는 입장이며, 경영자원에 있어서 질적으로나 양적으로 경쟁타사보다 절대적 우위성을 발휘할 수 있다. 그러한 까닭에 전방위의 글로벌한 시장을 향하여 세계시장 전체의 성장 · 발전에 있어서 유효한 오서독스(정통적 · Orthodox)전략을 전개하지 않으면 안 된다. 전방위전략하에서의 시장목표와 경쟁방침은 다음과 같다.

① 전체의 수요확대를 위하여 항상 주변 수요 확대화를 행하지 않으면 안 된다.
② 가격경쟁을 수행하는 것이 아니라 비가격경쟁을 전개하여 시장점유율의 확대를 실시하지 않으면 안 된다.
③ 경영자원에 뛰어난 선도기업은 동질화경쟁에는 우위한 입장이 되어 경쟁타사가 새로운 마케팅전략을 전개해도 상대적으로 우월한 경영자원을 발휘하여 동질화 대응을 수행하기만 하면 이기게 된다.

2) 도전자(challenger)

선도기업과 양적 측면에 있어서는 꽤 유사한 경영자원을 보유하고 있고, 선도기업이 할 수 없는 혁신적 전략을 도전기업이 전개하는 것이 필요하다. 선도자에 대하여 도전하

---

47) 土岐坤, マーケティングイマジネーイショション, ダイヤモンド社, 1984, 146쪽.

고 공격적 전술에서 적극적으로 점유율 확대를 꾀하는 것이다. 도전자의 전략방침은 시장점유율의 확보를 위하여 선도자와 동일시장에서 경쟁하는 것이 되며 차별화전략을 시행하지 않으면 안 된다.

차별화전략에는 가격차별화뿐만 아니라 비가격 면에 있어서의 차별화, 예를 들면 상품, 서비스뿐만 아니라 유통경로, 판촉활동에서의 차별화 등을 적극적으로 실행하지 않으면 안 된다. 선도기업은 혁신적 대응을 그다지 하지 않는다는 결점을 가지고 이질적인 흉내를 낼 수 없는 혁신적인 상품차별화정책을 수행하는 것이 도전자의 활성화를 위해 필요불가결하다.

3) 니처(nicher)

니처는 선도자, 도전자, 추종자와는 같은 산업의 범주이면서 전문성이 높은 특수한 장르만을 모아 적재적소를 찾는다는 전략을 전개한다. 그 시장목표는 한정된 경영자원만 보유하고 있지 않기 때문에 선도자, 도전자와 같은 시장을 목표로 하지 않고 특이성을 발휘할 수 있는 특정시장 진입에 의해 이윤, 명성 및 이미지를 획득할 수 있다.

이상적인 니처는 ① 이익이 가능한 만큼의 크기와 구매력, ② 성장잠재력이 있음, ③ 대기업이 그다지 관심을 보이지 않음, ④ 자사의 탁월한 능력이 효율성 있게 발휘할 수 있음, ⑤ 대기업진입을 방지할 수 있을 만큼의 힘을 가지고 있다는 특성이 있다.[48]

구분된 시장에서 일종의 미니 리더(mini leader)이며 여행상품 라인 수를 한정하여 특수성을 소구하는 것이다. 그 전략은 ① 틈새시장 내에서의 주변수요 확대화, ② 틈새시장 내에서의 비가격대응, ③ 다른 진입약소기업과의 경쟁에 대하여 동질화를 실행하지 않으면 안 된다.

4) 추종자(follower)

양적 · 질적으로도 경영자원의 경쟁상 우위성을 가지지 않는 지위에 있는 추종기업은 생존이윤 획득을 위한 현 시장점유율 유지를 주안점으로 하여 모방적인 전략을 전개한다. 그 여행시장의 목표란 시장점유율, 명성, 이미지 등을 추구하는 것이 아니라 생존이윤의 획득에 있다. 자칫하면 경영자원의 업적을 위해 니처, 도전자 등 상위기업의 성공을 모방하여 저가격을 기본으로 하고 판촉도 낮은 수준의 것이 된다.

---

48) 村田昭治·小坂恕·疋田総·三村優美子, マーケティングマネジメント, ダイヤモンド社, 1984, 218~219쪽.

이와 같은 4가지의 유형화는 기업이 경쟁을 통하여 경영자원의 축적을 수행하고, 그 경영자원의 지위에 부응한 새로운 합리적인 경쟁대응을 하지 않으면 안된다고 지적하고 있다. 즉 경영자원의 양적 · 질적 면에서 경쟁상의 지위를 합리적으로 파악하여 각각의 시장목표, 전략의 방향성에 입각하여 표적이 되는 여행시장에의 마케팅믹스에 있어서의 경쟁대응책을 결정하는 것이 필요하다.

1.5.6 여행상품 편익(benefit)전략

여행상품은 특성과 편익의 덩어리로 이루어져 있다. 특성(feature)은 말 그대로 여행상품의 특성을 나타내는 것으로 예를 들어 '경복궁은 무엇이며, 어디에 위치하며, 오늘 2시에 갈 예정이다'라는 것은 경복궁에 대한 특성을 나타내는 부분이다. 이를 그대로 고객에게 전달하면 고객은 기대감을 갖지 않는다. 즉 편익(benefit) 제시를 통해서 고객이 어떠한 만족과 즐거움을 얻을 수 있는지를 제시할 필요가 있다.

〈표 1-13〉 여행상품의 특징과 편익

상품의 특성	상품의 편익
전망이 보이는 호텔방	탁 트인 느낌으로 일상탈출의 진수를 느낌.
모든 것이 포함되어 있는	경비 지출 걱정은 여행 중에 생기지 않음
테마파크의 입장료가 포함된	생각지도 못한 선물의 즐거움
공항과 호텔의 왕복 리무진 서비스	호텔까지 택시를 잡는 번거로움이 없음
실내와 실외의 수영장	우천 시에도 수영의 즐거움을 만끽함
렌터카에 무제한 마일리지 적립 제공	포인트 적립으로 다른 것을 할 수 있는 행복한 고민
호텔에 두 개의 전화	같은 방을 쓰는 사람에게 프라이버시 제공
낮 동안에 어린아이를 맡아주는 시설	오랜 만에 부부가 신혼 때 누렸던 둘만의 여유 있는 식사를 할 수 있음
호텔의 비즈니스센터	급한 이메일이나 팩스를 송수신함으로써 휴가에서 오는 업무공백의 최소화
24시간 룸서비스 이용 가능	야간에 배고픔을 느낄 때 차를 몰고 리조트 바깥으로 나갈 필요가 없음

자료 : 한국직업능력개발원, 학습모듈의 개요, 행사지시서, 2015, 29쪽.

예컨대 '경복궁에 가면 한국의 고색창연한 멋을 느낄 수 있으며 처마에서 바라보는 가을하늘은 귀하가 중국에서 보시던 하늘과는 뭔가 다를 것입니다', '귀하께서는 미술학도로서 한국의 색깔에 많이 관심을 갖고 있다 하니 경복궁에 가시어 벽면색깔 등을 잘 확인하면 하시는 일에 도움이 많이 되실 겁니다' 등이 바로 편익에 해당된다. 따라서 여행전문가는 "So what?"(그래서 어쨌는데?)라는 질문을 던져 여행내용에 대한 편익이 가져다줄 것이 무엇인지를 미리 파악하여 그에 따른 전략을 강구하여야 한다.

1.6 여행상품의 포트폴리오

포트폴리오(portfolio)란 자신의 실력을 보여줄 수 있는 작품이나 관련내용 등을 집약한 자료수집철 또는 작품집에서 유래한 말이다. 본래 투자가가 주식을 파일하는 폴더를 지칭하는 것이고 상품매니지먼트에 적용됐던 것이 상품 포트폴리오 매니지먼트(product portfolio management)이다.

포트폴리오 매니지먼트 사고방식이 나온 것은 일반적으로 기업이 보험의 경제성 추구 증대에 따른 상품라인과 브랜드 수가 증가하여 한정된 경영자원을 최적으로 배분하고 역점을 둘 상품 또는 비즈니스를 확정하기 위한 기준이 필요하게 됐기 때문이다.

상품군이나 비즈니스 시장에서의 상대적인 포지션분류를 수행하고 상품군(商品群) 또는 각 비즈니스 시장에서의 포지션을 분명히 하며 바람직한 상품군 또는 비즈니스를 증가시키고 바람직하지 않은 상품군 또는 비즈니스를 철퇴시키며 전체적으로 균형이 양호한 비즈니스 구성을 만들려고 하는 것이다. 즉 다종다양한 상품 또는 비즈니스를 특정한 방법에 따라 분석하고 어느 상품 비즈니스를 중시하고 어떤 상품개발 · 브랜드개발을 행하면 좋은지를 명확화하는 것이다.

상품포트폴리오에 대해서는 〈그림 1-7〉처럼 BCG(Boston Consulting Group)에 의한 상품포트폴리오가 잘 알려져 있다.[49] BCG는 종축에는 시계열의 판단기준으로서 당해

---

49) Roger H. Ansoff, "Strategies for Diversification," Harvard Business Review (Sep-Oct, 1957), pp. 113~124.

상품이 속하는 시장의 연간성장률(market growth rate)이 나타나 있다.

시장성장률은 0~20%까지로 하고, 10%를 고성장과 저성장의 경계로 하고 있다. 가로축에는 상대성의 판단기준으로서 업계 최대 경쟁기업과의 당해 상품의 상대적인 시장점유율(Relative Market Share)을 0.1에서 10까지 표시하며, 상대시장 점유율 0.1이라는 것은 시장리더의 10%에 지나지 않는다는 것을 나타내고 있다. 이와 같은 2차원 공간을 생각하면서 각 축을 고저로 나누면 4개의 매트릭스를 그릴 수 있다.

〈그림 1-7〉에서는 어느 투어오퍼레이터가 갖고 있는 8개 상품의 현재성장과 시장점유율의 위치를 나타낸 것이다.

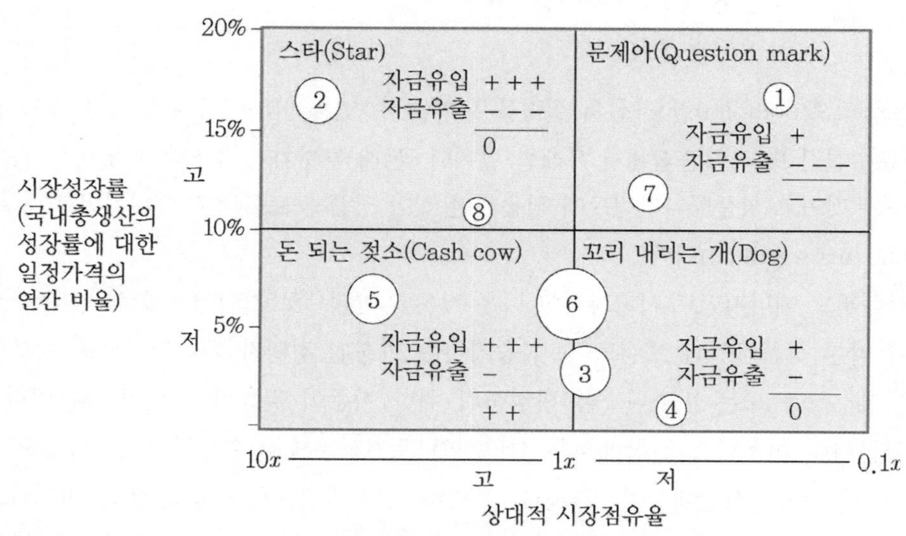

자료 : J. C. Holloway, C. Robinson, Marketing for Tourism, Longman, 1995, p. 24.

주 : ① 장기휴가홀리데이, ② 청소년홀리데이, ③ 호소·산악홀리데이, ④ 장거리버스·홀리데이, ⑤ 중장년층홀리데이, ⑥ 섬머·선·홀리데이, ⑦ 윈터·스포츠·홀리데이, ⑧ 윈터·선·홀리데이.

〈그림 1-7〉 BCG 포트폴리오와 여행패키지

① 좌상(左上)의 셀(cell), 스타(star)는 시장성장률이 높고, 상대적 점유율도 높은 매트릭스로 자금 유·출입이 제로(0)에서 마이너스의 스타(stars)형이며, 점유율 유지·확대를 위해 큰 투자를 필요로 하며 신규고객·신용도의 개척에 따라 언젠가는

돈 되는 젖소(cash cow)가 〈그림 1-7〉에서는 "청소년 홀리데이", "윈터 선 홀리데이(winter sun holiday)"가 포함되어 있다.

② 좌하(左下)의 셀, 돈 되는 젖소(cash cow)는 시장성장률이 낮고 상대적 시장점유율이 높은 매트릭스로 자금유출입이 플러스의 돈 되는 젖소(cash cow)이며 달러상자이다. 점유율 유지를 위하여 투자, 프라이스 리더십(price leadership)을 유지하며 타 상품을 지원할 수 있다. 〈그림 1-7〉에서 돈 되는 젖소는 "중장년층 홀리데이", "서머 선 홀리데이(summer sun holiday)"는 꼬리 내리는 개(dog)와의 중간지점에 위치하고 있다.

기본적으로는 시장성장률의 고저에 따라 상품의 수명주기상 ③ 신상품의 문제아(problem child, question, mark)에서 출발하여 다음 상품 사이클로 될 것이다. 항상 기업은 돈 되는 젖소를 확보하면서 다음 시대의 돈 되는 젖소가 되는 스타를 육성하지 않으면 안 된다.

③ 우상(右上)의 셀, 문제아(question mark)는 시장성장률이 높고 상대적으로 시장점유율이 낮은 매트릭스로, 자금유출입이 마이너스의 문제아이며 스타로 하던지 꼬리 내리는 개로 하는가의 검토가 필요하다. 〈그림 1-7〉에서는 장기휴가 홀리데이, 윈터 스포츠 홀리데이(winter sports holiday)가 위치하고 있다.

④ 좌하(座下)의 셀, 꼬리 내리는 개(dog)는 시장성장률, 상대적 시장점유율 모두 낮은 매트릭스로, 자금유출입이 마이너스거나 제로의 꼬리 내리는 개이며 큰 자금원이 될 수 없고 철퇴를 각오하는 것이 필요하다. "서머 선 홀리데이", "호수 · 산악 홀리데이"는 "돈 되는 젖소"와의 경계에 위치하고 있으나 "장거리 버스 · 홀리데이"는 "꼬리 내리는 개"에 위치하고 철퇴를 각오하지 않으면 안될 것이다.

③, ④는 후발진입 영역이며 후발의 "③ 문제아"는 "돈 되는 젖소" 영역의 비즈니스에서 자금을 투입하여 스타로 만들던지 철퇴할지를 생각하지 않으면 안 된다. 일반적으로 문제아 → 스타 → 돈 되는 젖소라는 전략방향이 취해진다. ④ 노력해도 성장은 곤란하며 틈새에 특화하든지 철퇴하든지의 선택이 된다.

이상과 같이 시장성장률의 고저와 경쟁상의 위치(선발 또는 경쟁우위의 영역, 후발 또는 경쟁열위의 영역)에 따라 "시장점유율 유지전략", "시장점유율 획득전략", "수확전략", "철퇴전략"의 어느 것을 선택해야 하는지가 시사되고 있다.

일반적으로 포트폴리오 매트릭스란 자금유출입 양을 고려하면서 성장성이 높은 시장에 적극적으로 자금을 투입하고, 보다 높은 시장점유율을 획득하여 결과적으로 시장의 성숙화에 따라 자금의 유입을 장기적으로 확보하려는 것이다. 즉 비즈니스를 장기적으로 지속발전시켜 나가기 위해서는 "문제아" → "스타" → "돈 되는 젖소"라는 포지션을 기축으로 한 전략을 전개하는 것이 중요하다.

이상과 같이 여러 가지 사업을 시장성장률 · 시장점유율 · 매트릭스에 위치시키고 나서 기업은 그 사업 포트폴리오가 건전한 것인지 어떤지를 판단하는 것이다. 균형이 나쁜 포트폴리오는 너무나 많은 패자(꼬리내리는 개) 혹은 문제아 및 혹은 매우 적은 별 및 돈 되는 젖소로 구성되어 있을 것이다. 기업의 다음 업무는 어떤 목표, 어떤 전략 그리고 얼마만큼의 예산이 각 SBU(Strategic Business Unit: 전략사업 단위)에 할당되어야 하는지를 결정하는 것이다. 〈표 1-14〉와 같은 4개의 대체적인 목표가 추구된다.

〈표 1-14〉 전략구축의 목표

종류	내용
구축	여기서의 목표는 SBU의 시장점유율 증대이며, 이를 위해서는 단기적인 수입을 포기해서라도 과감하게 실행할 필요가 있다. 구축은 문제아가 시장점유율을 높여 별이 되기 위해 취해지는 전략이라고 할 수 있다.
유지	여기서의 목표는 SBU의 시장점유율을 유지하는 것이다. 이 목표는 만약 강한 돈 되는 젖소가 큰 플러스의 긍정적 현금흐름을 계속해서 가져온다면 이 돈 되는 젖소사업에 대해 적절한 전략이라고 할 수 있다.
수확	여기서의 목표는 장기적인 효과를 무시하고 SBU의 단기적 현금 흐름을 증대시키는 것이다. 이 전략은 그 장래가 불투명하여 보다 많은 현금흐름이 필요할 것 같은 약한 돈 되는 젖소에 대해 적절하다. 수확은 또한 문제아와 패자(꼬리내리는 개)에 관해서도 적용할 수 있다.
철수	여기서의 목표는 사업의 매각 또는 정리이다. 이에 따라 자원이 다른 곳에서 보다 잘 이용될 수 있다.

시간의 추이와 더불어 SBU는 시장성장률 · 시장점유율 매트릭스상에서의 위치를 바꾸어 나가야 한다. 성공한 SBU는 수명주기(life cycle)를 가진다. 그들은 문제아로서 시작하여 별이 되고, 그리고 돈 되는 젖소가 되었다가 마지막으로 꼬리 내리는 개가 되어

수명주기를 마감한다. 이러한 이유에서 기업은 시장성장률 · 시장점유율 · 매트릭스에 있어서 사업의 현재 위치뿐 아니라 그 위치의 이동에도 주의하지 않으면 안 된다.

〈그림 1-7〉에서의 포트폴리오는 기본적으로는 건전하지만 잘못된 목표나 전략이 적용될 경우도 있을 것이다. 최대의 실패는 모든 SBU에 동일한 시장성장률이나 동일한 이익 수준을 부과하는 것이다. SBU분석에 관해 실제로 중요한 것은 각 SBU가 서로 다른 가능성을 가지고 그 자신의 목표를 필요로 한다는 점이다. 부가적인 잘못을 지적한다면 그것은 다음과 같다.

① 돈 되는 젖소 : 사업에 자금을 조금밖에 할당하지 않은 것. 이 경우 이들 돈 되는 젖소사업은 쇠퇴할 것이고, 거꾸로 돈 되는 젖소사업에 너무나 많은 자금을 융통하는 기업은 새로운 성장사업에 충분한 투자를 할 수 없게 될 것이다.

② 수익의 호전을 기대하여 패자(꼬리내리는 개)가 되는 큰 투자를 하거나 매회 실패할 것.

③ 너무나 많은 문제아를 거느려 각 문제아에의 투자가 부족할 것. 문제아는 점유율 지배의 달성을 위한 충분한 지원을 받는 것이며, 그렇지 않으면 거기서 철수하지 않으면 안 된다. BCG매트릭스는 위와 같은 장점에도 불구하고 다음과 같은 한계점을 노출하고 있다.

첫째, 시장점유율의 개념을 어떻게 정립하느냐에 따라 사업 위상이 달라질 수 있다. 예를 들어 시장이 좁게 혹은 넓게 정의될 수 있으며, 점유율 또한 물량단위 혹은 금액에 의해 달리 계산될 수 있기 때문에 사업단위의 현재 위치에 대한 분석이 다소 유동적일 수 있다.

둘째, 시장점유율과 현금 창출과의 관계가 항상 기대했던 대로 나타나지는 않는다는 것이다. 높은 시장점유율이 반드시 높은 수익을 보장하지는 않는 경우가 생기기 때문이다.

셋째, 현금흐름의 내부적인 균형이 기업에서 가장 중요한 사항이 아닐 수 있다.

넷째, BCG모형은 사업 단위들과의 상호의존성(현금의존성을 제외한)을 무시하고 있고, 그로 인해 일어나는 시너지효과에 대한 고려를 등한시하고 있다.

다섯째, BCG모형에서 추천되는 전략들은 외부(정부, 노조, 신용기관, 공급자)에 의해 야기될 수 있는 제약요인들 때문에 항상 타당성을 지니지는 못한다. 그러나 이러한 한계가 있음에도 불구하고 자원의 배분에 대한 문제에 어떤 방향을 제시해 주는 방법으로 여전히 유용하게 활용되고 있다.

Travel and Tourism Marketing Travel and Tourism Marketing

CHAPTER

2

여행 · 관광사업의 마케팅환경

02 여행 · 관광사업의 마케팅환경

2009년 현대경제연구원에서 발간한 자료에 의하면 한국 여행업은 현재 다음과 같은 마케팅환경하에 놓여 있으며, 2014년 현재도 처한 상황은 좀처럼 나아질 기미를 보이지 않고 있다. 이 보고서에 나타난 상황이란 다음과 같은 것이다.

첫째, 다수의 생산성이 낮은 소규모 업체들로 구성되어 있다.

둘째, 진입과 퇴출이 쉬운 완전경쟁적인 산업이다.

셋째, 매출의 상당부분을 항공권 판매에 의존하고 있다.

넷째, 종사자들은 상대적으로 고학력임에도 낮은 임금을 받는 것으로 파악되고 있다.

다섯째, 관광산업의 다수를 차지하면서 관문역할을 하는 관계로 소비자의 불만이 가장 많이 제기되는 대상이다.

여섯째, 여행업을 위한 법적인 장치가 미비한 실정이다.

일곱째, 다른 서비스업들과 비교했을 때 성장잠재력이 높은 것으로 판명되고 있다.

그러나 이와 같은 마케팅환경하에 있는 한국의 여행업은 문제점이 많지만 미래 서비스산업의 발전을 선도할 중요한 산업이라고 할 수 있다[1].

관광산업에서 경쟁적 환경을 이루고 있는 것은 크게 2가지로 매매 쌍방 간에 발생하는 것과, 관광협회 등의 조직이나 관광지가 상호작용을 함으로써 일어나는 것이다.[2] 그러나 정보기술의 확산으로 고객의 가격협상력이 강화됨으로써 여행사는 정보협상력, 유통협상력, 가격협상력을 모두 잃게 됨으로써 산업 자체에 대한 위기가 가중되는 실정이

1) 현대경제연구원, VIP Report 여행업의 선진화, 시스템의 정비가 필요하다, 2009, 4~7쪽.

2) 大橋昭一 · 渡邊朗 · 竹林浩志, 観光経営戦略, センゲージラーニング株式会社, 2007, 110쪽.

며[3], 또한 인터넷 확산에 따른 고객의 가격협상력 증대는 여행상품의 가격경쟁력을 심화시키고 공급자 간에 무한경쟁을 유발하고 있다.

여행업의 주요한 문제점으로 비용구조와 수익모델의 한계, 여행운송체계에 대한 정책 부재, 국내여행 상품개발 한계와 대형화, 정보기술의 확산, 지방분권화에 따른 민관 협력방식의 증가, 가격구조의 한계 등이 나타나고 있다. 즉 환경과 소비자 문제를 무시하고는 아무것도 할 수 없게 된 것이다.[4]

이와 같은 점에서 일본의 JTB(Japan Travel Bureau)는 일본 여행업의 선도적 역할을 담당함과 동시에 여행문화를 선도하는 기업으로 자리 잡고 있으며, 일본 여행업과 관련된 각종 비즈니스에 대한 국제적 허브 역할을 담당하고 있는 점을 한국의 여행업체들은 타산지석으로 삼아야 할 것이다.

JTB는 단순한 관광산업에서 '교류문화산업'으로 진화하고 있으며, 이를 지원하기 위한 핵심 분야로서 광고부문 계열사인 JIC(Japan Intelligence and Communications)를 보유하고 있고, 2001년 12월 세계 최대의 네트워크를 가지는 국제 광고회사 맥켄에릭슨과의 업무제휴를 통해 글로벌 비즈니스에의 체제도 강화하고 있는 것으로 알려지고 있다.

JTB의 주요 사업모델은 여행업으로서 카탈로그 숍(catalogue shops) 모델을 구축하고, JTB카드, 여행보험, 외화환전, 국제전화, 해외선물상품, 여행자수표, 여행적립식 적금상품, JTB 여행권 및 각종 상품권, 전자여행 거래신뢰제도[e-TBT(electronic-Travel Business Trust mark), '인터넷을 이용한 여행 거래에 관한 가이드라인', 연극 · 음악 · 미술 · 스포츠 티켓판매] 등의 관련사업을 다각화하고 있는 실정이다.

---

3) 전효재·이기동, 국민생활관광시대의 국내여행업 발전방안, 한국문화관광정책연구원, 2006, 8쪽.
4) 雄沢孝, マーケティングミステイクス, ダイヤモンド社, 1986, 229쪽.

2.1 전략책정상 환경분석의 위치설정

전략책정이란 조직 전체의 목표를 달성하기 위하여 효과적인 해결방법을 찾아내 실행하는 구성원의 활동을 정합화(整合化)시키는 계획(시나리오)을 작성하는 것이다. 그리고 가능한 한 객관적으로 부감(俯瞰)하는 시점에서 해결방법을 찾아가는 과정을 "전략책정의 과정"이라고 한다. 전략책정의 과정은 다음과 같은 흐름으로 구성되어 있다. 이 과정은 기업과 여행지역의 어느 쪽도 마찬가지이다.

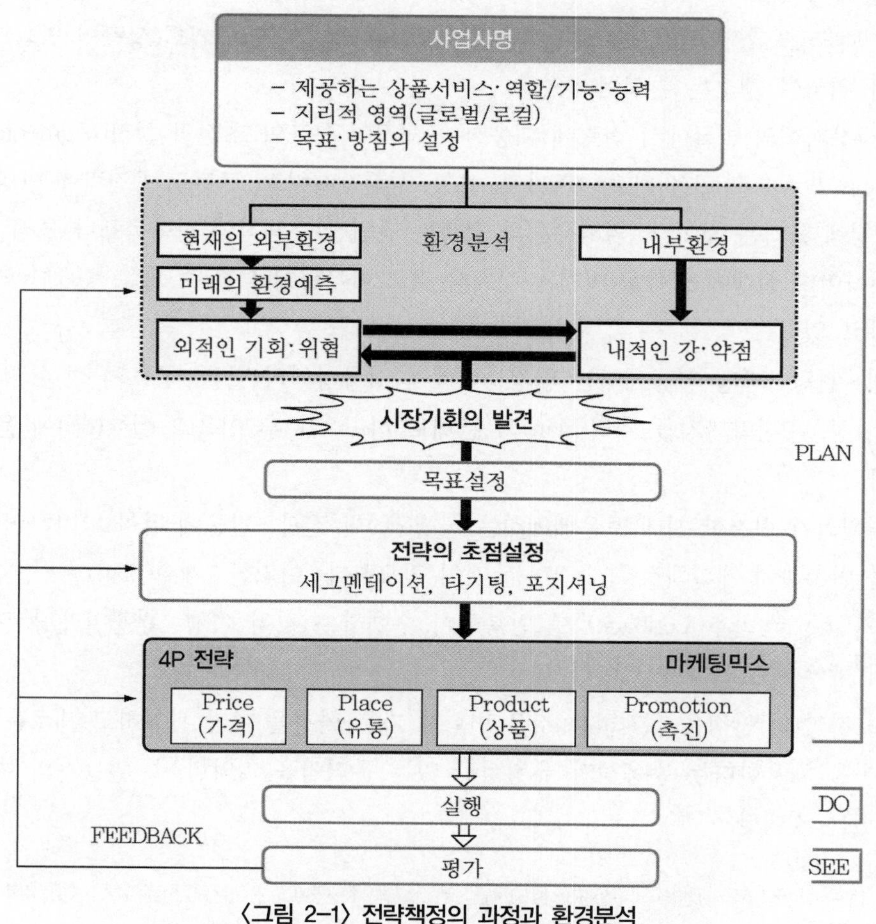

〈그림 2-1〉 전략책정의 과정과 환경분석

전략을 책정할 때 먼저 인식하지 않으면 안되는 것이 기업(지역)의 프로파일이나 사업사명이다. 여행사업의 목적은 ① 이윤의 극대화 ② 판매수입의 극대화, ③ 제국건설 혹은 위신, ④ 산출량 극대화, ⑤ 만족화 등이나,[5)] 구체적으로는 기업(지역)의 기본적 특징, 제공하는 상품 · 서비스는 무엇인가, 그 역할이나 기능 · 능력은 어떠한 것인가, 지리적인 활동영역은 세계적인가 혹은 지역적인가, 당해 사업의 목표나 방침의 확인을 수행하는 것에 있다. 사업사명이 전략을 실행하는 구성원이 최종적으로 도달해야 할 공동의 목적 · 목표가 된다.

그 다음으로 수행하는 것이 환경분석이다. 환경분석이란 자사[自地域]를 둘러싼 환경이나 자사내[自地域内]에서 일어나고 있는 현재의 사상(事象)에 대하여, 가능한 한 많이, 객관적으로, 포괄적으로 추출하여 그 결과로부터 시장의 기회(성공의 열쇠)를 발견하기 위하여 행하는 분석이다.

이 시장기회의 발굴에서 전략에 대응한 구체적인 목표와 초점의 설정(Segmentation, Targeting, Positioning)을 하고, 4P(가격, 유통, 상품 · 서비스, 프로모션)전략에 반영시키며, 실행에 옮기는 것이다. 환경분석의 결과는 당면한 구체적인 전략목표나 초점 설정, 개별전략이나 실행에 영향을 미치는 것에서 결코 아무렇게나 할 수 없는 중요한 역할을 담당하고 있다.

여행 · 관광마케팅 활동에서는 환경분석에서 시장기회의 발굴, 목표의 설정, 전략의 초점 설정, 4P전략까지를 계획(plan)의 단계로 하고, 그 후 이윽고 실행(do)에 옮기는 것이다.

환경변화가 현저한 시대 가운데에서는 실행(do)한 결과 · 반응에 따라 평가하면서 그 상황을 반추하여 계획책정을 수정하는 것이 필요하다. 이러한 "계획(plan) → 실행(do) → 평가(see) → 반추(feedback)"를 반복하여 수행하는 것이 여행 · 관광마케팅 관리에 있어서 매우 중요한 포인트이다.

기업(지역)의 안정을 유지하는 것은 변화해 가는 환경을 항상 관찰하고 새로운 목표나 행동을 채용한다는 순응성과 유형성이 있는 움직임을 파악할 수 있는가의 여부에 달려 있는 것이다.

---

5) 諸江哲男 · 古岡秀輝 · 菊地均 · 小沢健市 · 原田房信 · 池田輝雄 · 和久井昭仁, 旅行観光経済学, 文化書房博文社, 1998, 75쪽.

2.1.1 마케팅 환경분석

환경분석을 할 때 필요로 하는 정보는 크게 외부환경과 내부환경으로 나눌 수 있다. 여기서는 각각의 정보내용을 분석하는 방법에 대해서 설명한다. 환경분석에는 일반적으로 SWOT분석이 주로 이용된다.

SWOT분석이란 기업의 내부환경과 외부환경을 분석하여 강점(strength), 약점(weakness), 기회(opportunity), 위협(threat)요인을 규정하고 이를 토대로 경영전략을 수립하는 기법으로, 미국의 경영컨설턴트인 알버트 험프리(Albert Humphrey)에 의해 고안되었다.

SWOT분석의 가장 큰 장점은 기업의 내 · 외부 환경 변화를 동시에 파악할 수 있다는 것이다. 기업의 내부환경을 분석하여 강점과 약점을 찾아내며, 외부환경 분석을 통해서는 기회와 위협을 찾아낸다.

- 강점(strength) : 내부환경(자사 경영자원)의 강점
- 약점(weakness) : 내부환경(자사 경영자원)의 약점
- 기회(opportunity) : 외부환경(경쟁, 고객, 거시적 환경)에서 비롯된 기회
- 위협(threat) : 외부환경(경쟁, 고객, 거시적 환경)에서 비롯된 위협

SWOT분석은 외부로부터 온 기회는 최대한 살리고 위협은 회피하는 방향으로 자신의 강점은 최대한 활용하고 약점은 보완한다는 논리에 기초를 두고 있다. SWOT분석에 의한 경영전략은 다음과 같이 정리할 수 있다.

- SO전략(강점-기회 전략) : 강점을 살려 기회를 포착
- ST전략(강점-위협 전략) : 강점을 살려 위협을 회피
- WO전략(약점-기회 전략) : 약점을 보완하여 기회를 포착
- WT전략(약점-위협 전략) : 약점을 보완하여 위협을 회피

SWOT분석은 방법론적으로 간결하고 응용범위가 넓은 일반화된 분석기법이기 때문에 여러 분야에서 널리 사용되고 있다.[6)]

1) 외부환경 분석

외부환경이란 자사[自地域]를 둘러싼 환경이며 스스로 통제할 수 없는 환경이다. 외부환경은 다시 미시적 환경과 거시적 환경으로 나눌 수 있다. 미시적 환경이란 자사[自地域]와 가까운 관계가 있는 요인이다.

예를 들면 경합타사 · 유통채널 · 이해관계자 · 고객에 관한 정보가 이에 해당된다. 거시적 환경은 보다 큰 사회적 요인을 가리키고 있다. 구체적으로는 인구동태(인구 · 연대 · 성별 · 세대구성 등), 지역정세(경제성장률 · 개인소비 · 산업구조 등), 개별업계동향(매출액 · 업계구조 등), 생태학적 환경(자연환경 · 공해 · 재해 등), 기술, 정치 · 법률(법률의 개정 · 규제 · 세제 · 외압 등), 문화(생활양식 · 풍속 등), 사회환경(교통 · 치안 등)을 열거할 수 있다.[7)]

이러한 외부환경 정보에 대해서 자사[自地域]에 있어서의 '기회'와 '위협'으로 나누어 분석하는 것을 외부환경 분석이라고 한다. 기회란 매출 · 이익의 향상이나 목표를 달성할 수 있는 욕구영역이며 '매력도'와 '성공률'로 분류할 수 있다. 한편 '위협'에 대해서는 바람직하지 않은 경향 · 변화에 따라 초래되는 난국이나 방어하지 않으면 매출 · 이익의 저하를 초래해 버리는 부정적(negative) 영역이며 '심각도'와 '발생확률'에 따라 분류할 수 있다.

외부환경 분석은 조직의 외부관련 요소를 조사하는 것을 의미한다. 이를 표로 제시하면 다음과 같다.

〈표 2-1〉 외부환경 분석항목과 내용

분석항목	내용
고객분석	분할, 동기, 충족되지 않은 욕구
경쟁분석	식별, 업적, 목적, 전략, 문화, 비용구조, 강·약점
업계분석	매력도, 열쇠가 되는 성공요인, 규모, 구조, 진입장벽, 비용구조, 유통경로, 경향, 성장, 제품의 수명주기
환경분석	기술, 정부, 경제, 문화, 인구통계, 시나리오, 영향분석

자료 : 野中郁次郎·北洞忠宏, 嶋口充輝·石井淳蔵訳, 戦略市場経営, ダイヤモンド社, 1989, 30쪽.

6) http://terms.naver.com/entry.nhn?docId=300471&cid=43665&categoryId=43665 참조.

7) 野中郁次朗·北洞忠宏·嶋口忠輝·石井淳蔵, 戦略市場経営, ダイヤモンド社, 1989, 31~36쪽.

사업 관리자는 지금 사업이 그 목표를 달성하려 하는 것이라면 감시해야 할 환경분석을 알지 않으면 안 된다. 일반적으로 말해 사업단위는 시장에서 이익을 획득하는 능력에 영향을 미칠 것이다.

열쇠가 되는 거시적 환경요인(인구통계학적 · 경제적 · 기술적 · 정치적 · 법률적 및 사회적 · 문화적)과 중요한 미시적 요인(고객, 경합 타사, 유통구조, 공급업자)을 감시하지 않으면 안 된다. 사업단위는 마케팅 인텔리전스(intelligence)시스템을 구축하고 현재의 경향과 중요한 발전경향을 추적해 나가지 않으면 안 된다. 이와 같이 자사[自地域]의 사업이 직면하고 있는 '기회'와 '위협'의 크기를 파악함으로써 외부환경 분석은 자사[自地域]의 주변을 알고 풍향의 냄새에 적합시키는 기술을 생각하기 위하여 행해진다.

2) 내부환경 분석

내부환경이란 자사 내(자기지역)의 것이며 통제가능한 경영자원이다. 외부환경에 적응해 가기 위해서 스스로 정비해야 할 대상이다. 내부환경에 관한 정보항목으로는 다음과 같은 것을 들 수 있다. 내부환경 분석은 자사의 중요한 전략적 측면을 상세하게 이해하는 것을 목적으로 하고 있다.

특히 전략상의 강 · 약점 문제, 제약, 의문을 의식하는 것이 중요하며, 내부분석의 대다수는 이를 목적으로 하고 있다. 이를 표로 정리하면 다음과 같다.

〈표 2-2〉 내부환경 분석항목과 내용

분석항목	내용
업적분석	ROI, 성장, 열쇠가 되는 성과영역, 전략 리뷰, 전략상의 문제점
내부조직분석	구조, 인재, 문화, 가업 및 시스템
비용분석	지속적 이용우위, 경험곡선, 제품 포트폴리오 분석, 재무상의 자원과 제약
강 · 약점분석	특이한 능력과 자산 및 부채

자료 : 野中郁次郎 · 北洞忠宏, 嶋口充輝 · 石井淳蔵訳, 戦略市場経営, ダイヤモンド社, 1989, 7~8쪽.

내부분석은 대부분의 외부분석과 마찬가지로 통상 SBU를 분석단위로 하지만 사업부 등의 SBU의 집합체에서도 가능하다. 내부분석은 또한 기업을 둘러싼 환경 내에서의 매력적 기회를 식별하는 것이다. 이들 기회에 성공하기 위해서는 필요나 능력을 가지는 것이 중요하다. 각 사업은 정기적으로 그 강점과 약점을 평가할 필요가 있다.

강·약점 분석요소는 대개 다음과 같은 것을 들 수 있다. 마케팅의 경우에 있어서는 ① 기업의 명성, ② 시장점유율, ③ 제품 품질, ④ 서비스 질, ⑤ 가격 결정 효과, ⑥ 유통효과, ⑦ 판촉효과, ⑧ 판매성원(sales force)의 효과, ⑨ 혁신 효과, ⑩ 지리적 망라 등이며, 재무부분에서는 ① 자본 비용·획득 가능성, ② 현금 흐름, ③ 재무적 안정성 등이며, 제조부문에서는 ① 설비, ② 규모의 경제, ③ 생산능력, ④ 작업 부대의 숙련도, ⑤ 시간대로 생산할 능력, ⑥ 제조기술 등이고, 조직부문에서는 ① 상정상(想定上)의 리더십 능력, ② 종업원의 숙련도, ③ 기업가 성향, ④ 유연성·반응성 등을 들 수 있다.

때때로 사업은 그 사업부가 요구되는 강점에 결여되고 있기 때문이 아니라 이들의 강점이 일체가 되어 기능하고 있지 않은 것이 원인으로 잘 진행되지 않는 경우도 있다. 몇 개의 관광기업 가운데는 판매원들을, 많은 급료가 지불되었던 잘 나갔던 시대의 플레이보이·플레이걸로 간주하고 있는 기업이 있다.

이러한 경우 판매원들은 실제로 고객에게 무료로 무엇인가를 제공함으로써 사업을 생성시키고 있다. 그리고 그들은 종종 활동 중인 기업이 항상 고객으로부터 주문을 못 받게 하여 변변치 않은 고객 서비스밖에 제공하지 않는 무능한 존재로 간주하고 있다. 그러한 까닭에 기업 내 환경 감사의 일부로서 사업부문의 협력관계를 평가하는 것이 결정적으로 중요하다.

이들 항목에 따라서 정보를 수집하고 경합타사(타 지역)와 비교하여 '강점'이 되는 것인지 '약점'이 되는 것인지를 분석하는 것이 내부환경 분석이다. 내부환경 분석을 수행하는 것에 따라 자사(자기지역)를 잘 알 수 있다.

〈표 2-3〉 내부환경의 분석을 위한 정보항목

대항목	소항목	주체	
		상품 · 서비스기업	기업
시장관계	평판	이미지 · 인기의 유무	
	인지도	인지 · 지명도	
	로열티 · 재방문상황	로열티를 가진 고객 수	재방문율
상품 · 서비스 관련	전통 · 브랜드력	역사 · 전통 · 브랜드력의 유무	
	매력적인 자원	매력적 · 특징적인 자원 · 희소성이 있는 자원 등	
	편리성 · 쾌적도	교통 접근성, 상하수도, 전파 수신상황, 인터넷환경, 안전 · 안심의 확보(긴급 시의 대응) 등	
	질 · 양 · 다양성 · 가격	설비, 식사, 여러 가지 다양한 메뉴 등	여행(체험)프로그램 체재, 식사개소 등
	개발기술	모방 곤란한 기술, 정평이 난 기술 등	
인재 · 조직	종업원의 능력 · 의욕	영업력, 호스피탤리티력, 전문성, 하려는 마음, 프로의식 등	
	의사결정	스피드력, 판단력, 권한 이양 등	
	수용태세	콘시어지 기능, 고객상담창구의 유무, 고객대응가능 시간 등	가이드의 유무, 원스톱 서비스의 유무, 지역주민의 여행객에 대한 의식 등
	정보발신력	광고 담당창고, 정보발신도구 · 독자미디어, 프레스콘택트 · 네트워크의 유무 등	
재정	안정성	위험이 되는 여유의 유무 등	
	현금흐름	현금의 윤택함	
	자금조달력	대규모적 투자의 가부 등	여행관련 예산사업 · 규모 등

2.1.2 여행업의 미시적 환경분석

오늘날 관광산업은 사회라는 큰 환경 시스템 속에서 다양한 이해관계 집단들과 상호작용을 하며, 유기적 관계를 형성해 간다.[8] 여행업의 마케팅환경은 표적으로 하는 고객

8) 이연택, 관광기업환경론, 법문사, 1993, 21쪽.

과의 양호한 거래를 창조하고 유지하는 기업의 능력에 영향을 미치는 외부관계자와 제요인으로 구성된다. 미시적 환경은 기업의 고객서비스 능력에 영향을 미치는 가까이에 있는 요인, 즉 회사 그 자체, 마케팅경로 기업, 고객시장 및 광범위한 관련 이해집단으로 구성된다.

1) 기업(회사)

자사분석은 자사의 강·약점에 대한 규명 및 평가, 자사가 직면한 외부시장 기회와 전략적 기회에 대한 규명 및 평가, 자사의 경쟁적 위치의 강·약점 평가, 현 사업전략과 기능별 전략의 효율성 여부 규명, 자사와 자사사업의 독특한 전략적 쟁점 및 문제점을 도출하는 과정이다.

회사의 각 부서와 조직원은 여행업의 중요한 미시환경적 요인 중 하나이다. 마케팅관리자는 고립상태에서는 활동하지 않는다. 따라서 경영관리자 및 사내의 각 부서와 밀접한 제휴하에 업무를 추진하지 않으면 안 된다. 재무부서는 마케팅 계획실행에 필요한 자금조달과 운용에 관계하고 있다.

경리부서는 마케팅의 목표달성도를 알기 위해 수익과 비용을 계산하지 않으면 안 된다. 상품개발부서는 변화하는 시장의 요구에 맞는 신상품을 만들 책임이 있다. 정산(영업관리)부서는 판매부서에 정산상에서 나타난 내용을 제공할 책임이 있다. 회사의 모든 부서는 마케팅 계획의 성공에 얼마간의 영향을 미치게 되는 것이다.

이러한 점을 고려해 볼 때 리더십의 발휘 측면에서 채찍과 당근의 효율적인 안배에 의해 지휘 통솔하는 거래적 리더십과 개체의 존엄성과 자주성의 강조와 민주적인 역량 발휘를 통해 조직의 목표를 달성코자 하는 변혁적 리더십의 발휘를 여행업의 규모와 조직구성원의 고려와 분석을 통해 효과적으로 실시해 나가는 통솔력의 발휘가 요구되고 있다.

2) 공급업자(suppliers)

시장에서 가치를 생산하기 위해서 기업은 생산과정에서 필요한 투입요소들을 외부의 공급업자로부터 획득하지 않으면 안 된다.[9] 공급업자란 회사가 상품이나 서비스를 창

---

9) 서울대학교 경영대학 경영연구소 편, 경영학핸드북, 서울대학교출판부, 1983, 426쪽.

출하는 데 필요한 자원을 제공하는 기업 및 개인을 말한다. 공급업자에게 영향을 미치는 동향 및 전개는 기업의 마케팅계획에도 크게 영향을 준다.

예컨대 여행사 항공담당 관리자가 연말에 새해맞이 축제 개최를 결정한다고 가정해 보자. 여행상품 공급업자가 소집되고, 연말연시 판매촉진을 위해 항공좌석 200석을 준비할 것을 약속한다. 항공좌석 공급업자는 전화로 좌석이 부족하여 힘들다는 보고가 올라왔다. 이 경우 관리자는 곧 다른 거래처를 찾아보지 않으면 안 된다. 그렇지 않으면 예약하고 있는 고객을 실망시키기 때문이다.

다른 경우로서는 새로운 가리비를 사용한 해선요리를 여행상품으로 하여 패키지상품에 추가하였다. 당해 부서에서는 6개월이나 걸려 그 가리비 요리를 완성시킨 것이다. 그러나 이 개발기간 중에 가리비의 가격은 2배로 뛰었다. 그래서 식당은 당초 예상한 가격보다 올리지 않으면 안되었다. 그 결과 이 프로젝트는 중지할 수밖에 없었다. 마케팅관리는 구매가능성(물건 부족이나 파업에 의한 영향)과 구매비용의 변화에 주의를 환기하지 않으면 안 된다.

3) 마케팅 매개자(중간상인 · marketing intermediaries)

마케팅 매개자란 어느 기업이 최종구매자에 대해 상품을 선전하고 판매하여 유통을 지원하는 기업을 말한다. 매개자란 여행사업의 고객개척이나 판매를 돕는 영업 기업이다. 여행업에는 여행사, 여행도매업자 및 호텔 위탁영업담당자 및 지상수배업자(land operator) 등이 있다.

예컨대 도매업자가 비행기와 지상에서의 이동수단 및 호텔의 숙박을 포함한 여행패키지를 만든다. 이러한 여행패키지는 신문광고나 여행사에 의해 선전된다. 대량구매에 의해 도매업자에게는 할인가격이 적용되고, 그에 따라 도매업자는 여행사에 대해 여행상품의 판매수수료를 지불하여, 고객에게 매력적인 가격을 제공하고 이익을 올릴 수 있다.

도매업자를 선택할 때 호텔은 고객에 대해 약속한 상품을 제공하고 호텔에 대해서 그 서비스의 대가를 지불할 수 있는 신뢰 가능한 도매업자를 선정하지 않으면 안 된다.

여행인솔자는 인솔의 주최성을 유지하면서 또한 지상수배업자와 협조하면서, 인솔자로서의 역할을 수행하지 않으면 안 된다.[10)]

---

10) 勝岡只, 旅行業入門③, 中央書院, 1997, 52쪽.

주최여행사에 현지사무소나 랜드사로서의 현지법인이 회사가 아닌 경우, 특히 사고나 분쟁이 있을 때는 랜드사의 협력은 매우 중요하다. 직접 송영을 담당하는 담당자나 가이드는 랜드사의 직원이 아니라 하청으로 일하는 별도 회사의 사원인 경우가 대부분이다. 호텔에서의 콘시어지(concierge)와 같이 믿음직한 상담상대이다.

중간상인이 개입하면 비용증가로 단가가 비싸진다는 막연한 생각은 금물이다. 중간상인의 존재의의를 새삼 생각해 보게 하는 대목이다.[11)]

4) 고객(client)

여행업마케팅에 있어서 고객은 시장세분화의 대상이며 시장표적화의 대상으로서 중요한 의미를 지니고 있다. 이는 이러한 고객계층의 구분이 효과적으로 수행되지 않고 경영목표를 수립할 시 고객접근의 효율적인 방법이 수반되지 못함으로써 경영효율의 제고에 많은 장해요소가 발생되고, 이로 인하여 경영성과 제고에 많은 문제점이 노출된다.

일반적으로 여행사 이용고객은 개인적인 권위와 특권을 지향하는 바가 크므로 그들의 정체성과 동질성을 확보하여 주는데 대상계층별 · 준거집단별 부족함이 없는 물적 공간과 개인의 사생활을 보호해 줄 수 있는 안전장치가 철저히 뒷받침될 수 있도록 종업원의 철저한 교육과 관리가 요망된다.

이처럼 고객은 상표선택과정에서 자신들의 기호충족을 가져올 수 있는 다속성 상표선택행동을 하는 점을 고려하여 다각적인 고객유형의 구분과 기대에 부합하는 여행상품을 제공하여 줄 때 고객의 유인이 촉진된다.

여행시장에서의 여행상품 점유도, 상표충성도 경쟁업자와의 관계를 선별적으로 고려하여 최선의 목표와 차선적 만족의 추구에 대한 분별을 효과적으로 구분하여 고객의 다양한 욕구를 충족시켜 줄 수 있는 효과적인 정책의 수립이 정착될 때 고객의 대상계층별 유인이 촉진된다는 점에서 고객유형별 모객대상을 효과적으로 접근할 수 있도록 대책을 강구할 필요가 있다.

단체고객 중에는 SMERF라는 집단이 있다. 단체여행객은 크게 보면 레저를 목적으로 하는 관광객과 비즈니스와 레저를 동시에 추구하는 관광객 단체로 나눌 수 있으나, 후자

11) 陶山計介·高橋秀雄, マーケティング·チャネル, 中央経済社, 1990, 7~9쪽.

가 공식적인 기업체 손님이면서 비공식적인 조직으로 구성된다. 이는 영어 두문자(頭文字)로서 사교집단(social), 군인 혹은 제대군인 모임(military), 교육관련 단체(education), 종교단체(religion), 동문회 혹은 동호회(fraternity)에서 따온 말이다.

이들은 여행비수기에도 모임을 통한 여행을 많이 하기 때문에 여행사 입장에서는 우량고객이다. 그럼에도 불구하고 이러한 단체여행객들은 결속력이 매우 강하기 때문에 여행사에 대하여 특별한 요구사항이 많아 그 대응이 쉽지 않은 분들이기도 하다. 다만 이들의 특성을 살린 여행상품으로 만족도를 높여 인센티브여행의 충성고객으로 만드는 것이 중요하다.

5) 종업원

여행상품의 구성에 중요한 역할을 담당하고 있는 종업원은 상품의 가치를 배가시킨다. 이러한 인적요소에 중요한 역할을 담당하고 있는 종업원은 서비스질의 유지를 위해 철저한 훈련과 교육이 수반되어야 함은 물론, 종업원의 동기유발과 복지제도의 개선을 통해 평생직장의 의식을 심어주는 제도적 환경여건의 성숙이 요망되며, 철두철미한 직업정신의 함양과 직무분석을 통한 매뉴얼별 표준화된 근무자세의 정립이 요구된다.

이러한 제반 자세와 제도가 정립되면 종업원은 환경적응의 토대 위에 외부고객과의 관계가 개선됨으로써 여행상품의 부가가치창출에 크게 기여할 수 있다.

종업원은 오늘날 많은 관심을 불러일으키고 있는 내부마케팅 차원에서도 시장환경의 활성화를 가져오기 위한 선결요소로서 한층 더 중요한 대상으로 인식되고 있다.

6) 경쟁기업

모든 여행사들은 다양한 형태의 경쟁을 하고 있다. 따라서 여행업마케팅 관리자들은 경쟁업체의 활동에 주의를 기울여야 한다. 경쟁업자들의 상품전략, 홍보전략, 가격전략에 대한 정보를 신속하게 입수하고 그들의 강 · 약점을 정확히 인식해야 이에 대응하는 마케팅전략을 수립할 수 있기 때문이다.

그러나 오늘날처럼 대량생산 과당경쟁이 보편화되어 있는 시장환경에서 소비자 중심적 사고가 팽배해 있는 오늘날 여행시장현실을 고려해 볼 때 경쟁기업의 출현은 매우 당연시하지 않을 수 없다.

경쟁기업 분석은 경쟁자의 목표를 파악하고, 경쟁자의 현재전략과 능력을 파악함으로써 경쟁자의 미래전략을 예측하는 것이다. 경쟁자 분석은 수요측면, 공급측면, 그리고 관리측면에서 파악될 수 있다.[12)]

이러한 점에서 해당기업들은 약육강식의 논리와 적자생존의 논리하에 시장에서 선별적 우위를 점유하기 위한 노력을 게을리하지 않을 수 없다. 이는 기업이 경쟁기업과의 관계에서 도태될 시 투하자본의 회수와 확대재생산의 도모에 많은 어려움이 상존하기 때문이다.

7) 지역주민

지역주민은 오늘날 기업들이 사회적 간접비용까지 담당해 가며 기업의 존립을 위해 노력해 나가는 오늘의 시장현실과 기업의 목적이 변경되는 시대상황을 고려해 볼 때 매우 중요한 객체이다. 이러한 지역주민은 여론조성자로서 기업이미지 창출과 잠재고객으로부터 현재고객으로의 유인에 있어서 중요한 고려대상이다.[13)]

이러한 점에서 지역주민과의 연대감 조성, 기업이미지 제고를 위해 지역주민에 대한 적절한 배려를 통해 지역주민의 정서에 반하는 상행위를 해서는 안되며, 미래의 여행시장접근활동을 모색함에 있어서 중요한 고려대상이다.

8) 조세기관

기업은 법인과 개인소득자의 경우 법에 준하는 테두리 안에서 납세의 의무를 철저히 이행하여야 한다. 그러므로 이러한 법의 테두리 안에서 조세의무를 철저히 준수하여야 함은 물론 조세기관과의 관계개선에도 많은 관심을 기울일 필요가 있다.

이는 당해 여행사가 과세표준 산정 시 비용범위의 철저한 계상과 인적 관계 여하에 따라 조세부과의 범위가 다르므로 이러한 점에서 조세기관과의 관계유지는 매우 중요한 의미를 지닌다.

---

12) (주)리더스컨설팅그룹·(사)한국경영컨설팅산업협회, 마케팅전략계획 수립을 위한 표준 매뉴얼, 2003, 11쪽.

13) 日本興業銀行東京支店·日本経営システム株式会社編著, ヒット商品のマーケティングプロセス, ダイヤモンド社, 1984, 34~35쪽.

9) 행정기관

모든 여행사는 행정기관의 감독과 통제를 받는 것이 의무화되어 있다. 즉 문화체육관광부나 지방의 시 · 구청, 세무서, 소방서 등 제 기관의 감독과 통제를 받음으로써 사익목적의 추구와 공익목적 추구를 병행하는 데 하자가 발생되지 않도록 이들 기관으로부터 지도 · 감독을 받고 있다.

이러한 점을 고려하여 여행업을 운영해 나감에 있어서 완벽주의를 추구한다 할지라도 하자가 항상 상존하기 마련인 조직의 한계성을 외부에 노출시키거나 경영상의 위해적인 요소가 발생하지 않도록 사전에 행정기관과의 관계정립을 통해 계속기업으로 성장해 나가지 않으면 안 된다.

10) 언론기관

여행업은 사익추구와 공익추구를 병행해 나간다. 그러므로 해당 감독관청은 물론 언론기관과의 관계유지도 매우 중요한 고려대상이다. 이는 오늘날의 시대가 정보시대이며 매스컴의 기능이 매우 신장되어 있는 점을 고려할 때, 부차적 기관으로서 통제성격을 지니는 언론기관과의 관계조성이 잘되어 있지 않음으로써 파생되는 불이익을 사전에 제거할 수 있다는 점에서 대언론기관과의 관계유지는 매우 중요한 선결과제이다.

2.1.3 여행업의 거시적 환경분석

회사와 그 공급업자, 마케팅 매개자, 고객 및 관련 이해집단은 기회나 위협을 가져오는 가장 대규모적 거시적 환경 가운데 활동하고 있다. 기업은 이러한 통제 불가능한 요인을 경계하고 대응하지 않으면 안 된다. 거시적 환경은 기업의 고객 서비스 능력에 영향을 미치는 가까이 있는 요인, 즉 회사 그 자체, 마케팅 경로기업, 고객시장 및 광범위한 관련 이해집단으로 구성된다.

거시적 환경은 자사의 조직, 성장, 경영전략에 영향을 미치는 거대한 사회적 환경요인들로서 기업이 임의로 변화 · 조정하거나 통제할 수 없다. 거시환경변화는 기업에 다양한 기회요인과 위협요인을 제공하기도 한다.

거시적 환경은 미시적 환경 전체에 영향을 미치는 가장 큰 사회적 요인, 즉 인구통계,

경제, 자연, 기술, 정치, 경제 및 문화 환경으로 구성된다.

마케팅환경진단을 위한 거시적 환경분석 단계는 기업의 전략과 직접적으로 관련이 있으며 고객, 경쟁자, 산업구조에까지 영향을 미치는 가장 근원적인 사회·문화, 인구통계, 경제, 기술, 정치, 자연적 환경에 대한 추세를 파악하는 작업이다. 이런 환경요소들은 기업 또는 해당 산업의 입장에서 거의 통제가 불가능하다.

거시적 환경분석의 목적은 거시적 환경의 변화로 인하여 어떤 새로운 상품기회가 출현하는지, 또는 소비자들의 구매상품에 대한 선호에 어떤 변화가 발생하는지를 파악하고, 거시적 환경의 변화로 인하여 산업구조에 어떤 변화가 일어날 것인지, 그래서 그에 대응하는 마케팅믹스에 어떤 변화를 시도하는 것이 필요할 것인지를 파악하기 위해서이다.[14)]

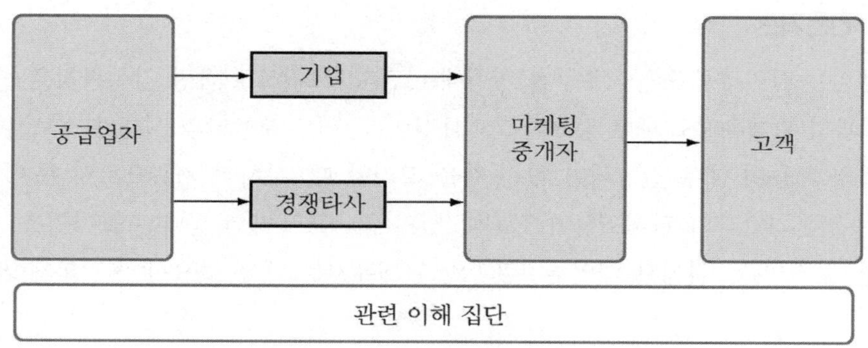

자료 : Philip Kotler · John Bowen James Makens, Marketing for Hospitality & Tourism, Prentice-Hall Inc., 1996, p. 103.

〈그림 2-2〉 기업의 미시적 환경에서의 중요 요인

1) 인구통계적 환경

인구통계학이란 규모, 밀도, 장소, 연령, 성별, 인종, 직업 및 기타 통계의 관점에서 본 인간의 인구에 관한 연구이다. 시장은 인간에 의해서 구성되고 있기 때문에 인구통계학적 환경은 마케터에 있어 매우 흥미 깊은 것이다. 가장 중요한 인구통계학적 동향을 여기에 나타낸다.

14) (주)리더스컨설팅그룹·(사)한국경영컨설팅산업협회, 마케팅전략계획 수립을 위한 표준 매뉴얼, 2003, 11쪽.

인구통계적 요인은 그 국가의 인구분포를 직업과 소득, 교육수준, 연령, 성별 등으로 크게 구분하여 인구분포도의 양적인 측면과 질적인 측면을 비교하여 국민 삶의 질의 수준을 측정하는 지표로 활용하고 있다.

이러한 분류를 통하여 중산층의 확대여지와 여성의 사회참여분위기, 고령화 추세에서 기인된 노년문화의 창출여지, 청소년계층의 여행활동 참여여지를 분석하여 여행업의 경영수지개선에 중요한 자료로 활용되고 있다.

또한 이러한 인구통계적 요인은 여행업의 경우 내국인의 수요뿐만 아니라 외국인의 유치를 통한 여행업의 발전을 도모하여야 하므로 세계국가의 분포를 선진국과 후진국으로 분류하고 우리나라와의 접근성을 고려하여 여행객의 유입이 용이한 국가를 선별해 내는 데 중요한 지표로써 활용되고 있다.

이러한 관점에서 내국인의 인구통계적 분류에 기인된 잠재고객의 수요예상과 외국시장 활동의 접근력 강화가 이루어질 수 있는 주력국가의 비교분석을 통하여 해외홍보망의 강화에 주력할 수 있는 중요한 자료로 이용되고 있는 점에서 인구통계적 요인은 기업 외적인 요인으로서 중요한 의미를 지니고 있다.

(1) 인구의 연령구조 변화

오늘날 가장 중요한 인구통계학적 동향은 인구의 고령화이다. 출생률의 저하는 젊은이의 인구저하를 의미한다. 동시에 평균수명은 계속해서 늘고 있으며 인구는 평균수명을 밀어 올리고 있다.

인구의 연령구조상 변화는 금후 10년 사이에 여러 연령 집단별에 대해 서로 다른 성장률을 가져올 것이나 이들의 차이는 마케터의 표적설정전략에 강력한 영향을 미치게 될 것이다. 여기에 5개 집단의 성장동향을 정리한다.15)

▲ 어린이 : 베이비 붐 세대가 출산연령에서 고령화됨으로써 미취학 아동의 수는 1990년대부터 서서히 감소할 것이다. 즉석식품 식당은 이 시장의 대안이 될 만한 시장을 발견하지 않으면 안될 것이다. 그들이 이미 표적으로 하고 있는 시장의 하나는 고령자 시장이다.16)

---

15) Richard Kern, "The Year 2000 : A Demographic Profile of Consumer Market," Marketing News (May 25, 1984), sec. 1, pp. 8~10, and Kern, "USA 2000," pp. 10~12.

〈표 2-4〉 연령구조별 구분과 내용

구분	내용
젊은이	10~19세의 젊은이 수는 1990년대 초기부터 감소되어 금세기 말에 다시 증가할 것이다. 이 집단은 고객 및 노동력(10대 후반)의 관점에서 즉석식품 식당에 있어 가장 중요한 시장이다. 젊은이 집단과 어린이 집단은 학교급식 수요에 영향을 미친다.
젊은 어른	'소자화(少子化)' 세대가 이 연대로 이동함에 따라 20~34세의 연령집단은 1990년대에는 감소한다. 이 집단은 베니건스나 T.G.I. 프라이데이스처럼 캐주얼 식당에 있어서는 중요하다. 또한 나이트클럽이나 바 시장에 있어서도 가장 중요한 집단이다.
중년전기	베이비 붐 세대는 35~49세의 연령 집단으로 이동하면서 급속한 인구증가를 가져올 것이다. 예컨대 40~44세의 인구는 50%나 증가하게 된다. 이 집단은 식품에 대해서 보다 세련된 기호를 가지며, 보다 고급호텔을 선호한다.
중년후기	50~64세의 연령집단은 금세기 말까지 계속해서 감소할 것이다. 이 집단의 임금노동자는 그들 경력의 정점에 있다. 이 집단은 외식 오락 및 여행업계에서는 중요한 집단이다.
퇴직자	65세 이상 집단은 1980년에서 2000년에 걸쳐 3분의 1 이상 증가할 것이다. 2000년까지는 10대보다도 2배의 고령자가 있는 셈이다. 이 집단에는 노인 커뮤니티, 보다 조용한 형식의 레크리에이션 여행에의 수요가 있다.

고령인구는 환대산업이나 여행업계에 많은 영업기회를 창출할 것이다. 여가목적 여행에 사용되는 돈의 75% 이상은 55세 이상의 연령층에서 지출되고 있다. 버스여행은 지금도 중요한 영업의 하나인데 인기가 점점 높아질 것으로 예측되고 있다. 고령자 상대의 식당은 조명의 개선, 알기 쉬운 차림표 및 훌륭한 서비스를 제공할 웨이터가 필요하게 될 것이다.

(2) 가족생활 형태

최근에는 전 세계적으로 만혼화, 소자화(少子化)가 진전되고 있다. 전체 미국의 96%는 결혼을 하기는 하나 초혼의 평균연령에서 고령화가 진행되고 있다고 한다. 18세 미만의 어린이가 없는 부부는 현재 전체 가족 수의 약 절반을 점하고 있다. 어린이가

16) Paul Brown, Pete Engardio, Steve Klinkerman, and Kirven Ringe, "Bringing up Baby : A New Kind of Marketing Boom," Business Week (Apr. 22, 1985), pp. 58~65.

달린 가족에 있어 어린이의 평균 숫자는 1955년 3.5명에서 감소하여 2명 미만으로 줄었다.

〈표 2-5〉 퇴직자의 증가순위

국가	1950	1970	1990	1995	2000	2010	2025	%
전 세계	5.1.	5.4	6.2	6.5	6.8	7.3	8.7	+56.5
선진국	7.6	9.6	12.0	12.9	13.5	14.4	18.3	+52.5
영국	10.7	12.9	15.7	15.6	15.4	15.8	19.4	+23.6
독일	9.7	13.7	14.6	14.8	18.4	18.4	20.5	+40.4
프랑스	11.4	12.9	14.0	14.9	16.0	16.0	21.2	+51.4
이탈리아	8.3	10.9	14.1	15.6	18.9	18.9	22.3	+58.2
미국	8.1	9.8	12.6	12.6	12.8	12.8	18.5	+46.8
캐나다	7.7	7.9	11.5	12.0	13.3	13.3	18.6	+61.7
일본	4.9	7.1	11.7	13.9	20.1	20.1	24.4	+208.5

자료 : International Herald Tribune, Money Report, September 24/25, 1994.

또한 일을 가진 어머니의 수는 증가했다. 18세 미만의 어린이를 두고 일하는 어머니의 비율은 1960년 이래 2배 이상 증가하여 67%가 되었다. 18세 미만의 어린이를 두지 않은 여성의 79%는 일하고 있으나 한편으로 이 집단 남성의 경우 불과 74%만이 일하고 있다.

여성의 임금은 가구수입의 40%를 차지하며 더욱이 질 높은 상품이나 서비스를 좀 더 많이 구입할 수 있게 된 것이다. 이러한 경향은 휴가가 보다 단기간이 되어 그 빈도가 증가하는 결과를 가져오게 된 것이다. 부부 맞벌이에서는 양쪽이 업무를 장기간 쉬는 것은 곤란하다.

그렇게 되면 절박한 시간에 직면하고 있는 어버이는 스키, 테니스 및 골프 여행 등 휴가에 어린이들도 함께 동반하기로 계획한다. 이전에 많은 어버이들은 휴가를 어른들만의 시간으로 생각했었다. 사용(社用)으로 여행하는 사람들 가운데에는 출장에 자기 자식을 데려가는 사람도 있다.

이것은 어린이에 대한 서비스에 습관되어 있지 않았던 호텔이나 휴양지에 있어 새로운 도전과 기회를 창출하였다. 대응이 빠른 호텔은 가족휴가에 맞춘 탁아소 서비스나 어린이를 위한 이벤트를 고안해 왔다. 이벤트가 열리는 요인은 ① 경제효과의 인식, ② 지방문화의 복권, ③ 산업의 활성화, ④ 국제화의 진전 등에서 찾을 수 있다.[17)]

비가족 가구 수가 증가하고 있다. 성인의 대다수는 집을 나와 아파트로 옮겨 개중에는 독신인 채로 살고 있는 사람도 있다. 또한 이혼하거나 사별한 사람으로 혼자 살고 있는 사람도 있다. 2000년까지 전 가구의 47%가 독신자 또는 홀아비(홀어미)가구가 되어 이들은 가구분류 가운데서도 가장 급격한 증가세를 나타내고 있다. 이들 집단은 그들 특유의 요구를 가지고 있다.

예컨대 단신자 가구는 오락이나 이식에 몰릴 자유재량소득을 보다 많이 가지고 있으며, 그들은 또한 도시락 식품의 단골손님이 될 것이다. 전국식당협회에 의하면 혼자 식사하는 사람은 그들의 식사예산 중 절반 이상을 식당에서 사용하고 있으며 부부의 경우에는 37%라고 보고되고 있다.[18)]

2) 경제적 환경

경제적 환경이란 소비자들의 구매력과 소비형태에 영향을 미치는 요인을 뜻한다. 경제환경은 고객의 구매력과 소비유형에 영향을 미치는 요인으로 구성되어 있다. 시장에는 인간은 물론 구매력도 필요하다. 왜냐하면 총구매력은 현재의 수입, 물가, 저축 및 신용금액에 좌우되기 때문에 마케터는 수입에 있어서의 중요한 경제동향과 소비자의 소비유형에 주의를 기울이지 않으면 안되기 때문이다.

일인당 실질수입은 1970년대와 1980년대 초기에 감소했지만 이는 인플레이션, 높은 실업률 및 증세(增税)에 의해서 사람들이 사용하지 않을 수 없는 금액을 감소시켰다. 그 결과 많은 미국인은 신중한 구매자가 되었다. 호텔업계는 이코노미 체인을 도입하고 또한 식당업계는 저가격 즉석식품 체인의 급속한 성장에 대응하였다. IMF체제하의 한국도 이러한 점에 있어서는 예외가 아니었다.

2010년대 또한 '곤궁한 고객'시대가 될 것이다. 즉 1980년대의 소비풍조 때문에 생긴 빌린 돈(借金)의 변제, 계속 떨어지는 주택가치의 문제, 대학의 수업료 지불이나 퇴직에

17) 田村正紀, 現代の流通システムと消費者行動, 日本経済新聞社, 1985, 6~8쪽.

18) Gray A. Stern, "Tables for One," Restaurant USA (Mar. 1990), pp. 15~16.

대비한 예금 등이 그것이다.

따라서 수입은 늘어나지만 재정적으로 곤란한 고객은 지금부터 이전보다 신중하게 소비할 것이다. 그리하여 그들은 구입하는 상품이나 서비스에 더욱더 높은 가치를 계속해서 추구할 것이다.

마케터는 평균수입은 물론 수입에 더욱 주의를 기울이지 않으면 안 된다. 상류층은 사치품의 주요시장이 되었다. 충분한 수입이 있는 중류계급은 어느 정도 소비에 신중하지만 가끔은 좋은 생활을 즐길 수 있다. 노동자계급은 기본적인 의식주를 확실히 고수하지 않으면 안되고 저축하는 노력도 꽤 필요하다. 마지막으로 하류계급(생활보호대상자나 많은 퇴직자)은 생활필수품을 사들일 때에도 돈 걱정을 하지 않으면 안 된다.

3) 자연적 환경

자연환경이란 마케팅활동의 결과에 의해 영향을 받거나, 마케팅관리자에 의해 투입요소로 사용되는 자연자원을 말한다. 일반대중들은 산업화과정이 자연환경을 파괴하지는 않는지에 관하여 많은 관심을 보이고 있다. 즉 기업을 둘러싸고 있는 대지, 대기, 물, 광선, 동식물이나 광물 등과 같은 자연조건을 말한다.[19)]

자연환경은 마케터가 필요로 하고 있든지 혹은 마케팅활동에서 영향을 받는 자연자원으로 구성되어 있다. 1960년대에 일반대중은 근대 산업활동에 있어 자연환경이 피해를 받고 있다는 것을 걱정했다. 대중지향의 서적은 자연자원의 부족이나 산업활동에 의한 물, 대지 그리고 대기에의 피해에 대해 경고를 하고 있다.

현대는 인간의 기본권을 중시하는 시대이며 이러한 가운데 쾌적한 환경을 누릴 권리를 환경권에서 보호해 주고 있다. 이처럼 쾌적한 환경의 유지는 여행객이 체재목적지에서 여행활동을 하는 데 중요한 동기유발 요소로서 작용한다.

이러한 점에서 입지적 조건으로서 중요한 배경요인으로 작용하는 산림의 보호와 쾌적한 환경의 유지는 여행객의 유인을 촉진할 수 있는 중요한 환경요인이다. 이러한 점에서 생태계 보호차원에서 지역산림자원 보호의 관리를 맡고 있는 기관의 책임은 중요하며 너무 인위적인 공간의 확보를 위해 자연자원의 파괴와 개발을 일삼는 행위는 민족의 유산으로서 중요한 자원의 성격을 지니는 자연자원의 경우 중요성을 아무리 강조해도

---

19) 안태호 · 임상희, 경영학원론, 삼영사, 1990, 123쪽.

지나치지 않다.

또한 오늘날 공업문화의 팽배로 인하여 지가고려를 통한 공업문화의 여행지내의 유입은 자연자원의 보호와 환경권의 유지를 위해 많은 관심과 고려를 해야 할 사안이므로 정책입안자의 철저하고 역사를 의식하는 정책의 입안과 자연자원의 개발자세가 요구된다.

이러한 관점에서 볼 때 자연자원의 철저한 보호와 관리 및 개발 시 자원의 보호와 개발에 따르는 상충적 의미의 철저한 배려와 분석고찰은 여행자원의 보호는 물론 여행업의 발전에 크게 기여하는바 많은 관심과 지도 통제가 뒤따라야 될 것이다.

4) 기술적 환경

현대 기업사회에서 가장 빠른 변화를 보이고 있는 환경적 요인은 기술환경요인이라고 말할 수 있다. 우리들의 명운을 결정하는 가장 극적인 힘은 기술이다. 기술은 우리들에게 페니실린, 개흉수술(開胸手術) 및 경구피임약을 가져다주었다.

또한 기술은 수소폭탄, 신경가스, 그리고 화학전쟁이라는 공포도 가져다주었다. 그리고 기술은 텔레비전이나 자동차 등 고마운 것이나 고맙지 않은 물건까지 만들어냈다. 즉 인간의 문명역사를 되돌아볼 때 오늘의 사회는 가히 기술혁명시대에 있다고 할 수 있다. 이 같은 기술 환경의 변화는 관광산업의 발전과도 밀접한 관련을 가지고 있다.

기술적 요인은 하부구조(infrastructure)와 상부구조(superstructure)를 중심으로 한 여행환경을 의미하는 것으로서 도로, 항만, 철도, 공항 등의 기간산업의 확충과 여행객 이용시설로서의 호텔업, 항공사, 여행사, 식당, 여행객 이용 레저시설업의 구비여건과 2차 산업 및 3차 산업의 성숙도 등을 통해 여행객의 유인에 용이한 환경여건을 갖추고 있는지의 여지를 탐색하는 중요한 배경요인으로 작용하고 있다.

이는 이러한 환경요인이 성숙될 때 여행객의 유인이 촉진됨으로써 성숙한 여행환경시장의 조성에 크게 기여하게 되고 이러한 결과 체제공간으로서 중요한 역할을 담당하고 있는 호텔업의 위상강화가 자동적으로 수반될 수 있기 때문이다.

기술의 변화는 점점 가속도를 붙이고 있다.[20] 오늘날에는 당연하다고 생각하고 있는

20) Leonard D. Goodstein, Timothy M. Nolan, and J. William Pfeiffer, Shaping Strategic Planning (Glenview, III : Scoot, Foresman, and Co., 1989), pp. 3~4.

상품의 대다수는 30년 전에는 진기한 것이었거나 존재하지도 않았던 것 중의 하나이다. 그 예를 들자면 전자계산기, 복사기, 즉석식품 체인, 퍼스컴, 제트여객기, 전실 스위트 호텔, 팩시밀리, 비디오텍스 등이다.

과학자는 미래의 상품에 대해서도 예측하고 있다. 예를 들면 비행 가능한 자동차, 1인용 로켓 장착 벨트나 우주호텔에서의 숙박이 가능한 우주여행 등이 그것이다.

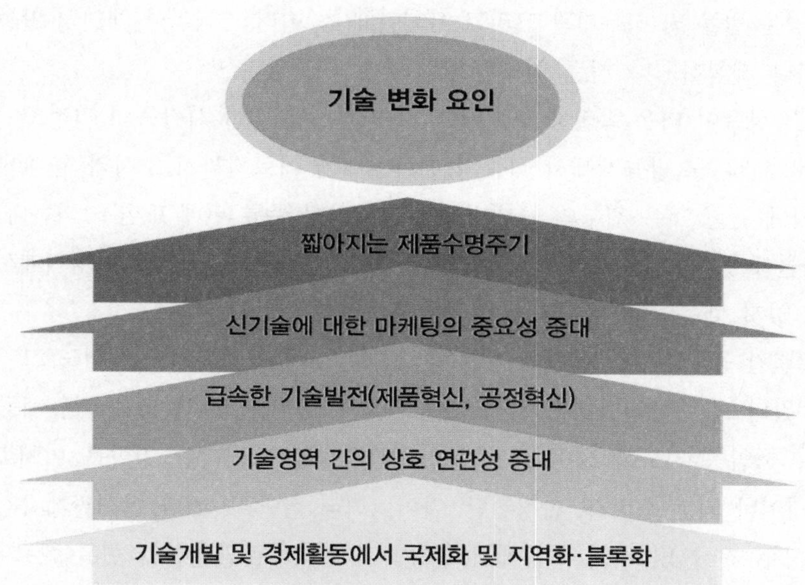

자료 : 중소기업청·창업진흥원, 기술경영관리, 발행연도불명, 698쪽.

〈그림 2-3〉 기술변화의 중요 요인

기술은 환대산업의 많은 면에 영향을 미쳐 왔다. 로봇이 병원의 각 동에 배치되어 병원 배식을 담당하고 있다. 기계는 자동적으로 요리를 만들고, 인간에 의한 실패를 배제하고 있다. 컴퓨터화된 비디오에 의한 체크인, 체크아웃 서비스는 지금 많은 호텔에서 행해지고 있다. 식당에서는 지금 팩시밀리나 SNS가 주문을 받고 있다.

컴퓨터화된 이익관리 시스템은 여행업에 있어 수요에 대응한 가격설정에 따라 이익을 최대로 늘리는 데 공헌하고 있다. 이들 기술이나 기타 기술의 진보는 기업이 시장에 있어 보다 효과적일 수 있도록 지원해 줄 것이다. 실용적 기술진보를 채용하는 기업은 경쟁우위적 입장을 획득할 것이다.

5) 정치적 환경

정치안정 없이 경제안정 없다는 말이 있다. 이는 국가의 사회질서와 경제질서의 유지에 정치적 환경이 차지하는 비중이 얼마나 큰가를 입증하는 중요한 사례라고 생각된다. 마케팅에 관한 의사결정은 정치환경의 영향을 많이 받고 있다.[21)]

정치환경은 법률 및 정부기관 그리고 사회단체 등 여러 조직이나 개인의 활동에 영향을 미치거나 제한하거나 하는 압력단체로 구성되어 있다.

여행관련 상품이 더욱 복잡해짐에 따라 그 안전성에 대한 사람들의 걱정도 증가하고 있다. 정부기관은 소방규제에서 식품의 취급실태에 이르기까지 조사와 규제에 관계해 왔다. 노사에 관한 것은 정부의 규제범주에 들어가며 주류 판매 또한 그러하다. 여행자는 정치가들에 있어 좋은 수익원으로 보인다. 왜 그런가 하면 그들은 여행지에서는 투표를 할 수 없기 때문이다.

과거 20년간 공익이해자 집단의 수는 증가하고 정치의 영역에 있어서도 그 영향력은 증대되어 왔다. 음주운전반대어머니회(MADD)는 식당에 대해 알코올류를 제공하는 데 대해 보다 책임을 지도록 요구하는 것으로 관광산업에 커다란 영향을 미치고 있다.

몇 백 명이나 되는 소비자, 환경집단, 마이너리티 집단 및 기타 이해관계자집단은 민관 양쪽 모두 전국 및 지역 수준에서 활동하고 있다. 관광산업의 빈틈없는 관계자는 이러한 집단의 대다수가 세미나, 회의, 회합 및 사교적 모임과 같은 멋있는 마케팅 기회를 의미하고 있다는 것을 깨닫게 되었다. 우리나라에서도 경제정의실천연합(경실련) 등은 한국사회에 영향을 미치는 중요한 집단의 하나로 성장했다.

정부의 규제와 그 집행은 장차 늘어날 것으로 생각된다. 기업의 책임자는 상품이나 마케팅 프로그램 계획에 즈음하여 경쟁, 소비자 및 사회를 보호하는 중요한 법률에 대해서 잘 알고 있지 않으면 안 된다.

6) 문화적 환경

문화는 한 시대의 관습과 생활규범을 표출하는 것으로서 종교와 예술, 교육, 정보 등

---

21) 최기탁, 관광경영전략, 한올출판사, 2005, 50쪽.

한 시대의 통념적 가치체계와 연계하여 역사성과 시간성의 유예 속에 한 시대에 표출되는 정신적 무형의 제 행위개념을 포함하고 있다.

관광산업은 본래 문화와 경제의 사이에 있으며, 경제적 측면에서 추구하는 것만으로는 특이한 면이 있어서 문화진행의 예측이 필요하기도 하다.[22)]

UNESCO는 2002년 "문화는 한 사회 또는 사회적 집단에서 나타나는 예술, 문학, 생활양식, 더부살이, 가치관, 전통, 신념 등의 독특한 정신적 · 물질적 · 지적 특징"으로 정의하였다. 이처럼 문화는 한 시대의 관습과 생활규범을 표출하는 것으로서 종교와 예술, 교육, 정보 등 한 시대의 통념적 가치체계와 연계하여 역사성과 시간성의 유예 속에 한 시대에 표출되는 정신적 무형의 제 행위개념을 포함하고 있다.

이러한 문화는 시대가 점차적으로 발전하면서 총체적인 대문화 지배에서 하부 소문화의 분열을 가져오고, 이로 인하여 다양한 계층의 행위개념을 포괄적으로 수용하고 정착하는 데 기여하고 있다.

그러므로 오늘날 도시화와 산업화가 촉진됨으로써 사회구조가 단순구조에서 복수사회로의 전이를 가져오고 더 나아가서 자본주의에 기인된 물질만능주의의 팽배와 소비문화의 범람은 종전의 라이프 스타일의 변화(구속, 가부장주의, 근면절약 내핍, 폐쇄적인 성문화, 노동 중시-자유, 개방, 모계중심주의, 소비분위기 고조, 성문화개방, 여가생활 중시)를 가져오게 되고 이로 인하여 소비주체의 여행활동 범위가 확산됨을 알 수 있다.

문화환경은 여러 시설 및 사회의 기본적 가치, 인식방법, 기호, 그리고 행동에 영향을 미치는 요인을 포함한다. 예컨대 사회구성원이 가지고 있는 역사관, 문화적 유산, 인간의 요구, 생활양식과 관습, 예술, 스포츠 등은 모두 문화적 환경요인이다.[23)]

집단조직으로서의 사회는 그 구성원의 기본적 신념과 가치를 형성한다. 그들은 자기자신과 기타 사람들과의 관계를 정의하는 세계관을 흡수한다. 다음에 드는 문화적 특징은 마케팅에 관한 의사결정에 영향을 미친다.

최근 우리나라 국민은 과거 어느 때보다 가족과 개인생활에 가치를 두고 있다. 따라서 자신과 자기 가족의 삶의 질을 높이려는 노력의 일환으로 스포츠나 레저에 더욱 많은 관심을 갖게 되었고 개인의 풍요로운 시간을 즐기기 위해 외식이나 여행 등 교양,

---

22) 池田輝雄, 観光経済学の課題, 文化書房博文社, 1997, 121쪽.

23) 이건희, 현대경영학의 이해, 학문사, 1997, 508쪽.

오락비 지출이 증가하게 되었다. 이는 여행 · 호텔업에 중요한 기회요인이 된다고도 볼 수 있다.

큰 문화를 구성하고 있는 하부문화(subculture)에는 지역문화, 청년문화, 종교문화, 직장여성문화 등 다양한 형태가 있다.

2.1.4 윤리와 사회적 책임에 근거한 행동의 중요성

성문규제(成文規制)는 잠재적인 마케팅의 악용 모두를 도저히 망라할 수 없으며, 기존 법률은 집행하기 곤란한 경우가 한 두 가지가 아니다. 그러나 성문법이나 규제를 초월하여 사업은 사회적 규약 및 전문적 윤리규칙에 의해서도 지배되고 있다.

개발된 기업은 관리자들에게 규제시스템이 허가하고 있는 내용을 초월하여 그 앞을 보고 오로지 올바른 것을 행하면 좋다고 장려한다.

이러한 사회적 책임이 있는 기업은 소비자와 환경의 장기적 이해를 지키는 방법을 적극적으로 탐색하고 있다. 그러므로 기업의 사회적 책임은 기업이 자본주의 · 자유경제제도의 테두리에서 재화 및 용역을 생산하고 판매하는 과정에서 여러 가지 경영활동을 수행하게 되는바, 이때 기업이 외부환경 및 내부환경의 경영이해자 집단과 관계를 가지게 될 때 이들에게 책임을 지우는 데 있다.[24)]

여기에는 ① 주주에 대한 책임, ② 종업원에 대한 책임, ③ 정부에 대한 책임, ④ 소비자에 대한 책임, ⑤ 채권자에 대한 책임, ⑥ 지역사회에 대한 책임 등이 있다.

최근 땅콩회항사건[25)] 등 비즈니스 스캔들의 홍수와 환경에 대해 깊어가는 걱정은 윤리와 사회적 책임문제에 대한 새로운 이해를 만들어내고 있다.

마케팅은 거의 모든 면에서 이러한 문제들과 관련이 있다. 유감스럽게도 이들 문제는 통상 이해의 충돌이 발생하기 때문에 선의의 사람은 어떤 특정의 상황을 취해야 할 올바른 행동에 대해서 본심에서 반론을 주창한다. 따라서 많은 산업 및 전문적인 업계조직은 윤리적 규약을 제언하고 대다수 기업은 현재 복잡한 사회적 책임문제에 대처하기 위한 방안이나 지침을 개발 중이다.

---

24) 백석현, 현대경영학원론, 법문사, 1988, 88쪽.

25) 대한항공 KE086편 이륙지연사건으로, 마카다미아 땅콩 제공과정상 생긴 잘못에 대해 승무원과 항공사 임원 사이에 실랑이를 벌인 것이 주된 사건이다.

2.2 여행업의 경영환경

2.2.1 구조불황산업

여행시장의 확대에 수반하여 경쟁이 격화되고 여행사의 경영이익은 취급액의 0.5% 이하에 그치고 있다. 신규진입(新規進入)기업의 증가, 항공운수산업의 규제철폐(자유화), OA(Office Automation)화의 지연 등으로 여행사의 대부분은 이익을 낼 수 없고, 관광산업은 '구조불황산업'이라 불리고 있다.

높은 수익을 올리고 있는 것은 하나투어 등 최대기업이라든가 영세기업 혹은 철저한 전문분야에 특화하고 있는 여행사로 한정되어 있다. 하버드대학의 마이클 포터 교수는 어떤 산업에도 적용되는 진입장벽으로서 ① 규모의 경제(scale merit), ② 상품의 차별화, ③ 자금의 필요성, ④ 규모와 관계없는 비용 면에서의 분리, ⑤ 유통채널에의 접근, ⑥ 정부의 정책 등 6가지 원칙을 들고 있다. 포터 교수가 언급하는 6가지 원칙이 관광산업에 어떻게 적용되는지를 설명해 보자.

1) 규모의 경제(scale merit)

스케일메리트란 규모의 이익이라는 뜻으로, 규모의 확장으로 얻게 되는 이익을 말한다. 즉, 생산수량이나 매입수량이 크고 소위 대량생산이나 대량매입에 따라서 생산비용(cost)이나 매입단가를 낮게 책정하는 것으로 인하여 얻어지는 이익을 말한다. 그러나 여행업은 구조적으로 이러한 스케일메리트를 구사할 수 없다. 그건 수요자 입지가 되기 때문이다.[26)]

두말할 필요 없이 자동차, 제철, 전기, 약품 등의 산업에서 작은 규모에서의 진입은 불가능하다. 그러나 관광산업에서는 만년 1등의 하나투어조차 셰어(share)는 4할 정도로 규모의 경제라는 진입장벽은 없다. 시장의 0.1%의 셰어를 획득할 수 있다면 대성공이라는 분류에 들어간다.

극단적으로 말하면 3,000만 원만 있으면 내일부터라도 여행업을 개업할 수 있다. 누구

---

26) 羽田昇史, サービス経営の研究, 学文社, 1997, 12~13쪽.

로부터의 원조도 기대하고 있지 않은 경우에도 자택에서 독립하여 영업을 개시할 수도 있다.

2) 여행상품의 차별화

오늘날 대부분의 여행사는 상품을 차별화할 수 없다. 홀세일상품도 어느 여행목적지에서든 상품이 서로 비슷하기 때문이다. 타사와 차별화된 상품을 거의 만들 수 없다. 극히 일부 자사에서 하드를 가지고 있는 클럽메드(Club Med)나 PIC 혹은 크루즈라든가 아프리카를 전문적으로 취급하고 있는 극소수 여행사가 상품으로 독자성을 내고 있는 것에 지나지 않는다.

오늘날 여행상품은 홀세일상품이 대세이므로 각 홀세일러들도 동일명칭의 브랜드로 고급지향 상품과 인기 있는 상품을 이름으로 구별하거나, 고가격지향의 제1브랜드에 대해서 저가격지향의 제2브랜드로 나누는 등, 고객의 예산에 맞는 상품설정을 연구하고 있다.[27)]

3) 자금의 필요성

여행업에의 진입에는 대자본을 필요로 하고 있지 않기 때문에 이러한 면에서의 진입장벽은 존재하고 있지 않다. 여행의 거래는 모두 선불이 원칙이기 때문에 회전자금에도 그만큼 큰 자본을 필요로 하지 않는다.

4) 규모에 관계없는 비용 면에서의 분리

신규진입을 시도하는 기업에 있어서 규모와 관계없는 불리한 조건은 거의 존재하지 않는다. 마이클 포터 교수는 이러한 예로서 ① 독점적인 기술, ② 최고품질 원재료에의 접근, ③ 정부로부터의 보조금, ④ 유리한 입지 등을 들고 있으나, 여행업계에는 그러한 것이 아무것도 없다. 베테랑 사원이 독립한 경우 그 사원이 가지고 있던 고객과 그만의 기술과 경험을 잃어버리는 것이 유일기업에 있어서 불리한 조건이다.

---

27) JHRS, 海外旅行実務, 2008, 109쪽.

5) 유통채널에의 접근

가령 외국의 큰 항공사가 주최여행의 자회사를 설립하여 새로운 브랜드로 시장에 신규참여하거나 금융업이 에어온리의 디스트리뷰터를 시작하거나 혹은 통판(通販)회사가 여행업 등록을 취득하여 직판에 뛰어든다고 해도 성공확률은 높다.

또한 실제로 1990년대에는 여행업계에서도 브랜드가 범람하여 그 후 20년 동안 자연도태된 경우가 있다. 팸플릿을 카운터에 진열하는 정도로는 상품이 팔린다는 보증은 없지만 브랜드에 의한 진입은 현재도 비교적 쉽다. 디스트리뷰터는 판매의 효율을 높이기 위해 생겨난 제도의 하나이다.[28]

6) 정부의 정책

정부는 진입장벽을 가능한 한 낮추는 방향으로 움직이고 있다.

2.2.2 공급업자(supplier)의 영향력

최근 항공사와 호텔에 있어서 소비자에의 직판 움직임은 여행업계 전체의 수익력 저하로 직결되고 있다. 그것을 가속도적으로 추진하고 있는 것이 마일리지 뱅크 펙스운임(Mileage Bank Pex Fare), 인터넷에 의한 예약시스템 등이다.

"대체상품 · 서비스가 나타나면, 가격설정에 상한이 설정되어 버리고, 업계의 잠재성은 위축되어 버린다"고 이 교수는 언급하고 있지만 여행시장에서는 하와이, 괌, 사이판, 그러한 대체서비스로서 경합을 촉진하고 있는 것은 잘 알려져 있는 대로이다. 또한 역설적으로 말하면 관광산업의 구조불황산업이라는 체질 그 자체가 진입장벽이 되어 있다고 해도 과언이 아니다.

2.2.3 현금장사

여행업의 거래는 원칙적으로 현금장사이다. 항공권은 유가증권과 마찬가지로 곧 현금화할 수 있기 때문에 항공권을 발권할 수 있는 여행사는 IATA(국제항공운송협회)인가 점포에 한정되어 있다. 여기서는 15일 마감의 월말지불, 월말마감의 다음달 15일 지불의 월 2회의

28) 小林宏, サービスで勝負だ, 日本経営協会, 1984, 245~249쪽.

지불이 원칙이 되어 있다. 이 시스템을 BSP = Billing and Settlement Plan이라고 한다.

호텔이나 현지의 지상수배의 지불조건은 이것보다 느슨하지만 그래도 현지지불이 원칙이다. 결국 물건을 만드는 것처럼 부품의 구입을 어음으로 지불하는 상습관은 없다. 그런데 경쟁이 격화되면서부터 지상수배업자 등은 지불조건을 느슨하게 하는 경우가 많고, 그 결과 외국에의 송금이 몇 억 원이나 지연되어 외국의 서플라이어로부터 한국여행업협회(KATA : Korea Association of Travel Agent))에의 고충이 늘어나고 있지만 타 산업과 비교하면 신용의 창조가 비교적 쉽다.

또한 영업에 수익이 많은 것도 관광산업의 특징 중 하나이다. 영업의 수익이라 해도 전도금의 금리도 조금은 있지만 대체로는 토산품점에서의 리베이트(rebate) 등이다. 물론 이러한 리베이트는 전혀 관계가 없다는 것을 팸플릿에 명기하고 있는 여행사도 적지 않다. 비즈니스로서 여행을 하는 경우, 여행사에는 이득이지만 여행자에게는 불리한 경우가 종종 발생한다. 이러한 것을 미연에 예방하는 것이 비즈니스의 첫걸음이다.[29)]

2.2.4 전문가 집단

욕구의 충족을 거든다는 의미에서 여행사는 각 분야의 전문가 집단이다. 일정한 지역, 예를 들면 하와이, 카리브해, 유럽에 정통하다, 혹은 스키, 등산, 다이빙, 음악, 연극에는 경험이 풍부하다는 것이 타사와의 차별화를 강화하고 있다. 에어온리(air only)의 정보에 정통하고 있는 것도 중요한 무기의 하나이다.

소비자는 자신이 방문하는 나라의 사정에 대해서 거기에 5년 전에 갔었던 사람과 일주일 전에 갔던 사람과 어느 쪽의 정보를 신용하는 것일까. 여행사가 기업으로서 한 분야에 전문화하지 않으면 안되는 것은 시장이 세분화하면 할수록 고객이 전문정보를 추구하기 때문이다.

여행사 규모의 대소에 관계없이 여행사의 실태는 개별의 집합이다. 기본적으로는 개인이 여행의 기획, 구매, 판매, 운영을 일관(一貫)하여 수행한다. 기업의 조직으로서 과 혹은 그룹을 이익 센터(profit center)로써 독립성을 부여하고 있는 여행사도 있고, 하나투어 등 대기업도 전문분야에 따라 적극적으로 분사(分社)화하고 있다.

29) 沢渡貞男·杉山尚次, 海外パッケージ旅行発展史, 彩流社, 2009, 189~190쪽.

2.2.5 정부의 규제

여행업의 개업에는 문화체육관광부나 시도지사의 설립인가가 필요하지만 이외에도 IATA의 인가를 받지 않으면 국제항공권의 발매를 할 수 없다. 항공운임은 일단 정부 인가운임으로 최저투어판매가격(MTP = Minimum Tour Price) 등의 규제도 있지만 그것이 완전히 지켜지고 있다는 증거는 없다. 판매가격의 담합에는 공정거래위원회의 준법감시(compliance)[30]도 엄격하지만 적발될 새도 없이 업계 내에서 상호 간 공정한 거래를 하도록 감시하려는 취지에서 여행업공정거래위원회가 설립되어 있다.

고객과의 여행상품의 매매계약은 여행업약관의 카운터에 게시되고 팸플릿에는 반드시 발췌되어 있고 더욱이 출발 전에 서면으로 교부하도록 하고 있다. 그러나 여행자에게도 여행업자에게도 여행계약서 작성이 의무화되어 있다는 인식이 희박하다.

부동산매매나 임대계약에 즈음해서는 중개업자가 계약서를 읽어주지만 일부에서는 여행의 판매에도 이러한 방식의 도입이 제창되고 있다. 한편에서는 인가를 받지 않고 여행영업을 하고 있는 기업도 있으며 그러한 보따리업자도 때에 따라서는 고객에게 편리성을 추구하는 일면도 있다.

2.2.6 업계표준

여행업계에 소위 걸리버는 존재하지 않는다. 따라서 여행사의 리더가 업계의 표준을 만드는 일은 적다. 그렇다고는 하나 몇 개의 업계표준은 존재한다. 최근 주최여행의 표준(standard)에서 눈에 띄는 것은 어린이 반액, 두 사람 이상 출발, 수화물의 자택배송, 호텔의 객실유형 특정, 비즈니스 클래스 이용 시의 추가요금 등이다.

단체운임, FFP(Frequent Flyer Program · 상용고객우대제도), 허브와 스포크(Herb and Spoke · 대도시 거점의 항공사 운항방식), 에어온리 등 업계표준은 거의 수입품이었다. 여기에서 3개로 적용하는 새로운 업계표준 설정이 한국의 이니셔티브로부터 탄생할 것이 요구된다.

30) 고객 재산의 선량한 관리자로서 회사의 임직원 모두가 제반 법규를 철저하게 지키도록 사전 또는 상시적으로 통제 감독하는 것을 의미한다.

2.2.7 글로벌화

중국, 일본 등 한국인 여행자 수가 연간 100만 명을 넘는 곳에는 지점, 지사를 설립하는 여행사가 늘고 있으나 그러한 출점은 한국인여행자의 뒷바라지를 목적으로 설립된 것이다.

여행시장의 FIT화의 발전에 따라 여행사의 글로벌화는 한층 진전되지만 그것은 실제 의미에서의 글로벌화는 아니다. 현지 소비자의 여행수요에 맞추어 꼼꼼한 서비스를 제공한다는 전형적인 전개는 거의 없다.

상품분야에서는 승용차에서도 전자상품에서도 OA(Office Automation · 사무자동화) 기기에서도 한국기업의 실제 글로벌화가 진전되고 있으나 여행서비스에서는 아직 거기까지의 수준에는 오르지 못하고 있다. 이것이 큰 과제이기도 하다.

2.3 여행업의 마케팅환경

여행업은 관광산업 발전의 동맥과 같은 위치에 있다. 그러나 여행업은 오늘날까지 한국표준산업분류 속에는 단독업종으로 인정되지 못하고 있는데, 그 점에서는 공식산업으로서 등록되어 있지 않다고 말할 수 있다. 그러한 까닭에 소분류의 한 항목에 추가하여 비로소 여행업이 드디어 산업으로서 인지되기에 이르렀다고 말해도 과언이 아니다.

우리나라 여행업은 일반여행업과 국외여행업 및 국내여행업의 3종으로 분류되어 있다. 1991년 1월 1일부터 여행업의 대외개방이 이루어짐에 따라 개방에 따른 국내산업의 피해를 최대한 줄이기 위해 여행사의 경영개선 유도, 서비스 향상에 의한 신뢰회복, 여행업 전문인력 양성 등 각종 시책을 추진하고 있다.

또한 「관광진흥법시행령」의 개정(2005년 4월 22일)을 통하여 여행업에 대한 문화체육관광부 장관 또는 시 · 도지사의 등록 권한을 각각 시 · 도지사 또는 시장 · 군수 · 구청장에게 이양하였다.

〈표 2-6〉 우리나라 여행업의 산업분류

대분류	산업연관표		KSCI	
협의의 여행업	371	기타 사업서비스	75211	일반 및 국외 여행사업
			75212	국내 여행사업
			75290	기타 여행보조 및 예약 서비스업
숙박	326	숙박	55111	호텔업
			55112	여관업
			55113	휴양콘도 운영업
			55114	청소년수련시설 운영업
			55119	기타 관광숙박시설 운영업
여객운송	329	도로여객운송	49219	기타 도시정기 육상여객 운송업
			49220	시외버스 운송업
			49232	전세버스 운송업
	332	연안 및 내륙 수상운송	50111	내항여객 운송업
			50201	내륙 수상여객 운송업
	333	외항운송	50121	외항여객 운송업
	334	항공운송	51100	정기항공 운송업
			51200	부정기항공 운송업

자료 : 현대경제연구원, 여행산업 경쟁력 강화방안 연구, 2009, 119쪽.

여행시장 규모를 판가름하는 데 있어 여행사 수는 중요한 기준의 하나이다. 관광지식정보시스템에 명시된 여행업현황을 참고로 2003년부터 2013년까지 전국 여행사 수를 조사한 결과 전국의 여행사 총수는 현재 1만 5,368개로 나타났으며, 1989년 해외여행자유화조치 이래 급속한 성장을 거듭하고 있다.

1990년대부터 해외여행 붐이 일어났지만 전국의 여행사 수는 2,200여 개에 지나지 않았다. 하지만 2000년대에 들어선 후 온라인 여행사들의 증가에 힘입어 2011년에는 9월에 1만 4,000여 개, 2012년에는 1만 5,000여 개로 대폭적인 증가세를 반영하고 있다.

〈표 2-7〉 여행업체 수 변동추이(2007~2017)

연도	구분		합계	전년도	성장률 (%)	서울	부산	대구	인천	광주	대전	울산	세종	경기	강원	충북	충남	전북	전남	경북	경남	제주
	대분류	소분류																				
2007	여행업	국외여행업	5,793	4,985	16.2	2,965	470	194	155	179	175	67	0	520	89	111	132	135	141	185	223	52
		국내여행업	4,162	3,844	8.3	1,064	313	183	154	187	156	64	0	580	114	166	168	143	205	228	266	171
		일반여행업	726	294	8.6	528	58	6	4	9	5	5	0	28	9	10	0	8	3	4	6	43
		소계	10,681	9,623	1.1	4,557	841	383	313	375	336	136	0	1,128	212	287	300	286	349	417	496	266
2008		국외여행업	5,329	5,793	−8	2,848	477	184	212	128	179	61	0	200	88	95	144	141	138	153	238	43
		국내여행업	3,616	4,162	−13.1	1,016	320	172	152	129	156	60	0	236	86	109	177	144	201	173	259	176
		일반여행업	705	726	−2.9	519	39	7	7	10	7	4	0	19	9	11	0	13	3	2	10	45
		소계	9,650	10,681	−9.7	4,383	836	363	411	267	352	125	0	455	183	215	321	298	342	328	507	264
2009		국외여행업	4,547	5,329	−14.7	1,066	543	278	112	186	226	101	0	718	152	145	176	181	190	481	287	55
		국내여행업	6,418	3,616	77.5	2,905	364	213	100	184	209	92	0	627	166	164	216	184	260	211	311	212
		일반여행업	1,003	705	42.3	721	34	13	11	15	8	6	0	50	16	11	3	22	11	7	13	62
		소계	11,968	9,650	2.4	4,692	941	454	223	385	443	199	0	1,395	334	320	395	367	461	399	611	329
2010		국외여행업	6,429	4,547	41.4	2,784	472	287	207	186	187	75	0	756	125	140	177	275	182	215	266	95
		국내여행업	4,922	6,418	−23.3	1,026	337	265	179	181	183	71	0	616	141	159	206	271	246	259	279	503
		일반여행업	1,233	1,003	22.9	831	39	19	14	30	17	7	0	75	21	12	0	21	15	13	28	91
		소계	12,584	11,968	5.1	4,641	848	571	400	397	387	153	0	1,447	287	311	383	967	443	487	573	639
2011		국외여행업	6,767	6,429	5.3	3,067	533	314	131	177	209	83	0	758	149	161	203	199	201	217	294	71
		국내여행업	4,888	4,922	−0.7	1,174	371	282	121	171	205	83	0	640	168	176	217	197	267	254	305	257
		일반여행업	1,634	1,233	32.5	1,109	53	32	34	28	32	10	0	93	24	12	1	43	15	18	27	113
		소계	13,289	12,584	5.6	5,350	957	628	286	376	436	176	0	1,491	341	349	421	439	483	499	626	441
2012		국외여행업	7,469	6,767	10.4	3,164	595	315	240	195	205	99	0	919	165	171	205	309	199	248	330	103
		국내여행업	5,736	4,888	17.3	1,178	404	314	218	196	200	95	14	720	176	194	230	285	264	302	349	597
		일반여행업	1,949	1,634	19.3	1,229	54	40	45	39	31	9	13	120	24	17	0	51	63	24	38	153
		소계	15,154	13,269	1.4	5,571	1,063	669	503	430	436	208	2	1,759	365	382	435	645	520	572	717	853
2013		국외여행업	7,568	7,469	1.3	3,151	636	296	225	219	205	113	29	928	169	176	213	316	202	251	350	105
		국내여행업	5,791	5,736	0.9	1,222	448	271	208	208	185	108	13	711	178	196	232	297	267	300	355	592
		일반여행업	2,003	1,949	2.7	1,242	81	45	43	41	37	10	2	146	27	22	3	58	23	31	45	153
		소계	15,368	15,154	1.4	5,615	1,165	612	476	468	427	231	29	1,785	374	393	448	671	492	982	750	850
2014		국외여행업	2,819	7,568	−62.8	1,757	94	51	55	54	51	11	233	42	24	8	62	36	44	52	2	243
		국내여행업	8,368	5,791	44.5	3,355	642	361	213	251	223	120	955	179	212	238	346	256	282	609	16	110
		일반여행업	6,398	2,003	319.4	1,231	459	364	187	233	205	116	791	196	213	237	308	307	321	622	14	594
		소계	17,585	15,368	14.4	6,343	1,195	776	455	538	479	247	1,979	417	449	483	716	599	647	1,283	32	947
2015		국외여행업	3,414	2,819	21.1	2,138	118	65	81	70	57	11	2	272	48	33	15	70	42	39	63	290
		국내여행업	8,582	8,368	2.6	3,507	679	380	234	253	226	136	20	1,033	186	216	285	349	253	291	415	119
		일반여행업	6,548	6,398	2.3	1,354	494	363	201	236	207	131	18	767	223	231	271	328	311	364	419	630
		소계	18,544	17,585	5.5	6,999	1,291	808	516	559	490	278	40	2,072	457	480	571	747	606	694	897	1,039
2016		국외여행업	4,176	3,414	22.3	2,599	145	92	105	76	67	18	3	373	56	40	25	84	54	48	66	326
		국내여행업	8,948	8,582	4.3	3,518	719	401	246	265	238	138	25	1,112	210	232	302	380	290	311	435	126
		일반여행업	6,724	6,548	2.7	1,315	534	380	196	248	216	140	21	798	243	238	301	341	325	367	435	626
		소계	19,848	18,544	7	7,432	1,398	873	547	589	521	296	49	2,282	509	510	628	805	669	726	936	1,078
2017		국외여행업	4,757	4,176	13.9	2,940	166	104	125	85	75	26	10	440	72	46	27	98	64	56	90	333
		국내여행업	9,161	8,948	2.4	3,628	764	419	243	285	250	136	25	1,124	208	178	281	398	300	336	449	137
		일반여행업	6,825	6,724	1.5	1,343	554	395	190	252	219	145	22	806	233	187	283	371	344	391	450	640
		소계	20,743	19,848	4.5	7,911	1,484	918	558	622	544	307	57	2,370	513	411	591	867	708	783	989	1,110

자료 : 한국관광협회중앙회, 전국관광사업체현황, 2017에 의거 재구성.

일반여행업체는 외국인 여행객 유치의 중추적 역할을 하고 있다. 2013년 일반여행업체의 외국인 유치실적은 384만 명으로 전체 방한객 중 31.5%를 차지하여 전년대비 10.0% 감소하였다.

또한 내국인 여행객을 해외로 송출한 실적은 전년대비 26.9% 증가한 513만 명을 기록하였으며, 전체 출국자 수의 34.5%를 차지하였다. 국민의 해외여행에 따른 여권 발급업무 및 여권 수속대행업무 등 해외여행자의 편의를 증진하기 위하여 1982년에 종전의 항공운송대리점업에 대한 등록기준을 강화하여 명칭을 여행대리점업으로 변경하였다. 1987년 7월에는 내국인을 대상으로 하는 국외여행업무를 수행하도록 업무범위를 확대하면서 국외여행업으로 변경하였다. 2013년 12월 말 기준으로 등록된 국외여행업체는 7,391개사이다.

국내여행업은 다양한 국민여행의 수요충족을 위하여 종전에 허가제로 운영되어 오던 국내여행업이 1982년에 등록제로 변경된 이후 업체 수가 282개 사에서 2013년 12월 말 기준 5,719개사로 크게 증가되었다. 이는 국민경제발전에 따른 가처분소득의 증가와 여가시간의 확대 등 여행이 국민생활의 중요한 일부분으로 자리 잡게 됨으로써 국민여행이 증가한 결과로 보인다.

한국 일반여행업체들의 외래여행객 유치실적은 외래여행객 총 수요의 1/3을 웃돌고 있는데, 1973년에는 총외래여행객의 절반에 가까운 46%를 유치하였으나, '80년대 이후 40%대가 무너지기 시작하여 최근 5년간 평균은 38.1%이다.

이처럼 여행업에서 외래여행자의 유치비율이 감소하고 있는 것은 여행자들의 욕구에 맞는 여행상품개발이 제대로 되어 있지 못하거나 구태의연한 경영방식으로 안일한 대처를 하는 데 기인한다고 할 것이다.

현대경제연구원에서 발간한 『여행산업 경쟁력 강화방안 연구』에 의하면 우리나라 여행업의 발전단계는 다음 표와 같이 요약할 수 있다.

〈표 2-8〉 우리나라 여행업의 발전단계별 특징

발전단계	중요 내용
1기 (1960년대)	관광산업진흥을 위한 제도적 기반구축 • 외화획득을 목적으로 한 외래관광객 유치에 주력 • 「관광사업진흥법」 제정(업종 정의, 관련협회 조직)
2기 (1970~80년대 초반)	관광산업을 국가 전략산업으로 지정 • 「관광기본법」 제정 • 관광지 지정 및 개발, 한국관광종합계획 수립 • 「관광진흥개발기금법」 제정, 야간통행금지 해제
3기 (1980년대 중반~90년대)	외래관광객 유치와 국민의 관광생활화 동시 진행 • 86아시안게임 및 88서울올림픽 개최 • 1989 해외여행 전면 자유화 시행 • 1990년대 여행부분에 대한 R&D 투자시작, 기획여행제도 도입 시행
4기 (2000년대 이후)	내국인의 국내관광 내실화 단계 진입 • 2004 관광진흥 5개년계획 수립 • 주 40시간 근무 및 주 5일 근무제도 도입에 의한 관광 활성화 • 관광바우처제도[31]의 도입으로 국민여행의 전환점 모색

자료 : 현대경제연구원, 여행산업 경쟁력 강화방안 연구, 2009, 52~53쪽에 의거 재구성.

2.3.1 대륙별 마케팅환경

대륙별 마케팅환경을 살펴보면 유럽지역은 2013년 5억 6,380만 명의 외국인 관광객을 유치하여 1위를 고수하며 5.6%의 성장세를 보였고, 아시아 · 태평양 지역은 2억 4,870만 명이 방문하여 전년대비 6.5% 증가하였다. 미주는 1억 6,820만 명의 관광객을 유치해 전년대비 3.4% 증가하였으며, 아프리카는 전년대비 5.4% 증가한 5,590만 명의 관광객이 방문하였다. 중동지역은 5개 대륙 중 유일하게 하락세를 보여, 2012년 수치보다 0.6% 감소한 5,080만 명의 관광객을 유치하였다.

31) 저소득 근로자에게 여행경비의 일부를 정부에서 지원하는 제도 또는 그것을 보증하는 표식.

〈표 2-9〉 대륙별 관광객 동향

(단위 : 백만 명, %)

구분	관광객 수								성장률		구성비
	2005	2010	2011	2012	2013	2014	2015	2016	15/14	16/15	2016
전 세계	809	950	994	1,040	1,088	1,134	1,186	1,235	4.5	3.9	100.0
유럽	453.2	489.4	520.6	541.1	567.1	580.2	607.7	615.2	4.8	2.1	49.8
아시아 · 태평양	154.0	205.5	218.3	233.8	549.9	264.3	279.2	308.7	5.4	8.7	25.0
미주	133.3	150.2	155.6	162.6	167.6	181.9	192.6	199.9	5.9	3.8	16.2
아프리카	34.8	50.4	50.1	52.4	54.7	55.3	53.5	57.8	−2.9	8.3	4.7
중동	33.7	54.7	49.5	50.6	49.1	52.4	53.3	53.6	0.8	−4.0	4.3

자료 : UNWTO World Tourism Barometer(Vol. 15, June 2017).
주 : 2016년은 잠정치임.

〈표 2-10〉 대륙별 관광객 수입

(단위 : 십억 달러(US$), %)

구분	관광수입		성장률		구성비
	2015	2016	15/14	16/15	2016
전 세계	1,196	1,220	4.1	2.6	100.0
유럽	449.8	447.4	2.7	0.9	36.7
아시아 · 태평양	349.5	366.7	2.6	4.8	30.1
미주	305.6	313.1	8.2	2.7	25.7
아프리카	32.8	34.8	0.4	8.3	2.9
중동	58.2	57.6	7.4	−1.6	4.7

자료 : UNWTO World Tourism Barometer(Vol. 15, June 2017).
주1) : 2016년은 잠정치임.
2) : 성장률은 자국화폐 불변가격을 기준으로 산정한 것임.

2.3.2 국가별 마케팅환경

2013년 방한 외국인 관광객은 전년대비 9.3% 증가한 1,218만 명을 기록하였다. 2012년 9월부터 하락세를 보인 일본시장은 엔화 약세 지속, 한 · 일간 외교갈등 문제 장기화 등으로 인해 2013년 전년대비 -21.9%의 성장률을 보이며 크게 감소하였다.

반면 중국시장은 쇼핑, 개별여행, 크루즈, 인센티브 단체증가 등으로 전년대비 52.5%의 성장률을 나타내며 전체 방한 외국인 관광객 증가에 긍정적인 영향을 미쳤다. 2013년에는 중국시장이 일본시장을 제치고 처음으로 제1의 인바운드 시장으로 부상하게 되었다.

국가별로는 중국(52.5%), 인도네시아(26.8%), 필리핀(20.9%), 말레이시아(16.6%), 싱가포르(13.3%), 홍콩(11.2%) 등 아시아지역 주요 시장이 두 자리 수 성장률을 나타냈다. 아시아지역 이외의 주요 원거리 시장으로는 이탈리아(33.8%), 영국(9.7%), 프랑스(6.8%), 러시아(5.2%), 캐나다(4.1%), 미국(3.5%) 등으로, 지속적인 비즈니스 교류, 스톱오버(stopover) 수요의 꾸준한 증가, 한류에 대한 관심층 증가 등에 힘입어 지속적인 성장세를 보이고 있다.

〈표 2-11〉 중요 국가별 입국자 수 점유비 동향

(단위 : %)

연도	일본	중국	미국	유럽	교포	기타
2001	46.2	9.4	8.3	8.3	5.6	22.2
2002	43.4	10.1	8.6	9.4	5.9	22.6
2003	37.9	10.8	8.9	10.1	6.0	26.3
2004	42.0	10.8	8.8	8.6	5.2	24.6
2005	40.5	11.8	8.8	8.5	4.7	25.7
2006	38.0	14.6	9.0	8.7	3.7	26.0
2007	34.7	16.6	9.1	8.7	4.6	26.3
2008	34.5	17.0	8.9	8.6	4.5	26.5
2009	39.1	17.2	7.8	7.7	3.0	25.2
2010	34.4	21.3	7.4	7.3	3.6	26.0
2011	33.6	22.7	6.8	7.0	3.3	26.6
2012	31.6	25.5	6.3	6.4	3.0	27.2
2013	22.6	35.5	5.9	6.3	2.5	27.2
2014	16.1	43.1	5.4	6.0	2.1	27.3
2015	13.9	45.2	5.8	6.1	1.0	28.0
2016	13.3	46.8	5.0	5.5	1.6	27.8

자료 : 관광지식정보시스템(원시자료 출처 : 법무부 출입국 통계 재구성).

1) 주요 국가별 인바운드 마케팅환경

(1) 중국(China)

중국은 2013년에 전년대비 52.5%의 성장률을 보이며 432만 6,869명이 방한하여 일본을 제치고 우리나라 제1의 인바운드시장으로 올라섰다. 인바운드시장 점유율은 전년도보다 대폭 증가한 35.5%를 차지, 방한객이 빠르게 증가하고 있다.

이 같은 중국인 방한객의 급증에는 한 · 중 간 경제교류의 지속적인 증대 외에도 쇼핑관광 매력, 크루즈여행 증가, 한류관심층 확대, 비자 발급요건의 완화, 개별여행(FIT)의 증가, 청소년 · 노인 등 관광교류 증가, 중 · 일 간 영토분쟁에 따른 방일 여행수요의 감소에 따른 한국으로의 전환 등이 영향을 미친 것으로 보인다.

이에 중국인의 방한여행 수요층이 해외여행을 처음 하는 경우나 인센티브단체, 개별관광객, 여성층, 가족단위, 청소년층, 중 · 노년층 등으로 점점 더 다양해지고 있다.

(2) 일본(Japan)

일본은 2009년 이래 300만 명 이상의 방한관광객 수를 유지하며 우리나라 제1의 인바운드 시장 자리를 지켜 왔으나, 2013년에는 전년대비 -21.9% 성장률을 보이며 274만 7,750명이 방한하여 중국에 이어 제2의 인바운드시장을 유지하고 있다.

인바운드 점유율은 2012년보다 대폭 감소한 22.6%를 차지, 이 같은 일본인 방한객의 급감은 아베노믹스로 유발된 엔화 약세의 지속, 한 · 일 간 외교갈등 지속, 일본인의 국내여행 선호 등에 따른 것으로 보인다.

(3) 미국(United State of America)

우리나라 인바운드시장 3위 자리를 계속 유지하면서 원거리 시장 중 방한객 규모가 가장 큰 국가인 미국의 방한객 수는 72만 2,315명으로 전년대비 3.5% 증가하였다. 인바운드시장 점유율은 전년에 비해 소폭 감소한 5.9%를 차지하였다.

미국인 방한객의 꾸준한 증가에는 한미 FTA(Free Trade Agreement · 자유무역협정) 발효 등에 따른 비즈니스 수요 증대, K-POP 인기 등 한류관심층 확대, 아시아계 미국인의 스톱오버 방문객 증가, FIT의 꾸준한 증가 등이 영향을 미친 것으로 나타났다.

(4) 타이완(대만, Taiwan)

우리나라 인바운드시장 4위 자리를 계속 유지하고 있는 대만의 방한객 수는 54만 4,662명으로 전년대비 0.7% 감소하였다. 인바운드시장 점유율은 전년도보다 소폭 감소한 4.5%를 차지하였다.

〈표 2-12〉 국적별 인바운드 관광객 동향

(단위 : 명, %)

국적		외국인 관광객 수		성장률	구성비	
		2015	2016		2015	2016
아 시 아 주		10,799,355	14,464,300	33.9	81.6	83.9
	중국	5,984,170	8,067,722	34.8	45.2	46.8
	일본	1,837,782	2,297,893	25.0	13.9	13.3
	대만	518,190	833,465	60.8	3.9	4.8
	홍콩	523,427	650,676	24.3	4.0	3.8
	태국	371,769	470,107	26.5	2.8	2.7
	말레이시아	223,360	311,254	39.4	1.7	1.8
	필리핀	403,622	556,745	37.9	3.1	3.2
	인도네시아	193,590	295,461	52.6	1.5	1.7
	싱가포르	160,153	221,548	38.3	1.2	1.3
중 동		168,384	193,593	15.0	1.3	1.1
미 주		974,153	1,116,157	14.6	7.4	6.5
	미국	767,613	866,186	12.8	5.8	5.0
	캐나다	145,647	175,745	20.7	1.1	1.0
구 주		806,438	942,673	16.9	6.1	5.5
	영국	123,274	135,139	9.6	0.9	0.8
	독일	100,182	110,302	10.1	0.8	0.6
	프랑스	83,832	91,582	9.2	0.6	0.5
	이탈리아	46,147	63,906	38.5	0.4	0.4
	러시아	188,106	233,973	24.4	1.4	1.4
대 양 주		168,064	190,547	13.4	1.3	1.1
	호주	133,266	151,979	14.0	1.0	0.9
	뉴질랜드	28,426	31,623	11.2	0.2	0.2
아 프 리 카 주		44,525	57,326	28.8	0.3	0.3
	남아프리카공화국	10,189	13,320	30.7	0.1	0.1
국적 미상		539	689	27.8	0.0	0.0
교포		270,193	276,538	2.3	2.0	1.6
계		13,231,651	17,241,823	30.3	100.0	100.0

자료 : 관광지식정보시스템(원시자료 출처 : 법무부 출입국 통계 재구성).
주 : 각 지역 합계에는 기타 국가가 포함됨.

대만인 방한객 수 감소는 일본~대만 간 항공자유화 협정 이후 항공좌석 공급 증가, 엔화 약세로 인한 일본여행 증가, 연초(年初) 북한의 전시상황 선언에 따른 불안 등에 따른 것으로 보인다.

2.3.3 인력구조 환경

한국의 여행자원에서 가장 핵심적인 것은 사람이다. 여행업에 종사하는 사람들, 인재들의 역할에 따라서 관광산업의 경쟁력이 좌우된다. 여행업에 종사하고 있는 사람들의 얘기를 들어보면 우리나라에는 여행인재는 많은데 적재적소에 맞는 인재를 구하기는 쉽지 않다고 한다. 인력은 많은데 필요한 때, 필요한 곳에 쓸 만한 인재가 없다는 것이다. 인력풍요 속의 인재빈곤이다.

이렇게 된 데에는 다양한 요인이 복합적으로 작용했다. 현장의 중요성을 간과한 정책의 시행착오, 여행업계 경영자들의 경영윤리와 종사자들의 근로환경 등이 복합된 결과라고 할 수 있다.

여행서비스는 고용유발이 높은 산업으로 파급효과가 어떤 산업보다 큰 산업이다. 여행은 교통, 여행, 숙박, 음식, 국제회의, 이벤트, 문화 등 다양한 분야가 연계된 산업으로서, 고용유발도 다른 어느 산업 못지않게 크고, 주어진 고용유발에 부합하며, 부가가치가 더 높은 산업으로, 경제에 기여하기 위한 관광산업 고부가가치 창출을 위한 정책기반 전략과 여행인력정책과제를 구안하고 실행해야 할 것이다.

2011년을 기준으로 관광산업의 종사자 수는 204,579명으로 최근 5년간 연평균 5.1%의 증가율을 나타내고 있으며,[32] 이 중 최근 5년간 여행업 종사자 증가율은 1.9%로 관광산업 평균에 비해 낮은 것으로 조사되고 있다. 이는 IT기술 발달에 따라 항공권 발권 및 예약 등 기존에 노동집약적인 업무영역이 전산시스템으로 대체된 데 따른 것으로 분석된다.

주요 여행사들의 규모를 조사(종업원 수 기준)한 결과 950명을 기록한 모두투어 뒤를 이어 내일투어, 레드캡투어, 세중여행, 롯데관광, 탑항공의 종업원 수는 각각 485명, 415명,

---

32) 관광산업 종사자 수는 「관광진흥법」에 명시된 여행사업체를 기준으로 조사한 여행사업체 기초통계 조사 결과를 기준으로 함.

389명, 341명, 309명으로 이들은 조직원 300명을 넘는 대형여행사로 분류된다.[33] 종업원 수가 300명에는 못 미치지만 100명을 넘는 중규모급 여행사는 노랑풍선, 롯데JTB, 인터파크투어, 온라인투어, 웹투어, SM C&C, 자유투어, 여행박사, 탑항공 등이며, 100명 미만의 중소여행사 중에서는 CJ월디스가 98명으로 가장 규모가 크고, 다음으로 온누리투어, 라이브투어의 종업원은 60명, 50명씩으로 조사됐다.

한편 창립연도에 비해 규모증가가 큰 업체들이 눈에 띄는데 이 여행사들은 저마다 특화된 강점으로 세력을 확장했다.

〈표 2-13〉 여행업 종사자 수 추이

구분	2007	2008	2009	2010	2011	2012	2013	2014	2015
전체 (비율)	167,960 (100)	167,175 (100)	168,940 (100)	186,395 (100)	204,579 (100)	229,658 (100)	227,136 (100)	230,334 (100)	235,603 (100)
여행업 (비율)	54,964 (31.4)	54,661 (32.7)	46,989 (27.8)	49,928 (26.8)	59,287 (29.0)	69,990 (30.5)	70,574 (31.0)	69,400 (30.1)	84,558 (35.9)

자료 : 문화체육관광부, 관광사업체 기초통계조사 보고서, 2016, 85쪽.

한편 여행사업체 직무별 고용구조를 살펴보면, 여행업 분야는 가이드 및 TC 인력의 비정규직 비중이 62.2%로 높게 나타나고 있어 실제로 고객과 대면하여 영업활동을 하는 부문의 여행서비스 품질관리에 상당한 문제가 드러나고 있음을 알 수 있다. 이는 여행업에서 오랜 기간 동안 굳어져 온 관행으로 일이 있을 때만 일을 시키는 업무방식을 고집하는 데 그 원인이 있다고 할 것이다.

여행에서 가장 중요한 소프트웨어는 친절서비스이다. 여행객들의 친절서비스는 여행가이드로부터 느낀다. 그렇지만 여행현장에서 여행객을 안내하고 설명하는 관광가이드의 현실을 보면 마음으로부터 우러나오는 친절서비스가 어려운 상황이다. 처우가 박한 근로환경 때문이다.

이들은 대부분 회사에 정규직으로 근무하는 것이 아니라 일이 있을 때 나와서 하는 프리랜서(freelancer, 비정규직 자유계약자)가 많다. 국내외 여행업무를 막론하고 인솔·

33) 장구슬, 2013 주요여행사 규모 리스트, 제726호, 세계여행신문, 2013. 4. 1, 39쪽.

안내분야는 프리랜서들이 담당하는 경우가 대부분이다.[34] 일을 하는 경우에도 관광안내사(가이드)에게 적정한 급여를 주는 여행사가 많지 않다. 그 이유를 주체별로 보면 여행사 측에서는 경영이 부실한 여행사의 존립, 영세 여행업체들의 난립, 적자를 보면서도 회사를 유지하여야 하는 불가피한 상황 등이 복합적으로 작용하고 있다. 한편 가이드 측에서 보면 가이드 자격증을 가진 사람들이 시장수요에 비하여 지나치게 많이 공급된 때문이다.[35]

수요보다 공급이 많다 보니 제대로 급여를 받지 못하는 상황에서도 가이드 일을 할 수밖에 없는 상황이다. 이러다 보니 많은 관광가이드들은 손님들의 팁(봉사료)이나 쇼핑수수료로 수입을 창출하고 있다.

2015년도 전국의 여행업체 근로자 총수는 84,558명으로 이 가운데 상용근로자가 71,715명으로 가장 많고, 그 다음으로 임시/일용근로자 및 자영업자 순이다. 자세한 내용은 〈표 2-14〉와 같다.

〈표 2-14〉 여행업 종사원의 고용구조

(단위 : 명, %, %p)

구분		종사자 수						구성비				
		전체	자영업자	무급가족종사자	상용근로자	임시및일용근로자	기타종사자	자영업자	무급가족종사자	상용근로자	임시및일용근로자	기타종사자
전체	2013년	227,135	7,618	2,636	173,763	36,279	6,838	3.4	1.2	76.5	16.0	3.0
	2014년	230,334	9,286	3,519	170,066	39,985	7,476	4.0	1.5	73.8	17.4	3.2
	2015년	235,604	10,561	3,618	178,557	37,930	4,937	4.5	1.5	75.8	16.1	2.1
	증감률·증감	[2.3]	[13.7]	[2.8]	[5.0]	[−5.1]	[−34.0]	0.5	0.0	2.0	−1.3	−1.1
여행업	2013년	70,574	2,892	516	58,510	6,517	2,140	4.1	0.7	82.9	9.2	3.0
	2014년	69,400	3,406	506	58,775	3,727	2,986	4.9	0.7	84.7	5.4	4.3
	2015년	84,558	3,585	564	71,715	5,434	3,260	4.2	0.7	84.8	6.4	3.9
	증감률·증감	[21.8]	[5.3]	[11.5]	[22.0]	[45.8]	[9.2]	−0.7	0.0	0.1	1.0	−0.4

자료 : 문화체육관광부, 관광사업체기초통계조사, 2016, 87쪽.

34) 毛利好彰, 旅の仕事, 実務教育出版, 1990, 71~72쪽.

35) 문화체육관광부, 2013년 기준 여행동향에 관한 연차보고서, 2014, 17쪽.

한편 우리나라 관광사업체의 연간 총 매출액은 2012년까지는 계속적인 증가세를 보였으나, 2013년 이후에는 하락세로 전환되어 2015년 관광사업체의 연간 총 매출액은 22조 3,582억 원으로 전년 대비 0.9%의 감소세를 나타내고 있다. 사업체별로는 호텔업이 약 7조 9천억 원으로 선두이며, 여행업이 약 6조 5천억 원으로 그 뒤를 잇고 있다. 이들 두 업체의 총매출액은 전체 관광사업체 매출액의 64.1%를 점유함으로써 호텔업과 여행업은 관광사업체를 견인하는 쌍두마차라고 할 수 있다.

〈표 2-15〉 관광사업체 연간 총 매출액 추이

(단위 : 백만 원)

구분	2008	2009	2010	2011	2012	2013	2014	2015
여행업	2,896,571	2,750,419	3,199,417	4,402,134	5,909,063	5,798,802	5,321,988	6,472,575
관광숙박업	4,940,447	5,092,650	5,541,966	6,140,944	7,056,942	7,085,528	7,930,628	7,859,586
관광객이용 시설업	1,153,131	1,317,715	1,526,685	1,725,561	1,901,977	2,166,797	814,120	789,116
국제회의업	1,264,133	1,321,120	1,986,080	2,027,030	2,297,493	2,408,318	2,442,369	1,760,254
카지노업	1,982,595	2,306,733	2,262,584	2,311,664	2,460,353	2,631,044	2,799,221	2,804,413
유원시설업	707,224	851,486	950,505	1,043,514	1,181,948	1,324,103	1,498,173	1,538,658
관광편의 시설업	1,538,874	1,789,690	2,399,661	2,546,204	2,747,202	1,874,445	1,760,749	1,133,617
전체	14,482,975	15,429,813	17,866,898	20,197,051	23,554,978	23,289,037	22,567,248	22,358,219

자료 : 문화체육관광부(2009-2016), 관광사업체 기초통계조사 보고서.

2.4 인바운드 마케팅환경

여행사의 뿌리를 찾아보면 흥미롭다. 일본이 제2차 세계대전에서 항복하던 해 국내 최초의 여행사인 '조선여행사'가 설립되었다. 물론 당시에는 국내여행이 전부였지만 전쟁을 거치면서 60년대 들어 외국인 관광객들도 점차 방한, 62년에는 외국인 여행객 1만

5,000명을 유치하게 된다. 그 후 50년이 흐른 2012년 외래객 1,000만 명이 한국을 다녀갔다. 해외여행시장도 급성장해 62년 1만 명이 출국했으나 50년 후인 2012년 1,300여만 명의 내국인이 해외로 출국했다.

2016년 방한 외국인 관광객은 전년 대비 30.3% 증가한 1,724만 명으로 집계되었다. 2012년 9월부터 급하락세를 기록한 일본시장은 2016년 들어 일본 정부의 유동성 공급 축소가 이어지며 엔화가치가 소폭 상승한 원인으로 인해 방한 일본인 관광객은 전년 대비 25.0% 증가한 229만 명을 기록하였고, 중국시장의 경우 2015년 중반 중동호흡기증후군(MERS) 발병으로 인해 감소되었던 방한 수요가 다시 회복되며 전년 대비 34.8% 증가한 806만 명으로 집계되었다.

한국여행은 중국시장의 부상에 힘입어 외래관광객의 지속적 증가를 거듭하고 있는 가운데 관광산업의 경쟁력을 강화함으로써 양적·질적으로 동반성장을 이루어야 하는 과제를 안고 있다.

〈표 2-16〉 세계관광객 성장추세

(단위 : 백만 명, %, 십억 달러(US$)

연도	관광객		관광수입	
	관광객 수	성장률	관광수입	성장률
2001	678	0.3	466	-2.1
2002	698	2.9	485	4.1
2003	689	-1.3	532	9.7
2004	760	10.3	634	19.2
2005	807	6.2	681	7.4
2006	853	5.7	747	9.7
2007	908	6.4	861	15.3
2008	926	2.0	944	9.6
2009	890	-3.8	856	-9.3
2010	948	6.5	930	8.7
2011	995	4.9	1,043	12.0
2012	1,035	4.0	1,078	3.4
2013	1,087	5.1	1,159	7.5
2014	1,420	16.6	1,771	21.9
2015	1,323	13.9	1,510	-14.8
2016	1,724	13.3	1,720	14.0

자료 : UNWTO World Tourism Barometer(Vol. 12, Interim update, June 2016).

주 : 2016년은 잠정치임.

인바운드 여행객 유치 활성화를 위해 정부는 크루즈여행, MICE여행, 의료여행, 음식여행, 한류여행, 역사 · 전통문화여행 등 고부가가치 융복합 여행상품 개발을 강화하였다.

특히 2013년에는 크루즈투어가 크게 증가하였는데, 크루즈관련 인프라 확충, 크루즈투어 기항지 프로그램 개발 및 입체적 마케팅 등을 통한 크루즈투어 매력의 부각으로 70만 명(선원 포함)에 가까운 크루즈 여행객이 한국을 방문하였다. 국적별로는 중국이 43만여 명(선원 포함)으로, 중국인 크루즈 여행객의 증가가 방한 크루즈 여행시장의 성장에 큰 영향을 미쳤다.

세계관광기구(UNWTO)의 통계에 따르면, 국제관광객 수가 2012년 최초로 10억 명을 돌파한 이래 2016년에는 전년대비 3.9% 증가한 12억 3,500만 명으로 집계되었다. 2016년의 국제관광 수입은 전년대비 2.6% 증가한 1조 2,200억 달러를 기록하였다.

〈표 2-17〉 인바운드에서의 여행사 유치 점유율

(단위 : 명, %)

연도	전체 입국자 수 (A)	성장률	여행업협회 회원사 외래객 유치실적(B)	성장률	점유비 (B/A)
2001	5,147,204	–	1,910,788	–	37.1
2002	5,347,468	3.9	1,987,492	4.0	37.2
2003	4,752,762	–11.1	1,907,358	–4.0	40.1
2004	5,818,298	22.4	2,217,137	16.2	38.1
2005	6,021,764	3.5	2,356,194	6.3	39.1
2006	6,615,047	9.9	2,031,883	–13.8	30.7
2007	6,448,241	–2.5	2,079,026	2.3	32.2
2008	6,890,841	6.9	2,440,186	17.4	35.4
2009	7,817,533	13.4	3,307,525	35.5	42.3
2010	8,797,658	12.5	3,563,160	7.7	40.5
2011	9,794,796	11.3	3,726,383	4.6	38.0
2012	11,140,028	13.7	4,267,977	14.5	38.3
2013	12,175,550	9.3	3,839,352	–10.0	31.5
2014	14,501,216	19.1	4,808,252	25.2	33.2
2015	13,231,651	–8.7	3,515,600	–26.9	26.6
2016	17,241,823	30.3	5,418,764	54.1	31.4

자료 : 한국여행업협회, 2016년 12월 31일 기준.

1) 중국인 관광객 급증, 일본인 급감

한국을 방문하는 외국인 관광객은 대부분 일본, 중국, 동남아 등 아시아권 국가들로부터 유입되며, 방한 중국인 관광객은 기타 국적 관광객 규모와 현저한 차이를 나타내며 우리나라 제1인바운드 시장의 지위를 유지하였을 뿐 아니라, 우리나라 전체 인바운드 성장을 견인하는 역할을 수행하였다. 국가별로는 아시아지역의 경우 중국(34.8%), 일본(25.0%), 홍콩(24.3%), 대만(60.8%), 말레이시아(39.4%), 필리핀(37.9%), 인도네시아(52.6%), 베트남(54.5%) 등 대부분의 국가들이 두 자리 수의 급성장세를 나타내었다. 미국 및 캐나다도 각각 12.8% 및 20.7%의 높은 성장률을 기록했으며, 러시아(24.4%), 독일(10.1%), 영국(9.6%), 프랑스(9.2%) 등 유럽지역 국가들도 증가한 것으로 나타났다.

이와 같은 추세를 볼 때 2020년에는 방한 요우커(遊客) 1,000만 시대가 열릴 전망이다. 방한 요우커 1,000만 시대가 도래할 경우 약 68조 4,000억 원의 생산유발효과, 32조 4,000억 원의 부가가치 유발효과 및 89만 8,000명의 취업유발효과가 발생한다. 특히 부가가치 유발효과는 2020년 명목 GDP의 약 1.6% 규모에 해당할 것으로 추정된다.[36)]

그러므로 외래관광객 중 가장 많은 비중을 차지하는 중국인 관광객에 대한 맞춤형 여행 프로그램을 개발해야 한다. 예를 들어 중국 고소비층이 좋아하는 명품 쇼핑 등을 매개로 한 쇼핑 여행지를 통해 최고급 여행 프로그램 등을 개발하고, 맞춤형 여행 프로그램 개발을 위해 중국인 관광객의 관점에서 사용자 경험(UX, User eXperience)[37)]을 평가하고 만족도 향상을 위한 개선 지점을 도출하지 않으면 안될 것이다.

2) 고(高)소비 장기체류 관광객의 증가

한국을 방문하는 외국인 관광객이 일인당 소비하는 지출액이 증가하고 있다. 1인당 평균 지출액이 3,000달러 이상인 외국인 관광객 비중은 2008년 7.4%에서 2012년 10.3%로 증가하였으며, 특히 중국인 관광객 중에서 1인당 평균 지출액이 3,000달러 이상인 관광객 비중은 2008년 8.5%에서 2012년 20.1%로 급격하게 증가하였다.

---

36) 현대경제연구원, VIP Report, 제555호, 2014, 5쪽.

37) 사용자 경험이란 어떠한 상품이나 서비스, 시스템 등을 직·간접적으로 사용하고 접하면서 얻게 되는 느낌, 생각, 반응 등의 총체적 경험을 의미한다.

전체 외래관광객의 평균 체류기간은 2005년 5.7박에서 2008년 6.4박, 2010년 7.0박으로 지속적으로 증가하였다. 특히 3박 이하의 단기체류 관광객은 2005년 49.6%에서 2010년 45.6%로 감소한 반면, 4~6박 관광객은 29.0%에서 29.9%로 소폭 증가하였으며, 7박 이상의 장기체류 관광객은 21.5%에서 24.5%로 증가하였다.

3) 의료 및 쇼핑형 관광객의 증가

한류문화 확산의 영향 등으로 성형수술을 비롯한 의료 목적의 외국인 관광객 수도 증가하고 있다. 외국인 관광객 수는 정확한 추산이 어려우나 국내 외국인 환자 수(국내 거주 외국인 포함)를 통해 간접적인 추정이 가능하다.

국내 외국인 환자 수는 2009년 6만 명에서 2011년 12만 명으로 두 배 이상 증가하였으며, 외국인 환자의 총 진료비는 같은 기간 547억 원에서 1,809억 원으로 세 배 이상 급증하였다.

국내 외국인 관광객 중 자연이나 유적 등을 관람하는 관람형이나 음식 및 놀이를 위한 레저형 관광객 비중이 25% 전후에서 정체되거나 소폭 감소하는 모습을 보인 반면 쇼핑 목적의 관광객 비중은 2007년 12.6%에서 2011년 35.5%로 급격한 상승추세를 보이고 있다.

따라서 의료관광산업 활성화를 위해 의료산업과 연계된 여행 프로그램을 개발하고 정부의 제도 개선 노력이 필요하며, 의료관광객을 유인할 수 있도록 휴양·레저와 결합된 서비스, 한방을 통한 보양 프로그램 등 다양하고 특성화된 프로그램을 개발하는 동시에 외국인 환자 및 보호자가 불편함이 없도록 병원과 주변 지역 외국인의 편의시설을 확충하는 등 의료특구 및 여행단지의 인프라 구축과 같은 하드웨어적 측면의 개선도 필요하다. 더불어 외국인환자 유치 지원을 위한 입국 절차 개선이나 의료서비스에 대한 인증제도 도입 등 제도적 측면에서 정부의 개선·보완책 마련도 시급하다.

〈표 2-18〉 연도별 중요 쇼핑품목

(중복응답, 2016년 상위 10위 기준, 단위 : %)

구분	2016년	2015년	2014년	2013년	2012년
향수/화장품	64.3	61.4	59.6	50.1	46.2
식료품	41.6	38.0	37.4	34.6	36.2
의류	40.7	41.4	44.6	38.5	40.8
신발류	16.0	14.6	14.3	14.4	17.5
인삼/한약재	12.3	11.6	9.9	12.9	12.2
피혁제품	9.3	10.1	10.9	10.5	10.6
김치	9.0	7.8	8.6	12.8	13.4
보석/액세서리	8.8	7.5	6.7	9.2	9.9
담배	5.0	6.8	3.8	6.7	5.5
전통민예품/칠기/목각	4.9	5.6	5.4	5.4	5.5

자료 : 문화체육관광부, 외래관광객 실태조사 보고서, 2016, 209쪽.

4) 마케팅 조류(trend)의 변화

인바운드의 마케팅 트렌드는 지역적으로는 아시아지역 관광객, 계층별로는 고소비계층, 유형별로는 쇼핑형 관광객, 체류기간별로는 장기체재형 관광객이 각각 증가된 것으로 나타나고 있다.

이에 따른 대책방안으로는 첫째, 쇼핑관광을 선호하는 사람들을 위한 테마 쇼핑형 관광지 개발에 주력하며, 둘째, 중국을 비롯한 아시아 지역의 고소비 관광객 계층을 위한 맞춤형 관광프로그램을 개발하고, 셋째, 장기체류관광객을 체험이나 관람 등 다양한 관광으로 유도하는 연계프로그램을 개발하고, 넷째, 아시아지역 관광객을 위한 관광인프라의 개선으로 관광산업의 기반 경쟁력을 확보할 것이 요구되고 있다.

〈표 2-19〉 외래관광객의 4대 트렌드 변화

지역	아시아 관광객의 증가	- 일본, 중국 및 동남아시아 등 아시아지역 관광객이 지속적으로 증가 • 2005~2011년 연평균 증가율 : 중국 20.9%, 동남아 8.7%, 일본 5.1% • 중국 관광객 급증으로 중국 비중 2005년 11.8%에서 2011년 22.7%로 증가 • 여행 거리와 관광수요는 반비례, 국내 관광객의 80% 이상이 5,000km 이내
계층	고소비 계층의 관광객 확대	- 1인당 평균 총지출 1,000달러 이상의 관광객 비중 확대 • 전체 관광객의 1인당 평균 총지출은 1,333달러에서 1,410달러로 증가 • 1,000달러 이상 관광객의 비중은 2005년 45.1%에서 2011년 52.7%로 증가 - 특히, 3,000달러 이상 고소비를 주도하는 중국 관광객 계층의 증가 • 중국의 3,000달러 이상 지출 비중 2005년 14.6%에서 2011년 21.9%로 증가
유형	쇼핑형 관광객의 증가	- 관람형 관광보다 쇼핑형 관광이 새롭게 각광받고 있음 • 쇼핑형 관광객 2007년 12.6%에서 2011년 35.5%로 약 3배 정도 급증 • 쇼핑 지출 2005년 392달러(29.4%)에서 2011년 588달러(41.7%)로 크게 증가 - 아시아 관광객의 경우 쇼핑형 관광비중이 가장 높음 • 2011년 쇼핑형 관광객 비중 : 일본 38.8%, 중국 38.2%, 동남아시아 34.9%
기간	장기체류 관광객의 증가	- 3박 이하의 관광객보다 4박 이상 등의 장기체류 관광객이 증가 • 3박 이하의 관광객은 2005년 49.6%에서 2010년 45.6%로 감소 • 반면, 4~6박 이하 관광객은 29.0%에서 29.9%로 소폭 증가했으며, 박 이상의 장기체류 관광객도 2005년 21.5%에서 2010년 24.5%로 증가함

자료 : 현대경제연구원, VIP Report, 제508호, 일천만 외래관광객 시대의 새로운 트렌드 변화, 2012, 4쪽.

2.5 아웃바운드(outbound) 마케팅환경

2016년 국민 해외여행객은 22,383,190명으로, 전년 대비 15.9%의 성장률을 보이며 아웃바운드 집계 사상 처음으로 국민 해외여행 2,000만 명 시대를 열었다. 이와 같은 배경에는 항공노선 및 운항편수 확대와 더불어, 온라인여행사 및 저비용항공사(LCC; Low Cost Carrier) 운항 활성화에 의한 해외여행 비용 인하효과와 대체공휴일 및 임시공휴일

지정에 의한 연휴의 장기화 등이 영향을 미친 것으로 평가된다.

1989년 1월 1일 정부는 해외연령 제한을 폐지했고 이때부터 해외여행시장은 본격적인 성장세를 이어갔다. 해외여행 자유화 이후 매년 20~30% 이상 성장한 90년대 초중반 해외여행시장은 1차 부흥기를 맞이하게 된다.[38)]

1989년 자유화 당시 서울 도심에서만 80~90여 개의 여행사가 성업했을 뿐, '해외여행'은 일부 특권층의 전유물이었던 시기였다. 그러다 1990년 초반부터 해외여행시장은 봇물 터지듯 내국인들은 '해외로… 해외로' 나가기 시작했다. 1989년 100만 명을 넘어섰고 1992년 200만 명을 돌파했다.

1994년에는 300만 명을, 1996년에는 400만 명을 넘어서는 등 해외여행은 전성기를 맞이하게 된다. 1990년대 중반 이후 패키지여행시장을 주름잡던 여행사로는 소위 빅3였던 온누리와 씨에프랑스·삼홍여행사였다.

1996년에는 온누리여행사가 연간 9만여 명을 송출, 당시 2위인 국일여행사 5만여 명 송출의 2배 가까운 위력을 과시하기도 했다.

1997년 하반기에 닥친 IMF 한파는 마치 뜨거워진 대지 위에 소나기가 퍼붓듯 여행시장은 일시에 마비상태가 됐다.

기라성 같던 여행사들이 줄줄이 도산했고 항공사들 역시 고객보다 승무원들이 더 많이 타고 비행하는 웃지 못할 상황이 이어졌다. 당연히 해외여행수요도 급감해 1998년 해외출국은 전년대비 -33%가 감소했다. IMF의 한파를 겪은 여행업계는 2000년 뉴밀레니엄시대를 맞아 제2차 부흥기를 접하게 됐다.

2000년에는 500만 명의 해외여행을 돌파했고 매년 100만 명씩 증가하다 5년 뒤인 2005년에는 해외여행 1,000만 명 시대를 맞이했다. 2차 부흥기에 두각을 나타낸 여행사들로는 하나투어를 비롯해 모두투어, 롯데관광, 자유투어 등이다.

2005년 1,000만 명 돌파 이후 해외여행시장은 완만한 성장곡선을 그리며 현재에 이르고 있다. 2009년 세계금융위기를 맞아 잠시 주춤했던 것이 매년 평균 10%대의 성장세가 이어졌다.

이러한 시장구도는 과거와 달리 여행시장이 차츰 정착기로 접어드는 단계라는 분석이

---

38) 유동근, 여행시장변천사, 제726호, 세계여행신문, 2013. 4. 1, 81쪽.

지배적이다. 따라서 매년 10년 주기로 여행시장 부흥기가 형성되고 있는 것을 볼 때 1990년대 1차 부흥기에 이어, 2000년대 2차 부흥기, 2010년대 3차 부흥기로 요약된다.

2013년 국민 해외관광객은 원화 강세와 세계경제 회복 기대감 등의 영향으로 전년대비 8.1% 증가한 14,846,485명이 출국하여 역대 최고치를 기록하였다. 특히 학생들의 방학기간과 휴가철인 1월, 7월, 8월에는 140만 명 이상이 해외여행을 다녀온 것으로 나타났다.

2014년 "출입국관광통계"에 따르면 2014년 8월까지의 국민 해외관광객(10,607,860명)은 전년 동일기간에 대비하여 5.5% 성장하였으며, 국민의 국외관광에 대한 욕구에 따른 수요는 증가하는 것을 나타내며, 이것이 국외관광에 대한 지출을 줄이겠다는 의미는 아니다.

국내관광지출 전망 CSI는 '105'로 지출심리가 회복되는 양상이 보이며 국외관광지출 전망 CSI(99)보다 6p 높으며, 이는 국내관광에 대한 지출 기대심리가 다소 큰 것으로 해석된다. 이는 국외관광지출 전망 CSI[39)]가 2014년 들어 처음 상승한 점으로 보아 국외관광에 대한 지출에 다소 긍정적일 것으로 예견된다.

해외 주요 국가들의 관광청(NTO) 통계에 근거하여 우리나라 국민의 해외여행 주요 행선지를 살펴보면 중국, 일본, 대만, 홍콩, 태국, 필리핀, 베트남 등이 국민 해외여행의 주요 목적지들인 것으로 나타났다. 2016년에 일본을 여행한 우리나라 국민은 전년 대비 27.2% 증가한 509만 명이었으며, 대만은 33.9% 증가한 88만 2천명을 기록하였다. 베트남의 경우에는 전년 대비 34.0% 증가한 154만 명으로 나타났는데, 최근 들어 베트남 다낭 및 하노이 등이 우리나라 국민이 선호하는 관광지로 각광받고 있어 큰 폭의 성장세를 이어가고 있는 것으로 나타났다.

해외 국가들의 NTO(National Tourism Organization) 통계에 기반하여 방문객 수를 살펴보면, 중국, 일본, 미국, 태국, 필리핀 등이 아웃바운드 주요 목적지들인 것으로 나타났다. 중국은 방문객이 전년대비 2.5% 감소하였으나 397만 명으로 가장 많았다.

39) CSI(소비자동향지수, Consumer Sentiment Index) : CSI가 100을 초과한 경우 긍정적인 답변을 한 소비자가 부정적인 답변을 한 소비자보다 많다는 것을 의미하며 100 미만인 경우는 그 반대를 의미함. CSI = 100 + (크게 증가×1.0 + 다소 증가×0.5) − (다소 감소×0.5 + 크게 감소×1.0) / 전체 응답소비자 수×100

〈표 2-20〉 연도별 아웃바운드 현황

연도	해외출국(명)	성장률(%)	관광지출(US$)	성장률(%)	1인당 평균 소비액(US$)
1961	1만 1,245	43.1	237만	−48.3	211
1962	1만 242	−8.9	217만	−8.8	212
1963	1만 1,860	15.8	228만	5.1	192
1964	2만 486	72.7	238만	4.6	116
1965	1만 9,796	−3.4	166만	−30.2	84
1966	3만 5,095	77.3	319만	92.1	91
1967	4만 374	15	840만	163	208
1968	6만 7,381	66.9	1,049만	24.9	156
1969	7만 2,311	7.3	1,096만	4.5	152
1970	7만 3,569	1.7	1,242만	13.3	169
1971	7만 6,701	4.3	1,481만	19.2	193
1972	8만 4,245	9.8	1,257만	−15.1	149
1973	10만 1,296	20.2	1,698만	35.1	168
1974	12만 1,573	20	2,762만	62.6	227
1975	12만 9,378	6.4	3,071만	11.2	237
1976	16만 4,727	27.3	4,623만	50.6	281
1977	20만 9,698	27.3	1억 271만	1222.2	490
1978	25만 9,578	23.8	2억 802만	102.5	801
1979	29만 5,546	13.9	4억 528만	94.8	1,371
1980	33만 8,840	14.6	3억 4,956만	−13.8	1,032
1981	43만 6,025	28.7	4억 3,903만	25.6	1,007
1982	49만 9,707	14.6	6억 3,218만	44.0	1,265
1983	49만 3,461	−1.2	5억 5,540만	−12.1	1,126
1984	49만 3,108	−0.1	5억 7,625만	3.8	1,169
1985	48만 4,156	−1.8	6억 597만	5.2	1,252
1986	45만 4,974	−6.0	6억 1,297만	1.2	1,347
1987	51만 538	12.2	7억 420만	14.9	1,379
1988	72만 5,176	42.0	13억 5,389만	92.3	1,867
1989	121만 3,112	67.3	26억 153만	92.2	2,145
1990	156만 923	28.7	31억 6,562만	21.7	2,028
1991	185만 6,018	18.9	37억 8,430만	19.5	2,239
1992	204만 3,299	10.1	37억 9,441만	0.3	1,857
1993	241만 9,930	18.4	32억 5,891만	−14.1	1,465

연도	해외출국(명)	성장률(%)	관광지출(US$)	성장률(%)	1인당 평균 소비액(US$)
1994	315만 4,326	30.3	40억 8,808만	25.4	1,400
1995	381만 8,740	21.1	59억 269만	44.4	1,666
1996	464만 9,251	21.7	69억 6,285만	18.0	1,612
1997	454만 2,159	−2.3	62억 6,154만	−10.1	1,488
1998	306만 6,926	−32.5	26억 4,030만	−57.8	908
1999	434만 1,546	41.6	39억 7,540만	50.6	960
2000	550만 8,242	26.9	61억 7,400만	55.3	1,175
2001	608만 4,476	10.5	65억 4,700만	6.0	1,127
2002	712만 3,407	17.1	90억 3,790만	38.0	1,333
2003	708만 6,133	−0.5	82억 4,810만	−8.7	1,224
2004	882만 5,585	24.5	98억 5,640만	19.5	1,169
2005	1,008만 143	14.2	120억 2,500만	22.0	1,247
2006	1,160만 9,878	15.2	143억 3,590만	19.2	1,235
2007	1,332만 4,977	14.8	169억 5,000만	18.2	1,272
2008	1,199만 6,094	−10.0	145억 8,070만	−14.0	1,215
2009	949만 4,111	−20.9	110억 4,040만	−24.3	1,163
2010	1,248만 8,364	31.5	142억 9,150만	29.4	1,144
2011	1,269만 3,733	1.6	155억 4,410만	8.8	1,225
2012	1,373만 6,976	8.2	157억 3,690만	1.2	1,146
2013	1,484만 6,485	8.1	173억 4,070만	10.2	1,168
2014	1,608만 0,684	8.3	194억 6,990만	12.3	1,211
2015	1,931만 0,430	20.1	215억 2,800만	10.6	1,115
2016	2,238만 3,190	15.9	236억 8,860만	10.0	1,058

자료 : 한국문화관광연구원, 관광지식정보시스템, 2016에 의거 재구성.
주 : 93년부터 유학 훈련경비 제외.

이어서 일본 방문객이 전년대비 20.2% 증가한 246만 명, 미국 방문객은 전년대비 8.7% 증가한 136만 명으로 나타났다. 35만 명이 방문한 대만은 전년대비 성장률이 35.6%로 가장 높게 나타났는데, 이는 대만 배낭여행을 다룬 TV 예능프로그램의 영향이 큰 것으로 보인다.

한편 아웃바운드의 경우, 1989년 해외여행자유화에 힘입어 국민의 국외여행활성화가

촉진되면서 여행사의 유치점유율이 2007년 36.5%를 필두로 매년 30%대를 기록하고 있으며 최근 5년간 평균은 31.8%를 나타내고 있다.

이는 인 · 아웃바운드 모두 여행자의 탈여행사화(脫旅行社化)가 심각함을 보여주고 있다. 이와 같은 원인으로는 인터넷이나 SNS 등에 의한 여행정보의 범람, 여행자층이 젊어지면서 개별 배낭여행자층의 증가 등이 원인일 것으로 분석되고 있다.

2014년 이후 여행사의 점유비가 급격히 상승한 것은 한국일반여행업협회에서 한국여행업협회로 개편하면서 국외여행업을 회원사로 포함시킴으로써 실적이 증가된 것으로 풀이된다.

〈표 2-21〉 아웃바운드에서의 여행사 송객점유율

(단위 : 명, %)

연도	전체 출국자 수 (A)	성장률	여행업협회 회원사 내국인 송객실적(B)	증가율	점유비 (B/A)
2001	6,084,414	–	907,592	–	14.9
2002	7,123,407	17.0	1,224,073	34.8	17.2
2003	7,086,133	−0.5	1,313,326	7.2	18.5
2004	8,825, 585	24.5	1,933,308	47.2	21.9
2005	10,077,619	14.2	2,585,908	33.7	25.7
2006	11,609,879	15.2	3,721,620	43.9	32.1
2007	13,324,977	14.8	4,859,999	30.5	36.5
2008	11,996,094	−10.0	4,364,019	−10.2	36.4
2009	9,494,111	−20.9	2,862,726	−34.2	30.2
2010	12,488,364	31.5	4,232,597	47.8	33.9
2011	12,693,733	1.6	3,961,786	−6.4	31.2
2012	13,736,976	8.2	4,040,984	2.0	29.4
2013	14,846,485	8.1	5,128,307	26.9	34.5
2014	16,080,684	8.3	10,507,964	104.9	65.3
2015	19,310,430	20.1	13,420,271	27.7	69.5
2016	22,383,190	15.9	16,378,554	20.0	73.2

자료 : 한국여행업협회, 2016년 12월 31일 기준.

해외여행자유화 이후 해외여행 붐을 일으키던 1992년 한진관광은 연간 1만 7,742명을 송객, 약 258억 원의 매출을 올리며 해외여행 송출 1위를 기록했다. 10년 뒤인 2002년 제2차 해외여행 붐이 일기 시작하던 해 하나투어는 연간 24만 명을 송객, 약 2,035억 원의 매출을 기록했다.

그 후 10년이 지난 2012년 하나투어는 연간 160만 명을 송객하고 매출액 1조 5,756억 원을 달성했다. 해외여행시장을 10년 주기로 송객 1위 여행사를 대상으로 조사한 결과에서도 나타났듯, 해외여행자유화 이후 20년 동안 여행사 매출은 6,000%의 성장세를 가져왔다.

해외여행자유화 이후 현재까지 주요 여행사들의 매출실적 변화를 살펴보면 1991년부터 1994년까지 여행사들의 해외여행송출은 한진관광을 비롯해 롯데관광 · 금강여행사 · 세일여행사 · 아주여행 · 코오롱고속관광 · 국일여행사 등이 상위권에서 활동하며 연간 1~2만 명을 송출했다.

매출액은 대략 100억 원에서 200억 원대 사이에서 엎치락뒤치락하며 순위변동을 이어갔다. 그러나 1995년 온누리여행사가 해외송출객 1위로 뛰어오르기 시작하면서 해외여행시장은 최대 황금기를 누렸다.

당시 일간지에는 여행사 광고들이 한 페이지 건너 하나씩 자리 잡을 만큼 대략 50여 군데 패키지여행사들이 광고하기 시작했다. 온누리는 1995년 약 4만 4,000명을 송객하며, 460억 원의 매출을 달성했다. 온누리는 1995년에 이어 1996년과 1997년까지 줄곧 해외송출 1위 자리를 놓치지 않았다.

1997년 IMF(통화외기) 한파를 겪으면서 많은 여행사들이 줄도산하게 됐고 그 틈바구니에서 새로운 판매채널로 전환한 하나투어가 98년부터 해외여행송출 1위 자리를 차지했다. 1996년 2만 2,000여 명 송출 11위, 1997년 5만 4,000여 명 송출 3위였던 하나투어가 1998년에는 거의 6만 명을 모객하며 당당히 1위 자리에 올랐다.

하나투어는 그 이후 1위 자리를 단 한번도 내주지 않은 채 여행시장의 독보적인 존재로 위용을 떨치고 있으며, 2012년에는 총매출액 1조 원 이상을 달성하기도 했다.

2.6 인트라바운드(intrabound) 마케팅환경

인트라바운드 마케팅환경은 열악하다. 내국인의 해외여행 수요를 흡수해서 국내여행으로 유도하는 인트라바운드 활성화방안의 수립과 실행이 미흡하다. 예를 들어 제주도

여행의 경우, 2001년부터 2008년까지 내국인의 관광객 수는 31% 증가, 관광지출은 58% 증가했다.

그러나 동 기간 해외여행은 관광객 수가 97%, 관광지출이 89% 증가했다. 이는 내국인의 여행수요가 꾸준히 증가하고 있음에도 불구하고, 국내여행으로 충분히 흡수하고 있지 못함을 의미한다.

현재 한국의 여행상품은 서울과 부산, 제주도 등 지역적 편중현상이 심하고, 지역여행자원은 제대로 활용하지 못하고 있는 상황이다. 이는 지역여행 자원의 외국인 여행객 접근성이 떨어지고, 외국인을 위한 숙소와 음식 등 지역여행 인프라의 글로벌화가 부족한 것이 주요 원인이다.

따라서 경기부양이 필요한 현시점에서 정부 재정을 활용하여 지역여행 인프라를 대폭 확충한다면, 관광산업의 기본경쟁력을 강화하는 한편 지역경제 활성화도 함께 도모할 수 있을 것으로 판단된다.[40)]

2.6.1 국내여행 참가자 수 및 이동총량

국내여행의 경우 주 5일 근무제 확산 및 정착과 여가시간 증가에 따라 여행수요가 증대되고 있으며, 국민여행 총량이 주 5일 근무제 확산 이후 30% 이상 증가할 것으로 예상되며, 이는 향후 Intrabound 여행의 중요성이 증가함을 의미한다.

2013년 내국인 국내여행 참가자 수는 전년대비 2.4% 증가한 약 3,780만 명으로 나타났으며, 이는 당일여행 4.8%, 숙박여행 2.6% 증가한 결과이다.

국민 국내여행 이동총량은 1월 1일부터 12월 31일까지 국내 숙박여행과 국내 당일여행을 합한 총일수를 의미하는데, 2013년의 경우 국민 국내여행 이동총량은 전년대비 6.6% 증가한 3억 8,922만 312일로 나타났다.

국내여행업은 전세버스업체, 한국철도공사 여객사업본부, 한국농촌공사의 농촌체험여행, 농협의 팜스테이(farm stay), 해양수산부의 바다여행, 산림청의 자연휴양림, 각 기초지방자치단체의 시티투어 등 다양한 여행상품과 정보를 제공하고 있다.

이러한 국내여행의 주요 공급자 환경은 국내여행업을 영위하는 사업자의 시장침해와

---

40) 현대경제연구원, VIP Report, 통권386호, 2009, 5~6쪽.

여행상품의 질적 향상을 위한 관리체계 부재로 인하여 산업정책의 위기 등이 우려되고 있는 실정이다. 최근 관련협회와 국내여행업계는 이에 대한 대응책 마련에 고심하고 있으며, 여행업계와 이해관계자 간에 많은 갈등상황이 제기되고 있다.

〈표 2-22〉 연도별 국민 인트라바운드 동향

(단위 : 명, 일)

연도	국내관광 참가자 수			국내관광 이동총량		
		당일관광	숙박관광		당일관광	숙박관광
2005	36,888,642	30,003,805	31,225,594	388,836,594	148,649,882	240,186,915
2006	37,666,721	31,975,212	31,817,115	416,982,061	168,373,799	248,608,262
2007	36,443,445	30,472,456	31,226,028	477,372,260	183,033,025	294,339,235
2008	37,391,314	30,461,915	31,350,952	418,026,189	141,017,187	267,009,002
2009	31,201,294	22,739,816	26,408,910	375,340,664	106,693,142	268,647,522
2010	30,916,690	20,012,003	26,047,929	339,607,551	75,974,080	263,633,471
2011	35,013,090	27,651,266	26,233,868	286,947,961	84,971,961	201,976,000
2012	36,914,067	28,649,336	30,277,238	365,282,249	121,179,761	244,102,488
2013	37,800,004	30,011,682	31,058,136	389,220,312	131,368,005	257,852,307
2014	38,027,454	30,651,331	32,213,421	397,846,767	128,578,532	269,268,235
2015	38,307,303	30,202,196	32,084,253	406,818,700	138,521,516	268,297,184
2016	39,293,235	30,540,218	32,372,386	412,378,155	140,682,024	271,696,131

자료 : 2013년 국민여행 실태조사.
주 : 2009년을 기점으로 조사 설계 및 총량추정 방법이 변경되었으므로 결과 해석 시 주의가 필요함.

관광소비량 관점에서 본 인트라바운드의 문제점은 전반적으로 국내관광과 관련한 만족도에서 여행상품에 대한 불만족이 가장 높게 나타났으며, 이 중 상품의 다양성, 가격 그리고 상품내용에 대한 불만이 특히 높은 것으로 조사되어 여행상품 개발을 위한 지속적 노력이 요구되고 있다.

또한 관광지의 경우, 여전히 화장실 개선이 필요한 것으로 조사되었으며, 여행상품의 경우 상품의 다양성이 낮은 것으로 조사되었다. 숙박분야의 경우, 가장 개선되어야 하는 요인은 가격인하로 조사되었으며, 확대되어야 하는 숙박시설로는 콘도미니엄, 펜션 등

으로 나타나 자가 숙식이 가능한 숙박시설을 선호하는 것으로 나타나고 있다.

이와 같은 문제점을 해결하기 위해서는 〈그림 2-6〉에 제시된 것처럼 크게 4가지 관점에서 점검하여 대처할 필요가 있다.

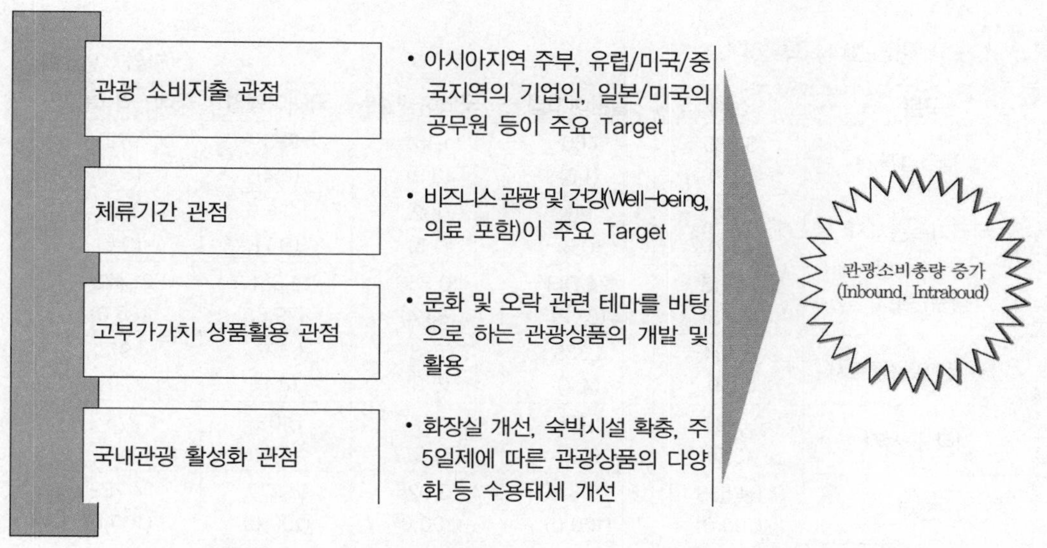

자료 : 한국관광공사, 통합마케팅전략보고서, 연도불명, 24쪽.

〈그림 2-6〉 관광소비총량 관점에서의 마케팅방향

2.6.2 여행업의 고용형태

여행업의 고용형태별 종사자 수를 살펴보면 일반여행업의 경우 상용근로자가 전체의 87.2%로 가장 높게 나타났고, 국외여행업의 경우 상용근로자가 전체의 83.4%로 높게 나타났다 한편 국내여행업의 경우는 상용근로자가 전체의 79.8%로 높게 나타났고, 국내 · 외를 겸업(兼業)하는 여행업의 경우 역시 상용근로자가 전체의 86.6%로 높게 나타나고 있다.

이처럼 여행업은 전반적으로 비정규직이 거의 없는 고용안정을 이루고 있음을 알 수 있다. 여행업의 고용분야는 여행상품 기획 및 개발자, 콘텐츠 개발자, 마케터, TC 및 가이드, IT 전문인력 등 5개 직종이 핵심인력으로 구성되고 있으며, 향후 인력수요 증가

직종으로는 여행상품개발자, 콘텐츠기획자, IT전문인력 등으로 보이며, 이 밖에 TC 및 가이드의 인력수요는 다소 증가할 것으로 전망되나 현재까지의 공급규모가 워낙 많아 유동적이라고 할 수 있다.

〈표 2-23〉 여행업의 고용형태

(단위 : 명, %)

구분	전체	일반여행업	국외여행업	국내여행업	국내·외 여행업
자영업자	3,585 (4.2)	460 (1.6)	1,161 (8.9)	993 (5.4)	972 (3.9)
무급가족종사자	564 (0.7)	96 (0.3)	192 (1.5)	126 (0.7)	150 (0.6)
상용근로자	71,715 (84.8)	24,733 (87.2)	10,858 (83.4)	14,651 (79.8)	21,473 (86.6)
임시 및 일용근로자	5,434 (6.4)	1,335 (4.7)	688 (5.3)	1,497 (8.1)	1,913 (7.7)
기타 종사자	3,260 (3.9)	1,755 (6.2)	127 (1.0)	1,103 (6.0)	275 (1.1)
전체	84,558 (100.0)	28,379 (100.0)	13,025 (100.0)	18,371 (100.0)	24,782 (100.0)

2.6.3 관광사업체 종사자 수 추이

2015년 12월 31일 기준 「관광진흥법」에 근거하여 등록 · 허가 · 신고 · 지정된 전국 관광사업체의 총 종사자 수는 총 235,604명이며, 이 중 여행업이 84,558명으로 가장 많고, 그 다음으로 호텔업(70,305명), 관광편의시설업(27,902명), 국제회의업(15,131명), 관광객이용시설업(11,065명), 유원시설업(7,009명) 등의 순으로 나타나고 있다. 여행업과 호텔업에 근무하는 사람들이 전체 관광사업체의 65.7%를 점유하고 있어 양대 업종 종사자들이 관광사업체 종사자의 근간을 이루고 있는 셈이다.

여행사업체 총 종사자 수는 2013년 227,135명, 2014년 230,334명, 2015년 235,604명으로 지속적으로 증가하는 추세이며, 거의 모든 업종에서 과거년도 대비 종사자 수가 증가한 것으로 나타나고 있는데 반해 국제회의업과 관광편의시설업은 감소세를 보이고 있는 점이 눈에 띈다.

〈표 2-24〉 관광사업체 업종별 종사자 수 추이

(단위 : 명, %,%p)

구분		종사자 수				구성비			
		2013년	2014년	2015년	증감률	2013년	2014년	2015년	증감
전 체		227,135	230,334	235,604	[2.3]	–	–	–	–
여행업	전 체	70,574	69,400	84,558	[21.9]	100.0	100.0	100.0	–
	일 반 여 행 업	22,091	26,600	28,379	[6.7]	31.3	38.3	33.5	–4.8
	국 외 여 행 업	11,502	10,551	13,025	[23.4]	16.3	15.2	15.4	0.2
	국 내 여 행 업	11,291	10,478	18,371	[75.3]	16.0	15.1	21.7	6.6
	국내 · 외여행업	25,690	21,771	24,782	[13.8]	36.4	31.4	29.3	–2.1
관 광 숙박업	전 체	63,899	67,465	70,305	[4.2]	100.0	100.0	100.0	–
	관 광 호 텔 업	48,064	49,782	49,617	[–0.3]	75.2	73.8	70.6	–3.2
	기 타 호 텔 업	2,726	3,107	3,464	[11.5]	4.3	4.6	4.9	0.3
	휴양콘도미니엄업	13,109	14,576	17,224	[18.2]	20.5	21.6	24.5	2.9
관광객 이 용 시설업	전 체	13,528	10,671	11,065	[3.7]	100.0	100.0	100.0	–
	전문및종합휴양업	7,596	8,748	5,494	[–37.2]	56.2	82.0	49.7	–32.3
	일 반 야 영 장 업	–	–	3,504	[–]	–	–	31.7	–
	자동차야영장업	399	983	1,232	[25.3]	2.9	9.2	11.1	1.9
	관 광 유 람 선 업	623	707	568	[–19.7]	4.6	6.6	5.1	–1.5
	관 광 공 연 장 업	225	232	268	[15.5]	1.7	2.2	2.4	0.2
국 제 회의업	전 체	14,092	17,330	15,131	[–12.7]	100.0	100.0	100.0	–
	국제회의시설업	708	935	488	[–47.8]	5.0	5.4	3.2	–2.2
	국제회의기획업	13,384	16,395	14,643	[–10.7]	95.0	94.6	96.8	2.2
카지노업		8,452	8,931	9,418	[5.5]	100.0	100.0	100.0	–
유 원 시설업	전 체	14,441	17,031	17,224	[1.1]	100.0	100.0	100.0	–
	종합유원시설업	7,918	8,323	7,009	[–15.8]	54.8	48.9	40.7	–8.2
	일반유원시설업	5,841	7,220	7,823	[8.4]	40.4	42.4	45.4	3.0
	기타유원시설업	683	1,489	2,392	[60.6]	4.7	8.7	13.9	5.2
관 광 편 의 시설업	전 체	42,150	39,506	27,902	[–29.4]	100.0	100.0	100.0	–
	관광유흥음식점업	1,685	1,037	127	[–87.8]	4.0	2.6	0.5	–2.1
	관광극장유흥업	4,591	4,486	2,999	[–33.1]	10.9	11.4	10.7	–0.7
	외 국 인 전 용 유 흥 음 식 점 업	2,054	2,536	2,565	[1.1]	4.9	6.4	9.2	2.8
	관 광 식 당 업	27,506	24,113	15,159	[–37.1]	65.3	61.0	54.3	–16.8
	시내순환관광업	857	671	770	[14.8]	2.0	1.7	2.8	1.1
	관 광 사 진 업	65	93	77	[–17.2]	0.2	0.2	0.3	0.1
	여 객 자 동 차 터 미 널 시 설 업	137	156	18	[–88.5]	0.3	0.4	0.1	–0.3
	관 광 펜 션 업	1,031	1,305	1,220	[–6.5]	2.4	3.3	4.4	1.1
	관 광 궤 도 업	1,274	1,127	148	[–86.9]	3.0	2.9	0.5	–2.4
	한 옥 체 험 업	2,005	2,395	2,507	[4.7]	4.8	6.1	9.0	2.9
	외 국 인 관 광 도 시 민 박 업	944	1,588	2,312	[45.6]	2.2	4.0	8.3	4.3

2.6.4 여행업계 신규채용현황

2015년 기준 전국 관광사업체의 상용근로자 신규채용자 수는 35,641명으로, 전년 대비 7.8% 감소한 것에도 불구하고 여행업체 근로자 신규채용자 수는 10,442명으로, 전년 대비 25.2% 증가하여 대조를 이루고 있다. 이는 최근 외국인대상 의료관광이 활성화되고 있어 여행과 의료관광을 겸한 융·복합형태의 인력양성이 요구되고 있는 실정이다. 또한 높은 이직률을 감안하면 업계의 전문인력 확보가 과제로 떠오르고 있는 실정이다.

여행업을 중심으로 한 시장은 향후 지속적인 성장이 전망되며, 관련분야에 대한 인력수요도 시장성장추세에 비례할 것으로 전망된다. 다만 여행업체의 온라인 서비스 확대에 따라 기존의 오프라인 영역에 해당하는 비중이 감소할 것으로 예상되며, 소비자의 고급화 추세에 따라 이에 부합한 서비스제공을 위한 정보제공, 상담, 여행상품설계영역에 필요한 인력육성이 요구된다.[41)]

업태(業態)별로는 일반여행업의 인력수요가 가장 비중이 높으며, 다음으로 국내여행업, 국외여행업 순이다. 국외여행업의 경우 국민의 해외여행업무만을 담당하는 특성으로 인해 해외 현지여행사와의 업무제휴관계를 통해 운영되는 관계로 타 업종에 비해 작은 것으로 판단된다.

직종별로는 여행업종사인력 중 관광지에서 관광객 인솔업무를 담당하는 TC가 27.2%로 가장 높은 비중을 차지하고 있으며, 다음으로는 마케팅분야 인력, 상담예약, 기획/개발, 경영지원 및 사무, 경영관리 순이다. 그러나 향후 여행업부문의 획기적 운영방식이나 관광행태 등의 변화가 발생하지 않는 한, 현행과 동일하게 관광객인솔 및 여행상품상담 등 대면(對面)서비스부문의 종사인력 비중이 여전히 높을 것으로 전망된다.

41) 김준영 외, 여행업 및 관광숙박업 인력수요전망, 한국고용정보원, 2011, 10쪽.

〈표 2-25〉 여행업체 신규채용의 추이

(단위 : 명, %, %p)

구분		신규채용자 수			구성비	
		전체	남자	여자	남자	여자
전 체	2013년	43,738	24,172	19,566	55.3	44.7
	2014년	38,661	19,297	19,364	49.9	50.1
	2015년	35,641	18,603	17,037	52.2	47.8
	증감률 · 증감	[-7.8]	[-3.6]	[-12.0]	2.3	-2.3
여행업	2013년	11,274	6,290	4,984	55.8	44.2
	2014년	8,337	4,240	4,097	50.9	49.1
	2015년	10,442	5,227	5,215	50.1	49.9
	증감률 · 증감	[25.2]	[23.3]	[27.3]	-0.8	0.8

자료 : 문화체육관광부, 여행사업체기초통계조사, 2016.

전국적으로 관광관련 교육기관에서 연간 배출되는 관광관련 전공자들이 약 5,000여 명을 상회하고 있으나, 우리나라 관광관련 산업의 성장에 비추어보면 매년 이 분야의 인력공급 부족현상도 장기간 지속될 것으로 판단된다.

여행사가 허가제에서 등록제로 변하고, 등록조건도 완화 · 자율화되어 여행사 창업여부가 자본금 규모로만 결정되게 되어 IMF체제 경제위기에서 상당수의 중견 여행업체들이 도산했다. 그 이후 여행전문가가 없는 소규모 여행사가 다수 창업함으로써 과당경쟁과 출혈경쟁을 유도하게 되었고, 여행사 경영의 부실로 인해 여행사의 폐업과 개업의 악순환을 겪고 있다[42].

관광통역안내사 자격시험제도는 여행사에 대한 전문지식을 가진 사람보다 외국어에 능통한 사람을 뽑는 하나의 외국어자격증시험처럼 되어버려 대학의 관광관련 학과 졸업생의 합격은 더욱 힘들어졌다.

그러나 1963년 이후부터 지속된 이 자격증제도는 인재양성을 위한 긍정적인 측면도 많았다. 하지만 통역안내사 자격시험 과목에 여행사 업무수행에 필요한 시험과목이 없기 때문에 여행전문가 자격증제도라고 보기 어려우며, 응시자들이나 관심 있는 전문가들로부터 외면당하고 있는 것이 현실이다.

42) 윤대순, 여행업정책의 현황 및 향후 방향, 한국관광연구원, 한국관광정책 제8호, 2001.

국외여행인솔자 자격제도에 양성과정과 소양교육과정이 있으나 소양교육과정(현업 6월 이상 경력)의 15시간 이상의 간단한 교육을 통해 자격증을 주어서는 전문가로서의 기능을 발휘하기 어렵다.

한편 국내여행안내사 자격제도는 관광관련 고등학교 졸업예정자에게 면접시험만으로 자격증이 주어지기 때문에 그 실효성에 문제가 많다. 또한 여행사 근무 경험을 갖고 있는 전임교원이 전국에 걸쳐 수십여 명에 불과해 여행업계에 적응할 수 있는 현장교육이 제대로 이루어지고 있지 못하다.

2.6.5 여행업의 경기동향

2016년 4분기 업황(業況, BSI) 전망은 83으로 부정적인 것으로 나타났다. 3분기 현황도 63으로 나타나 대체적으로 경기가 악화된 것으로 나타났다. 이는 사드갈등에 기인한 중국관광객의 급격한 방한 감소가 영향을 미쳤다고 볼 수 있다.

매출액의 4분기 전망 또한 81로 전년 동기에 비해 악화가 전망되며, 3분기 현황은 71로 전년 동기 대비 실적이 크게 둔화된 상태이다. 수익성에 대한 4분기 전망은 88로 전기 대비 악화가 예상되며, 3분기 현황은 75로 실적이 악화된 상태이다.

그에 비해 인력사정의 4분기 전망은 92, 3분기 현황은 89로 인력사정이 부족한 사정이다. 메르스 영향으로부터 회복되어 2016년 7~8월 인바운드 시장은 2015년 대비 성장하고 있지만 패키지 상품보다 FIT에 대한 수요가 높아지고 있는 추세로 인바운드 여행사의 경기는 지속적으로 부정적일 것으로 전망되며, 국민의 해외여행이 지속적으로 증가함에 따라 아웃바운드 시장은 성장하고 있으나, 홈쇼핑채널에 의한 판매가 늘어남에 따라 수익률이 감소하여 매출액, 수익성 등이 기준치 100을 넘지 못하는 것으로 분석되고 있다.[43)]

43) 2016년 4/4분기 관광산업 경기 및 관광지출 전망조사, 한국문화관광연구원, 2016, 7쪽.

〈표 2-26〉 여행업의 경기동향 BSI[44]

		2015 4/4	2016 1/4	2016 2/4	2016 3/4	2016 4/4
업황	전망 BSI (○)	89	93	70	72	83
	현황 BSI (△)	73	56	60	63	
매출액	전망	94	85	81	84	81
	현황	63	74	71	71	
수익성	전망	89	78	75	76	88
	현황	70	67	65	75	
인력 사정	전망	91	87	86	78	92
	현황	86	83	81	89	
자금 사정	전망	91	78	71	77	85
	현황	71	56	65	66	
시설 투자	전망	97	96	89	91	98
	현황	91	89	84	98	
홍보	전망	99	104	92	99	96
	현황	99	92	94	98	

주 : 2016년 7~8월 방한 외래관광객은 3,367,798명으로 전년도 동기간(1,699,051명) 대비 99.98% 증가
자료 : 한국문화관광연구원, 관광지식정보시스템 입국통계

2.6.6 인트라바운드 마케팅을 위한 SWOT분석

주 5일근무제 실시 및 국내 교통환경 개선(KTX)으로 인하여 국내관광 수요는 점차 증가하고 있으나, 이를 뒷받침할 만한 수용태세는 아직 미흡한 실정이다.

44) BSI(Business Survey Index : 기업경기실사지수)가 기준치인 100인 경우 긍정적인 응답업체 수와 부정적인 응답업체 수가 같음을 의미하며, 100 이상인 경우에는 긍정적인 응답업체 수가 부정적인 응답업체 수보다 많음을, 100 이하인 경우에는 그 반대임을 의미함. BSI = 100 + (긍정적인 응답업체 수 - 부정적인 응답업체 수) / 전체 응답업체 수×100.

〈표 2-27〉 국내관광 마케팅 SWOT분석사례

외부기회요인			외부위협요인
외부기회요인	• 주 5일근무제 실시 및 국내 교통환경 개선(KTX 개통)으로 국내관광 수요 확대 • 정부의 지방균형발전 정책의 동력원으로서 관광산업에 대한 인식 증대 • 지자체의 관광에 대한 관심 증대 및 사업추진 활발 • 개인소득 수준의 향상과 웰빙문화의 확산으로 관광의 행태도 다양화, 고품격화 추구 • 관광에 대한 지역의 정책비중 증대로 지차제별 관광객 유치노력 증가 • 우수한 관광환경 및 콘텐츠에 대한 수요 증가	• 관광수요 증가에 따른 관광 인프라 부족 및 관광환경 훼손 심화 • 국민의 해외여행 대중화로 국내여행과의 불균형 • 숙박시설 등 관광 인프라 미비 및 국내관광상품, 안내체계 등 소프트웨어 부족 • 농림축산식품부, 농업기반공사, 해양수산부, 한국토지주택공사 등 타 기관의 관광사업 참여 증가 • 지방관광공사 설립 등으로 지자체의 독자적인 관광사업 추진 예상	외부위협요인
내부강점	• 지역협력단의 현장배치로 지자체와 유기적 네트워크 구축 • 국내외 행사유치 및 관광 상품화를 통한 관광객 유치 네트워크 보유 • 지자체와의 업무협정, 협의회 설립 등 협력단체에 대한 인식 및 기대 고조	• 일회성, 비연속적 행사개최 및 지원이 대다수로 지속적 관광상품화 추진 곤란 • 관할지역의 광범위로 밀착된 서비스 제공의 어려움 • 본사-해외지사-협력단의 마케팅 지원 공조체계 미정립 • 자생적 조직운영모델 미정립	내부약점

자료 : 한국관광공사, 인트라바운드 마케팅전략, 발행연도불명, Ⅳ-97쪽.

2.6.7 마케팅 트렌드 변화에의 대응

1) Tourism Technology(T2)의 부상과 관광산업의 융·복합

여행수요 다양화와 행태 다변화의 패러다임 변화 속에서 여행과 타 산업 간 융·복합화를 지향하는 T2를 적용한 다양한 여행상품이 출현하고 있다. T2는 여행상품개발에서 전달에 이르는 가치사슬 각 단계마다 부가가치를 더해주는 공학적 틀을 의미한다.

T2는 새로운 패러다임을 관광산업에 접목함으로써 축제여행, 의료관광, 웰빙관광, 음식여행, 스포츠여행, 영화여행 등과 같이 산업 간 융·복합된 여행형태를 창출해 부가가치를 향상시키고 있다. 향후 이러한 융·복합된 여행형태의 급성장이 예상된다.

2) 생태자연관광의 확산

소규모 생태자연관광이 확산되고 있다. 생태자연관광이란 대규모 시설조성 중심의 관광개발이 아닌 지역이 보유한 특색 있는 자연자원을 활용하는 지역사회 중심적 관광개발을 의미한다. 환경친화적 관광개발과 훼손된 생태계의 보존 · 복원을 지향하는 생태자연관광은 대안관광, 지속가능관광 등으로 개념이 확대되고 있다. 지속가능한 관광으로 만들기 위해서는 구체적으로 해양 · 수계(水系) · 동식물 · 문화적 및 천연유산 등의 보호 · 보전이 뒤따라야 한다.[45)]

3) Business Tourism 시장의 부상

Business Tourism은 사람을 중심으로 상품, 지식, 정보 등의 교류를 위한 모임을 주선하는 여행형태로서, MICE로 표현되는 회의, 포상여행, 컨벤션, 전시 등을 포함한다. 전세계 MICE시장은 300억 달러 규모로 추정되며, 연간 5,000만 명이 MICE 참석을 목적으로 여행한다. Business Tourism의 시장성장률은 관광산업 평균수준으로 예상되어 고수익 여행분야이며 도시마케팅의 중요한 수단으로 부상하고 있다. 그러나 우리나라는 국제회의 위주로 발전되어 왔지만 발전속도가 더딘 것으로 판단된다.

4) 체험관광의 확산

체험관광은 단순히 보고 즐기는 여행을 벗어나 스스로 손과 몸을 움직여 직접 해보고 배우는 여행을 의미한다. 체험여행은 이문화(異文化)적 요소 혹은 기억에 남을 만한 현상에 대한 강도 높은 체험활동으로 이루어진다.

한옥 등을 활용한 전통생활체험, 템플스테이(temple stay)를 활용한 종교문화체험, 지역 특산물과 연계한 특이지역 탐방체험 등은 우리나라가 발전시킬 수 있는 체험관광의 대표적인 예이다.

향후 여행소비자는 여행상품 그 자체가 아닌 상품에 담겨 있는 스타일과 이야기, 신체적 · 정신적 감동을 동시에 구매하려 할 것이다. 따라서 여행상품개발은 여행자원과 서비스의 단순한 조합에 그치지 않고 이들과 문화, 이미지, 상징을 결합하는 체험상품의 개발로 전환되어야 한다.[46)]

---

45) 平田真幸, 国際観光マケティーングの理論と実践, 国際観光サービスセンター, 83~88쪽.

〈표 2-28〉 체험관광상품의 유형

구분	주요 동기	체험 내용	주요 사례
문화체험	창의적 체험, 지적 체험	다른 지역의 문화 및 예술에 대한 지적 호기심을 충족하기 위하여 창조적인 형태의 활동을 추구하는 체험	• 제작실습체험(도자기 만들기, 김치 담그기, 민속공예품 만들기, 전통한지 제작 등) • 전통문화교육체험(전통소리교육, 전통무용교육, 다도교육, 태권도교습 등) • 종교문화체험(무속신앙체험, 불교사찰생활체험, 불교참선교육체험 등)
생활체험	대인 교류감	일정기간 체류를 통해 현지인과 교류하며, 현지생활을 있는 그대로 체험	• 전통생활체험(청학동 생활체험, 원시시대 체험 등) • 농어촌생활체험(천연산물 채집체험, 농장 체험, 어촌생활체험 등)
생태체험	자연 친화감	자연을 훼손하지 않으면서 자연의 일부분으로 동화(同化)되려는 체험	• 관찰체험(갯벌생태체험, 조류관찰체험, 동·식물관찰체험 등)
모험체험	모험감	경쟁심이나 모험심 등의 심리적 욕구에 의한 활동으로 일반적으로 신체활동을 필요로 하며, 때로는 위험을 수반하는 체험	• 특이지역탐방체험(오지유적탐험, 동굴탐험 등) • 레포츠체험(트레킹, 래프팅, 산악자전거 등)
특이체험	신기·이색체험	거주지역에서는 경험할 수 없는 방문지역에서만의 특이한 문화체험	• 건강미용체험(전통한방의료체험, 건강미용체험, 기공훈련체험 등) • 안보체험(병영생활체험 등)

자료 : 이광희, 체험관광상품 개발 활성화방안, 한국문화관광연구원, 1999, 18쪽.

2.7 여행업의 비용과 수익모델 환경

2.7.1 비용구조의 한계

과거 여행업은 단체여행(30명 이상)을 위주로 여행상품을 판매하여 이에 따른 할인을 통해 여행상품구매에 대한 가격협상력을 높게 유지할 수 있었으나, 최근 국내여행업의 모객규모가 가족위주의 소규모 여행형태, 10~20명 이내의 그룹여행으로 전환된 이후,

46) 山上徹, 観光リーゾトのマーケティング, 白鳥書房, 1989, 204~205쪽.

이에 대한 수익성을 제고할 수 있는 인센티브를 확보하지 못하고 있는 실정이다.

특히 관광지, 국립공원 등 입장료에 대한 단체요금의 적용을 인원 수로 제한하여 정상적 영업을 영위하는 단체여행상품의 경우는 할인혜택을 부여받지 못하고 불법적 모객행위를 하는 각종 단체나 산악회 등은 많은 인원동원을 통해 할인혜택을 부여받고 있는 실정이다. 이로 인해 정상적 영업행위가 불법적 영업행위와 비교해 가격 경쟁력을 상실하게 되는 모순적 구조를 나타내고 있는 실정이다.

국내의 여행업이 산업네트워크 내에서 가격교섭력(bargaining power)을 갖추는 것은 매우 중요하다. 그러나 국내여행업은 시장규모의 우위를 점하고 있음에도 불구하고 이에 대한 가격교섭력의 절대적 우위를 점하지 못하고 있을 뿐만 아니라, 업계 내부의 구조적 갈등도 상존하고 있는 실정이다.

따라서 여행상품의 질적 향상과 수익성 향상을 위해서는 업계 내의 교섭력 향상을 위한 외부환경에 대한 대응체계를 갖추는 것이 필요하며, 이를 위해 국내여행업계 내 정책적 의견을 수렴하고 산업의 질서를 유지할 수 있는 자체적인 정화노력과 업계의 단체설립을 통해 공급망을 일원화하여 가격 경쟁력을 강화하는 것이 바람직할 것으로 보인다.

2.7.2 수익모델의 한계

여행업의 가장 큰 수익모델은 직접판매와 티켓판매(항공권, 철도권 등)에 대한 수수료가 대부분을 차지하고 있다. 과거 여행업계의 수수료는 항공권 판매 7~9%, 국내항공패키지모객 10%, 국제항공 단체패키지모객 7~10%, 패키지투어 10%, 호텔객실 8~10%, 교통운수(렌터카, 철도) 10~18% 정도 수준이다.

그러나 정보기술의 발달로 여행사가 가지고 있던 '여행정보'의 경쟁우위가 더 이상 시장에서 발휘될 수 없게 된 것은 인터넷의 등장이다. 고객은 목적지 숙박업소로의 예약과 교통편 예약을 인터넷을 통해 하게 됨으로써, 인터넷을 통해 더 많은 여행정보를 얻을 수 있고, 가격협상까지 가능하게 되어 고객의 협상력이 강화되고 있다.

고객이 여행목적지 숙박업소에 네트워크 기술을 통해 직접 GDS(Global Distribution System)로의 연결이 가능하게 되어, 지금까지 여행사가 취급하던 중요한 역할인 교통편과 목적지 숙박업소에 대한 예약업무가 고객이 직접 하는 것과 차이가 없게 된 것이다.

그러므로 앞으로의 가치사슬은 고객이 여행사를 통하지 않고, 인터넷이나 모바일 기술을 통해서 홀세일러나, GDS로 직접 연결하여 항공, 숙박업소의 예약을 가능하게 할 것이다.

이는 패키지(package) 여행상품에 대한 경쟁력을 여행사가 가지고 있지만, 인터넷과 모바일 기술이 패키지(package) 상품을 엮는 기능을 할 경우, 항공 홀세일러가 패키지(package)를 안내할 경우에는 기존보다 여행상품에 대한 경쟁이 매우 심화되고 다양해질 것이다.

이로써 고객은 인터넷과 모바일기술로 쉽게 GDS와 홀세일러에 접근할 것이며, 이때 홀세일러는 진입장벽이 낮은 여행업에 바로 뛰어들 수 있는 상황이 될 것이다. 이미 항공업계는 항공권판매에 대한 여행업의 의존도를 낮추고 전산화를 적극적으로 추진하여 판매수수료를 없애거나 축소하고 있다.

더욱이 여행정보의 공유는 여행상품에 대한 원가공개로 이루어져, 여행사가 얻을 수 있는 마진율의 악화를 가져올 것으로 판단된다. 이로 인해 여행사는 고객이 직접 거래하는 것보다 더 저렴한 가격에 여행상품을 제시하고 고객은 인터넷을 이용하여 자신에게 가장 적당한 상품을 선택함으로써, 여행사 간의 출혈경쟁을 야기하는 악순환이 이루어지고 있다.

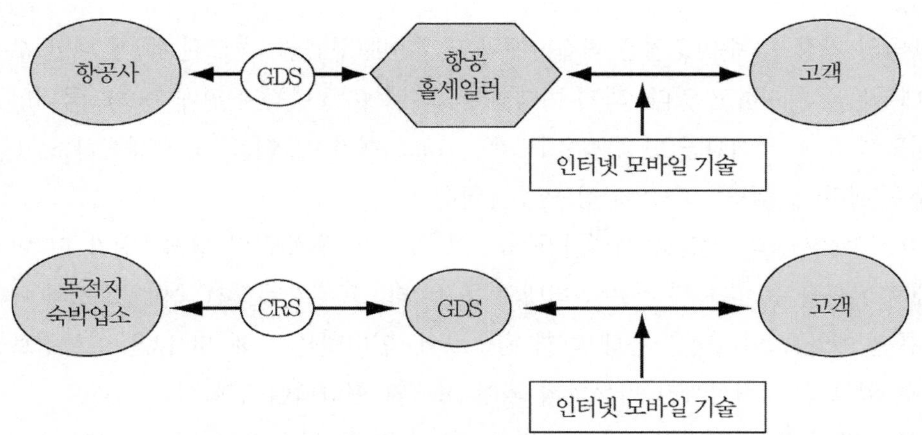

자료 : 전효재 · 이기동, 국민생활관광시대의 국내여행업 발전방안, 한국문화관광정책연구원, 2006, 60쪽.

〈그림 2-7〉 교통-여행업/숙박_여행업 간 가치사슬 변화전망

e-GDS의 사용이 활성화될 경우 고객은 항공사, 호텔 등과 직접 연결하여 여행사와 같은 수준의 가격을 얻어낼 수 있으며, 이는 항공사, 호텔 등의 공급자 협상력이 강화되어 이로 인해 여행사의 입지는 점점 좁아질 것으로 판단된다.

1) 항공사 발권수수료의 폐지

항공사의 발권수수료는 지난 20~30년간 국내는 물론 전 세계 여행업계의 주요 영업수익 창출요소로서 역할을 지속해 왔다[47]. 그러나 2000년 이후 미국과 유럽의 몇몇 항공사들이 여행사 판매채널 중심의 영업의존도를 개선하기 위하여 수수료 축소·폐지를 단행하면서 기존의 여행사들만이 독식해 오던 항공여행정보와 발권 가격정보 등의 독점권을 상실하게 된다[48].

우리나라에서도 2008년 4월 1일부터 여행사에 대한 발권수수료를 기존 9%에서 7%로 시행하였으며, 2010년 1월에는 미국, 유럽처럼 발권수수료를 완전 폐지한다는 국내 대형 항공사의 영업정책이 이미 고지된 바 있다. 즉 제로컴(zero commission)시대가 온 것이다.

항공사의 항공권 수수료 정책변화를 가져오게 된 원인에는 고객의 가격인하 요구뿐만 아니라 유통경로 변화를 초래한 인터넷의 등장과 저가항공사의 출현을 들 수 있다[49]. 저가항공사는 전통적인 항공사(기존 항공사)의 운영상·경영상 전반적인 비용절감을 통해 고객에게 저렴한 가격을 제공하는 항공사 비즈니스모델을 의미한다.

따라서 여행사들이 그동안 영위해 오던 영업모델인 '수탁판매(sale on consignment)'는 더 이상 유지 불가능하게 되었다. 앞으로의 영업모델은 고객에게 서비스를 제공하고 취급수수료를 받아서 매출이나 수익을 올리는 일종의 '변형된 수탁판매' 모델로 전환할 수밖에 없는 상황에 처해 있다.

---

47) 이휘영·윤문길, 항공사 발권수수료 폐지에 따른 대책연구, 한국항공경영학회 추계학술대회 발표자료집, 2008, 79쪽.

48) 정찬종, 항공사 발권수수료 폐지에 따른 여행업의 대응방안, 계명춘추, 제286호, 계명문화대학, 2010.

49) 서선, 항공권 발권수수료 효율화 방안 및 서비스수수료 타당성 연구, 한국일반여행업협회, 2009, 16~17쪽.

〈표 2-29〉 항공사 발권수수료 지급현황

Comm. Rate	항공사	비고
9%	AM, CA, CZ, ET, FM, FV, HU, HY, IR, KC, KQ, LA, MF, MU, SC, S7, ZH	
7%	OZ, AA, AI, AZ, BI, B7, BR, CO, CX, PR, DL, EK, GA, JL, MH, NH, NW, NZ, OS, QF, QR, SA, SB, SK, SQ, SU, TG, TK, US, VN, 9W, CA(TI/1~), 7C(BSP 발권 시)	
5%	NX, BA, AC 한국 국내선 구간(KE, OZ)	
3%	5J	
Zero Comm.	KE, AF, KL, LH, UA, AY, LX	
No-Comm.	7C, LJ, ZE, Z2 저가항공사(LCC) 인터넷 예약 시	입금가 기준

주 : 항공사 사정에 따라 변동가능성 있음.

선진여행업계는 항공권 커미션 폐지 이후 취급수수료 부과, 대체여행상품 판매증가, 매출양극화와 여행사 숫자 감소, 인수합병(M&A) 증가 등의 변화를 경험하고 있다. 다른 한편으로 여행사들은 항공권 발권비중을 줄이고 다른 여행상품의 판매를 증가시키고 있다. 관광산업 전체적으로 여행사 숫자의 감소와 규모에 따른 여행사들의 매출양극화 현상이 나타났다. 여행사들의 M&A[50]가 증가하여 거대 여행사들이 등장하기 시작했고 국제적인 M&A도 활발하게 진행되고 있다.

선진국에서 시작된 '변형된 수탁판매' 모델의 국내정착은 기존 사회시스템이 선진국의 그것과 다르다는 면에서 쉽지 않을 것으로 전망되고 있다. 새로운 제도가 정착할 수 있는지에 대해서는 두 가지 시각이 있다.

하나는 입법능력과 정치지도력만으로 충분하다는 '위로부터(top down)'[51]의 시각이

50) Mergers and Acquisitions의 약자로서 기업의 인수와 합병을 뜻한다. 기업의 '인수'란 한 기업이 다른 기업의 주식이나 자산을 취득하면서 경영권을 획득하는 것이며, '합병'이란 두 개 이상의 기업들이 법률적으로나 사실적으로 하나의 기업으로 합쳐지는 것을 말한다.

51) 제도가 정치지도자들에 의해 만들어진 법에 의해 결정된다고 주장하고 있으며 이의 대표적인 인물은 루소(Rousseau), 콩도르세(Condorcet) 등이 있다.

다. 다른 하나는 해당 사회의 규범, 전통, 믿음 그리고 개인의 가치관으로부터 영향을 받을 수밖에 없다는 '아래로부터(bottom up)'[52]의 시각이다. 커미션제 폐지는 항공사와 여행사들 간의 자율적인 합의의 형태를 띤다는 면에서 그 정착 가능성을 판단하는 데 있어 '아래로부터'의 시각이 더 합당하다. 한국에서는 '팁(tip)'문화의 부재, 시간제 임금의 미정착, 경제의 서비스산업화 미진 등의 몇 가지 특징이 취급수수료 도입과 충돌을 야기할 가능이 높은 것으로 보인다.

여행선진국에서 사용해 왔던 전략은 크게 여섯 가지이다. 즉 패키지투어의 판매확대를 통한 매출액 증대전략, 서비스피(service fee) 개발전략, 볼륨인센티브(volume incentive)전략, 여행관련 상품의 개발전략, 여행서비스 품질의 유지 · 향상전략, 지자체 인센티브 참여전략 등이 그것이다.

2) 항공사 발권수수료의 폐지에 따른 대책

(1) 패키지투어의 판매확대를 통한 매출액 증대전략

패키지 여행상품에서는 상품구성상 발권수수료보다는 여행 전반에 따른 비자발급 수수료, 지상교통편 수배수수료, 가이드 및 TC(Tour Conductor) 수수료, 호텔 송객수수료 등 제반 서비스 수수료를 기본으로 운영해 왔기 때문에 여행상품 공급업자와의 가격협상을 통해 요금할인을 받아 전체 여행상품에 대한 마크업(mark up) 규모를 증대시켜 매출증대를 꾀하는 전략이다.

(2) 서비스피(service fee) 개발전략

항공 이외의 철도예약, 여행계획, 항공 + 호텔 + 렌터카 패키지, 호텔 + 렌터카 + 투어 패키지, 크루즈상품 등 모든 상품에 서비스피 부과방안을 모색한다.

ASTA(미주여행업협회)에 의하면 2008년 항공권 판매비중은 23.8%로, 발권수수료 폐지 이전인 2000년의 56.1%와 비교하여 무려 53.7%의 하락을 보이고 있는 반면, 패키지투어와 크루즈 판매의 비중은 점차 증가추세를 보이고 있으므로 서비스피 개발전략에 따라 패키지투어가 판매비중 1위가 되었다고 보고하고 있다.

---

52) 제도가 해당 사회의 규범, 전통, 믿음 그리고 개인의 가치관으로부터 자연스럽게 만들어지고 법은 단지 이를 형식화하는 것일 뿐이라고 주장하고 있으며 이의 대표적인 인물은 버크(Burke), 포퍼 (Popper) 등이 있다.

이에 대해서는 한국여행업협회(KATA) 차원에서 서비스피 개발을 위한 다양한 전략을 모색하고 있어서 향후 이에 대한 실행방안에 대해 업계의 공동대응이 필수적인 전략이다.

(3) 볼륨인센티브(volume incentive)전략

볼륨인센티브란 항공사가 여행사를 대상으로 실시하는 항공권 판매독려책을 말한다. 즉 항공권을 판매한 규모(볼륨)에 따라 추가수수료 등의 혜택(인센티브)을 제공하는 정책이다. 항공사별로 볼륨인센티브정책은 다양하게 운영되는데, 일반적으로 다음과 같은 사항에 적용하고 있다. ▲전년 동기 대비 판매량 증가율, ▲목표량 달성여부, ▲판매금액증가분, ▲항공권 매수(枚數) 등인데, 여행사와 항공사의 이익이 합치한다면 기존의 발권수수료보다 더 많은 수수료를 받을 수도 있기 때문에 여행사의 대형화 추구를 통한 규모의 경제(판매계약에 근거한 인센티브)를 확보할 수 있는 전략이다.

(4) 여행관련상품의 개발전략

여행사의 아버지로 불리는 영국의 토마스쿡(Thomas Cook)사는 이미 1851년에 『Cook의 Excursionist』라는 여행잡지를 선보이고 있으며, 1873년에 발행되기 시작한 "Thomas Cook Continental Timetable"을 비롯하여 1874년 본업이라고 할 만한 여행자수표(Traveler's Check)의 영업을 개시하고 있다.

여행사들이 단순히 여행상품에 국한된 상품뿐만 아니라 관련상품의 개발여하에 따라서는 부업이 본업을 압도할지도 모르는 일이다. 여행선진국에서 개발된 관련상품으로는 여행시각표, 여행정보지, 여행 가이드북 등 여행도서류, 여행자수표, 여행보험 등 비교적 오랜 세월 동안 여행 이외의 상품들이 있다.

새로운 개발상품으로는 ▲해외토산품 사전구입서비스, ▲트래블 론(travel loan), ▲여행권(旅行券)적립플랜, ▲선물(gift)여행권 등이 있으며, 국내외 여행에 가방이나 의류, 짐 꾸리기 용품이나, 기내나 호텔에서 사용하는 잡화, 보안용품 등 여행 중에 사용하는 모든 여행용품의 판매 및 국제전화관련서비스, 공항관련 서비스, 백화점, 호텔, 레스토랑, 전문점, 레저시설 등 여러 곳에서 사용할 수 있는 선물용 상품권, 연극, 뮤지컬, 고전극, 콘서트 재즈, 오페라, 마당놀이, 판소리 등 '음악', 미술전, 박물관 등의 '미술', 야구,

축구, 씨름 등의 '스포츠', 박람회, 전시회, 페스티벌 등의 '이벤트'나 영화티켓 등 엔터테인먼트 티켓의 판매, 공영복권의 판매 등도 고려해 볼 수 있다.

특히 이벤트는 매우 중요하며 여기에는 올림픽을 비롯하여 박람회, 견본시, 전시회 등의 견학상품이나 국제회의 또는 국제대회 등이 있는데 후자는 PCO(Professional Congress Organizer)라는 전문적인 업자가 개입한다.[53)]

(5) 여행서비스 품질의 유지 · 향상전략

여행서비스를 연구하는 학자들의 연구결과들은 한결같이 서비스품질-만족-구매의도의 관계를 형성한다는 실증적 결과를 내놓고 있다. 그러므로 여행사들은 여행서비스의 품질을 유지 · 향상시킬 수 있는 시스템을 도입하지 않으면 안 된다.

항상 경쟁사보다 뛰어난 서비스를 제공해야 한다는 것을 명심하고 이를 유지하기 위한 노력을 해야 한다.

여행서비스의 질을 유지 · 향상시킬 수 있는 시스템은 서비스수준협정(service level agreement)의 도입이나 여행상품 브랜드 품질인증제를 통해 여행사들이 제공하는 서비스를 식별할 수 있다.

상품의 성격이 매우 유사하고 쉽게 모방될 수 있는 여행서비스의 품질은 여행사의 경쟁우위와 차별화의 원천으로서 사업성패를 결정하는 핵심적인 요인이기 때문이다. 현재 한국일반여행업협회나 문화체육관광부에서 시행하고 있는 '우수여행상품품질인증제' 등의 제도를 적극 활용하여 자사상품의 품질인증을 가능한 많이 확보해 두는 것이 중요하다.

(6) 지자체 인센티브 참여전략

서울특별시를 비롯하여 각 지자체에서는 지역의 관광산업 활성화를 위해 각종 인센티브제도를 만들어 시행 중에 있다. 예컨대 유치인원 1인당 적게는 몇 천 원에서부터 많게는 몇 만 원에 이르기까지 매우 다양하다.

또한 특정 지자체를 중심으로 한 여행상품개발 · 판매 시 광고 또는 홍보에 들어가는 비용의 일부를 지원하기도 한다. 즉 '전담여행사 지원제도'이다.

---

53) 勝岡只, 旅行業入門④, 中央書院, 1997, 181쪽.

따라서 여행사들은 각 지자체에서 실시하고 있는 전담여행사 지원제도의 구체적 지원 내용을 사전에 파악하여 영업에 활용한다면 회사 자체의 판매수익과 지자체의 지원수익 등 두 마리의 토끼를 잡을 수 있게 된다. 이 같은 전략은 주한 외국관광청(NTO)과의 제휴로 해외여행에도 적용할 수 있다.

(7) 여행업 선진화전략

여행업 선진화를 위해서는 여행업을 둘러싼 시스템의 정비 곧 법적 · 제도적 그리고 정책적인 조치와 여행사 스스로의 경쟁력 강화와 이미지 개선노력 등이 필요하다. 첫째, 여행업만을 다루는 「(가칭)여행업법」의 제정이 필요하다.

지금의 법체계는 큰 변혁을 앞두고 있는 여행업의 이해를 반영하고 필요할 경우 도움을 주기에 부족하다고 할 수 있다. 일본의 경우는 1952년에 「여행업법」을 이미 제정하고 이를 운용하고 있다. 둘째, 현재 축소가 예정되어 있는 여행사업 관련 부가가치영세율 적용을 계속 유지하는 것이 필요하다. 셋째, 여행사가 제공하는 서비스에 대해 취급수수료를 부과할 수 있는 법적 근거를 마련해야 한다.

일본은 지방의 조례나 여행업 표준약관을 통해 여행사들이 취급수수료를 부과할 수 있는 근거를 제공하고 있다. 넷째, 여행사들은 인구구성의 변화와 의료관광, MICE, 문화상품 등에 맞춘 새로운 여행상품 개발을 위해 노력해야 한다. 다섯째, 여행불편신고제도 및 불법영업에 대한 업계자율의 규제를 강화하고 여행업에 대해 국민들이 가지고 있는 부정적인 이미지를 개선시키기 위해 노력해야 한다. 여섯째, 여행사들은 경영합리성을 제고하고 투명성을 확보하기 위해 노력해야 한다.

2.8 여행업의 환경변화 전망

기존에는 여행자들이 여행사로부터 일방적으로 보내지는 정보를 수용하는 수동적인 입장을 가진 정보수용자였으나 요즘에는 인터넷으로 인해 원하는 정보를 직접 찾아가서 취사 · 선택하고 상호작용하는 능동적인 입장을 가진 사람이 증가하고 있다.

최근 나타나는 사이버 쇼핑, 사이버 거래가 급증하는 등의 인터넷의 급속한 발달을 보면 인터넷을 이용하여 자신의 상품을 직접 구입하는 사람들이 많이 늘어나고 있다는 것을 알 수 있다. 따라서 여행사에서도 빠르게 대처해야 하고 이러한 시대의 흐름에 맞춰나가지 않으면 생존경쟁에서 살아남을 수 없다.

1) 개별여행시장의 확대

소비자들의 여행경험이 풍부해지고 개성화가 진전됨에 따라 개별여행시장이 확대될 것으로 보인다. 개별여행시장의 시작점은 여행자의 의뢰에 따라 여행소재를 조립하여 이를 상품화하는 것으로, 현재의 여행업 유통구조를 근본적으로 부정하는 것이다.

특히 이러한 현상은 여행사가 현재까지 항공사와 호텔의 상품을 대리판매하는 입장에서 상품을 구매하는 여행자 위치로 전환하는 것을 의미한다. 일본의 경우 (주)HIS를 비롯하여 니혼코쓰코샤(JTB), 긴키니폰(近畿日本)투어리스트, 니혼료코(日本旅行), 도큐강코(東急觀光), 한큐코츠사(阪急交通社) 등 대형여행사들이 개별여행 코너를 설치하고 있으며, 여행기획상담료로 총 여행경비의 10~20%를 받고 있는 실정이다.

2) 여성시장 · 실버시장의 급성장

근로여성의 증가에 따라 여성들의 소비능력이 증대되고 독신여성이나 싱글맘의 증가, 만혼 및 출산 감소 등으로 여성들의 여행수요가 급증하고 있으며 이러한 현상은 향후 더욱 가속화될 것으로 보인다.

또한 과학 및 의료기술의 발달로 인한 평균수명의 연장, 자연출생률의 감소로 인한 노령화사회 진전, 복지체계의 향상 등은 실버계층의 여행에 대한 관심 및 수요를 증대시켜 향후 주요 시장이 될 것임을 나타내고 있다.

3) 주문형 맞춤여행상품의 증가

주문형 맞춤여행상품은 특정한 지역을 찾는 여행자들의 내재된 욕구만족은 물론 특정 관심분야 여행(SIT : Special Interest Tour) 등 차별화된 여행서비스를 제공함으로써 고객층을 확대할 것으로 보인다.

4) 여행행태의 양적 · 질적 다양화

여행자들의 여행행태가 양적 여행에서 질적 여행, 주유형 여행에서 체류형 여행, 단체 여행에서 개별여행 등으로 행태가 변화됨에 따라 점차 여행경험의 질과 여행 전 과정의 서비스가 여행업의 핵심과제가 되고 있다.

따라서 여행자욕구는 더욱 다양화 · 전문화 · 세분화될 것으로 보인다. 특히 환경에 대한 관심고조로 인해 자연 및 환경친화적 여행욕구가 증대될 것으로 보이며, 세계화의 진전으로 국가 간 문화교류가 활발히 진행됨에 따라 역사 및 문화에 대한 관심이 고조될 것으로 보인다.

가격 면에서는 초고가와 초저가의 양극화현상이 두드러질 것으로 보인다. 기존의 단체여행이 일정한 범위의 가격대에서 형성된 반면 향후에는 고품격여행의 수요증가와 함께 값싼 항공권과 숙박권만을 구입하는 Air Only나 Hotel Only 상품판매 등 이중적 행태가 발생하는 등 여행시장의 가격세분화가 이루어질 것이다.[54)]

5) 여행상품 유통구조의 디양화

여행상품 공급업자들과의 관계에 있어, 여행업에 가장 큰 위협은 항공사, 호텔 등 공급업자들과 여행자의 직접거래가 증가하고 있다는 것이다. 인터넷이나 SNS 등 공중통신망의 급속한 성장은 직거래를 가속화시키는 요인이다.

코레일(Korail)을 비롯하여 대한항공과 아시아나 등 항공사, 고속버스, 여객선 등 모든 여행상품 공급업자가 인터넷을 통해 예약뿐만 아니라 티켓 구매 등 제반 여행정보를 제공하는 정보라인을 개설 · 운영하고 있다.

정보화의 진전 및 여행자의 기호변화 등으로 인해 기존의 패키지 여행사 중심의 업계가 다변화될 것으로 보인다. 즉 예약전문 여행사, 항공권 발권전문 여행사 등 기능별 업종의 분화가 이루어질 전망이며, 인터넷 이용의 확산에 따라 인터넷 여행사도 증가할 것이다.

6) 다양한 주체의 시장진입

아이디어 집약적인 여행업의 특성상, 다양한 주체의 시장진입이 촉진될 것으로 보인다. 이미 백화점, 의류업체, 언론사 등이 여행업에 진출하여 참신한 상품기획과 차별화

54) 清水滋, 小売業のマーケティング, ビジネス社, 1983, 117~122쪽.

된 마케팅전략으로 새로운 시장형성을 주도하고 있다.

이 밖에도 기존의 신용카드 여행사의 독립여행사 설립과 개인의 능력과 자산을 담보로 한 소규모의 벤처기업이 활성화될 것으로 예상되는 등 다종다양한 업체의 각축전이 예측된다.

특히 외국 거대여행사의 한국시장진입이 본격화될 전망이다. 이미 일본교통공사(JTB-롯데제이티비), 쿠오니(KUONI), 아메리칸 익스프레스(American Express) 등 외국의 다국적 여행기업이 한국 진출준비를 서두르고 있는 것으로 알려지고 있다.[55)]

개성 있고 독특한 여행체험을 기대하는 여행자의 증가로 인해 여행상품기획전문여행사 등이 출현할 것으로 보이며, 여행사전문 경영연구소, 여행컨설팅업체, 여행전문 인력 양성기관 등 업종의 전문화 및 관련 지원업종의 출현도 기대되며, 특화상품(Specialty Seeking Tourism)전문여행사, 특별관심여행(Special Interest Tourism)전문여행사, 모험여행(Adventure Tourism)전문여행사 등 전문여행사들이 속속 출현하게 될 것이다.

따라서 지역별, 주체별, 주제별 특화와 기획 및 상담전담요원의 양성을 통한 전문성 제고 및 도 · 소매의 기능별 분리를 통한 업무영역의 전문화가 필요하다. 한때 골프전문, 성지순례전문, 스쿠버전문, 마라톤전문, 등산전문, 이벤트전문, 기획여행전문 등등 여러 전문회사들이 소규모 형태로 운영하면서 30% 정도의 재방문자(repeater)를 확보한 곳이 여럿 있는 것으로 알고 있다. 대표적인 것이 성지순례 단체로 한번 시작된 인연은 10년 이상 지속되는 경우가 대부분이다.

7) 중소규모여행사의 전략적 제휴 강화

금후에는 여행사 간 컨소시엄 구성 등 전략적 제휴가 늘어날 것이다. 전략적 제휴는 단순한 업무협조의 범위를 넘어 경영결합상승효과(synergy effect)를 높이기 위한 업무의 제휴를 말한다.

즉 복수의 여행업체가 영업상의 비용, 위험, 수익을 공유함으로써 규모의 경제(scale merit)로 인한 가격경쟁력 향상을 꾀하고, 외국 대형여행업체의 진출에도 효과적으로 대비할 수 있는 장점이 있다. 결국 전략적 제휴를 통해 중소규모 여행사들은 경쟁력을 향상시키고 항공사, 호텔 등 공급업자에 대한 대응능력을 향시킬 수 있을 뿐 아니라

55) 정찬종, 새여행사경영론, 백산출판사, 2014, 113~117쪽.

여행업의 전문화를 촉진하는 등의 부수적 효과도 기대할 수 있다.

8) 금후의 여행업 전망

과거와 달리 여행사는 수익되는 사업과 다소 거리가 멀어졌다. 자칫하다가는 본전도 챙길 수 없는 사업이 바로 여행업이다. 그만큼 경쟁이 치열해졌고 전문 노하우나 판매 네트워크를 구축하지 못하면 곧바로 나락으로 떨어지는 시대에 살고 있다.

1989년 이전 100여 개가 채 되지 않았던 시절, 여행사들은 많은 수익을 창출했다. 일부 특권층들만의 여행이다 보니 소위 '부르는 게 값'일 정도로, 최고의 황금 수익을 냈던 게 사실이다. 1989년 해외여행자유화 이후 패키지 시장은 날개를 단 듯 여행사 수익에 크게 일조했다. 여행사 간판만 내걸면 앉아서 돈을 버는 시대였던 데 비해 1997년 말 IMF 외환위기를 겪게 되고 스무 개도 채 안되는 패키지 여행사들만 명맥을 유지해 가며 패키지시장의 역사를 이어갔다.

2000년대 들어와 패키지여행은 또다시 붐을 타기 시작하면서 해외여행시장은 2차 전성기를 맞이하였는데 이때 생겨난 여행사들이 출발드림투어(현 노랑풍선), 태승여행개발(현 참좋은 여행) 등이다.

2000년대 중반 이후 여행패턴이 패키지 중심에서 개별여행으로 급격히 선회하자 하향세를 보였는데 이는 바로 여행사를 이용하는 고객수요는 줄어드는 반면 여행사의 숫자는 점점 늘어난 데 있다.

요즘 일부 대형여행사들을 제외하면 대부분의 여행사들은 수익이 떨어져 구조조정에 들어가고 있으며, 1인 여행사(one man conpany)들의 수도 크게 늘고 있다. 1인 여행사들은 사무실과 인건비를 줄이기 위해 몇 개 회사가 컨소시엄을 구성하여 임대료 공동부담이나 사무실운영경비 공동부담 등을 모색하고 있다.

대부분의 오너들은 모객한 여행객을 대형업체에 넘겨주고 수수료를 챙기기만 하는 위탁판매 비중 늘어나면서 결국 하나투어 등 대형여행사들만 더욱 비대해져 빈익빈 부익부현상이 심화되고 있다.

즉 수익성이 악화되는 여행사들은 이미 대형사의 리테일러(retailer)로 전락했을 뿐 아니라, 그 전락속도는 해를 거듭할수록 가속화되고 있다. 따라서 앞으로 여행시장에서 살아남으려면 자사만의 '독특한 그 무엇'을 가지지 않으면 안될 것이다.

CHAPTER 3

여행업 마케팅

03 여행업 마케팅

3.1 여행업 마케팅의 필요성

오늘날 여행사들이 마케팅활동을 전개함에 있어 특정한 여행시장에서 그 전략을 실행해 나갈 때 다소간의 수정이 있다고 하더라도 고객지향, 기업이윤 그리고 전사적인 통합관리라는 현대적 마케팅이념은 반드시 준수되어야만 할 원칙이다.

그러므로 여행업 마케팅은 여행자 지향적인 기업관에 의해 여행업의 성장과 발전에 기여하게 되고 나아가서는 여행·관광의 대중화와 사회화를 추구하는 하나의 효과적인 수단이 되어야 한다. 이와 같은 마케팅이 우리나라의 여행사에도 도입·운영되어야 할 구체적인 필요성을 살펴보면 다음과 같다.

첫째, 여행시장에서 여행사 간 경쟁강화로 수익성과 생산성이 정체되거나 저하되고 있으므로 그 대안을 모색할 필요가 있다.

둘째, 여행시장의 특성에 따라 여행시장의 세분화를 모색하여 새로운 여행시장의 개척과 여행상품개발을 위한 대안을 모색할 필요가 있다.

셋째, 여행·관광객의 다양하고 개성화된 욕구와 동기를 조사하여 동기유형별로 여행상품을 체계적으로 분류할 필요가 있으며 이러한 기능은 마케팅수단을 이용하지 않고서는 달성할 수가 없다.

넷째, 지금까지 정부와 공공단체와 같은 공적인 여행사업체가 주가 되어 외래관광객들을 유치해 오던 것을 여행사 자체의 노력으로 이들의 유치활동을 적극화하기 위한 한 방안으로서 마케팅활동을 전사적인 경영활동으로 확대시키고 그 활동영역도 시장조사, 여행상품의 기획과 개발 그리고 촉진활동 등을 포함시킬 필요가 있다.

다섯째, 여행상품이 가지는 여러 가지 제약을 슬기롭게 극복하고 유형화가 갖는 기능을 적극적으로 도입하기 위하여 필요하다는 점이다. 예컨대 패키지투어상품을 가시화하기 위해서 사전에 여행상품 비디오 프로그램의 제공 및 카탈로그(catalogue)의 디자인을 개선한다든가, 또는 하드세일(hard sale) 판매방식을 도입하는 것 등이다.

여섯째, 여행업 마케팅은 마케팅믹스(marketing mix)의 적용은 물론이고 판매전략 방안을 효과적으로 개발하기 위해서 매우 필요하다.

3.2 서비스와 여행업마케팅

3.2.1 서비스마케팅의 특성

1) 서비스마케팅의 정의

오늘날 서비스라는 단어만큼 많이 사용되는 낱말도 드물다. 이는 인간과 서비스가 상호 불가분의 관계라는 증거이기도 하다. 그러므로 서비스는 인간생활에 깊이 내재되어 있는 필요물로서 개체활동에 따른 신체 · 감정 · 지성과 오성(悟性)에 전달하는 자극제이며, 생명력을 키우는 리듬과 같은 것이다.[1)]

일상적인 서비스의 의미는 덤이나 공짜라는 의미가 강하며, 고객을 대하는 자세나 태도 또는 타인을 위한 봉사 등의 의미로 사용하고 있다.

우리 사회에 통용되고 있는 서비스는 크게 3가지로 나누어볼 수 있다. 즉 ① 정신적 · 도덕적인 서비스이며, ② 사회적 · 공공적 서비스로서 질서편익, 봉사와 같은 사회공익적인 것이며, ③ 기업적 · 판매적 서비스로서 시장경제의 구조 속에서 이윤을 목표로 하는 고객과의 상호적인 시장관계행위이다.

1) 강남국, 호텔서비스상품이 경영성과에 미치는 영향에 관한 연구, 경기대학교 대학원 박사학위논문, 1993, 14쪽,

〈표 3-1〉 서비스의 의미와 사용례

의미	사용례
무상제공 타인을 위한 봉사 상품구매 시 제공하는 유지나 수리 배구, 탁구, 테니스 등의 서브 고객의 대응자세나 태도	음료는 서비스입니다. 오늘 하루는 가족을 위해 서비스할 것입니다. 구매 후 1년간 서비스해 드립니다. 저 사람은 서비스가 강하다. 저 식당은 서비스가 좋다.

자료 : 이유재, 서비스마케팅, 학현사, 1994, 21쪽을 참고로 재구성함.

그러나 학문적 측면에서의 서비스 연구는 주로 경제학을 중심으로 연구되어 왔다. 경제학자들에 의한 서비스의 정의는 주로 재화(물질적)와 서비스(비물질적) 개념의 2원론에 근거하고 있다. 즉 물재와 서비스재의 속성을 구별하려는 것이다.[2)]

1800년 초에 세이(J. B. Say)는 "부의 본질은 효용이며, 생산이란 물질의 창조가 아니라 효용의 창조"라고 하면서 소비자에게 효용과 만족을 주는 모든 활동을 생산적으로 보고 이러한 비물질적 부분을 서비스라는 용어로 대체하였다.[3)]

즉 상품과 서비스의 구별에 연구의 초점을 두기 시작한 것이다. 즉 상품을 정의한 후 상품이 가지고 있지 않은 어떤 특성을 찾아내 서비스를 정의하려는 입장을 취하고 있다.

경제학 영역에서의 서비스에 대한 관심은 주로 인간에 의한 노동생산적 사용가치로서 유형재와 분리되어 있는 비생산적 노동으로 서비스를 파악하려 하고 있다. 그러나 마케팅개념 중시적 접근이 시작된 1960년대 이후부터는 판매에서 제공되는 또는 재화의 판매와 관련하여 공급되는 활동, 편익 또는 만족을 서비스로 보고 있다.[4)]

이러한 정의에 뒤이어 레이건(W. T. Regan)은 활동과 만족과 이점을[5)], 블로이스는 편익과 만족 활동에 초점을[6)], 카맨(J. M. Carman)과 얼(K. P. Uhl) 등도 활동과 편익으

2) 浅井慶三郎, サービス業のマーケティング, 同文館, 1985, 4쪽.

3) 강남국, 전게논문, 22쪽.

4) Committee on Definitions, American Marketing Associations, Marketing Definitions (Chicago : AMA), 1960, p. 21.

5) W. J. Regen, "The Service Revolution," Journal of Marketing, July 1963, p. 47.

6) K. J. Blois, "The Marketing of Service, An Approach," European Marketing Journal, Vol. 8, No. 2, 1974, pp. 137~145.

로서 무형재라는 공통된 특징을 언급하여 서비스를 정의하고 있다.[7]

이들의 정의를 토대로 서비스를 정의하면 "서비스란 자신의 편익과 만족을 위해 자신 혹은 제3자의 자원(장비, 시설, 물품, 노동, 지식, 기술, 정보, 아이디어 등) 등을 이용하여 유용한 기능을 다하는 작용과 시스템"이다.

따라서 서비스마케팅이란 "개인이나 조직이 현재 및 잠재고객에게 편익과 욕구충족을 지속적으로 제공하기 위해 그들의 인적 · 물적 자원을 동원하여 일체의 소유 불가능한 가치 및 용역을 창출하고, 이에 대한 가격설정, 촉진, 유통을 계획하며 시행 · 통제하는 과정"이라고 할 수 있다.

2) 서비스의 마케팅특성

서비스의 특성에는 여러 가지가 있다. 김충호는 무형성, 동시성, 소멸성, 이질성, 비소유성을,[8] 강남국은 시 · 공간에서의 존재성, 비자존성, 연계성, 동적 상징성, 신축성 등을 들고 있다.[9]

한편 채서묵은 무형성, 동시성, 이질성, 소멸성 등으로 분류하고 있다.[10] 노무라는 서비스의 기본적 특성으로 비저장성, 무형성, 일과성, 불가역성, 인식곤란성을 들고 있다.[11]

제 학자들의 서비스에 관한 특성은 주로 상품과 서비스의 차이를 구분하고자 하는 데서 그 특성을 찾을 수 있다. 여행마케터는 이러한 여행서비스의 공통적인 4가지 특성 즉 무형성, 동시성, 변동성 및 소멸성에 관심을 가지지 않으면 안 된다.[12]

---

7) K. J. Blois, "The Marketing of Service, An Approach," European Marketing Journal, Vol. 8, No. 2, 1974, pp. 137~145.

8) 김충호, 현대서비스산업의 마케팅전략, 백산출판사, 1994, 17~18쪽,

9) 강남국, 호텔서비스상품이 경영성과에 미치는 영향에 관한 연구, 경기대학교 대학원 박사학위논문, 1993, 82~83쪽.

10) 채서묵, 관광서비스개론, 대왕사, 1995, 51~54쪽.

11) 野村清, サービス産業の発想と戦略, (株)電通, 1983, 70~74쪽.

12) 白井義男 · 平林祥, サービスマネジメント, ピアソン · エデュケイション, 2004, 15~22쪽.

〈표 3-2〉 상품과 서비스의 차이

구분	제 품	서비스
형태	유형	무형
분리여부	생산과 소비 사이에 시차 존재	생산과 동시에 소비
	재고로 수요·공급 조절 및 완충	저장불가능
고객참여	한정적·간접적 참여, 비인적 생산	적극적·직접적 참여, 생산의 속인화
이질성	품질관리로 동질성 유지가능	투입과 변형 과정의 변동으로 결과의 이질화

(1) 무형성(불가촉성·不可觸性, Intangibility)

물적 상품과 달리 서비스는 구입 이전에 보거나 맛을 보거나 느끼거나 듣거나 냄새를 맡을 수 없다. 여행자는 비행기에 타기 전에 항공권과 목적지까지의 안전한 수송 약속 이외에 아무것도 손에 넣을 수 없다.

호텔의 판매 담당자는 세일즈 전화를 걸 때 호텔을 손에 넣을 수 없다. 실제 그들은 객실을 판매하는 것이 아니라 특정 기간 객실의 이용권을 판매하는 것이다. 호텔의 이용자가 돌아올 때 영수증 이외에 구입한 것을 나타내는 것은 아무것도 없다.

로버트 루이스(Robert Lewis)는 "서비스를 구입한 자는 빈손으로 돌아가지만 아무것도 느끼지 않고 돌아가는 것은 아니다"라고 설명하고 있다.[13] 이용자는 다른 사람과 공유할 수 있는 추억을 가지고 있는 것이다.

베이트슨에 의하면 서비스는 정신적·물질적인 이중의 무형성을 가지고 있으며 이 두 유형의 무형성에서 다른 모든 차이점이 도출된다고 보고 있다.[14]

무형성에서 유래하는 불확실성을 줄이기 위해 구매자는 그 서비스에 관한 정보와 확신을 제공하는 유형의 증거를 탐색한다. 식당의 외관은 도착한 이용자가 눈에 띄는 최초의 것이다. 식당의 마루와 전체적 청결상태는 그 식당이 어느 정도 잘 운영되고 있는가에 대한 실마리를 제공해 준다. 여러 형태를 띤 것이 무형 서비스의 품질에 관한 신호를

13) Robert C. Lewis and Richard E. Chambers, Marketing Leadership in Hospitality (New York : Van Nostrand Reinhold, 1989).

14) John E. G. Bateson, "Why We Need Service Marketing," Conceptual and Therological Developments in Marketing, Ferrel, O. C, AMA, 1979, pp. 138~142.

보내고 있다.

홍콩의 리젠트(Regent) 호텔은 제복을 입은 종업원과 제복을 입지 않은 종업원 전원이 우아함과 프로페셔널리즘이라는 이 호텔의 이미지를 강화하고 있다고 확신하고 있다. 종업원의 외견(外見)은 리젠트 호텔의 유형적 증거의 일부이다. 또한 이 호텔은 일부러 롤스로이스와 같은 호화스러운 차를 주차해 두고 품질과 고급스러운 서비스 메시지를 직접 전달하려 하고 있다.[15]

(가) 상대적 무형성

무형적이라는 것은 가시적이지 않으며 인지가 쉽지 않다는 것이다. 그러나 이는 완전히 무형적이 아니라 상대적으로 유형적 부분에 비해 무형적인 속성이 강하다는 것을 의미한다. 예를 들어 고급식당은 유형적 상품인 음식을 제공하지만 음식은 고객이 지불하는 전체 가치의 일부분에 불과하고 나머지는 고급스러운 분위기나 위치가 제공하는 편리성 등 무형적 요인이 더 크므로 이는 서비스로 분류된다.

(나) 무형적 소유

상품은 소유를 전제로 하는 물재지만 서비스는 경험을 일시적으로 향유하게 된다. 서비스는 물체가 아닌 활동 혹은 일련의 활동이므로 성과 혹은 경험으로 상품을 인지할 수밖에 없다. 이렇게 소유보다는 일시적 경험의 성격이 강한 서비스는 상품처럼 소유대상이 아닌 것이다.

이러한 소유불가라는 특성은 소유 아닌 이전효과만 있음을 의미한다. 예를 들어 골프장 회원도 서비스 이용권을 부여받는 것이지 골프장을 소유하는 것은 아니다. 또한 오페라 같은 감동이나 건강진단 같은 무형의 혜택을 소유할 수는 없다.

(다) 무형상품의 평가

무형성은 경영자, 직원, 고객으로 하여금 서비스 결과와 품질의 평가를 어렵게 한다. 물론, 어느 서비스도 다소 유형적 요소를 포함하는 경우가 대부분이나 서비스의 본질은 현상 자체의 무형성에 있다. 이와 같이 서비스는 유·무형의 복합물로 구성되므로 측정

15) 浅井慶三郎, サービス業のマーケティング管理, 同文舘, 1999, 23~27쪽.

이 어렵고 고객의 주관적 선호와 평가기준이 서비스품질을 결정한다.

따라서 서비스 결과와 품질의 측정이 쉽지 않다. 이러한 무형성 때문에 고객은 서비스 구매 시에 유형의 상품 구매보다 높은 수준의 위험을 인지한다는 것이다.

헤스켓(1986)에 의하면 대다수 고객은 서비스 구매 시 위험을 줄이기 위해 가격프리미엄을 지불할 용의를 가지고 있다고 한다. 상품은 구매 전 품질을 미리 볼 수 있지만 서비스는 이것이 불가능하기 때문에 종종 서비스 제공자의 평판에 의존하는 경향이 강하다.

그러므로 서비스업에는 각종 인·허가 자격증이나 등록 등 규제가 많으며, 이는 서비스의 기본기준을 충족케 하고 고객보호를 위한 취지를 가진다. 또한 무형성을 극복하기 위한 유형적 증거가 필요하므로 여러 실체적 증거로서 서비스보증서, 각종 회원권 증서 등이 활용되기도 한다.

(라) 일시적 효용

서비스에서는 투입이 산출로 전환되는 과정에서 부가된 부분이 순간적 효용을 제공한다. 소매업처럼 상품을 판매하더라도 상품 자체는 바뀌지 않고 결국 부가된 것은 장소의 이동에 의한 일시적 편리제공이라는 '장소적 효용'이다. 서비스가 제공하는 효용의 종류로는 장소적 효용, 시간적 효용, 심리적 효용, 정보적 효용, 교환적 효용이 있다.

(2) 동시성(불가분성, Inseparability)

서비스와 서비스 제공자는 분리할 수 없다. 즉 서비스 제공자가 서비스를 생산함과 동시에 고객이 소비하는 것이다. 그 때문에, 서비스 제공자의 외견, 태도, 정보량, 업무에 대한 의식 등의 특성 모두가 서비스의 품질을 판단하는 재료가 된다.

유형상품은 생산 후 구매와 소비가 뒤따르는 반면, 서비스는 보통 구매결정이 이루어진 후 생산과 소비가 동시에 일어난다.

즉 생산과 소비가 시간적으로 분리되지 않는다. 이는 고객이 어떤 서비스를 받기 위해서는 서비스의 생산에 참여해야 한다는 의미도 된다.

동시성은 생산과 소비의 동시적 본질에서 유래되는 특성이다. 대개의 여행서비스에서는 서비스 제공자와 그 고객의 양자가 매매 성립을 위해 그 장소에 서로 있지 않으면 안 된다. 즉 서비스는 생산과 소비가 동시에 발생·상존한다.

접객종사원은 상품의 일부이다. 어느 식당에서 요리가 아무리 맛있어도 서비스하는 사람의 태도가 마음에 들지 않거나, 세심하지 못한 서비스를 하고 있다면 고객은 종합적인 식당 체험의 평가를 떨어뜨려 그들의 체험은 만족한 결과를 얻지 못하게 될 것이다. 그러므로 서비스의 창출과 그것의 마케팅 및 그것의 소비를 구분하는 것은 일반적으로 불가능하다.[16]

즉 서비스의 이와 같은 특성으로 인해 소비자인 고객과의 직접적 접촉(service encounter)[17]을 마케팅 측면에서 효율적으로 관리하는 문제(고객관리), 입지, 유통경로의 중요성을 가중시키고 있다. 또한 소비자가 생산현장에 있어야 하므로 서비스의 집중적 대량생산이 불가능한 측면이 있다.

그러므로 코틀러는 이와 같은 한계를 극복하기 위한 방법으로 많은 집단에 동시에 서비스를 제공하거나 또는 서비스 시간을 단축하고 서비스 요원과 시설을 확대하는 방안을 강구해야 한다고 주장하고 있다.[18] 따라서 마케팅이 관리자에게 동시성이라는 특성은 종업원과 고객 쌍방을 관리할 것을 요청하고 있다.

(가) 서비스 재고화(在庫化)

저장불가능성은 서비스업에서 재고가 전혀 존재할 수 없다는 것이 아니다. 서비스에도 업종의 성격에 따라 재고가 반드시 필요한 부분이 있다. 일반사무실의 비품이나 도·소매업의 판매상품 재고, 정비센터의 수리용 부품, 종합병원의 의료비품이나 소모품 등은 여기에 속한다.

여기서 서비스의 저장이 불가능하다는 것은 제조업처럼 미리 재고비축 생산을 한다거나 원자재 확보와 중간재 조달 등을 통해 생산준비를 하는 것이 어렵다는 것이다. 이렇게 서비스판매를 추후로 연기할 수 없다는 것은 여객운송이나 영화 관람과 같이 서비스의 순간적 효용 향유라는 특성에 기인한다.

---

16) Eugene M. Johnson, "The Selling of Service," Handbook of Modern Marketing, P. Bull Victor eds., New York : McGraw-Hill Book Co., 1970, pp. 12~112.

17) John A. Czepiel, Managing Consumer Satisfaction in Consumer Service Businesses, Report No. 80~109 (Cambridge MA : Marketing Science Institute, 1980).

18) P. Kotler, Marketing Essential (NJ : Prentice-Hall, Inc., 1984), p. 445.

그러나 서비스 자체는 저장되지 않지만 대신 고객을 저장하는 것은 어느 정도 가능하다. 예약제도를 통한 고객대기가 바로 고객을 저장하는 것으로 볼 수 있으며, 이 경우 서비스능력, 설비가동률, 유휴시간 사용이 고객대기시간과 균형을 맞추어야 한다.

(나) 완충장치 부재

서비스는 순간적 경험이므로 시간의 제약을 받고 재고와 저장이 거의 불가능하며 수요변화에 대한 완충역할이 어렵다. 그러므로 일단 생산된 서비스는 추후 사용의 목적으로 보관 · 저장할 수 없다. 이는 생산과 소비 간에 중간 유통단계가 없어 연결기능이 미비하며 이러한 동시성이 서비스 수요와 공급 관리를 어렵게 한다. 또한 고객의 도착과 동시에 서비스를 제공해야 하는 경우가 많아 고객요구에 대한 반응시간인 리드타임(lead time)이 짧다.

게다가 고객의 도착도 불규칙하므로 서비스 제공능력과 수요의 일치가 어렵다. 제조업에서의 재고는 조직내부 계획 · 통제와 외부환경을 분리하여 일관된 생산을 가능케 하여 효율성을 확보하는 완충기능을 한다.

그러나 서비스에서는 개방적 시스템으로서 수요변동이 시스템에 그대로 전달되기 때문에 수요의 불규칙성에 대처하기 위해 재고가 이용되는 것처럼 서비스에서는 다른 완충방법이 고안되어야 한다.

(다) 운영 · 마케팅 · 인력관리의 연계

생산 · 소비의 분리불가라는 또 다른 서비스의 특성 때문에 서비스에서는 인력관리가 주요 사안이 된다. 특히 인력집약적인 서비스에서 품질은 서비스제공자와 고객 사이의 짧은 서비스 접촉시간 동안에 만들어진다.

또 조직의 하위층에서 대개 저임금을 받는 현장서비스 담당자, 예를 들면 은행 창구직원, 호텔 프런트 담당직원이 조직 전체의 효과성에 주요 결정요인이 된다.

인력 위주의 서비스는 고객과의 접촉순간에 품질이 결정되므로 이 특징은 현장직원을 조직성공의 핵심요인으로 부각시키는 것이다. 이들 인력은 업무수행 중에 운영관리, 마케팅, 품질관리기능을 동시에 수행한다.

특히 품질관리는 서비스제공 과정 중에 실행된다. 이는 생산 · 소비의 분리 불가성 등에 기인하여 미리 서비스를 생산할 수 없으므로 사전 품질관리가 어렵고 시간의 제약을 강하게 받기 때문이다. 또한 품질관리를 실시하기 전에 저항감을 가지거나 이유를 붙여 거절반응을 보이는 사람이 많다.[19]

(라) 서비스과정의 공개

대부분의 서비스과정은 눈에 보이지 않으므로 고객에게 중요한 것은 서비스 활동의 가시적 부분이다. 나머지 부분은 결과로 경험할 뿐이다. 고객에게 보이는 활동부분은 이렇게 자세히 경험되며 평가된다.

그러므로 품질관리와 마케팅은 생산·소비의 순간과 현장에서 일어나야 한다. 만일 전통적 마케팅 접근방법이 이용되면 고객이 참여하는 생산활동은 통제되지 않으므로 고객에게 부정적 경험을 주게 된다.

(3) 변동성(이질성, variability)

서비스는 매우 변동적이다. 제조업에서는 생산의 투입요소가 달라지지 않는 한 상품이 동질성을 유지한다. 그러나 서비스업에서는 생산과정과 제공과정에서의 고객과 직원 등 인적요소가 서비스결과의 이질성을 야기하는 것이다.

동일한 서비스도 고객에 따라 차이가 나는 것은 고객이 어떻게 품질을 인지하는가 혹은 서비스에 대한 기대가 무엇인가에 따라 다르기 때문이다. 또한 서비스과정 중에 형성되는 인간관계는 서비스 제공자와 고객에 따라 달라진다.

기본적으로 고객의 서비스 경험은 어느 정도 일관성 있게 유지될 수 있어야 한다. 그러므로 경영자의 커다란 과제는 어떻게 일관성 있는 고객의 서비스 품질인지를 유도하는가에 있다. 한 가지 방법은 표준화를 통하여 유도하는 방법으로 우선 고객선택의 범위를 제한하거나 아니면 운영시스템 설계를 통하여 직원의 자의성을 한정시키는 방법이 있다.

여행서비스의 표준화가 어려운 것에는 크게 세 가지 요인이 작용하는데, 첫째는 생산과 소비가 동시에 발생하기 때문에 서비스가 고객에게 전달되기 전에 사전 품질관리가 불가능하고, 둘째, 수요의 굴곡이 심해 고객이 한꺼번에 몰리는 피크시간에 서비스의

19) 杉木辰夫, 事務営業品質サービスの管理, 日本規格協会, 1986, 11쪽.

질을 유지하기 어렵기 때문이며, 셋째, 여행서비스의 성격상 인적요소가 많이 가미되어 있기 때문이다.

가령 똑같은 서비스훈련을 시킨다 할지라도 종업원에 따라 다른 질의 서비스를 제공하기도 하며, 같은 서비스 제공자라 할지라도 시간과 기분에 따라 또는 고객에 따라 다른 수준의 서비스를 제공하기도 한다. 서비스재의 균등화와 표준화 유지의 불리성에서 알 수 있는 바와 같이 서비스재는 인적요소가 중심이 되어 재화의 가치를 증대시켜 나간다.

그러므로 기계화에 의해 생산되는 물적 재화와는 다른 차별성을 견지하고 있다. 이러한 점을 인지하여 서비스재의 균일성과 표준화 유지를 위하여 전산시스템 및 기계화를 촉진하여 상품가치를 유지할 수 있도록 지속적인 관리와 훈련을 통해 종업원의 대고객 접근자세의 안전성과 표준화 유지를 위한 노력이 매우 요청되고 있다.

이러한 점에서 각 부문별 전산망의 구축과 패키지프로그램 활용의 극대화와 인적요소의 직무분석에 의한 매뉴얼별 작업훈련 및 서비스요소의 자기화를 도모할 수 있는 충실한 훈련과 교육이 요구되고 있다.

(4) 소멸성(비저장성, Perishability)

서비스는 시간과 분리하여 생각할 수 없다. 예를 들면 7월 1일 10시에 인천공항을 출발하여 싱가포르로 향하는 비행기의 15A 좌석이 공석이라면 이 좌석을 11시발 싱가포르행 비행기로 이행시킬 수 없기 때문에 7월 1일 10시발 싱가포르행 15A의 좌석은 영원히 그 판매기회를 잃게 되는 것이다.

서비스의 소멸성이란 서비스는 유형재화와는 달리 창고에 저장될 수 없으므로 시간 내에 판매되지 않으면 소멸해 버린다는 의미이다. 이것이 서비스의 소멸성 내지 비보존성이다. 재고불가, 일회성, 한시성 등의 속성에서 알 수 있는 바와 같이 소멸성은 무형성과 연계되어 상품의 제한성을 나타내고 있다. 그러함에도 불구하고 그 일부는 미리 객차나 여객기 좌석의 예약, 호텔 객실의 예약이라는 형태로 재고형식으로 둘 수는 있다.[20)]

---

20) 高橋秀雄, サービス業の戦略的マーケティング, 中央経済社, 1992, 110쪽.

그러므로 이러한 제한성을 극복하기 위하여 성수기·비수기 요인의 극복을 위한 동종업자와의 유기적 관련성의 제고를 통해 비수기 시 고객의 유치증대에 기여할 수 있도록 동종업자와의 관계유지에 많은 관심을 가질 필요가 있다.

도심중심의 호텔업자와 달리 리조트호텔의 경우 비수기요인에 많은 영향을 받으므로 비수기요인의 타개를 위한 패키지프로그램의 개발과 이벤트행사의 가격조절기능의 활성화를 통한 유치 증대를 도모하여 상품이 갖고 있는 소멸성을 극소화시킬 필요가 절실하다.

또한 성수기에는 동업자와의 관련성을 기저로 하여 초과예약(over booking)상의 피해가 발생하지 않도록 조절기능을 극대화하거나 예약상의 FIT, Group 고객의 분포도 조사를 통한 수익극대화 도모를 위한 효율적인 예약조절기능을 발휘할 필요가 있다.

이러한 소멸성의 한계를 극복하기 위하여 일일 저장기능의 극대화를 도모하기 위한 시즌별 수요공급기능의 극대화도모와 가격조절기능의 활성화를 통해 대상별 고객의 유치를 관련업자와 제휴하여 극대화를 도모할 필요성이 있으며 패키지프로그램의 개발과 이벤트행사의 개발을 통해 지속적인 수지증대 도모를 위한 방책의 강구가 요청되고 있다.

우량 관광이벤트로는 종교적·성적(聖的) 이벤트(성지순례 등), 문화적 이벤트(축제, 결혼식 등), 상업적 이벤트(박람회, 전시회 등), 스포츠이벤트(올림픽, 월드컵 등), 정치적 이벤트(전당대회, IMF세계총회 등)가 있다.[21]

이처럼 서비스재는 다양한 제한성과 개별적 속성을 갖고 있으므로 서비스마케팅 시 생산과 공급주체는 시장기회 확대를 도모하기 위하여 제 부문에 걸친 독자적 위상의 강화를 위한 노력이 매우 강조되고 있다.

새서(W. E. Sasser)는 이와 같은 서비스의 소멸성에 대해 수요측면과 공급측면으로 나누어 그에 따른 대책을 제시하고 있는바, 전자에는 ① 가격차별화, ② 비수기용 상품개발, ③ 대기고객을 위한 보충적 서비스 개발, ④ 예약시스템의 도입 등이, 후자에는 ① 일시 고용원의 고용, ② 피크타임의 효율적 운용, ③ 고객의 참여기회 확대, ④ 미래 잠재적 학자에 대비한 예비시설의 투자 등을 들고 있다.[22]

21) 須田直之, イベント観光学, 信山社, 1996, 24쪽.

22) 채서묵, 관광서비스론, 백산출판사, 1995, 54쪽.

3.2.2 서비스기업의 마케팅전략

시장을 몇 개의 가치 있는 시장들로 분류하고(Segmentation), 이런 세분된 시장들 중에서 가장 적절한 시장을 선택하여(Targeting) 그 시장의 소비자들에게 제품 · 서비스 · 기업에 대해 인식을 심어주는(Positioning) 일련의 과정이 STP전략이다.

서비스 산업에서 일어나고 있는 변화는 바로 고객중심의 패러다임 전환이라고 말할 수 있다. 고객에게 단순히 상품이나 서비스만을 판매하는 것이 아니라, 지속적으로 고객과의 관계를 어떻게 유지할 것인가와 시장에서의 카테고리 점유율보다 고객의 전체 지출범위에서 차지하는 점유율이 더 중요하다는 점이다. 또한 신규고객의 창출보다는 기존 고객을 어떻게 유지하고 발전시키느냐가 더 중요한 경영과제이다.

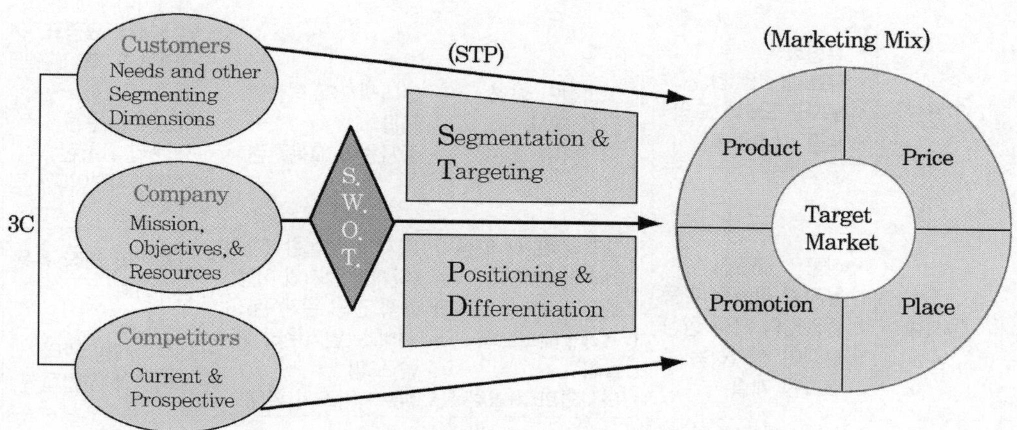

자료 : (주)휴넷사이버경영연구소, STP 분석 방법과 마케팅믹스전략, 2011, 11쪽.

〈그림 3-1〉 서비스기업의 마케팅전략

마케팅전략을 수립하기 위해서는 크게 2가지의 구성요소가 필요한데 하나가 STP전략이고, 다른 하나가 마케팅믹스전략이다. STP는 Market Segmentation, Market Targeting, Positioning의 3가지 전략이고, 마케팅믹스는 4P, 즉 Promotion, Place, Product, Price의 4가지 요소의 혼합전략이라고 할 수 있다.

이러한 마케팅전략의 구성요소들은 〈그림 3-1〉과 같은 개념 흐름도(Flow chart)로 나타낼 수 있으며, 마케팅전략도 궁극적으로는 한 기업의 마케팅 프로그램의 요소로 마케팅 플랜의 한 축을 이루는 것임을 알 수 있다. 여기서는 여행업에 적용할 수 있는 마케팅 전략 8가지를 소개한다.

1) 상품의 유형화

여행마케터는 서비스의 유형화에 도움이 되는 것을 예상고객에게 제공할 수단을 강구하지 않으면 안 된다.[23)] 이는 다른 말로 체화(體化)한다고 한다.[24)] 판매촉진 도구, 종업원의 외견(外見), 그 서비스 기업의 물리적 환경 등 모든 것이 서비스를 유형화하는 데 도움이 된다.

〈표 3-3〉 서비스의 특성과 믹스별 대책

특성 믹스	상품	가격	유통	촉진
무형성	• 유형화 • 유표화(有標化) • 분자구조모델 도입 • 제공 시 미조정(微調整)	• 합리적인 가격 • 근거 제시	• 구축 • 안내책자의 적절한 공급 • 종사원의 교육훈련	• 기업이미지광고 • 안내책자, 요금표, 여행정보의 적기(適期) 제공 • 회원제도 운용 • 구전(口傳)촉진 • 강력한 기업이미지의 창조
동시성	• 상품의 질관리 • 유자격 종사원 고용 • 종업원의 자질 향상 • 고객이 참가하는 프로그램 개발	• 고객참여도에 따른 가격의 신축적 조정 • 스케일메리트의 발휘 • 타사와의 차별화	• 입지의 적절한 선택(다지역 입지의 이용) • 고객 간의 관계 관리 • 서비스 인카운터 개념 도입 • 셀프서비스의 확대	• 고객관리 대장 운용 • 컴퓨터화 • D·M • 내부마케팅 관리 • 소비자와 직접접촉
변동성	• 서비스의 표준화 • 서비스의 비인격화 • 서비스의 산업화 • 서비스의 부문화	• 가격-품질 연상 전략	• 도·소매 간 서비스의 균질화	• 내부마케팅 관리 • 종사원 교육확대 • 구전(口傳)효과 관리
소멸성	• 비수기용 상품개발 • 일시고용원의 이용 • 신예약시스템의 개발	• 가격차별화	• 예상확장에의 투자	• 고객의 참여기회 확대 • 변동적 수요에의 대처

자료 : V. A. Zeithaml, A. Parasuraman, and L. L. Berry, "Problems and Strategies in Service Marketing," Journal of Marketing, Vol. 49 (Spr. 1985), p. 34에 의거 재구성.

23) G. Lynn Shostack, "Breaking Free from Product Marketing," Journal of Marketing (Apr. 1977), pp. 73~80.

24) 井原哲夫, サービス経済学入門, 東洋経済新報社, 1979, 23쪽.

판매원은 예상 고객에게는 그 영업에서 최초의 접촉자일 것이다. 판매원이 깔끔하고 정중한 몸가짐으로 질문에 대한 신속한 전문가적 매너로 응대한다면 고객이 그 호텔의 긍정적 이미지를 창출하는 데 크게 도움될 수 있다.

눈에 보이는 물리적 증거에는 많은 것이 있다. 호텔 객실 내의 글라스를 싸고 있는 종이는 그 글라스가 청결하다는 것을 이용자에게 알리는 데 중요하다. 변기에 '소독 끝' 이라고 쓰인 종이는 변기가 깨끗이 청소되었음을 알리고 있다. 트레이드 드레스(trade dres)[25]도 물적 증거로서 종종 이용된다. 맥도날드의 골든 아치(golden arch)라든가 홀리데이 인의 표장(標章) 등이 중요한 예이다.

결국 상품의 유형화전략은 서비스의 특성에 기인한 위험을 줄이는 일이며,[26] 물재로의 체화에는 연극이라는 서비스를 체화할 때 영화필름이나 VTR 등 기술이 존재하듯 그에 따른 적절한 기술력이 뒷받침되지 않으면 안 된다.[27]

2) 물리적 환경

적절하게 관리되고 있지 않아 고객의 눈에 보이는 것은 영업에 악영향을 미치게 된다. 그러한 것에 의해 전달되는 부정적 메시지에는 휴일이 지나 2주나 되는데도 휴일 특매를 계속해서 광고하고 있는 간판, 문자가 빠져 있거나, 일부에 불이 꺼진 네온사인, 맞춤법에 맞지 않은 차림표 판이나 선전문구, 쓰레기를 방치하여 어지럽혀진 주차장이나 건물 주변, 난잡한 영업장에서 더럽혀진 제복을 입은 종업원 등이 있다. 그러한 것은 고객에게 바람직하지 않은 메시지를 보내는 기호이다. 여행사의 물리적 환경은 〈표 3-4〉와 같이 제시할 수 있을 것이다.

물리적 환경은 고객 심리에 있어 상품의 위치(position)를 강화하도록 설계되지 않으면 안 된다. 호화로운 호텔의 프런트계는 프로페셔널한 복장, 즉 모(毛) 내지 모 혼방의 점잖은 복장을 착용하는 것이 좋다. 열대 리조트의 프런트계는 열대풍의 하와이언 스타일의 셔츠를 착용해도 좋을 것이다. 즉석식품을 취급하는 식당의 카운터에서는 단순한 폴리에스테르 제복을 착용해도 된다.

---

25) 색채, 크기, 모양 등 상품이나 서비스의 고유한 이미지를 나타내기 위해 사용된 복합적인 무형 요소를 뜻한다. 기존의 지적재산인 디자인(Design), 상표(Trade Mark)와는 구별되는 개념으로, 디자인이 상품의 기능을 중시한다면 트레이드 드레스는 상품 또는 상품의 장식에 주안점을 두는 개념이라 할 수 있다.

26) 前田勇, サービスマネジメント, 日本能率協会, 1987, 108~109쪽.

27) 野村清, サービス産業の発想と戦略, 株式会社電通, 1983, 196쪽.

〈표 3-4〉 여행사의 물리적 환경요소

구분	대상	소구점
건물의 외관	간판 출입문 진열창문 기타	- 눈에 띄고 관심을 끌수 있도록 (예 : 맥도날드의 골든아취(Golden Arch) - 정문의 수는 적은 것이 고객유도에 유리함 - 고객의 진입에 편리하도록 넓어야함. - 전반적 이미지 창출 - 계절감각등을 표현 - 건물의유일성, 가관성(可觀性), 주변지역, 주차시설
내부 분위기	바닥 색조·조명·소리 설비물 및 벽설비 이동수단 종업원 고객계층 점포배치 내부진열	- 부드러운 이미지를 위해 카페트등 사용 - 밝은 이미지 연출 - 편안하고 나직히 흐르는 음악 - 審美的인 면에서의 고려 - 가능한 전용 엘리베이터설치. 편리성 등과 용모단정, 예의바름. 상품지식구비 - 상담실의 분리 운영 - 업무의 흐름이 원할하도록 배치함 - 여행자에게 정보제공 우선

자료 : 정찬종, 관광마케팅믹스요인이 여행사의 이미지 형성에 미치는 영향요인에 관한 연구, 경기대학교 대학원 박사학위논문, 1992, 92쪽.

여행업의 커뮤니케이션도 그 포지셔닝을 강화하지 않으면 안 된다. 맥도날드는 맥도날드점에는 알맞으나 어릿광대는 포시즌스 호텔에는 어울리지 않을 것이다. 주지하는 바와 같이 서비스 조직은 하나하나가 표적고객에 대해서 바람직한 이미지 전달을 위해 눈에 띄는 모든 것을 신중하게 검토하지 않으면 안 된다.[28]

3) 무소유권의 유리점 강조

서비스에서 고객은 상품의 소유권을 가지지 않는다. 소유권의 결여는 때때로 서비스의 중요한 특성으로서 인용되지만 이점으로 강조할 수도 있다.[29] 예컨대 자사의 숙박

28) Bernard H. Booms and Mary J. Bitner, "Marketing Services by Managing the Environment," Cornell Hotel and Restaurant Administration Quarterly, Vol. 23, No. 1 (May 1982), pp. 35~39.

시설을 소유하고 그것을 유지하기 위해 종업원을 고용하기보다 일반적으로 회사는 호텔과 요금 교섭을 하는 쪽이 훨씬 쉽다.

소유권이 없는 이점에는 ① 객실을 사용할 때만 이용 요금을 지불하면 좋다는 점, ② 공동주택을 유지할 필요가 없다는 점, ③ 숙박 시설의 소유권에 구속되지 않고 자금을 이용할 수 있다는 점, ④ 호텔에서 제공되는 예정 외의 서비스(식사와 음료, 회의실, 점포 등)가 있다.[30)]

정보화 관련상품도 이제는 법률적으로 적절한 보호장치를 구축해야 할 시점에 와 있으며, 이는 금후의 여행과 관련산업 모두의 과제이다.[31)]

4) 환경친화적 관광산업

최근 옥외 자연경관 이용이나 실내의 조명과 관엽식물(觀葉植物)의 이용은 널리 채용되어 차별성을 부각하고 상품을 유형화하는 인기 있는 방법이 되고 있다. "관엽식물로 장식된 바(bar)"라는 말은 여피(yuppie)[32)]가 좋아하는 식당 유형과 연관 지어 생각하게 되었다. 그러나 경관이나 식물의 인테리어 이용이 적극적 영향을 미치는 것은 비단 여피만은 아니다.

최근에는 관광산업에서도 생태와 관련하여 환경친화적 상품인 생태관광(echo tourism) 상품이 등장하여 날로 인기를 더해가고 있는 실정이다.[33)] 이러한 환경친화적 여행 상품을 계속적으로 개발해 나가기 위해서는 자연보전과 인간문화의 균형적 발전 측면에서 개발해 나가지 않으면 안 된다.[34)]

29) Donald W. Cowel, The Marketing of Services (London : William Heinemann, 1984).

30) 田光風石·村沢呂原·正滋武·紀朗勉政, マーケティング行動と経営者行為, 千倉書房, 1984, 349~350쪽.

31) 정찬종, 여행사경영원론, 백산출판사, 1993, 151쪽.

32) Young Urban Professional의 두문자로서 젊고 도시에 사는 전문직업을 가진 사람을 일컬음.

33) 영 어번 프로페셔널즈(young urban professionals)의 약어. 즉 머릿글자 YUP에 히피(hippie)를 본떠 IE를 붙인 영어. 도시의 젊은 지식노동자 특히 뉴욕을 중심으로 한 도회지 근교 25~45세까지의 지적 직업에 종사하는 사람들을 이와 같이 불렀다.

34) 한국관광공사, 환경적으로 지속 가능한 관광개발, 1997, 13~14쪽.

〈표 3-5〉 환경친화적 여행상품의 예

주제	내용
촌사람이 기획하는 촌락의 주말·휴일	현재 있는 그대로의 농촌의 모습으로 생활문화를 접하게 함
농업, 환경, 여행의 조화	전국의 농촌풍경 중 국민이 애호하는 6개의 전통적 경관을 선발, 그 보전과 재생 위락적 이용을 도모하면서 그에 협력하는 농가에 보조금을 지급하는 사업
외양간을 개조한 농가의 레스토랑	짐승의 사료창고와 외양간을 개조하여 지역특산물을 이용하여 개발한 음식을 제공
농가의 헛간을 캠핑장으로 개발	이용가치를 상실한 헛간을 보전하여 이를 활용한 저렴한 숙박시설 제공
토착농작물을 살린 여행	토착농작물의 축제화 : 사과 시음과 판매, 사과그림 전시, 사과따기 대회, 교회에서의 수확제, 사과재배에 대한 상담, 가지치기 실연(實演), 사과왕(제일 큰 사과) 선발 등의 축제 마련
농가주부가 경영하는 휴일사업(holiday business)	농가민숙사업
농가주부가 모이는 농장 휴가회사(holiday group)	그린투어리즘에 관한 마케팅용 팸플릿 작성, 각종 코스에의 멤버파견, 전시회의 출점, 멤버 간의 교류행사
인기소설을 화제로 한 프로젝트	소설 또는 드라마에 등장하는 농촌지역에 전원적 환경을 살린 유보도(遊步道)를 설치하여 무대에 등장하는 지역을 거닐게 함
농촌여행의 발전에 기여하는 대학의 역할	농촌여행에 관한 아이디어 개발과 정보수집, 농촌촌락 수준에서의 여행포럼 개최, 이 포럼에서 연출가의 역할분석, 뉴스레터의 발행과 이념의 보급

자료 : 山崎光博·小山善彦·大島順子, グリン·ツーリズム, 家の光協会, 1994, 29~53쪽을 참고로 재구성함.

5) 종사원 관리

관광산업에서 종업원은 상품과 마케팅믹스의 중요한 부분이다. 여행부분의 현장종사원(CP : Contact Personal)은 고객과 일체감을 이뤄 여행서비스를 직접 생산하고 그것의 판매원이자 영업담당자이므로 여행기업에서 CP는 마케터가 된다.[35]

---

35) 김홍철, 관광마케팅관리, 도서출판 두남, 1997, 229쪽.

이것은 인적자원과 마케팅부문이 밀접하게 협조하지 않으면 안된다는 것을 의미하고 있다. 인적자원 부문을 가지지 않은 식당에서는 식당 관리자가 인적자원 관리자 역을 담당한다.

관리자는 우호적이며 유능한 종업원을 고용하고 종사원과 고객 사이에서 건설적 관계를 지원할 방침을 명확히 하지 않으면 안 된다. 비록 인사방침의 지엽말단적 부분에 있어서도 그것은 상품의 품질에 중요한 영향을 미치는 경우가 있다.[36)]

관광산업에 있어서는 표적으로 하는 외부의 시장에 대해 마케팅 부문이 전통적 마케팅에 초점을 두는 것만으로는 충분치 못하다. 마케팅 부문의 업무는 조직의 모든 사람들에게 고객 지향 이념의 실천을 촉구해 나가는 것이 포함되어 있다.[37)]

『엑셀런트 컴퍼니』라는 책 가운데 저자는 여행관련 업무에 있어서 잘 훈련된 종사원의 중요성을 다음과 같이 언급하고 있다. "우리들은 저녁 후에 워싱턴에서 둘째 날 밤을 보내기로 했다. 업무가 길어져 편리한 비행기의 최종편에 댈 수 없었던 것이다.

우리는 한 번 숙박한 적이 있고 마음에 들었던 새로운 포시즌스 호텔 가까이에 있었다. 우리들은 이 경우 어떻게 대처하는 것이 좋을까를 생각하면서 로비에 늦게 온 사람들에게 주어지는 냉담한 취급을 각오했다. 놀랍게도 접객담당자는 우리 일행을 보고 미소 지으며 이름을 부르면서 건강이 어떤지를 물었던 것이다. 그녀는 우리들의 이름을 기억하고 있었던 것이다."

불과 1년 내에 포시즌스가 워싱턴에서 추천 호텔로 선정되어 더구나 좀처럼 없는 개업 1년 만에 5성급 호텔 보유자가 된 이유를 일순간에 알 수 있다.[38)]

6) 고객의 지각된 위험(perceived risk) 관리

여행상품을 구입하는 고객은 미리 그 상품을 경험한 적이 없기 때문에 불안을 느낀다.[39)] 상품설명회를 준비하도록 부탁받은 판매원에 대해 생각해 보자. 그 판매원은 회

---

36) Richard Normann, Service Management : Strategy and Leadership in Service Business (John Wiley & Sons : New York, 1984).

37) Leonard Berry, "Big Ideas in Service Marketing," in Creativity in Service Marketing, M. Venkatesan et al. (Chicago; American Marketing Association, 1986), pp. 6~8.

38) Thomas J. Peter and Robert H. Waterman, Jr., In Search of Execellence (New York : Warner Books, 1992), p. xv.

의를 준비한 경험이 없고 여행업계에서 일한 적도 없다고 가정하자. 판매원은 당연히 신경질적이 된다. 만약 그 회의가 잘 진행되면 상사인 판매관리자에게 좋은 인상을 주겠지만 만약 잘 진행되지 못하면 책임을 묻게 될지도 모르는 일이다.

여행설명회의 회의장 준비에 즈음해서는 여행사의 판매담당자들을 신뢰하지 않으면 안 된다. 좋은 판매사원은 자신들이 수많은 회의를 성공시켜 왔다는 것을 알려 고객의 불안을 줄인다. 이전 이용자로부터의 칭찬이나 편지나 여행지의 견학을 통해서 전문가로서의 의견을 형태 있는 것으로 할 수 있다.

따라서 판매사원은 고객의 불안을 줄이고 신뢰를 받지 못하면 안 된다. 사람은 여행상품을 구입할 때 높은 위험을 지각하면, 과거에 일관한 품질의 상품을 제공해 온 회사에 충성도를 높이게 된다.

7) 수용능력과 수요관리

서비스는 소멸해 버리고 마는 것이기 때문에 수용능력과 수요의 관리는 여행업마케팅의 중요한 기능이다. 예컨대 어머니날은 예부터 식당에 있어 1년 중 가장 바쁜 날이며, 오전 11시부터 오후 2시 브런치(brunch, 아침·점심 겸용의 식사)가 성시기(盛時期, peak time)이다.

이 3시간은 식당경영자에게 1년 중 최대 판매기회의 하나를 제공하고 있다. 이 기회를 충분히 살리기 위해서 식당경영자는 3가지를 수행하지 않으면 안 된다.

첫째는 최대수용능력으로 운영할 수 있도록 업무 시스템을 적합화시키지 않으면 안 된다.

둘째는 관리자의 목표는 고객만족의 창조라는 것을 망각해서는 안 된다.

셋째는 높은 서비스품질이란 언제 어디서 고객이 만족해 하는지를 찾아내는 것이다.[40]

회사의 그룹회의는 일반적으로 1개월에서 6개월 전에 예약한다고 생각된다. 호텔의

---

39) Valarie A. Zeithaml, "How Consumer Evaluation Processes Differ between Goods and Service," in Marketing of Services, James H. Donnely and William George, eds. (Chicago : American Marketing Association, 1981), pp. 186~190.

40) 棚田幸紀, サービス品質をどう高めるか, 日本能率協会, 1990, 59~61쪽.

판매관리자는 판매원을 단체담당 그룹에서 회사담당 그룹으로 재배치하여 그에 따라 예상되는 저조기간에 영업을 창출할 가능성 높은 시장을 보다 강화할 수 있는 것이다. 호텔은 또한 여행작가나 요리평론가 등 언론계의 회원을 호텔에 초대하는 팸투어나 공중관계(public relations)를 이 기간에 이용할 수도 있다.

호텔이 수용능력 한도까지 영업하거나 식당에 대량의 고객이 밀려오는 경우, 문제가 생기기 쉽다. 조사에 의하면 고객의 고충이 증가하는 것은 서비스 제공기업이 수용능력의 80%를 초과하여 영업할 때이다.[41]

식당은 그 서비스계와 주방이 취급할 수 있는 이상의 고객을 좌석에 앉게 할지 모르나 그것은 고객에게 부정적인 경험을 가져오게 된다. 즉 고객은 그 식당을 다시 찾지 않고 잠재고객에 대한 불리한 소문을 더욱 확산시킬 것이다. 수요와 수용능력의 균형을 잘 유지하는 것은 여행관련영업의 성공에 있어 매우 중요한 것이다.

8) 일관성 관리

일관성은 여행업의 성공에 있어서 열쇠가 되는 요인 중 하나이다.[42] 일관성이란 고객이 당연한 것으로 기대하는 상품을 받는 것을 의미한다. 예컨대 호텔에서 오전 7시라고 부탁받은 모닝콜은 7시 정각에 그대로 종이 울리는 것이고, 오후 3시에 회의의 휴게용에 주문된 커피는 준비되어 대기하고 있다는 것을 의미한다.

식당영업에서의 일관성이란 새우튀김 요리가 2주 전의 맛과 마찬가지라는 것, 화장실의 수건은 언제나 사용 가능할 것, 그리고 지난주에 준비되고 있었던 조니워커 상표는 다음 달에도 준비되고 있어야 한다는 것을 의미한다.

일관성을 달성한다는 것은 당연하며, 간단한 업무로 생각하기 쉬우나 실제로는 어려운 문제 중의 하나이다. 많은 요인이 일관성을 결여하도록 작용하고 있다. 회사의 방침이 명료하지 않을지도 모른다.

---

41) Mary J. Bitner and Jody D. Nyquist, and Bernard H. Booms, "The Critical Incident as a Technique for Analyzing the Service Encounter," in Service Marketing in a Changing Environment, Thomas M. Bloch et al., eds. (Chicago : American Marketing Association, 1985), pp. 48~51.

42) Diane Schanlensee, Kenneth L. Bernhardt and Nancy Gust, "Keys to Successful Service Marketing : Customer Orientation, Greed, Consistency," in Service Marketing in a Changing Environment, Thomas Bloch et al., eds. (Chicago : American Marketing Association, 1985), pp. 15~18.

예컨대 미국식 요금제(American plan)[43]를 채용하고 있는 호텔의 종업원은 손님에게 먹지 않은 식사대금을 반환할지도 모르지만, 한편 다른 종업원은 고객이 패키지 상품을 구입했으므로 패키지를 사용하지 않은 부분에 대한 환불은 없다는 이유에서 대금을 반환하는 데 응하지 않을지도 모른다.

회사의 방침과 수속은 왕왕 의도하지 않고 서비스의 비일관성을 발생시키고 있다. 구매관리자가 경비절감을 위해 조니워커의 새 상표를 발주하거나 해산물업자를 변경할지도 모른다. 새우튀김 요리의 그러한 변경 영향 또는 칵테일 라운지의 이용자 만족도에의 영향이 곧 나타나 구매 주문에서의 절약을 수포로 돌아가게 하고 말 것이다.

수요의 변동은 일관성에 영향을 미친다. 고교생이 대거 탄 버스가 3인 가족보다 2분 먼저 즉석식품 식당에 도착했다면 비록 식당이 여하히 솜씨 좋게 운영되고 있다고 해도 종업원은 그 가족 일행에게 좋은 서비스를 할 수는 없을 것이다.

변동성을 완전히 없애기는 불가능하지만 관리자는 가능한 한 일관성 있는 상품을 개발하도록 노력하지 않으면 안 된다. 오늘날의 고객은 지식이 풍부하여 일관성을 기대하고 요구하고 있다.

3.2.3 여행업마케팅의 이해

여행이라 불리는 활동을 성립시키는 중요산업은 여행관련 산업과 여행업이다. 성공을 거두는 여행관련 산업의 마케팅은 모두 여행업에 크게 의존하고 있다. 예컨대 많은 휴양지 손님이나 호텔 손님은 도매업자(whole saler)가 조립한 투어패키지를 여행사를 통해 구입하고 있다.

마찬가지로 여행사는 고빈도 이용자 특전(frequent flyer plan)을 제공하는 항공사와 협력관계를 구축하고 있다. 이처럼 여행업마케팅은 여행사업이나 관광산업과 마찬가지로 주체나 제공물 등 공급 측면의 성질에 의해서 특징 지워지는 것이 아니라 어디까지나 대응해야 할 수요 측에 의해서 특징 지워지는 것이라고 할 수 있다.

이처럼 여행업마케팅은 여행 및 관련사업의 유기적 조합에 의해서 이루어지고 있음을 알 수 있다. 즉 여행사업을 단일종합체제(monolithic enterprise)로 다루어야 함을 강조

43) 숙박, 식사, 서비스요금이 포함된 정액요금을 지불하는 방식으로 1박 3식 제도이다.

하고 있는 것이다.[44] 여기서 우리들은 제 학자들의 여행마케팅에 관한 정의를 살펴보지 않을 수 없다.

크리펜돌프는 "세분시장의 욕구를 최대한 만족시키고 적절한 이윤을 얻기 위해 사기업, 지역, 국가와 국제 등 각 수준에 따라 기업정책을 체계적 · 조정적으로 수행하는 것"[45]이라고 정의하였다. 그가 주장한 여행마케팅의 강조점은 ① 단일조직 내에서의 정책집행이 아니라 몇몇 관련조직체 내에서의 정책조정이며, ② 모든 시장(全市場)이 아닌 확인된 소비자집단 즉 세분된 시장에서의 소비자 요구와 관계되고 있다.[46]

와합은 "목표를 충족시키고 여행자의 만족을 달성하기 위해서 적절한 여행상품 채택을 통하여 이것이 지역적 · 국제적 수준에서의 여행자의 욕구와 동기부여에 영향을 미치고, 이를 소비자에 알려 선택된 여행자를 식별하는 경영과정"으로 파악하고 있다.[47]

오노는 "여행에 대한 국민적 필요(needs)와 욕구(appetites) 또는 사회적 기대수준(social aspiration)을 충족 · 만족시키기 위한 생활단계에서의 생활기회와 시장기회를 제공하는 모든 기업경영노력"[48]으로 정의하여 포괄적으로 정의하고 있는데 이 정의에서는 ① 인간사회의 복지향상과 국제협조에 초점을 맞추고, ② 생활자 이익과 기업이익 및 사회이익의 3자 공존형 최적분배사회의 구축에 여행을 활용하고 있음을 알 수 있다.

한편 나가타니는 "기업 및 기타 조직이 여행자의 요구를 충족시키면서 사업목적을 달성하도록 여행자와 교환관계 및 다른 이해관계집단과의 제휴(partnership)를 구축 · 유지 · 발전시키려는 일련의 활동"으로 보고 있다.[49]

손대현은 국내에서는 최초로 저술한 『관광마케팅론』에서 "여행목적지를 상품으로 파악한 다음 여행자를 끌어들이고 이들에게 상품을 제공하여 고객의 만족창조와 기업의 이윤추구 및 상품과 여행자의 거리(gap)를 없앨 정부의 역할에 초점을 맞추고 있다."[50]

---

44) Brian S. Duffield, and Jonathan Long, "Tourism in the Highlands and Islands of Scotland-Rewards and Conflicts," *Annals of Tourism Research,* Vol. 8, No. 3, 1981; 한국관광공사, 여행정보, 1984. 1, 25~33쪽 재인용.

45) J. Krippendorf, Marketing et Tourisme, Herbert Lang, Berne, and Peter Lang, Frankfurt, 1971, p. 46.

46) 손대현, 관광마케팅론, 일신사, 1985, 12쪽.

47) Salah Wahab, Tourism Marketing (London : Tourism International Press, 1976), pp. 24~25.

48) 大野和雄, 現代観光マーケティング論, 函館大学北海道産業開発研究所, 1986, 19쪽.

49) 長谷政弘, 観光マーケティング, 同文館, 1996, 8쪽.

이선희는 "여행객의 요구에 최대한의 만족을 주면서 여행제공자의 제공목적을 가장 효율적으로 달성시킬 방법에 의해서 재화와 용역을 여행사업자로부터 중간이용자나 여행객에게 유통시키는 경제활동"으로 보고 있다.[51)]

정익준은 "개개의 여행기업이 현재적 내지 잠재여행객의 필요나 욕구를 탐색하고 이를 서비스 계획에 포함시키며, 이와 같이 생산되는 서비스에 관해 여행객들에게 널리 알리는 동시에 그들의 구매력이 이를 향하도록 노력하는 일체의 활동"으로 보고 있다.[52)]

결론적으로 여행업마케팅은 ① 여행자의 행동을 이해하여 그들의 동기와 욕구를 파악하여 이를 어떻게 충족시키는가에 대한 문제, ② 어떠한 여행소재(부품)를 결합하여 소비자만족과 동시에 여행업의 이윤을 확보할 것인가에 대한 문제, ③ 여행상품의 원가 산출은 어떻게 하는 것이 가장 적절한 방법이며 또한 판매가격은 얼마로 설정하느냐에 관한 문제, ④ 여행상품의 유통망 구성을 어떻게 하는 것이 가장 효과적인 판매방법인가에 대한 문제, ⑤ 여행상품을 어떻게 알리며 이를 구매케 하느냐에 관한 문제, ⑥ 어떠한 매체를 이용하는 것이 뛰어난 촉진효과를 가져올지에 대한 문제와 여행소비자의 추세를 어떻게 분석하고 이를 예측할 것이냐에 관한 문제, ⑦ 어떠한 마케팅 요소들을 결합했을 때 가장 우수한 전략과 전술을 구사할 수 있느냐에 관한 문제, ⑧ 제반 마케팅 활동에 대해 어떻게 계획하는 것이 가장 바람직한가에 관한 문제 등을 대상으로 하는 활동이라고 할 수 있다.

이상의 여행관련 마케팅에 관한 제 정의에 나타난 바와 같이 여행업마케팅은 ① 여행자의 욕구만족, ② 효용창출, ③ 구매력 향상, ④ 이윤증대를 초점으로 하고 있음을 알 수 있으며, 이를 토대로 여행업마케팅을 정의하면 "여행업마케팅이란 여행기업, 정부 또는 여행관련 단체가 여행자의 욕구만족을 위해 시간적 · 장소적 · 내용적 효용을 창출함으로써 부가가치를 증대시킬 여행상품을 개발하여 이를 제공함으로써 여행자 만족과 사회적 만족 및 여행업의 이윤을 극대화하는 일련의 활동"이라고 할 수 있다.

---

50) 손대현, 관광마케팅론, 일신사, 1985, 13쪽.

51) 이선희, 관광마케팅론, 대왕사, 1993, 133쪽.

52) 정익준, 관광마케팅관리론, 형설출판사, 1995, 20쪽.

3.2.4 여행업마케팅의 특징

일반제조업 마케팅이 가시재(可視財)이자 유형재의 관리에 주안점을 두는 데 반해 여행업마케팅은 무형재화이며 인적자원요소가 매개되어 상품가치를 배가시키고, 소유가 불가능하며 저장과 재고가 불가능한 제한적 상품생명력을 갖고 있기 때문에 그의 운용과 관리 및 상품에 대한 고객접근에는 특수한 관리와 기법의 운용이 요구되고 있다.

따라서 여행업마케팅은 재화의 속성정도 차이에 따라 고객의 지각위험이 높은 재화(고객인지도가 미지수 : 전문직 지향, 고가격 지향)와 낮은 재화(고객의 인지도가 보편적 : 패스트푸드 지향, 저가격 지향)로 구분해 볼 수 있으며, 한시적 시간의 활용 속에 상품의 가치를 누리게 되기 때문에 유형력화의 정도를 강화할 수 있는 상품(물적 재화 중심요소 : 호텔, 항공사, 컨벤션시설 등)과 유형력화를 강화시키는 데 제한적인 상품(방송, 정보서비스 등)으로 나누어 마케팅전략을 강구해 볼 수 있다. 또한 숙련정도 차이에 따라 고숙련 서비스재(고부가가치 지향)와 저숙련 서비스재(단순숙련 서비스 지향)로 크게 대별해 볼 수 있다.

이러한 관점에서 여행업마케팅은 자체 여행기업의 개별성과 독자성을 극대화하여 대처방안의 강구가 요청되고 있다. 그러므로 여행업마케팅은 일반적인 마케팅이론을 토대로 하여 여행사의 특성에 부합되게 한 특수 마케팅이며 본질적이고 기본 원리적인 면에서는 양자가 공통성을 띤다.

즉 여행사가 여행자의 필요나 욕구를 만족시키기 위해 여행상품과 서비스를 개발하고 생산하여 여행욕구를 충족시키는 조직적인 경영활동이 곧 여행업마케팅이라고 할 수 있으며, 여행업마케팅은 여행업과 그 상품 및 시장특성으로 인해 다음과 같은 여러 가지 특성을 가지고 있다.

첫째, 여행사의 상품은 각종 서비스의 집합체이기 때문에 여행업마케팅은 이러한 상품을 여행상품수요자에게 최종적으로 유통되게 하는 영업활동으로 파악해야 한다.

둘째, 여행업마케팅은 여행상품의 무형성으로 인하여 서비스 자체보다는 그 서비스가 제공하는 편익(benefit)이나 효용에 초점을 두어 여행자를 확신시켜야 한다.

셋째, 여행상품의 우수성은 일관성에 의해서도 크게 영향을 받기 때문에 상품에 대한 일관성 관리가 매우 중요하다.

넷째, 여행상품에 대한 시장의 평가는 매우 주관적이기 때문에 고압적 마케팅전략만을 구사할 수 없으며, 반드시 견인전략과 더불어 사용해야만 마케팅효과를 극대화시킬 수 있다. 여행사의 여러 가지 마케팅활동 수단 중에서도 광고활동이 특히 중시되지 않으면 안 된다.

다섯째, 여행업마케팅은 여행상품의 저장불가능성에 기인한 재고를 어떻게 효율적으로 해결할 수 있을 것인가 하는 문제에 초점을 맞추어야 한다. 즉 계절에 따라 발생하는 불규칙적인 수요를 완화시키는 전략의 일환으로서 동시화마케팅적인 성격을 띤 전략실행이 요구된다.

3.2.5 여행업의 디마케팅(demarketing)

디마케팅은 2000년대 이후에는 수익에 도움이 되지 않는 고객을 밀어내는 마케팅, 즉 돈이 되지 않는 고객과는 거래를 끊고 우량고객에게 차별화된 서비스를 제공해 인력과 비용을 절감하고, 수익은 극대화하려는 모든 유형의 마케팅기법으로 범위가 확대되었다.

즉 기업들이 자사의 상품을 많이 판매하기보다는 오히려 고객들의 구매를 의도적으로 줄임으로써 적절한 수요를 창출하고, 장기적으로는 수익의 극대화를 꾀하는 마케팅전략이다. 수요를 줄인다는 점에서 이윤의 극대화를 꾀하는 기업의 목적에 어긋나는 것 같지만, 사실은 그렇지 않고 적절한 환경을 조성하여 상품의 질을 높여 소비자만족을 꾀하는 활동이다.

실적을 유지하기 위한 기업활동에는 일반적 마케팅활동뿐만 아니라 고객서비스 경험을 중시한 디마케팅(demarketing) 활동도 행해지고 있는데 디마케팅 활동이란 서비스기업이 고객의 수요를 줄이거나 시기를 늦추는 등의 시도 등을 말한다.

만약 기업 측이 서비스 제공능력을 초과하여 고객을 수용해 버린 경우 고객은 충분한 서비스를 받지 못하는 것을 불만으로 느끼며 최악의 경우 두 번 다시 이용하고 싶지 않다는 결과를 초래하게 될 것이다. 최적능력을 초과하여 대응하는 것은 고객의 서비스 경험을 마이너스로 해버리는 것이다.

마케팅이 고객을 늘리기(파는) 위한 '양'의 추구라고 하면 디마케팅은 고객 서비스 경

험의 최대화를 꾀하기 위한 '질'의 유지관리이며, 서비스기업에 있어서 어느 쪽도 빼놓을 수 없는 활동인 것이다.

3.3 여행업의 마케팅관리

물자가 부족했던 시대에는 수요가 공급을 웃돌았기 때문에 상당한 결함상품이 아닌 한 상품은 만들면 팔렸다. 어떤 의미에서 공급 측에 있어서는 편안한 시대였다고 할 수 있다.

그러나 현재는 어느 업계도 공급이 과잉이어서 품질이 좋지 않으면 팔리지 않게 되었다. 마케팅관리는 이러한 시대에서 필요로 하는 경영수법이다.[53)]

여행분야에서는 거품경제가 붕괴되기 시작한 1992년까지는 순조롭게 상승곡선의 수요가 진행되어 온 점도 있고, 마케팅의 주안점은 어떻게 판매하여 내점객의 편리성을 향상시키고 해외영업에서는 영업사원의 수를 늘려 법인수요의 확대를 위해 노력하거나, 자사의 점포망으로는 커버할 수 없는 지역은 제휴판매점이라는 외부네트워크를 충실히 하는 시책을 강구하였다.

그러나 그 후는 여행자 수나 여행총소비액이 늘어나지 않고 특히 작금에 이르러 젊은 사람들의 해외여행 기피현상이 심해져 여행사는 누구에게 상품을 제공해야 할지, 어떠한 가치를 가진 상품을 제공하면 좋은지, 그리고 그 가치를 어떠한 방법으로 제공해야 하는지를 진지하게 생각하지 않으면 안되었기 때문이다.

소위 소비자 지향(마케팅발상) 경영에의 전환이다. 이 장에서는 고객의 참 요구는 어디에 있는지를 생각하는 것으로 기업의 출장수요를 모두 수주하는 비즈니스 BTM(Business Travel Management)의 예를 들어 설명한다.

53) 高橋一夫, 観光マーケティングマネジマント, JHRS, 2011, 10쪽.

3.3.1 업무여행관리(BTM : Business Travel Management)

여행사라면 카운터 주변에서 여행상담을 하는 고객들의 모습을 떠올리는 사람들이 많을 것이다. 그러나 작금의 우리나라 여행사는 크게 그 영역과 사업범위를 확대하고 있다. 다음에 나오는 그림은 그 개념도이다. 종래의 여행사는 ①에 속하고, 여기서 업무영역을 확대한 여행사는 ②, 시장을 해외에서 추구한 여행사는 ③의 범주로 취급을 확대하고 있다. 이 장에서 소개하는 BTM은 어디에 위치되어 있는지 이해하기 바란다.

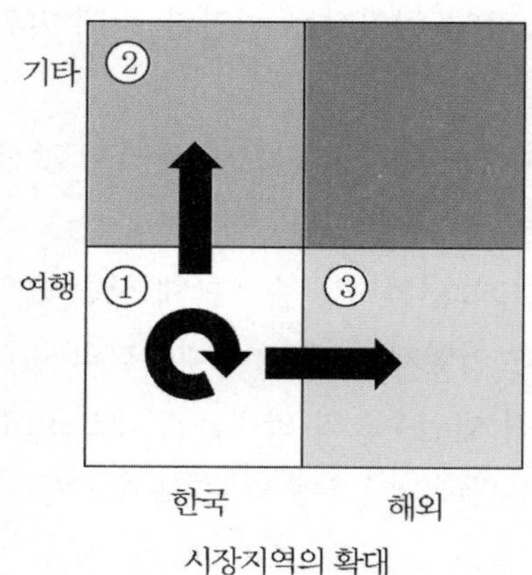

① 종래의 대형 여행사
- 내국인 지향 카운터영업, 섭외영업
- 내국인의 요구에 맞춘 국내·해외여행상품의 조성·판매
- 미디어에 의한 패키지투어의 판매
- 구미(歐美)중심의 인바운드(inbound)

② 사업영역을 확대한 여행사
- BTM에서의 출장·업무여행의 취급
- 인터넷판매로 이동

③ 시장을 해외에서 찾은 여행사
- 중국·러시아·인도 등 신흥여행시장에의 진출
- 한국에의 인바운드 및 한국인 이외의 제3국(한국 이외)에의 여행취급

〈그림 3-2〉 여행사업무와 영역의 확대

3.3.2 출장업무관리

기업에서 근무하면 누구라도 출장기회는 있을 것이다. 영업, 상담, 사내감독 등 그 목적은 여러 가지이다. 하물며 해외를 무대로 활약하는 비즈니스맨이라면 매월 해외출장이 발생한다. 그러나 출장수속은 꽤 복잡하다.

회사마다 정해진 여비(旅費)규정에 입각하여 출장신청서를 상사에게 제출한다. 복수의 상사 결재가 필요한 회사도 있다.

승인이 나면 그 서류를 항공사나 호텔의 예약수배를 위해 여행사 등에 연결하는 담당

자를 찾고, 한편으로 지불을 위해 경리담당자에게도 서류를 돌린다.

여행사가 전달해 주는 티켓류의 수령, 경리로부터 출장지에서 필요한 현금 등을 수취한다. 더욱이 출장에서 돌아온 후에는 출장정산을 하기 위해 영수증 등의 정리를 하지 않으면 안 된다.

이러한 출장업무는 출장자가 이용하는 항공운임이나 호텔비 등의 직접비뿐만 아니라 출장자 본인이나 관련업무를 담당하는 사원의 간접경비가 방대하다는 것을 알 수 있다. 1년의 출장업무 과정을 어떻게 개설하는가는 총무담당의 오랜 과제였다.

또한 출장자 수가 많고 항공운임이나 숙박비 지불금액이 많은 기업은 그 스케일메리트(scale merit)에 의한 공급자와 가격교섭을 하여 비용절감으로 연결하고 싶어 할 것이다. 기업의 이러한 과제를 해결하기 위해 고안된 모델이 BTM이다.

3.3.3 JTB 업무여행 솔루션(이하 JTB - CWT)의 사례

JTB-CWT는 JTB와 BTM사업에 특화한 미국의 여행사 칼슨바곤리 트래블(이하 CWT : Carlson Wagonlit Travel)과의 사이에서 2001년에 합병계약을 체결하여 설립된 회사이다. 구미(歐美)의 기업은 출장 시 BPR[54]에 대한 관심이 높고, BTM에 의한 출장업무의 개선을 그 전문회사에 위탁하게 되었다.

또한 해외에 수많은 거점을 가진 글로벌기업은 출장업무의 BPR을 유럽 및 미국에 있는 본사뿐만 아니라 전 세계에서 실시하여 비용절감으로 연결하려고 하였다.

IBM이나 P&G라는 기업은 BTM을 위탁할 여행사를 글로벌 비드(global bid)[55]로 결정하기로 하고 일본에서 출장업무를 확보하려면 글로벌 비드에 대응하는 기업과의 제휴가 필요했었다. CWT는 선진기술과 업무여행에 관한 상담능력에 밝아, JTB는 CWT와 합병함으로써 구미식 BTM의 노하우를 흡수함과 더불어 글로벌 비드에 명성을 떨치게 되었다.

---

54) Business Proses Reengineering의 약자. 과정(process)이 분단(分斷)된 분업형 조직을 개선하기 위해 조직이나 비즈니스 규칙, 순서를 근본적으로 수정하여 업무진행에 초점을 두고 조직, 직무, 영업, 업무진행순서, 관리기구, 정보시스템을 재검토하여 가치를 생산하는 일련의 업무개선을 말함.

55) 국제입찰을 말함. 국제적인 기업이 부품이나 제품, 서비스를 구입할 때 관행이 되어 있는 수법으로 비용절감이나 서비스향상의 이점도 큰 것에서 평가가 높아지고 있다. 영업상의 연결보다도 정보수집력과 설명능력이 낙찰의 열쇠가 된다.

이러한 외자(外資)계 BTM여행사와의 합병이나 제휴는 최근에는 〈그림 3-3〉과 같이 타사에도 영향을 끼치고 있고, 고객이 만족하고 있다는 것을 엿볼 수 있다.

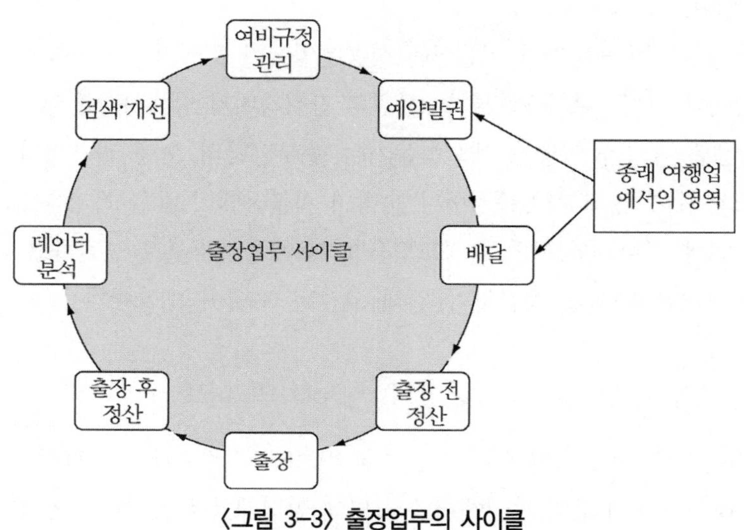

〈그림 3-3〉 출장업무의 사이클

BTM은 이러한 제휴관계에서도 알 수 있듯이 구미에서 개발되어 진화해 온 출장업무의 아웃소싱모델이다. 즉 출장수배에서 정산까지 일련의 출장업무를 종합적으로 관리하는 솔루션 플랜의 상담을 실시하는 것으로, 출장관련사무(간접경비)를 효율화하여 출장비(항공운임 등의 직접경비)의 절감을 실현하는 비즈니스이다. 〈그림 3-3〉은 출장업무의 사이클이다. 기업에서 통제 가능한 출장비용을 가시화하여 삭감해 가는 데에는 이 사이클 전반의 검토가 필요하다.

기안 · 승인, 출장규정에 입각한 경비계산, 일당이나 제 수당, 가불금의 지급, 교통기관이나 숙박시설의 예약 · 수배, 사내정산, 조회, 지불이 1회마다의 출장에서 발생하고 있다. JTB-CWT에서는 이들의 작업을 BPR의 개선이나 업무의 IT화에 의해 대폭적으로 효율화함과 동시에 가장 효과적인 구매활동(항공사, 숙박시설과의 가격구매 교섭)을 하여 종합적으로 비용을 삭감하는 제안을 하고 있다.

출장관련 사무는 기업의 본래 업무가 아니라 부수적 업무라는 것을 강조하고 경영자원을

본래의 업무에 충당하는 게 필요하다고 하여 업무 전반의 아웃소싱을 권하고 있다. 종래의 여행사가 하고 있었던 업무영역은 이 사이클 여덟 개의 항목 중 두 개밖에 없고, JTB-CWT는 업무영역을 확대한 것으로 고객의 요구를 찾아내 업무영역을 크게 확대하였다.

3.3.4 BPR을 진척시킨 기술과 상담의 제공

JTB-CWT가 독자적으로 개발한 법인전용의 종합출장관리 시스템이 B+PLUS로 불리는 시스템으로서 이 시스템의 존재가 출장사이클의 제안을 지탱하고 있다. 온라인 발주기능에 추가하여 견적의뢰, 출장신청, 전자결재, 출장 후의 여비나 일당의 계산, 정산신청서 작성 등의 기능을 가지고 있으며 그 가운데서 각 기업이 필요로 하는 기능만을 부가하여 이용할 수 있다.

또한 복잡한 출장신청의 승인루트나 각 사의 출장규정에 대응하여 각 기능마다 만들어 넣을 수 있게 되어 있기 때문에 기업독자의 출장흐름(flow)에 맞춘 시스템으로 이용할 수 있게 되어 있다.

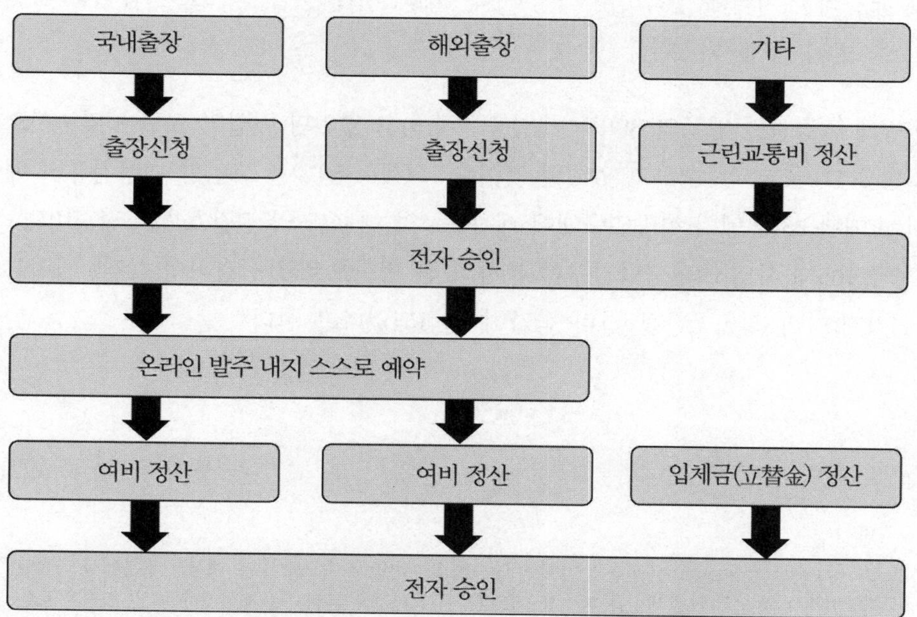

〈그림 3-4〉 출장관리시스템에 의한 출장의 흐름

이 시스템에 따라 개선되는 출장사무에는 다음과 같은 이점을 들 수 있다.

① 출장에 있어 1년의 흐름을 전자화하는 것으로, 출장을 하는 본인과 그 출장을 승인하는 상사 이외에 출장관련 사무에 관계된 사람들을 극도로 줄이고 간접경비를 크게 삭감할 수 있다.
② 시스템상에서 항공기, 호텔, 렌터카, 코레일 등 원스톱 예약이 가능해졌다.
③ 셀프부킹을 할 수 있게 되었다(출장을 하는 본인이 직접 온라인예약을 한다). 희망하는 편이나 호텔의 예약을 할 수 없었던 때에 대응하여 시간이 걸리지 않고 신속하게 대체편의 예약을 할 수 있게 되었다.
④ 출장자의 프로파일 데이터(개인 데이터, 소속 부서나 창문 쪽인지 통로 쪽인지의 좌석 선호도도 등록되어 있다)와 연동하는 것으로 부나 과단위의 예산관리를 할 수 있게 되어 비용의 가시화가 도모되었다.
⑤ 매월의 데이터 축적에 따라 항공사나 호텔, 렌터카, 회사 등과 연간 가격교섭을 하기가 쉬워졌다.
⑥ 매월의 데이터에 입각하여 타사 사례 · 해외 사례 등을 참고로 비용절감의 컨설팅을 받기 쉽게 되었다.

이렇게 출장관련 업무의 BPR[56] 개선을 추구하고 있었던 기업의 요구에 맞춤시스템과 컨설팅을 JTB-CWT는 행하고 있었던 것이다. 실제로 BTM을 도입한 대형컴퓨터 메이커에서는 매년 25억 엔의 항공권구매에 대하여 4억 엔 정도의 절감효과(직접경비의 삭감)와 전국 105개 사업소의 담당창구를 본사의 한 명만으로(간접경비의 삭감) 처리함으로써 연간 10%의 직접 · 간접 경비 삭감이 실현되었다고 한다.

---

56) Business Process Reengineering의 약어, 비용, 품질, 서비스, 속도와 같은 핵심적 부분에서 극적인 성과를 이루기 위해 기업 업무 프로세스를 기본적으로 다시 생각하고 근본적으로 재설계하는 것. BPR은 모든 부분에 걸쳐 개혁을 하는 것이 아니라 중요한 비즈니스 프로세스들, 즉 핵심(core) 프로세스를 선택하여 그것들을 중점적으로 개혁해 나가는 것이다.

3.3.5 여행업의 마케팅관리기법

1) 물재(物財)로의 체화(體化)

여행상품은 시 · 공간이 특정되어 있고 일과성(一過性)의 특질을 가진다. 따라서 저장 및 수송이 불가능하다. 그런 까닭에 여행상품의 생산은 수요자 입지(立地)와 수요시간에 맞추어 행해지지 않으면 안 된다.[57]

예컨대 교육서비스업인 학교에서는 학생들에게 교육내용을 교재로 만들어 학생들의 학습활동에 기여함으로써 학습효과를 높일 수 있다. 이와 같은 맥락으로 파악하면 여행업에서도 여행업무의 교본(manual)화, 직무명세서(job specification)나 직무기술서(job description) 등의 작성을 통해 업무효율을 높이는 것이다.

2) 내용고지의 적극화

여행상품은 일정한 형태가 없어서 고객은 종종 여행서비스의 존재를 망각한다. 즉 어떤 것이 좋은 서비스인지를 여행자들이 인식하지 못하는 경우가 많다. 즉 고객은 얻고 있는 것을 얻을 수 없을 때까지 얻고 있는 것을 모른다는 것이다.

즉 여행자는 여행사 측의 실수나 업무착오가 발생하는 경우에만 의식에 남게 된다는 것이다. 따라서 여행사 측에서는 여행자들이 여행서비스를 계속적으로 공급받고 있다는 확신을 갖도록 할 필요가 있다. 이와 관련된 것으로는 여행관련 뉴스의 제공, 편지발송, 전화 등 서비스 제공의 구체적 제공이 필수적이다.

3) 유형화

여행은 일과성이기 때문에 때가 지나면 그것을 눈으로 직접 볼 수가 없다. 따라서 그 존재를 나타내는 방법으로서 이를 유형화하여 나타내는 방법이 좋다. 그러므로 여행업에서는 여권의 커버(cover)를 씌우는 것, 현장종사원의 어깨띠, 휘장, 완장, 명찰, 배지(badge) 등의 사용 등 서비스를 실시하고 있다는 것을 알리는 것이 중요하다.

---

57) 田中泫·野村清, サービス産業の発想と戦略, 電通, 1983, 192쪽.

4) 이미지화

카메라나 음향기기의 경우에는 내부가 보이지 않고 설사 내부가 보인다 해도 일반인의 눈으로는 품질식별이 곤란하기 때문에 브랜드이미지(brand image)의 영향을 강하게 받듯이, 인식의 곤란성을 가지는 여행상품은 그 내용이나 품질수준에 대해서 명성, 평판, 이미지에 강하게 영향을 받는다.

따라서 종업원의 제복, 여행사의 건물, 간판, 사인보드(sign board), 서비스마크, 슬로건 등 각종 매체의 이미지를 고도화하는 것이 중요하다. 그렇게 함으로써 타 여행사와의 기업식별(corporate identity)이 가능해진다.

5) 서비스 제공 시 약간의 조정

여행상품은 무형상품으로 품질의 안정이 어렵다는 단점을 가지고 있다. 이러한 점을 장점으로 살리기 위해서는 서비스 제공 시에 약간의 조정을 가미하면 여행자의 욕구를 만족시킬 수 있다. 즉 여행자의 개별사정에 맞추어 임기응변의 여행서비스를 제공하는 것이다. 그렇다고 해서 임기응변이 지나쳐 여행상품 본래의 내용이 저해되어서는 안 된다.

6) 고객 고정화

고객 고정화란 단골고객의 확보를 의미한다. 신규고객을 확보하는 데는 시간이 많이 소요될뿐더러 경비도 더 든다. 단골고객은 속마음을 알 수 있기 때문에 상호의존적인 생산을 하는 여행상품의 경우에는 그만큼 위험이 감소된다. 그러므로 단골고객을 확보하기 위해서는 고객관리정보대장(customer information file)을 만들고 고객별 행동특성이나 기호사항 등을 면밀히 분석해 둘 필요가 있다.

또한 회원제(membership)의 운영이나 고객카드등록제의 운영도 검토해 볼 만하다. 작은 여행사들은 많은 단골고객을 확보하여 소비자 개개인에 대해 맞춤형 관리를 할 수 있는 고객관리시스템으로 생존전략을 바꾸어야 한다.

대형여행사라 해도 모든 여행상품을 잘 만들어서 시장에서 인정받을 수는 없다. 하지만 작은 여행사들은 상품을 생산하려는 노력 대신 어떤 회사에서 생산한 여행상품이 좋은지 정보를 수집해 단골고객들 개개인의 욕구에 맞춰 경쟁력 있는 다양한 회사의

여행상품을 제공할 수 있다면 시장에서 생존할 수 있는 확률은 높아진다. 은행·보험·증권·부동산뿐만 아니라 대부분의 업종에서 PB(Private Banking)[58]라는 직업군을 흔히 찾아볼 수 있다.

7) 고객이용

이것은 고객과의 협동에 있어서 많은 부분을 고객에게 떠맡기려는 전략이다. 즉 여행업에서 제공하는 여행상품을 표준화하고 여행서비스를 효율적인 범위에 한정시켜 남은 업무는 고객에게 떠맡기는 방책이다.

예컨대 호텔 룸서비스의 자판기대체, 테이블 서비스(table service)의 뷔페(buffet)대체, 모닝콜의 자명종 대체, 장거리전화의 즉시다이얼 대체 등이 이에 속한다. 셀프주유소나 패스트푸드점이 대표적인 예이다.

은행출납업무의 자동화(ATM : Automated Teller Machine)는 기계화, 고객이용, 서비스의 신속화 등 대표적인 성공사례에 속한다. 그러므로 여행사에서도 업무상 비중이 낮은 단순업무는 고객을 이용하여 고객의 행동을 바꾸는, 혹은 고객의 노동력을 늘리는 변화가 필요하다. 이때 물론 고객의 동의와 충분한 이해가 필요한 점은 말할 필요조차 없다.

8) 수급의 균형유지

여행상품은 완성품의 재고를 가지고 있지 않기 때문에 여행상품의 생산은 수요시간으로 돌려진다. 성수기에는 공급능력이 수요를 감당하지 못하고 반대로 비수기에는 공급이 과잉현상을 빚게 되어 수요가 이에 따르지 못하게 된다. 그러므로 여행업으로서는 어느 정도의 수요에 대한 시간적 변동을 관리한다든가 혹은 공급능력에 경영효율을 도모하려는 연구가 진행되고 있다.

---

58) 은행이 고객의 예금관리에서 재테크까지 모든 고급 금융서비스를 제공하는 것.

3.4 여행사의 새로운 사업정의와 요구

3.4.1 BTM의 가치

출장업무 분야에서 일본의 여행사는 고객의 의뢰에 따라 교통기관이나 숙박시설의 예약·발권업무를 하고 있었다(〈그림 3-5〉 참조). 그 부가서비스로서 발권한 티켓 배달 서비스를 하거나, 해외출장에 있어서는 사증의 취득이나 출입국카드의 작성을 수행하고 있었다. 대개 업무는 이런 것뿐이었다.

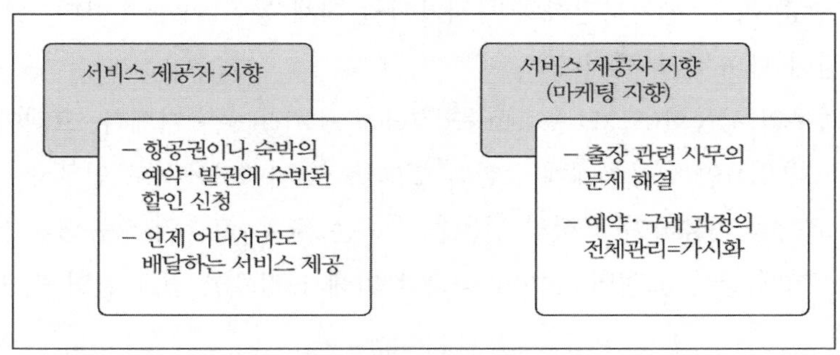

〈그림 3–5〉 출장업무의 가치 변화

실제의 서비스는 항공사나 호텔이 수행하기 때문에 여행사 사이에서 차별화하기 위한 요소는 고작해야 판매수수료의 범위에서 가격을 인하하거나, 시도 때도 없이 배달하는 수밖에 없었다.

현업부분을 맡은 여행사의 지점장은 이것만으로는 이익이 나오지 않는다고 판단하여 이 분야에서 철수를 생각하든가, 교통기관이나 숙박시설로부터의 인센티브(일정기간의 판매목표를 설정하여 그것을 웃도는 실적에 따라 가산되는 판매수수료)를 노려 양을 확대하여 이익을 낼 수밖에 없었던 것이다.

일반기업들은 출장에 수반된 업무이익을 자사그룹 내에 남기려고 했다. 출장업무에서 본래 여행사의 가치는 "예약·구매과정을 관리하는 것"라고 인식했던 구미식 BTM을 재빨리 도입한 것이 JTB(일본교통공사)였다. "출장자를 많이 가지고 있는 기업은 어떤

가치를 원하고 있고, 그 기업은 어떤 방법으로 여행서비스 제공을 원하는가"라는 마케팅발상으로 출장업무의 취급을 개선했다.

기업에 있어서 정말로 필요한 가치는 그 요구를 알아차리는 것에서 구축하지 않으면 안 된다. JTB는 기업요구를 조사해 가는 가운데 다음과 같은 요구를 확인할 수 있었다.

경기침체 이후의 장기간의 경기후퇴, 급속한 글로벌 전개, 연결결산제도의 의무화, 미국의 동시다발 테러 이후의 안전 확보라는 배경에 기초하여,

① 출장경비의 절감(직접경비의 절감)

② 후방사무부문(관리부문)의 인건비 · 시간의 절감(간접경비 절감)

③ 1인 1대의 환경이 되기 시작한 퍼스널 컴퓨터를 활용할 수 있는 기술의 도입

④ 출장경비 관리의 일원화, 데이터화와 그 분석

⑤ 출장자의 위험관리(사고 대응)라는 요구가 있다는 것을 발견하였다.

따라서 JTB는 이들의 요구에 대응한 종합적인 마케팅전략으로서 BTM을 적극적으로 제안하였다. 그래서 기업은 BTM의 가치를 샀다. 그 가치란 "출장관련 사무의 문제해결"이고 "예약 · 구매과정의 전반적 관리=가시화"였던 것이다.

3.4.2 출장업무 영역에서 사업의 재정의

시대환경에 따라 변화한 요구에 부응하기 위해서는 종래의 '예약, 발권, 배달'이라는 사업영역에서의 대응은 불가능하고, '예약, 구매과정을 관리하는 것'을 새로운 정의로 하여 출장업무를 파악하는 것이 필요하다.

사업을 정의하는 것이란 "누구에 대하여, 어떤 가치를, 어떤 방법으로 제공하는가"이다. 소위 사업의 전장(戰場)을 결정하는 셈이기 때문에 싸울 상대(경합하는 기업)도 그 정의에 따라 달라진다.

기술환경 변화에 따라 큰 영향이 있는 업계로 레코드바늘의 업계가 있다. 이 업계는 콤팩트 디스크(CD)의 보급에 따라 급속한 시장의 축소에 직면하였다. CD의 위협을 느끼면서도 아날로그의 음을 추구하는 층이 꽤 존재할 것이라 생각했기에 대응이 늦어지고 말았다.

그러나 유저(user)는 취급하기 쉬운 CD로 옮겨가고, CD플레이어 가격이 싸진 이유도 있어서 레코드바늘 메이커는 괴멸적인 타격을 받게 되었다. 이때 레코드바늘 메이커는

소비자도 아날로그 음을 내는 레코드바늘의 가치를 인정한다고 생각했던 것이다.

그러지 않고 자사의 사업을 "양질인 음으로만 재생하는 것"만 추구했다면 어떠했을까? 그들은 CD, MD, MP3로 이어지는 혁신에 적극적으로 참가하여 전혀 다른 결과를 냈을 것이라고 생각한다.

이외에도 전자계산기를 싼 가격으로 살 수 있게 되어 주판이 필요 없게 되었던 것도 그와 같은 맥락이다. 자사에서 하고 있는 사업은 누구를 위해 무엇을 하고 있는 사업인지를 자문하는 것은 기업의 존속과 관련된 중요한 문제라고 말할 수 있다.

IBM은 "IBM means service"라고 말하여 컴퓨터를 파는 것이 아니라 컴퓨터가 수행하는 서비스(solution)를 파는 회사라는 것이다. 스타벅스는 커피 그 자체를 즐기는 것이 아니라 스타벅스에서의 한때의 경험을 음미하는 마음에 활력과 풍요로움을 느끼도록 하는 것이 사업의 미션(도달해야 할 목표와 그를 위한 행동)이라는 것이다. 컴퓨터나 커피숍의 경험에 의해 고객에게 만족을 주는 기능이 사업의 정의라고 말하는 것이다.

본 장의 사례에서 소개한 출장업무에 대해서도 마찬가지라고 할 수 있다. 출장을 가기 위해 티켓을 파는 것이 아니라, 예약·구매 과정을 관리하는 솔루션을 파는 것이다. 고객이 BTM에 진실로 기대한 것이 가치이며 그것을 판매함으로써 이익이 생기는 것이다.

3.4.3 사업평가단위의 변경

고객에게 만족을 가져다줄 가치에 입각한 사업의 정의가 변경됨으로써 BTM은 고객에의 가치를 반영한 사업평가단위의 변경이 가능해졌다. 사업평가단위란 '고객에 대하여, 어떤 요금을 청구하여 이익을 올리고 있는가'라는 것이다.

종래의 사업정의에 의하면 판매수수료를 포함한 항공운임이나 숙박비를 청구하여 이익을 올리는 것이었다. BTM에서는 예약, 구매 과정을 관리하여 과제를 해결한다는 것이다. 따라서 항공운임이나 숙박비는 항공사나 숙박시설의 판매대리를 하는 것이 아니라 고객의 구매대리를 하기 위해 판매수수료를 뺀 원가를 청구한다. 이것에 한 건마다의 예약 혹은 경비절감에게 대한 요금을 설정하여 고객에게 청구한다.

2008년 10월부터 구미(歐美)의 항공사를 중심으로 제로커미션(예약·발권을 해도 국

제항공권은 판매수수료가 지급되지 않는 것)을 이행하기 시작했다. 종래의 판매수수료로 이익을 올리는 모델에서 (앞서 언급한 레코드바늘이나 주판과 마찬가지 상황) 사업이 재정의됨으로써 수익모델도 변경되어 이익을 계속해서 내고 있는 것이다. 2010년 12월 현재 380건을 넘는 기업 · 단체 포괄계약을 맺고 고객으로부터 지지를 얻고 있는 BTM은 마케팅 발상에서 경영의 진수를 느끼는 모델이라고 할 수 있다.

3.4.4 결론 및 요약

여행서비스의 마케팅관리를 추진해 나가는 데 있어서 마케팅발상과 사업을 정의하는 것은 매우 중요하다. JTB-CWT에서는 마케팅관리의 전체 틀을 다음과 같이 구축했다고 생각한다.

① JTB-CWT는 고객 · 기업의 요구를 파악하여 출장업무에 필요한 새로운 가치를 창조하려고 노력하였다. 즉 "이런 서비스가 있으면 좋겠는데"라든가 "이런 서비스를 원했다"와 같이 고객이 생각하는 가치를 창출하는 것이 필요하다. 여행서비스 제공자는 어떠한 가치를 만들려고 하는지가 여행서비스의 이용자로부터 요구되고 있다는 것을 알아야 한다.

② JTB-CWT는 "예약 · 구매 과정의 전체관리"라는 BTM의 가치를 ICT(Information and Communication Technology : 정보통신기술)와 컨설팅에 의해 실현하였다. 고객이 원하는 것을 알아도 그것을 실현할 수 없으면 비즈니스 세계로 전개할 수 없고, 상상의 세계로 끝나버린다. BTM은 복잡한 출장업무 가운데 숨어 있는 쓸데없는 비효율을 배제하고 예약 · 구매 과정 관리를 B+PLUS라는 '종합출장관리시스템'과 그 시스템에 의해 축적되어 있는 데이터분석을 통한 출장업무의 사이클에 대한 컨설팅에 따라 고객이 원했던 가치를 실현시켜 주었던 것이다.

③ BTM의 가치실현을 통하여 JTB-CWT는 고객의 출장업무 사이클 가운데 깊은 관계를 창출했을 뿐만 아니라 대형기업은 경영자원을 핵심사업에 집중할 수 있었다. 그 때문에 관련 인하우스 에이전트(in-house agent)를 정리대상으로 하는 경우도 있고, JTB-CWT를 그 수임자로서 영업양도를 하는 경우도 있었다. 신문기사에도 노무라(野村)증권그룹이나 후요(芙蓉)그룹, 이토추(伊藤忠)그룹의 인 하우스 에이

전트(In House Agent)[59]의 영업양도가 보도되고 있다.

소비자나 고객은 어떤 목적으로 어떠한 기능을 필요로 하는가를 알아내 제공할 수 있는 가치를 분명하게 하는 것에서 관광마케팅 · 관리는 시작되는 것이다.

예약 · 구매 과정의 허비나 비효율을 없애 나가는 것이 BTM서비스의 가치였다. 여행사에 전화를 걸어도 좀처럼 연결되지 않는다. 연결되어도 출장 시에 사용하고 싶은 항공편은 만석이라고 한다. 통로 측 좌석을 요청했는데 창문 쪽으로 지정받았다. 이러한 불만이나 때때로 화가 치솟는 것이 예약 · 구매 과정 중에 숨어 있다.

생산과정에서 비효율을 배제하는 것을 린(lean)이라고 부르며, 허비를 배제한 생산방식으로서 도요타(豊田)자동차의 생산방식 등이 그 대표적 사례이다. 이와 마찬가지로 고객지향의 일환으로서 구매과정에 차감하여 그 비효율성을 배제한 소비를 '린 소비'라고 한다. 린 소비는 제품 · 서비스 그 자체의 품질이나 만족감에 주목하는 것이 아니라 구입까지의 과정에 눈을 돌린다는 방책이며, 고객이 제품이나 서비스를 입수하기까지의 만족도로 차별화를 꾀하려고 하는 것이다.

린 소비를 예약 · 구매 과정의 가운데로 도입하기 위해 한때 중요한 키워드가 된 것이 '고객에의 권한이양'이다. 여러 가지 기술에 따라 사람에 의한 서비스가 기계로 바뀌었다. 커피자동판매기나 ATM은 그 대표적인 예일 것이다. 1등석 창구가 혼잡해도 자동판매기로 열차표의 좌석예약도 가능해졌다. 고객을 세분화하면 셀프서비스의 기술을 기쁘게 원하여 향수하는 고객이 늘고 있다.

JTB-CWT의 BTM서비스에 있어서 셀프부킹이 린 소비를 실현하고 있다. 업무의 중간에 자신의 스케줄에 맞추어 출장예약을 할 수 있다. 만석으로 희망편의 예약이 불가능한 때의 대체안도 현장에서 판단할 수 있고 나중까지 질질 끄는 경우는 없다.

여행사의 사원에 의해 행해졌던 업무는 소프트웨어 · 에이전트를 통하여 수행할 수 있게 된 것이다. 스스로가 여행사의 업무를 취급하고 비용삭감에도 연결된다. 이러한 것이 일상적인 광경이 된 것은 실로 고객에게 예약 · 구매 과정을 해방시킨 '고객에의 권한 이양'과 다름이 없다.

---

59) 인 하우스 에이전트란 재벌그룹 등에서 여행사업 분야를 독립시켜 그룹 내의 여행업무를 전문적으로 취급하는 여행사를 말한다.

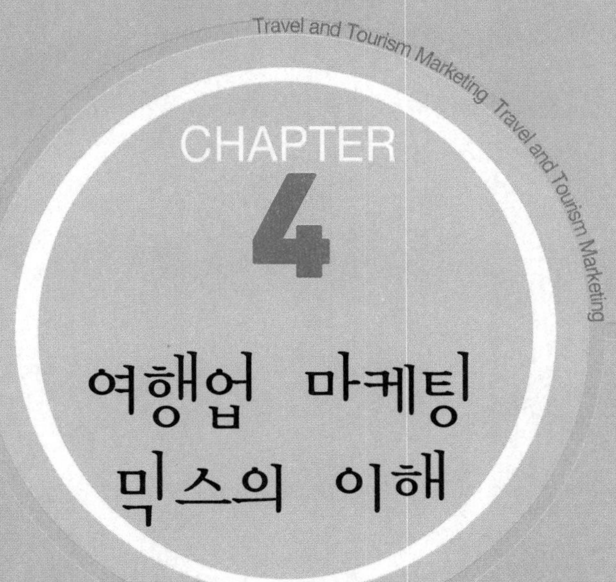

CHAPTER 4

여행업 마케팅 믹스의 이해

04 여행업 마케팅믹스의 이해

마케팅믹스(marketing mix)란 기업의 목표를 달성하기 위해 마케팅 수단을 어떻게 조합하느냐에 관한 것이다. 기업 내부의 제 기능의 통제가능요소와 외부시장 환경을 중심으로 한 통제 불가능요소의 유기적 관련성을 효과적으로 연계 · 결합하여 기업의 생성력을 극대화하고자 하는 경영효율제고의 일환으로 모색되는 경영관리기법이다.

이를 통해 마케팅 예산을 배정하고 마케팅전략의 기초를 마련할 수 있다. 마케팅 변수는 상당히 많으나 크게 4가지로 나눌 수 있다. 흔히 4P라고 하는 상품(product), 가격(price), 장소(place), 촉진(promotion)이 그것이다.

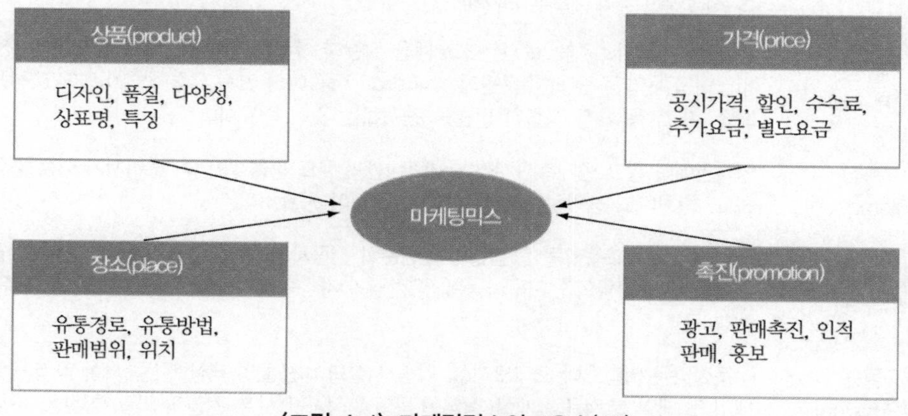

〈그림 4-1〉 마케팅믹스의 4요소(4P)

마케팅 담당자가 어떤 변수를 택하여 어느 정도의 예산을 책정하느냐는 시장상황에 달려 있다. 가격과 촉진을 위한 예산은 짧은 기간 내에 변화하지만 장소와 상품은 상당기간 동안 쉽게 변하지 않는다. 여행업에서는 인적자원요소가 중심이 된 여행상품 전달 과정의 중요성 및 여행상품의 소멸성과 이질성 등의 제한성을 극복하기 위하여 일반기업의 믹스요소에 더하여 사람(people), 과정(process), 물리적 증거(physical evidence) 등 3P를 추가하여 7P믹스로 해야 한다는 주장도 있고, 5P(physical evidence, people, package, program, presentation : 물적 증거, 인적자원요소, 상품의 구성력, 외부고객 행사의 유치 및 자체 이벤트행사의 개발, 서비스 전달과정)를 추가한 9P믹스를 주장하기도 한다. 이러한 요소를 조합하여 마케팅전략을 생각하는 것이 마케팅믹스전략이다. 7P를 구체적으로 설명하면 다음과 같다.

〈표 4-1〉 여행업 마케팅믹스의 7요소(7P)

구분	내용
상품 (Product)	품질과 디자인, 기능, 브랜드명, 패키지디자인, 애프터서비스, 보증이라는 부가가치를 포함한 것을 말한다. 여행사의 경우는 물건이 아니라 서비스가 상품에 해당된다. 마케팅믹스 가운데서도 특히 중요한 요소로 알려져 있고 뛰어난 상품을 만드는 것은 물론이거니와 기존상품과의 차별화도 중요하다.
가격 (Price)	상품 그 자체의 가격, 타사상품과 비교하여 적당한 가격, 할인, 지불방법, 지불기한 등을 말한다. 단순히 싸게 하는 것뿐만 아니라 때로는 브랜드 이미지를 저해하지 않기 위하여 때로는 싸게 파는 것을 피하는 경우도 있다. 또한 신용카드나 마트에서의 지불 등 지불에서의 편리성도 중요하다.
유통 (Place)	유통채널, 입지, 운송, 보관·재고 등을 말한다. 상품의 특성에 따라 점포판매, 전화, 인터넷의 온라인 판매, 주문판매(mail order) 등 여러 가지 유통채널 이외에도 상품의 배송, 재고 등 가장 적합한 방법을 선택하는 것이 중요하다.
촉진 (Promotion)	인적판매나 광고 판매촉진, 홍보(publicity)의 유도 등을 말한다. 소비자가 상품을 인지하고, 원한다고 생각하는 것을 어필하는 것이 중요하다.
사람 (People)	종업원의 자체교육활동, 종업원의 관련분야 전공자의 수, 종업원의 안내, 통역 등 업무수행능력, 종업원의 언어구사능력, 종업원의 자격증소지 정책, 용모, 외모, 유니폼, 친절성 등
물증 (Physical evidence)	상품설명용 비디오나 오디오시설, 각종 시설과 비품들의 색상, 각종 시설 및 비품들의 배치 및 배열, 고객용 휴게실, 상담실 등의 휴식공간 시설, 건물의 외관, 청결성, 조용함, 편리한 주차시설 등 기타 고객용 시설 등
과정 (Process)	대고객 정책, 대고객서비스 전달절차, 업무활동흐름의 통제, 고객의 제안에 대한 반응, 패키지상품의 구성순서, 고객들의 시설에 대한 적정접촉의 정도 등

1) 상품(product)

상품은 자신이 사용하고 소비를 위해 생산된 재화와는 달리 타인의 사용 · 소비를 위한 매매의 목적 하에 생산 · 제조된 재화로서 시장환경 하에 놓여 있는 것을 뜻한다. 즉 소비자의 욕구나 필요를 충족시킬 수 있는 것을 상품이라고 한다. 따라서 물재(物材)뿐만 아니라 서비스, 아이디어, 장소, 사람, 조직체 등도 상품이 될 수 있다. 상품의 효용은 만족 가치이다.

여행사에 있어서 상품에 해당되는 것은 패키지투어나 항공권 등의 상품이지만 그를 위해 필요한 것이 여행사가 창조하는 "부가가치"이다. 여행이라는 것은 개인적으로도 수배가 가능하므로 여행사의 도움 없이도 성립하는 것이기 때문에 여행사가 판매할 수 있는 것은 부가가치이다. 부가가치는 대체 어떤 것인가.

부가가치는 바꾸어 말하면 여행자가 여행사를 이용하는 이점(利點)으로, 상품에는 품질이나 기능뿐만 아니라 사후서비스(after service)나 보증 등의 요소도 있다. 여행의 경우에는 여행사가 독자적으로 하는 기획이나 서비스의 제안 등이 상품인 것은 물론이고, 한 번의 신청만으로 모든 것이 해결되는 원스톱(one stop)쇼핑 등의 편리성이나 여행사라는 전문가를 통해 여행소재(旅行素材)를 제공하는 품질보증, 종업원의 환대 등도 포함된다.[1)]

또한 인터넷을 통한 여행정보는 누구라도 간단히 입수할 수 있지만 정보의 신뢰도에 대해서는 판단할 수 없다. 이상한 정보나 개인의 감성에 따른 정보가 자신에게 맞지 않는 것도 많이 있을 것이다. 그런 가운데 정보를 찾아내 여행자에게 맞는 것을 추천하거나 상담해 주는 것도 상품의 하나이다. 이처럼 여행상품은 서로 다른 정의가 존재한다. 항공좌석만 구매하는 에어 온리(air only)를 여행상품이라고 하는 것도 가능하고, 모든 것이 포함된 패키지투어만을 여행상품이라고 주장할 수도 있다. 이 세상에는 경영자 수만큼 여행상품이 존재한다는 것이다.

중요한 것은 경영자가 "우리 회사의 여행상품은 이거다"라고 신념을 가지고 결정하고 그것을 모든 사원, 모든 고객, 모든 거래처, 사회전반에 대하여 공언(公言)하는 것이다.[2)]

---

1) 森下晶美島川崇徳江順一朗宮崎裕二, 観光マーケテティング入門, 同友館, 2016, 18~19쪽.
2) 太田久雄, 売れる旅行商品の作り方, 同友館, 2004, 23쪽.

좋은 상품이란 제1고객(판매회사), 제2고객((소비자), 제3고객(공급자), 제4고객(사내의 제조라인)으로부터 환영받는 상품이다.

〈표 4-2〉 고객의 평가기준

고객	좋은 상품이란	구체적인 내용
제1고객 (판매부문)	팔기 쉽다	• 잘 팔린다. • 판매단가가 높다(수입이 높다). • 판매수수료율이 높다. • 시행률이 높다(취소가 적다). • 불평이 없다, 평판이 좋다, 반복구매자가 늘어난다. • 현장에서 해결된다. 완성이 쉽다. • 팸플릿 내용이 알기 쉽다(디자인이 안정적이며, 여행방면간 통일성이 있고, 소개페이지가 안정됨). • 여행자로부터 문의가 적다. • 상품간 정합성(整合性)이 있다. • 쓸데없는 팸플릿이 없다. 팸플릿의 보충이 빠르다.
제2고객 (소비자)	사기 쉽다	• 내용이 좋다. 만족할듯하다. • 품질이 좋다. 안전/안심. • 여행대금이 적절하다. • 예약시 바로 OK가 나온다. 취소대기가 없다. • 여행취소가 없다. • 팸플릿 내용이 알기 쉽다(굵은 글씨로 되어 있고, 사진이 깨끗하며, 대금을 계산하기 쉽고, 팸플릿 종류가 많지 않다). • 유사상품의 차이를 알기 쉽다. • 현장에서 모두 해결할 수 있다. 다시 안 해도 된다. • 고객층(顧客層)이 좋다.
제3고객 (공급자)	제공하기 쉽다	• 이행률이 높다. 취소, 반석(返席), 반실(返室)이 적다. • 수입이 높다. • 조기에 예약이 이루어진다. • 예약 후 수량비(收量比, 원료에 대한 제품의 비율)가 높다. • 브랜드를 손상시킬 수 없다. 싸게 팔 수 없다. • 회사 간 신뢰관계가 있다. 기획부서와 전략의 협조가 잘 되어 있고, 지급이 빠르다. 상품화가 빠르다.
(ldbf) 제4고객 (사내의 제조라인)	조립하기 쉽다	• 구매가 풍부하다. • 조립 라인이 간편하다. • 판매가 편중되지 않는다(계절, 출발일, 귀국일). • 판매점으로부터의 문의가 적다. • 공급자가 잘 이해해 준다.

2) 가격(price)

가격은 상품이나 서비스를 받기 위해 고객이 지불해야만 하는 돈의 총액이다. 가격을 설정하는 데 있어서 기업은 많은 요인을 고려해야 한다. 상품이나 서비스의 생산과 유통을 위한 실제적 비용, 기업의 이익률, 상품에 대한 현재 수요, 경쟁업체가 제공하는 유사 상품 및 서비스의 가격, 경쟁사의 가격 이외의 마케팅 변수 등을 고려해야 한다.

여행사에 있어서 상품에 해당되는 것은 여행요금이나 수속대행수수료 등이 있지만 이 외에도 여행사의 할인가격을 이용함으로써 개인적으로 수배하는 것보다 여행사를 이용함으로써 비용을 저렴하게 할 수 있다는 것도 중요하다. 이것 또한 여행사를 통한 부대서비스의 이용이다. 여행비용은 여행 전 사전지불이 원칙이지만 경우에 따라서는 분할지불이나 할부지불 등의 방법도 존재한다.

3) 유통(place)

유통은 고객에게 서비스 또는 상품을 전달하는 과정에 수반되는 모든 활동을 말한다. 유통경로는 상품과 서비스가 생산자로부터 소비자 및 최종사용자에게 옮겨가는 과정에 참여하는 모든 개인 및 회사를 말한다. 유통과정에 참여하는 개인 및 회사들이란 생산자, 도매상, 소매상 등을 말한다.

여행사의 유통에는 어디서 구입할 것인가라는 매입자 측에서 본 판매장(販賣場)으로서의 유통과, 누가 파는가라는 매도자 측에서 본 판매방법으로서의 두 가지 측면이 있다.

판매장(販賣場)으로서의 유통에는 점포, 전화, 인터넷 등이 있지만 기획/운영하는 회사와 판매회사가 별도로 존재하는 도매업자(wholesaler)와 기획운영회사 자체가 판매도 하는 직접판매(direct sale)회사도 있다.

일반상품에서는 재고관리도 유통의 한 요소이나, 서비스업인 여행업에는 제고관리가 필요 없는 것처럼 생각하기 쉬우나 근년에는 여행사가 항공기를 대절하여 기획상품으로 이용한다거나, 일정 좌석만을 구매하여 판매하는 전세영업도 성행하고 있는 실정이다. 이 경우 전세를 한 좌석 수는 소위 재고가 되며, 당연히 재고관리도 필요하다.

4) 판매촉진(promotion)

판매촉진이란 상품이나 서비스를 주어진 가격에 구매하거나 구매를 계속하도록 유도할 목적으로 해당 상품이나 서비스의 효능에 대해서 실제 및 잠재고객을 대상으로 정보를 제공하거나 설득하는 마케팅 노력의 일체를 말한다. 아마도 마케팅 믹스에서 가장 가시적인 요소일 것이다.

즉 회사가 상품이나 서비스의 판매를 늘리기 위하여 짧은 기간 동안 중간업자나 최종 소비자들을 상대로 벌이는 광고, 인적판매, 홍보 이외의 여러 가지 마케팅 활동이다. 소비자의 구매와 판매업자의 효율성을 자극하는 것으로는 진열, 전시, 전람회, 이벤트 등을 통해 소비자의 구매활동을 자극하는 것이다. 말하자면 수요를 환기 또는 자극하여 상품의 매출을 증진시키려는 활동을 말한다.

판매촉진의 종류는 ① 수요창조를 위한 판매촉진, ② 소비단가를 올리기 위한 판매촉진, ③ 고정고객창조를 위한 판매촉진, ④ 기업내부의 판매촉진, ⑤ 세일즈맨에 대한 판매촉진 등이 있으며, 표로 정리하면 〈표 4-3〉과 다음과 같다.

〈표 4-3〉 판매촉진의 종류

종류	내용
수요창조를 위한 판매촉진	직원(판매원) 및 agent(단골고객, 여행자)로 하여금 새로운 고객으로 만들고 확보하여 가는 활동이다.
소비단가를 올리기 위한 판매촉진	각 수입부문의 소비를 촉진시켜서 고객일인당 평균 소비단가를 증대시키는 일이다.
고정고객창조를 위한 판매촉진	고객의 세분화(segmentation)와 고객의 정보수집에 의한 고객의 조직화이다.
기업내부의 판매촉진	각 부서 활동을 활발하게 만들고 업무능률을 높이기 위하여 직원에 대하여 고정고객 및 잠재고객에 대한 관리를 유도하는 것이다.
세일즈맨에 대한 판매촉진	여행요금표(tariff), 국제회의, 인센티브 플랜(incentive plan), 전시회, 패키지 플랜(package plan), 이벤트안내 등을 명시한 팸플릿(pamphlet), 브로슈어(brochure) 등 인쇄물의 제작, 영화슬라이드의 제작, 고정고객 초대, 영업소, 전판점(專販店) 관리 등이다.

5) 참여자(사람 · people)

참여자(People)는 서비스 제공과정에 참여하여 구매자의 지각에 영향을 미치는 모든

사람들로서 서비스를 제공하는 종업원과 서비스 구매 주체인 고객 및 함께 자리하는 여타 고객을 말한다. 서비스의 창출과정에서 서비스 제공자와 구매자는 서로 떼어놓을 수 없는 관계에 있고, 각기 서비스의 평가에 영향을 미친다.

여기에는 종업원의 자체교육활동, 종업원의 관련분야 전공자의 수, 종업원의 안내, 통역 등 업무수행능력, 종업원의 언어구사능력, 종업원의 자격증 소지정책, 용모, 외모, 유니폼, 친절성 등이 포함된다.

참여자는 합리적인 인사관리와 교육을 통한 서비스 질의 확보와 고객만족을 추구하는 마케팅믹스의 요소이며, 서비스 산업은 궁극적으로 서비스 활동에 참여하는 판매원인 종업원이 중요하다는 반증이다.

여기서는 종업원을 최초의 고객으로 보고 그들에게 서비스 마인드나 고객지향적 사고를 심어주며, 더 좋은 성과를 낼 수 있도록 동기를 부여하는 활동을 전개하는 것이 핵심인데, 이러한 내부 고객인 종업원이 중요한 이유는 그들 자체가 서비스이기 때문이다. 또한, 그들은 고객의 눈에 비치는 조직 그 자체를 나타내며 서비스 기업의 마케터로서의 역할을 수행한다.

마케팅에 있어 사람은 경쟁력이다. 사람 중 1차 고객은 ① 임직원이며, ② 2차 고객은 협력업체, 관계사, 파트너 등이며, ③ 3차 고객은 최종고객으로 이들의 전략적 중요도는 ① > ② > ③이라고 알려져 있다.[3)]

6) 물리적 증거(physical evidence)

물리적 증거란 서비스가 제공되고 서비스 기업과 고객 간에 상호작용이 이루어지는 환경을 말한다. 물적 증거는 고객이 서비스를 이해하고 가하기 위한 유형적 단서(tangible cues)가 되고, 비언어적 단서로서 커뮤니케이션 기능을 수행할 뿐만 아니라 기업이미지를 형성하는 데 중요한 기능을 한다. 여기에는 상품설명용 비디오나 오디오 시설, 각종 시설과 비품들의 색상, 각종 시설 및 비품들의 배치 및 배열, 고객용 휴게실, 상담실 등의 휴식공간 시설, 건물의 외관, 청결성, 조용함, 편리한 주차시설 등 기타 고객용 시설 등이 포함된다.

점포의 시설 이미지를 통해 고객에게 만족을 추구하는 마케팅믹스의 요소로 physical

3) 문화체육관광부 예술경영지원센터, 마케팅전략–기업의 성공사례에서 배운다, 2010, 40쪽.

facility라고도 한다. 즉 서비스의 물리적 증거는 서비스가 전달되고, 서비스 기업과 고객의 상호작용이 이루어지는 환경을 말한다.

이러한 물리적 환경에는 외부환경과 내부환경이 있는데, 먼저 외부환경은 신규고객 확보에 가장 큰 변수로 작용하는데, 시설의 외형, 간판 등의 안내표지판, 주차장, 주변환경 등이 이러한 예에 속한다.

다음으로 내부환경은 내부 장식과 표지판, 벽 색상, 가구, 시설물, 공기의 질/온도, 향기 등이 해당된다. 한편 기타 서비스의 물리적 증거로서 유형적 요소는 종업원 유니폼, 광고 팸플릿, 메모지, 입장티켓, 영수증이 있다. 서비스에서 물리적 증거가 중요한 이유는 무형적인 서비스상품이 어떤가를 고객이 결정하고 평가하는 데 도움이 될 수 있는 유형적 단서가 되기 때문이다. 즉 고객은 눈에 보이는 가시적인 것에 의해 서비스를 평가하고 만족하는 경향이 많다는 것을 명심하자.

〈표 4-2〉 여행사의 물리적 환경요소

구분	대상	소구점
건물의 외관	간판 출입문 진열창문 기타	- 눈에 띄고 관심을 끌 수 있도록(예 : 도날드의 골든 아치(Golden Arch) - 정문의 수는 적은 것이 고객유도에 유리함 - 고객의 진입에 편리하도록 넓어야 함 - 전반적 이미지 창출 - 계절감각 등을 표현 - 건물의 유일성, 가관성(可觀性), 주변지역, 주차시설
내부분위기	바닥 색조, 조명 소리 설비물 및 벽설비 이동 수단 종업원 고객계층 점포배치 내부진열	- 부드러운 이미지를 위해 카펫 등 사용 - 밝은 이미지 연출 - 편안하고 은근하게 흐르는 음악 - 심미적(審美的)인 면에서의 고려 - 가능한 전용 엘리베이터 설치, 편리성 등과 용모단정, 예의바름, 상품지식구비 - 상담실의 분리 운영 - 업무의 흐름이 원활하도록 배치함 - 여행자에게 정보제공 우선

자료 : 정찬종, 관광마케팅믹스요인이 여행사의 이미지 형성에 미치는 영향요인에 관한 연구, 경기대학교 대학원 박사학위논문, 1992, 92쪽.

여행사와 같은 소자본점포의 경우에는 SI(Store Identification)전략이 있다. 멀리서 봐도 분명히 알아볼 수 있는 점포의 외관, 특징이 있는 포장 등은 점주가 노력만 하면 충분히 차별화 요소로 살릴 수 있는 부분들이다. 상호, 간판, 점포외관, 인테리어, 진열대 등은 앞서 말한 제품력 이전에 고객을 끌어들이는 역할을 해주는 중요한 요소들이다. 일단 내점을 해야 상품을 팔 수 있는 것이다.[4)]

3) 과정(process)

지속적인 고객 서비스의 원활한 흐름을 위한 시스템의 개발과 활용을 통해 고객에게 만족을 주는 마케팅믹스의 요소이다. 여기에는 대고객 정책, 대고객서비스 전달절차, 업무활동흐름의 통제, 고객의 제안에 대한 반응, 패키지상품의 구성순서, 고객들이 시설에 대한 적정접촉의 정도 등이다.

즉 이것은 서비스 프로세스를 관리하는 것으로, 서비스가 전달되는 절차나 메커니즘 또는 활동들의 흐름을 의미한다. 대부분의 서비스는 일련의 과정(process)이며 흐름(flow)의 형태로 전달된다.

여기서 유의할 점은 서비스 프로세스의 단계와 서비스 제공자의 처리 능력은 고객의 눈에 가시적으로 보여진다. 따라서 서비스 생산 프로세스를 설계할 때에는 프로세스에 대해서 고객이 느끼는 점들에 대해 특별하게 주의해야 하고, 반드시 고객의 관점이 반영되어야 한다.

여행상품을 구입하는 여행자의 경우 10박 11일의 유럽여행상품을 구입할 때 한국의 공항출발에서부터 10박 11일이 끝나고 귀국 후에 상품의 가치가 판별되는 점에서 상품이 생산되는 과정에 여행자가 직접 참여하게 되며, 호텔 숙박상품의 경우 투숙단계에서 상품의 가치가 판정되는 것이 아니라 체재과정이 끝난 후에 호텔의 제반 시설과 식음료업장 등 체재기간 동안 이용한 모든 호텔시설에 대한 평가를 한 후에 지불금액에 대한 상품의 가치가 판명되는 점에서 투숙객이 호텔상품의 구입과정에 관여하게 된다. 이러한 점에서 서비스재화를 제공하는 동안 고객의 동선(動線)과 제반 이용시설의 관리가 필요하며 효율적인 환경공간의 배치와 활용을 위한 방안의 강구가 요청되는 이유이다.

---

4) 김태호, 소자본점포 마케팅전략, 익산소상공인지원센터, 발행연도불명, 4쪽.

즉 고객은 자신의 서비스 이용경험이나 서비스가 제공되는 과정을 통해 서비스를 평가하게 된다. 이와 같이 서비스 과정의 중요성은 대부분 제공과정이 서비스상품으로 인식된다는 점과 고객이 서비스품질을 평가할 때 기능적/상호작용적 품질인 과정품질(process quality)이 더 중시된다는 점이다. 특히 여행서비스처럼 인적 서비스가 크게 작용하는 경우에는 과정품질의 중요성이 더욱 커지게 되는 것이다. 그러므로 서비스 제공과정에 고객의 요구를 충분히 반영하여 여행상품을 설계하고, 이를 뒷받침할 수 있는 내부마케팅(internal marketing)과 상호작용마케팅(interactive marketing)이 어우러지지 않으면 안 된다.

서비스과정이 만들어내는 결과품질은 고객에게 강력한 영향을 미치게 된다. 예컨대 고객이 마음에 들어 구입한 세탁기를 집에 들여놓는 과정에 배달원이 간단한 사용법에 대한 설명도 없이 퉁명한 얼굴로 세탁기를 그저 가져다 놓는 것에 그치고 만다면 고객은 그 세탁기를 돌리는데 아무런 문제가 없어도 전체의 품질이 나쁘다고 판단할 공산이 크다.[5)]

결국 품질을 관리하는 중요한 요건은 당초 제시한 조건과 다른 상황이 발생했을 때 신속하게 대응하는 것이다. 대응의 좋고 나쁨 또한 품질의 일부이기 때문에 적절한 대응은 필수적이다. 따라서 상품을 설계할 때 모든 과정에서 발생될 수 있는 상황을 미리 상정하고 그에 따른 적절한 준비태세를 갖추는 것이 품질관리의 요체라고 할 수 있다.[6)]

이제부터 본격적으로 마케팅믹스 요소 각각에 대해서 구체적으로 알아보기로 하자.

---

5) 和田正春, 顧客がサービスを決める時, ダイヤモンド社, 1997, 44쪽.

6) 切戸晴雄, 旅行マケティング戦略, 玉泉大学出版部, 2008, 85쪽.

CHAPTER 5

여행상품믹스

05 여행상품믹스

5.1 여행상품의 정의

상품이란 각종 산업의 생산물이 인간에게 욕망을 충족시켜 줄 수 있는 가치를 지닌 시장이 교환매개체로서 유상으로 이동되어 최종 소비자의 손에 들어갈 때까지의 과정에 있는 모든 재화를 뜻한다. 그러므로 상품이란 매매의 대상이 될 수 있는 유형 · 무형의 모든 재산을 말한다.

여행상품은 여행과 관련된 서비스이며, 패키지투어 등은 그들의 조합 = 덩어리로서 인식되어 소비된다. 또한 여행상품은 물재(物財)가 아니라 서비스를 팔고 있는 것이라고 할 수 있다. 예를 들면 항공권은 어느 구간, 어느 시간대, 어떤 좌석을 이용할 권리 = 서비스라는 정보를 나타내고 있는 것이며, '종이'라는 물질 자체 = 물재(物財)가 가치를 가지고 있는 셈은 아니다.

여행업의 최대 특색은 여행을 '상품'으로서 생산하고 '상품'으로서 판매하고 있는 점이다. 여행사의 본래 의무는 여행상담이며, 교통 · 숙박기관의 예약이나 수배였다. 그러나 현대의 여행업은 고객의 욕구에 따라 여행을 조립하는 '수주생산형'에서 먼저 여행을 설정하고 참가자를 모집하는 '기획생산형'으로 전환됨에 따라 여행이 상품으로서 인식되기에 이르렀다.[1]

즉 여행상품이란 여행자가 목적에 맞는 여행을 용이하게 실행할 수 있도록 여행업자가 주최성(主催性)을 가지고 여행정보와 인적 서비스를 조합한 '종합여행정보시스템상

1) 정찬종, 새여행사경영론, 백산출판사, 2014, 80쪽.

품'이라고 정의할 수 있다.

패키지투어에는 항공좌석, 호텔의 숙박, 공항과 호텔 간의 왕복 교통(transfer), 식사, 여행, 인솔자(혹은 현지가이드 · 안내사)의 6가지 소재가 포함되어 있다는 것이 최적의 조건이라 생각하는 사람이 많다.

여행소재(旅行素材)의 하나하나, 예를 들면 한 장의 항공권이나 한 장의 호텔 바우처(voucher)를 여행상품이라고도 할 수 있다. 여행자상해보험 등도 훌륭한 여행상품이며, 국내여행의 경우 KTX 등 열차표와 제주도행 항공권도 여행상품이다. 또한 항공좌석에 호텔객실과 교통을 조합한 에어텔(airtel)상품, 반제품(half made)으로서의 유니트(unit · 단위상품)상품 가운데 하나이다.[2]

결과적으로 "여행상품은 숙박, 교통, 음식, 기타 여행관련 시설 등 '여행소재의 결합'과 이를 운용하는 시스템을 추가하여 부가가치를 창출한 시장거래의 목적물"이라고 할 수 있다.

5.2 여행상품의 구성요소

여행은 통상적으로 거주지 외의 수용지역에로의 이동과 대부분 거기서의 체재를 수반하는 다면적인 현상이다. 그러므로 여행상품의 구성요소도 여행 중에 일어나는 기본적인 여러 활동들을[3] 구성하고 있는 요소 즉 여행부품 혹은 여행소재라고 할 수 있다. 여행사는 이들 여행소재를 조립(assemble)하여 일련의 여행상품을 생산하고 있다.

여기에는 다음과 같이 ① 교통(특히 항공좌석), ② 숙박, ③ 식사, ④ 여행 · 이벤트, ⑤ 인솔자 · 안내사 등이다.[4]

---

2) トラベル ジヤーナル, 海外旅行ビジネス入門, 1983, 93쪽.
3) Betsy Pay, Essentials of Tour Management, Englewood Cliffs : Prentice-Hall Inc., 1992, p. 4.
4) 太田久雄, 売れる旅行商品の作り方, 同友館, 2004, 26~39쪽.

5.2.1 교통(transportation)

일반적으로 교통은 공항과 호텔 간의 이동수단을 말하는데, 최근에는 자택과 공항 사이의 수배와 관계되는 경우도 있다. 특히 업무 출장객의 획득에 열심인 항공사는 상용고객을 대상으로 한 사무소-공항, 자택-공항 간에 교통을 무료로 제공하는 경우나 도착지 공항에서 호텔까지 교통부문을 수배하고 있는 경우가 있다.

또한 여행상해보험의 시작을 자택을 출발하기 전으로 들어두면 자택 출발한 때로부터 보상의 대상이 된다.

교통에서 가장 중요한 것은 항공편이다. 대형 회사와 중소형 회사에서는 항공좌석 구매규모가 다르기 때문에 구매단가도 다르다.

대형 여행사는 규모의 경제(scale merit)5)를 추구할 수 있기 때문에 중소형 여행사가 공동구매 컨소시엄을 조직하여 가능한 한 유리한 요금을 획득하려 하고 있다. 또한 대형 여행사는 자신이 구매한 좌석을 중소여행사에게 되파는 것만으로 구매량을 더욱 증가시킬 수 있기 때문에, 이 분야의 전업(專業)자회사(distributor)를 설립하고 있다.

또한 구매를 유리하게 하기 위해서 가능한 한 특정 항공사를 이용하거나 그 항공사에 있어서 중요한 여행사(예를 들면 연간 거래액으로 상위 10위 이내)가 된다는 구매전략을 취하는 경우도 있다.

게다가 신문모집에 힘을 쏟고 있는 여행사에 대하여 잔석(殘席)을 싸게 팔아주는 항공사도 적지 않다. 여행 도매업자와 비교하여 이들의 직판회사에서는 출발 직전에도 좌석을 팔아줄 기회가 많기 때문이다.

이와 같이 항공사의 선택 방법, 좌석의 구매 전략 등은 꽤 복잡하며, 최근에는 자사의 컴퓨터 네트워크로 각 지점의 구매가격을 체크하고 전사적으로 구매가격을 낮추는 공급체인 경영(SCM : Supply Chain Management)에 힘을 기울이는 여행사가 늘고 있다.

많은 도시에 진출하고 있는 항공사의 경우 각 지점에 매출목표를 설정해 두고 목표를 달성하지 못할 때 자신의 판매영역 이외의 도시에 싸게 파는 경우 등도 이에 속한다.

---

5) 기업의 규모가 커짐에 따라 상품의 단위당(単位当) 생산비용이 낮아지는 데서 생기는 이익.

5.2.2 숙박시설(accommodation)

호텔선택에는 ① 시설, ② 서비스, ③ 요금, ④ 위치의 4가지가 중요하다. 또한 시설에서는 같은 2인용 객실이라도 더블 룸과 트윈 룸이 있고, 객실에 머리건조기가 있는지 없는지, 휠체어로 욕조에 들어갈 수 있는지 여부를 사전에 알 수 있기 때문에 조건에 따라 섬세한 대응이 가능하다.

리조트 호텔의 경우에는 바다에 면해 있는 오션 프런트(ocean front), 바다가 보이는 오션 뷰(ocean view), 산 쪽의 마운틴 뷰(mountain view)가 있고 상층이라든지 하층의 지정도 필요하다. 서비스에서는 한국인을 위한 지배인이 그 호텔에 있는지 없는지도 중요한 요소이다.

호텔의 검색에는 인터넷이 편리하지만 예약은 아직 한국에 있는 예약사무소 또는 지상수배업자에게 의존하고 있는 여행사가 보통이다. 인터넷으로 예약을 하고 OK를 받아두었다고 해도 현지에 가보면 방이 없다고 하는 경우도 생기므로 예약의 확인을 통해 실수를 줄이는 것이 중요하다.

여행목적에 따라 호텔의 위치를 가장 중시하는 경우도 있다. 쇼핑이 목적이라면 도심호텔, 휴양이 목적이라면 비치 프런트(beach front), 문화지향이라면 박물관, 미술관에 가까운 지역을 선택하는 것이 좋을 것이다.[6)]

단체여행은 같은 형태의 객실을 많이 보유한 호텔, 단체 핸들링(Handling)하기에 충분한 종업원을 보유한 호텔을 선택하고, 개인여행은 비교적 아담한 호텔로 고객을 기억해 줄 수 있는 호텔을 선정하며, 업무여행은 방문처에 가까운 호텔로, 국제회의 출석여행은 국제회의가 개최되는 호텔, 불가능 시는 그 호텔과 가장 인접한 호텔을 선택하며, 여행·관광은 여행지와 인접하고 번화가나 쇼핑센터의 접근이 용이한 호텔에 예약하는 게 일반적 관행이다.

5.2.3 식사(meal)

최근의 호텔조식엔 뷔페식이 늘고 있다. 독일의 호텔 등에서는 그 외 추가요금 없이 샴페인을 자유롭게 먹을 수 있게 된 곳도 있다. 미국의 휴양지 등에서는 일요일 아침에

---

6) 정찬종, 최신여행사실무, 백산출판사, 2013, 59~60쪽.

'샴페인 브렉퍼스트'를 내걸어 지역주민을 유치하는 호텔도 있다.

또한 지역의 명물요리라는 것도 있다. 이것도 한두 번은 꼭 여행상품에 포함해야 할 것이다. 또한 석식에 쇼가 있는 레스토랑을 선택할 경우도 있다. 더욱이 비엔나 등에서는 특별히 궁전에서 클래식음악을 들으면서 석식을 먹을 수 있다든지, 파리에서는 식사 후에 물랭루즈라든지 리도쇼와 같은 나이트클럽을 찾는다든지 혹은 패션쇼를 감상하는 것 등도 타사와의 차별화를 꾀하는 소재활용법이다.

5.2.4 여행 · 이벤트(tour & event)

소비자는 항상 어떤 형태의 여행동기를 가지고 있기 때문에 그 욕구를 채워주는 투어가 자신에게 적합한 때에 행사가 있다면 곧바로 예약해 버린다. 어디를 여행할지 그것은 그 투어의 성격과 목적을 명확하게 한다.

특히 최근에는 빈번하게 해외여행을 하는 반복여행자가 늘고 있고 여행 목적이 명확하다. 여행이 목적이라면 유네스코가 선정한 세계유산은 지구상에 1,000여 개가 있으나 이러한 곳은 텔레비전이나 비디오로 비교적 소상하게 소개되고 있을 것이다. 그러나 거기에 어떻게 가는 것이 좋은지, 시기는 언제가 좋은지, 비용은 얼마나 드는지는 거의 알려져 있지 않다.

그러므로 여행사가 그것을 상품화함으로써 비로소 소비자가 여행을 결단할 수 있는 것이다. 만약 여행사가 그렇게 하지 않으면 그것은 소비자 일생에 원망의 대상이 되어버릴 것이다.

스포츠 관전이나 유명한 자연이나 건축물을 견학하는 여행과는 달리 국제회의에 출석하거나 견본시에 참가하거나 박람회장을 찾는 특수한 목적에서의 여행도 결코 적지 않다. 특히 수학여행은 최근 급격히 증가하는 추세이다.

비즈니스출장을 한 다음 여행을 예정하고 있는 사람에게는 사전에 스케줄을 조정하는 것이 매우 중요하므로 고객이 여행사의 베테랑사원과 상담하지 않으면 안 된다. 혹은 섬세한 협의를 필요로 하는 업무는 생각보다 꽤 많다. 그 능력을 여하히 제공할 수 있는가가 고객이 상용고객으로 변하는 열쇠를 쥐고 있는 것이다.

5.2.5 인솔자 · 안내사(tour conductor & tour guide)

인솔자는 투어 컨덕터(tour conductor), 투어 디렉터(tour director), 투어 리더(tour leader), 일본에서는 텐조인(添昇員) 등으로 불리며, 그 업무의 중요성이 재인식되고 있다. 그 여행의 성패(成敗)는 인솔자에 의해 좌우되기 때문이다.

일반적으로 인솔자는 여정관리자(旅程管理者)라고 불리며 여행이 계약된 일정표대로 실시되도록 관리하는 것이 주된 임무이다. 외국에서는 한국어가 통하지 않고 불안하기도 하기 때문에 여행자는 돈이 조금 더 들더라도 현지사정에 밝은 베테랑인솔자와 같이 가는 투어를 선호한다. 그러나 최근엔 인솔자가 없는 단체를 여행상품으로 내놓는 여행사도 있다.

인솔자를 파견하는 비용은 적지 않은 금액이기 때문에 최근에는 16명 이상 단체가 아니면 인솔자를 붙이지 않는 투어도 많다. 예를 들면 동남아, 하와이, 괌, 홍콩, 일본 등에는 인솔자가 없는 대신 현지 공항에서 담당자가 마중 나오면 그것으로 충분하다는 반복여행자(repeater)가 늘고 있다.

또한 가족여행의 경우 누군가가 이전에 그곳을 방문하고 있어서 일부러 인솔자를 동행하지 않아도 안심이라고 하는 경우도 적지 않다.

그러나 참가하는 고객의 수가 20명 이상 되면, 참가자가 각각 자기주장을 펼치게 되어 단체행동이 원활하게 되지 않기 때문에 요금이 다소 들더라도 인솔자를 동행시킬 필요가 생긴다. 즉 고객들도 인솔자와 함께 여행을 하여 그의 지시에 따르는 것이 안전한 여행을 위해 본인에게도 결과적으로는 이익이 된다는 것을 알게 되는 것이다.

인솔자에도 여러 종류가 있다. 하나는 패키지투어를 인솔하는 사람, 다른 하나는 독자적인 업계시찰 단체라든지 수학여행 등을 인솔하는 사람이다. 이 경우 인솔자의 업무 목적은 크게 달라진다.

전자는 여정관리자의 역할이 중요하고 특히 열차를 중심으로 한 투어에서는 인솔자가 절대적으로 필요하다. 반면 후자는 코디네이터 역할이 강하다고 할 수 있다. 업무방문으로 불리는 상공회의소, 사업소, 공장의 견학 등에는 현지와의 밀접한 연락이 중요하며 요인(要人)에의 인사방문 등도 빼놓을 수 없다.

인솔자에게 요구되는 것은 ① 고객의 부탁을 잘 들어주는 성격, ② 업무를 어중간하게

처리하지 않는 기질, ③ 어릴 때부터 잘 교육받은 가정교육, ④ 섬세한 배려 등이다. 올바른 경어를 사용하는 것은 당연하며 복장도 청결하고 너무 화려하지 않아야 한다. 여하튼 인솔자는 고객을 무대로 주연배우가 되는 것이 최우선적인 업무인 것이다.

관광안내사는 그 선택에서 어느 수준의 사람을 뽑을 것인가 그 타협점을 어디에 맞추는가가 중요하다. 도시여행에 흥미가 있는 사람에게는 철저하게 그 도시의 역사로부터 국내의 위치설정(경제중심인지, 정치중심인지), 발전상, 혹은 정치정세까지 한번에 설명하지 않으면 안되지만 휴양지 등에서는 실제로 편리한 식당, 나이트클럽, 상점가, 스포츠시설 등 상세한 소개를 하지 않으면 안될 것이다.

학원도시, 의료도시, 계획도시 혹은 유명한 방문지에서는 가능한 한 주위의 정보를 많이 모으고 더욱이 그것을 한국인에게 알기 쉽게 번역(높이, 위도, 경도, 계절, 넓이 등)하여 한국의 어느 시대에 해당한다든지 서울과 같은 위도이지만 표고가 높기 때문에 건조하여 살기 쉽다든지 등의 설명이 필요하다.

관광안내사에는 당연하지만 경험이나 가치관에 따라 그 능력에는 우열이 있기 마련이다. 또한 남자와 여자는 생활환경의 차이에 따라 큰 차이가 있다. 개인으로 여행하는 경우에는 현지의 지상수배업자에게 부탁하지만 유명한 패키지투어의 경우에는 각지에서 미리 우수한 전속 관광안내사와 장기계약을 체결하고 있기 때문에 안심이다.

또한 인솔자와 잘 알고 있는 관광안내사라면 일일이 하나하나 확인할 필요도 없이 행사는 매끄럽게 처리할 수 있다. 또한 여성 쪽이 남성보다 여행안내사로는 적합한 경우가 많다. 그 이유는 여러 가지가 있으나 이에 반하여 한국의 반복여행자가 늘어나면 우수한 가이드는 독립하여 투어에서 알게 된 고객으로부터 직접 일을 받아, 더욱이 인터넷을 활용하여 정기적으로 거래처에 보내는 등의 일을 하는 사람도 있다. 현지 관광안내사 경험자가 이러한 정보기술을 활용하여 이윽고 지상수배업자로 성장해 가는 것이 현재의 큰 흐름이다.

그러나 관광입국을 표방하고 있는 나라에서도 실업자를 증가시키지 않을 목적으로 자국민에게조차 관광안내사 자격증을 교부하지 않는 나라도 적지 않다. 그러한 나라에서는 현지인 가이드에게 한국인 가이드가 통역을 한다는 명목으로 따라다니는 것이 현실이다. 즉 현지가이드는 아무것도 하지 않고 버스만 타고 다닌다 하여 일명 시팅가이드(sitting guide)라고 불린다.

5.3 여행상품의 종류

여행상품에도 여러 종류가 있다. 또한 상품을 만드는 사람에 따라서 여행상품의 정의가 다르고 그 다름에도 큰 차이가 있다. 가장 대표적인 여행상품은 패키지투어 혹은 주최여행이다. 이것을 여행상품이라고 부르는 것에 이의를 달 사람은 없으나 여행사에서 취급하고 있는 상품을 모두 여행상품으로 해도 되는지 어떤지에 대해서는 이론의 여지가 있다.

일본의 여행업약관에서는 ① 주최여행, ② 수배여행, ③ 기획수배여행 등의 세 가지로 분류하고 여행의 책임이 어디에 있는지를 명확히 하고 있으나, 여행업자가 주최성을 가지고 기획·판매·운영하는 패키지투어를 주최여행이라 하고 그 여행의 질의 보증, 즉 운영상의 책임을 주최여행업자가 취하여야 한다고 정하고 있다.[7)]

중요한 것은 여행업의 경영자가 자신은 무엇을 여행상품으로 정의하는지에 있으며 1,000명의 경영자가 있다면 1,000개의 여행상품에 대한 정의가 있다고 하는 것이 현실이다. 더욱이 중요한 것은 경영자가 자기 자신의 정의를 사원은 물론 거래처, 고객에게 철저히 주지시키는 것이다. 결국 수배여행과 주최(기획)여행의 차이는 다음 표와 같이 정리할 수 있다.

〈표 5-1〉 수배여행과 주최여행의 차이

수배여행	구분	주최여행
싸다	가격	비싸다
개인적 주문이 가능하다	내용	여행요소가 미리 여행사에 의해 정해져 있다
개인여행, 동료여행, 수학여행, 회사주도의 인센티브여행	유형	일반단체여행, 소위 패키지여행
여행사의 채무는 수배를 완료한 때 종료	채무범위	여행종료 시까지 채무 발생
스스로 여행서비스를 제공하는 것은 아니기 때문에 현지에서의 분쟁 등의 책임은 경우에 따라 적용	분쟁 시 여행사 책임	스스로 여행서비스를 제공하는 것이기 때문에 책임은 무겁다

자료 : 小島郁夫, よくわかる旅行業界, 日本実業出版社, 1997, 27쪽.

7) ジェイテビ能力開発, すぐに役に立つ海外旅行カウンター販売, (財)日本交通公社, 2002, 16~17쪽.

5.3.1 패키지투어(모집형 기획여행)

여행사가 여행일정이나 운송, 숙박서비스의 내용, 여행대금을 기획하여, 광고 등을 통해서 여행자를 모집하여 실시하는 유형의 여행상품을 말한다. 모집형 기획여행(패키지투어 · package tour)에는 여행사가 일정표에 기재된 내용을 반드시 이행하지 않으면 안된다는 여정(旅程)보증 책임이 있으며, 만에 하나 여행내용이 변경된 경우에는 여행자에 대하여 변경 보상금이 지급된다.

또한 여행자가 불의의 사고를 당한 손해에 대해서도 보상금이 지급되는 특별보상도 적용가능하다. 즉 여정보증과 특별보상이라는 제도는 패키지투어의 큰 특징의 하나이며 소비자보호가 기본이기 때문에 여행자에게는 대단히 의미가 크다.

〈표 5-2〉 기획여행과 수배여행의 차이

구분	여행내용 기획	여행대금 결정	참가자	여행일정 보증	특별보상
모집형 기획여행	여행사가 한다	여행사가 한다	광고를 통하여 일반모집한다	적용	적용
수주형 기획여행	여행사가 하고 의뢰자의 승낙을 얻는다	여행사가 하고 의뢰자의 승낙을 얻는다	미리 참가자의 그룹이 있다	적용	적용
수배여행	여행자가 한다	여행자가 소재를 골라 결정한다	미리 참가자의 그룹 또는 개인이 있다	적용하지 않음	적용하지 않음

자료 : 藤本幸男 · 森下晶美, 旅行商品企劃の理論と実際, 同友館, 2011, 4쪽.

5.3.2 단체형(수주형 기획여행)

기획여행에는 ① 모집형 기획여행과 ② 수주형 기획여행이 있으나, 수주형 기획여행이란 모집형과 마찬가지로 여행사가 여행일정이나 운송 · 숙박서비스의 내용, 여행대금을 기획하여 실시하는 여행을 말한다. 모집형과 다른 점은 수주형의 경우는 여행자로부터의 의뢰가 있은 후에야 비로소 여행기획을 한다는 점이다.

원칙적으로 동행하는 여행자의 그룹이 이미 있고, 그룹 이외 참가자의 모집은 하지 않는다. 일반적으로는 단체여행이라 불리는 형태로 직장의 위안여행이나 수학여행 등이 이에 해당한다. 수주형과 마찬가지로 여정보증이나 특별보상이 적용된다.

5.3.3 수배여행

수배여행이란 여행자가 운송, 숙박 등의 수배를 여행사에 의뢰한 것으로 여행사는 그 의뢰에 따라 수배만을 실시하는 것을 말한다. 개개의 여행소재를 여행자가 선택하여 여정을 작성하기 때문에 계획의 의사결정은 여행자 자신이 하기 때문에 여정보증이나 특별보상은 적용이 안 된다. 저가항공사(LCC : Low Cost Carrier)를 포함한 항공권, 호텔의 예약, 열차의 예약 등이 이에 해당한다.

5.3.4 여행상담

여행상담이란 여행의 계획 작성을 위해 필요한 조언이나 계획의 작성, 경비의 견적, 현지의 정보제공이라는 여러 가지 제안이나 어드바이스를 하는 것을 말하지만 실제로는 여행에 관한 상담만으로 여행자에게 비용을 청구하는 여행사는 극히 적고 상품으로서는 형해(形骸)화하는 경우가 많다.

5.3.5 도항수속(해외여행수속)

여권, 사증(visa), 재입국 허가증 등의 취득에 관한 수속이나 출입국서류의 작성 등이 이에 해당한다. 한국인이 여행·관광의 경우 사증 없이 갈 수 있는 나라가 많고 또한 최근에는 한국의 출입국 관계서류도 폐지되는 경향에 있기 때문에 여행사에서의 취급은 감소하고 있다.

그러나 중국 등 일부 사회주의 국가는 여행·관광이라도 사증을 필요로 하고 있으며 미국은 ESTA(전자도항인증시스템)의 신청이 필요하다. 이와 같은 신청수속에 즈음하여 대사관에 출입하는 것이 귀찮고, 인터넷 수속은 불안하다는 여행자도 있어서 여행사 상품의 하나가 되어 있다.

〈표 5-3〉 여행상품의 종류와 여행내용의 특징

여행상품명	종류	여행내용의 특징
패키지투어 (모집형 기획상품)	Full Package, Skelton Package, Dynamic Package 등	여행사가 내용을 기획하여 대금을 정해 팸플릿이나 광고 등으로 여행참가자를 모집하는 여행상품. 기획여행으로 위치설정되어 있으며, 여정보증이나 특별보상의 적용대상이다. • Full Package : 숙박, 교통, 여행, 식사 등이 세팅되어 있다. • Skelton Package : 왕복 교통과 숙박뿐인 것. 자유도가 높다. Free Plan형이라고도 한다. • Dynamic Package : 필요한 세트내용을 자신이 스스로 선택하여 오리지널 투어를 만드는 것이다.
개인여행 (수배여행)	숙박예약, 교통수배, 각종 입장권, 렌터카 수배 등	여행자 스스로가 여행소재를 골라 여행사가 그 수배만을 행하는 것. 여행계획의 의사결정은 여행자 자신이 행하기 때문에 여정보증이나 특별보상은 하지 않는다.
단체여행 (대다수는 수주형 기획여행)	위안여행(사원여행, 직장여행, 포상여행, 초대여행 등)	개인이 각각 신청하는 것이 아니라 여행참가자가 이미 그룹을 짠 여행. 대개는 기획여행에 위치설정되어 있고, 여정보증이나 특별보상의 적용대상이다. • 위안여행(사원여행, 직장여행) : 사원이나 구성원의 위안이나 친목을 목적으로 한 여행 • 보장(報奬)여행 : 판매점이나 사원의 동기부여를 목적으로 한 것. 매출액이나 업적에 따라 초대된다. • 초대여행 : 판촉이나 단골거래처의 접대를 목적으로 하는 것. 퀴즈에 응모하여 당첨자를 대상으로 초대하는 것이 하나의 예
교육여행 (수주형 기획여행)	수학여행, 어학연수 등	초중고교, 대학 등에서 실시되는 교육연수나 체험학습을 목적으로 한 여행. 수학여행이 그 대표격. 소풍이나 임간학교(林間學校), 어학연수, 홈스테이 등도 이에 해당한다. 단체여행의 한 형태. 기획여행에 위치설정되어 있고, 여정보증이나 특별보상의 적용대상이다.

자료 : 藤本幸男 · 森下晶美, 旅行商品企劃の理論と実際, 同友館, 2011, 5쪽.

5.4 여행사의 주체(主體)성

종래의 여행사는 "여행업취급상품을 대리 · 매개 · 중개하고 있는 것에 지나지 않고" 라고 「여행업법」은 정의하고 있었다. 그러나 한 장의 항공권(air only)을 판매하는 경우, 여행사는 어느 항공사의 항공권을 판다고 하는 선택(의지결정)을 하고 있다(운임은 어느 디스트리뷰터가 가장 싼지를 알고, 거기서 필요한 때 항공권을 구매할 수 있을지 어떨지는 여행사의 존재가치를 높이는 중요한 요건이다).

출발편, 출발일 혹은 귀국일 그것의 가격설정을 주최성을 가지고 수행하는 경우는 단순한 항공권의 대리 · 매개 · 중개가 아니라는 것을 알 수 있다.

예를 들면 모집광고에서 행선지와 요금이 명기되어 있어서 이용항공사가 정해지지 않은 경우 판매항공사의 요금을 게재한 요금표를 발행하여 카운터에 배포하거나 신문이나 여행정보지에 선전된 항공운임(air only)은 항공사의 숨은 부가가치가 추가된 여행상품이라고 할 수 있다. 이와 같이 소비자가 결과로서 한 장의 항공권을 산 경우에도 '여행업취급상품'이거나 판매과정에 따라서는 주최여행상품이 될 수 있다.

5.5 여행상품의 하드웨어와 소프트웨어

패키지상품은 문자 그대로 소재(素材)의 조합이지만 앞서 언급한 여섯 가지 소재는 어느 것도 타사의 소유물이며, 예외적으로 인솔자만은 자사의 사원이 그 역할을 수행하는 것이 필요조건이었다. 그러나 최근에는 인솔자조차도 인재파견회사로부터 파견인솔자에게 많이 의존하도록 변하고 있다.[8)]

물론 현재도 사원이 인솔하는 것을 여행상품의 절대조건으로 하고 있는 경영자도 있다. 그런데 교통이나 숙박, 음식 등 여행소재를 여행의 하드웨어로 이해한다면 말할 필요도 없이 여행자는 이들의 하드웨어를 낱개로도 입수할 수가 있다. 따라서 여행자가

8) 蛇口健一, 戦略ニューサビスビジネス戦略, ビジネス社, 1983, 93쪽.

이들의 하드웨어를 여행업자를 통하여 구매함으로써 생기는 이익(merit)만이 여행상품의 부가가치이다. 그 부가가치는 여행의 소프트웨어가 만들어낸 것이라고 생각한다.

여행상품에는 눈에 보이는 부분과 눈에 보이지 않는 부분이 있다. 여행의 하드웨어는 보이는 부분이다. 여행의 소프트웨어는 거의 보이지 않는 부분이다. 신뢰성이 높은 항공사를 선택한다든지 편리한 일정(schedule)을 짠다든지 일류호텔을 선택하고 있다는 것 등은 알기 쉽지만, 베테랑 인솔자를 붙인다든지 현지에서의 향토요리와 한국요리의 조합이 좋다는 등의 소프트웨어의 좋고 나쁨을 소비자가 광고나 팸플릿에서 판단하기는 어렵다.

〈표 5-4〉 여행상품의 하드와 소프트

하드(hard) 측면	소프트(soft) 측면
교통기관 : 항공기, 선박, 자동차, 케이블카 등	기내(機內), 차내(車內), 선내(船內)에 있어서의 서비스, 교통의 연결과 조화 있는 일정
숙박시설 : 호텔, 여관, 모텔, 펜션 등	단순한 숙박만이 아니라 마음의 안식처로서의 기능
여행시설 : 유원지, 박물관, 명승고적, 식당, 운동시설	놀 기분을 만족시킬 것인지 어떤지? 사전(事前)학습, 수긍이 가는 해설, 여유 있는 시간, 미각, 주위의 환경, 종업원의 서비스, 가격, 분위기 등

자료 : 정찬종, 여행업무관리론, 백산출판사, 1991, 48쪽.

여행의 하드웨어도 좌석이나 객실이 비어 있다는 것(정보)을 활용하는 것이기 때문에 그것은 소프트웨어의 일부이다. 물리적으로 객실이나 좌석이 존재하고 있다고 해도 그것이 막혀 있다면 사용할 수 없기 때문에 여행업자가 사고파는 것은 빈방(공석)정보이다.

이와 같이 종래 하드라고 생각되고 있었던 것을 정보로 파악하여 변환하면 여행업자가 여행상품으로서 조합하고 있던 소재는 모두 소프트이며 이들의 눈에 보이는 소프트(항공좌석, 호텔, 레스토랑 등)와 경영철학이나 노하우처럼 눈에 보이지 않는 소프트를 조합한 것이 여행상품이라는 것을 알 수 있다.

항공권의 무표(ticketless)판매가 있다. 종래의 경우라면 여행사나 항공사의 창구에서 항공권을 구입하고 공항에서 예약을 확인하고 나서 탑승권을 수령하고 있었다. 티켓이라는 물건이 매개되었기 때문에 항공권도 하드처럼 보였다.

그러나 전화나 컴퓨터로 항공사의 CRS에 직접 접속하여 예약을 완료하거나 다이렉트카드(direct card)로 운임을 자동적으로 정산하거나 공항에서는 예약한 본인이라는 것을 증명하는 것으로 탑승하게 되면 항공권은 불필요하게 된다. 실제로는 정보만이 이동하고 있기 때문에 항공좌석, 혹은 호텔객실거래는 소프트 그 자체이다.

5.6 정보시스템으로서의 여행상품

여행사가 주체성을 가지고 조합하여 팸플릿 등의 서류에 따라 내용을 명시하고 있는 것은 종합(여행)정보서비스이다.

하바드대학의 시어도어 레빗(T. Levitt) 교수는 1976년의 논문에서 아메리칸익스프레스사는 정보를 조합하여 패키지화하고 그 상품을 기반으로 투어를 제공한 회사를 대신하여 판매만 했다고 지적하고 있다.

소비자는 이 종합(여행)정보시스템에 의한 서비스를 구매하는 것으로 큰 편의를 받아 거기에 부가가치를 창출하고 있다.

1990년 6월 13일에 제정된 "패키지여행에 관한 EC이사회지령"에 의하면 "패키지란 이하의 세 가지 요소 가운데 두 개 이상을 사전에 조합하여 만든 여행상품으로서 포괄요금으로 판매 혹은 판매를 위해 제공되고 여행기간이 24시간을 넘든지 숙박을 동반하는 경우"이다. ① 교통기관, ② 숙박시설, ③ 기타, 교통기관 및 숙박시설에 부속하지 않은 것도 있고 당해 패키지에 있어서 중요한 부분을 구성하는 서비스로 꽤 개략적인 정의이다.

그러나 동 지령은 팸플릿에 기재하는 것으로서 ① 목적지와 거기에 이르는 교통기관과 특징, ② 이용숙박시설의 종류, 소재지, 쾌적성 정도, 주요 특징, 당해(EU)가맹국의 법규에 의한 인가나 신용평가, ③ 식사계획, ④ 여행일정, ⑤ 가맹국 또는 관계국 국민의

목적지에의 여행 또는 체재에 필요한 여권 및 비자, 보건 위생수속에 관한 일반정보, ⑥ 전도금으로 지불하지 않으면 안되는 금액 또는 가격에 대한 비율 및 잔고의 지불기한, ⑦ 패키지 행사에 필요한 최소인원의 유무와 만약 최소행사인원이 있는 경우는 소비자에게 행사중지를 통지하는 기한 등 꽤 상세하게 규정하고 있으며 패키지상품의 개념을 보다 명확하게 하고 있다.

앞서 언급한 바와 같이 여행상품이란 여행업자가 주체성을 가지고 정보와 인적 서비스를 조합하여 여행자가 목적에 맞는 여행을 용이하게 실현할 수 있도록 준비한 "종합정보시스템" 상품이라고 정의할 수 있다.

5.7 인적 서비스의 가치

여행상품의 판매 · 운영에서 고객과의 접점은 대별하여 두 가지가 있다. 하나는 고객과의 접점인 카운터와 전화, 편지 등에서의 사원에 의한 접촉이다. 이것은 진실의 결정적 순간(MOT : Moments of Truth)[9]으로 잘 알려져 있는 과정이다.

즉 예상고객이 주로 여행상품의 구매단계에서 여행사의 사원과 접하는 시간을 말하는 것으로 여행의 동기설정, 설득, 구매결정과정에서의 정보전달이다.

다른 하나는 여행 중의 인솔자나 가이드에 의한 서비스(정보제공 및 마음씀씀이와 원조행동)이다. 일본의 새로운 「여행업법」에서는 인솔자를 여정관리자로 위치설정하고 있으나 여행인솔자는 여행 중 여행자로부터 어떤 요구가 있으면 거들어주지 않으면 안되기 때문에 "무엇이든 말씀해 주세요"라는 립 서비스(lip service)만 하고, 적극적으로는 아무런 행동을 하지 않는 미숙한 인솔자가 있는가 하면, 하나부터 열까지 마음씀씀이가 구석구석 미치는 베테랑인솔자도 있다.

사전기대와 사후평가를 크게 나눌 수 있는 요건도 이 인솔자의 서비스이다. 아사히

9) 고객이 회사나 상품에 대해 이미지를 결정하게 되는 15초 내외의 짧은 순간을 일컫는 마케팅 용어다. 종업원과 접촉하거나 광고를 볼 때 등 고객이 어떤 특정 시점에 갖게 되는 느낌이 기업의 이미지나 생존을 결정짓는다는 뜻으로 스웨덴 경제학자 리처드 노먼이 최초로 사용한 용어이다.

썬투어스의 야나기사와(柳澤) 회장은 정말로 좋은 여행이란 첫째, 멋있는 경치, 둘째, 스토리텔링, 셋째, 역사, 문화, 미술, 음악이 있는 것이라고 주장한다. 아무 생각 없이 카메라를 들이대 경치나 거리풍경이나 우연치 않게 생긴 일에서도 반드시 거기에 이야깃거리가 있을 것이다.

여행을 즐겁게 완성시키기 위해서는 어떻게 해서라도 이러한 역할을 담당할 확실한 안내자가 필요하다고 생각한다. 그래서 나는 여행시리즈에서 사진에 나와 있는 전문 인솔자를 동행시키는 것을 원칙으로 하고 그 양성에 힘을 쏟아왔다.

그들은 우선 사내의 공통 1차 시험을 합격하지 않으면 안 된다. 유럽 일반역사, 그리스도교사, 도상(圖上)학, 이슬람사, 미술일반 등이 기본이다. 사내에서는 그들을 사전인솔자라 부르고 있다. 이런 사람들이 여러분을 안내하고 버스 안에서 이야기하면서 우리 회사의 상품철학을 말하고 품질을 보증하고 있다.

현지의 출영담당자나 가이드의 서비스 질은 고객의 사전기대를 충족시키는 가장 중요한 요소이며 여행사에 있어서 현지의 지상수배업자나 가이드를 선택하는 그 자체가 중요한 정보선택의 하나이다. 세계 각지 지상수배업자와의 장기적인 연결이 서비스의 질을 보증하는 시스템의 기반이다.

그러나 여행이 완료되고 나서 비로소 그 상품가치가 평가된다는 상품특징을 가지고 있기 때문에 글로벌한 종합정보시스템이 갖추어져 있지 않으면 부가가치가 높은 상품을 기획 · 운영(서비스의 제공)할 수가 없다.

그렇기 때문에 대형여행사는 주된 여행목적지에 현지법인을 설립하여 수배에 만전을 기하고 있으나 그것이 불가능한 중소여행사는 현지의 지상수배업자를 가장 신뢰하는 파트너로 선택하여 그들에 의존하고 있다.

5.8 여행상품의 수명주기와 마케팅믹스전략

인생에도 주기가 있고 사계(四季)에도 춘하추동이 있듯이 상품에도 주기가 있는바, 도입기, 성장기, 성숙기, 쇠퇴기가 그것이다. 상품의 수명주기는 2개의 중요한 도전과제

를 제기한다. 하나의 상품이 시장에 도입되어 폐기되기까지의 과정을 우리는 상품수명주기(product life cycle)라고 한다.

이 수명의 장단(長短)은 상품의 성격에 따라 다르지만 대체로 도입기 · 성장기 · 성숙기 · 쇠퇴기의 과정으로 나눌 수 있다.

도입기에서는 시장개척이 중심으로 제품이나 서비스의 인지도를 높이는 것이 필요하다. 그 가운데 제품이나 서비스의 콘셉트, 새로운 라이프 스타일 등을 소비자에게 적극적으로 호소하지 않으면 안되기 때문에 광고 · 판촉 등의 비용이 많이 든다.

성장기에 있어서는 이용자가 늘어나는 한편으로 경쟁 타사에도 같은 제품 · 서비스의 투입 등이 있기 때문에 시장에 있어서 포지션이나 셰어(share)의 확립을 위한 개선이나 가격의 검토, 유통채널의 확대 등 적극적인 대응이 필요하게 된다.

성숙기에 있어서는 경쟁 타사의 제품 · 서비스에 대하여 포지셔닝이나 셰어를 지키는 것이 중요하다. 그 때문에 개선이나 모델의 변경보다도 가격이나 광고의 검토 등 포지셔닝 확보를 위한 전력이 필요하다. 쇠퇴기에는 제품 · 서비스의 철수에 대하여 그 타이밍이나 방법에 대하여 검토한다. 여행상품의 대다수는 저가격 · 저이익인 것에서도 구입 후 애프터서비스의 체제 등도 고려할 필요가 있다.[10)]

또한 애프터서비스의 유료화 문제도 심각하게 검토해야 한다.[11)]

우선 첫째로 모든 상품은 결국 쇠퇴하기 때문에 기업은 오래된 것과 대체할 새로운 상품을 찾지 않으면 안되는 것이다(신상품의 개발문제). 둘째로 기업은 그 상품이 어떻게 세월을 보냈는지를 이해하고 수명주기 단계를 통과함에 따라 마케팅전략을 변경하지 않으면 안 된다. 따라서 자사가 출시한 상품이 어느 단계에 있는지를 파악하여 그 시점에서의 소비자의 태도(상품가치의 수용도)를 인식함으로써 가치의 정착 혹은 사용자 확대를 위한 적절한 수단을 강구할 수 있는 것이다.[12)]

이 가운데 특히 기업이 노력을 전개하는 것은 도입기와 성장기이며 기업은 성장을 위해서 언제나 성장기에 있을 만한 상품을 라인에 끼워 두고 신상품 개발이나 경영의

---

10) 横田澄司, 效率的マーケティング活動の分析, 同文舘, 1985, 173~176쪽.

11) 小林宏, サービス学, 産業能率大学出版部, 1984, 177쪽.

12) 日本興業銀行東京支店 · 日本経営システム株式会社編著, ヒット商品のマーケティングプロセス, ダイヤモンド社, 1984, 124쪽.

다각화를 시도하여야 한다. 한편 이러한 상품수명주기에 의해 국제무역의 흐름을 설명한 것이 상품의 수명주기 경과도이다.

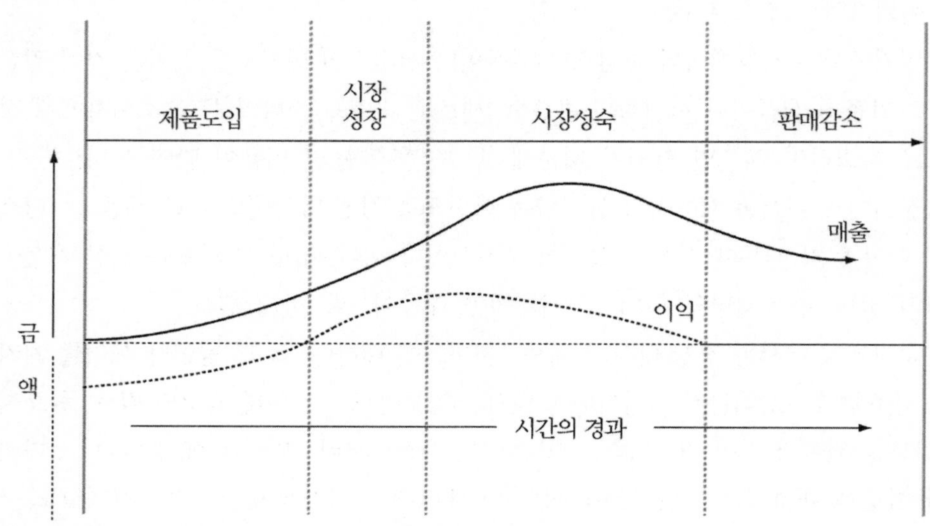

자료 : 出牛正芳, 基本商品知識の基礎, 白兆書房, 1983, 60쪽.

〈그림 5-1〉 상품의 수명주기 경과도

마케팅전략 형성과정에 있어서 상품의 수명주기와 시장의 시간적 전개에 관한 개념이 어떤 역할을 수행하는지에 대해서 검토할 필요가 있다. 어느 상품의 마케팅전략은 그 수명주기의 각 단계가 경과되는 가운데 정기적으로 수정되지 않으면 안 된다.[13)]

여행상품의 경우에도 시장이 안정되고 수명이 긴 수학여행이나 신혼여행상품이 있다. 신혼여행은 계절성이 강하여 봄·가을에 수요가 많고 여름과 겨울에는 수요가 적어 요철수요를 보이고 있다. 또한 여행업은 실제로 여행수요가 발생하지 않는 훨씬 이전부터 기획, 판매 등의 업무가 생기고 있는 이유 등에서 계절적 파동을 하고 있다.[14)]

상용여행이나 업무여행상품은 시간의 흐름에 관계없이 일정한 곡선을 이루며 수요도

---

13) 和田充夫·上原征彦, マーケティング原理, ダイヤモンド社, 1985, 407쪽.

14) 日本労働協会, サービス経済化と新就業形態, 日本労働協会, 1988, 130~131쪽.

거의 무한대에 가깝다.15) 이처럼 상품에는 저마다의 수명주기와 단계별 특징이 있으므로 이를 잘 관리하지 않으면 안 된다.

〈표 5-5〉 여행상품의 수명주기별 특징과 내용

수명주기명	내용	특징
도입기	새로운 상품이 시장에 도입되는 단계. 그 상품의 가치가 일반적으로 인정되지 않고 시장성이 낮아서 이익을 실현할 정도의 매출을 기대하기 어려움	• 상품개발비나 선전비 등의 경비 쪽이 매출액보다 큼 • 호기심이 강한 사람, 마니아(mania) 등 이 분야 상품을 기다리는 사람들이 구입
성장기	상품의 가치가 인정되고 산업수요가 급속히 신장되는 단계. 조업도도 높아지고 이익률도 상승함. 후반기가 되면 이익률 감소경향을 보이고 시장에서 한계에 이른 제조업체는 경쟁에서 점차 탈락	• 히트상품을 알 수 있음 • 이 시기의 소비자는 경제적, 지식수준이 높은 층임
성숙기	산업수요가 거의 포화상태가 되어 신규수요 대신 대체매입수요가 대부분을 차지하게 됨. 일반적으로 조업도는 여전히 높으나 이익률의 감소경향은 여전하고 원가절감의 중요성이 커짐	• 유사상품 범람으로 덤핑횡행 • 1사당 이익 감소 • 상품에 서비스 개량 붐 • 여러 판매촉진으로 일반소비자들은 이때 구입
쇠퇴기	주력상품의 자리는 이미 다른 상품에 내주고 당해 상품을 중심으로 경쟁은 완화됨. 따라서 조업도는 점차 저하되고 타산이 맞지 않는 시점에 이르면 상품라인에서 제외됨	• 상품보급률이 높아 매출감소 • 상품가격이 떨어짐 • 최후까지 망설이던 고객들이 구입 • 다음 신상품의 매출확대를 꾀함 • 신시장, 판로, 이용법의 발견이나 상품개량에 따라 재성장 모색

자료 : http : //100.empas.com/dicsearch/psearch.html에 의거 재구성.

15) 국제관광공사, 여행상품과 유통구조, 1979, 84쪽.

5.8.1 도입기의 마케팅믹스전략

신상품이 출시되면, 마케팅 관리자는 가격, 촉진, 경로 및 상품 품질과 같은 각 마케팅 변수에 대해 높은 수준 또는 낮은 수준의 정도를 정할 수 있다. 여기에서는 단지 가격과 촉진만을 고려하는데, 다음의 4가지 전략 중 한 전략을 수행할 수 있다.[16)]

1) 급속촉진-고가전략

고가격과 높은 수준의 촉진으로 신상품을 출시하는 것이다. 기업은 단위당 총이익을 가능한 많게 하여 추가비용을 만회하는 방법으로 고가격을 매긴다. 기업은 고가격 수준에서까지 상품의 장점을 시장에 확산시키기 위해 촉진에 엄청나게 투자한다.

그러나 높은 촉진은 시장침투율을 높이는 역할을 하게 된다. 이와 같은 전략은 △잠재시장의 상당부분이 그 상품을 알지 못하고, △그 상품을 알게 되는 잠재시장이 그 상품을 소유하고자 하며, 또한 정한 가격을 지급할 수 있고, △그 기업이 잠재 경쟁자와 접하게 되고, 또한 상표 선호도를 구축하고자 한다는 가정하에서 의미가 있다.

2) 저속촉진-고가전략

고가격과 저수준 촉진으로 신상품을 출시하는 전략이다. 고가격의 목적은 가능한 단위당 총이익을 높게 하기 위한 것이며, 저수준 촉진은 마케팅 비용을 낮게 하고자 하는 것이다. 이러한 결합은 그 시장으로부터 상당한 이익을 얻고자 하는 것이다.

이 전략은 △시장의 규모가 한정적인 때, △대부분의 시장이 해당 상품을 알고 있을 때, △구매자들이 고가격으로도 지급하고자 할 때, △잠재적 경쟁이 절박하지 않을 때 의미가 있다.

3) 급속촉진-침투전략

가격은 낮게 하고 촉진에 엄청나게 투자하여 신상품을 출시하는 것으로서 이 전략의 특징은 가장 빠른 시장침투와 가장 큰 시장점유율을 불러일으키게 한다는 데 있다. 이러한 전략은 △시장규모가 크고, △시장이 그 상품을 알지 못하고, △대개의 구매자들이 가격에 민감하고, △잠재적 경쟁이 강하고, △기업의 단위당 제조원가가 규모생산과 축

16) (주)휴넷 사이버 경영연구소, STP 분석 방법과 마케팅믹스전략, 2011, 54쪽.

적된 제조경험으로 하락할 수 있을 때 의미가 있다.

4) 저속촉진-침투전략

저가격과 저수준의 촉진으로 신상품을 출시하는 것이다. 저가격은 급속한 상품 수용을 고무하며, 기업은 순이익을 실현하기 위하여 촉진비용을 낮게 한다. 기업은 시장수요는 가격탄력성이 높지만, 촉진탄력성은 최소라고 생각한다. 이 전략은 △시장규모가 크고, △시장이 그 상품을 잘 알고 있으며, △시장이 가격에 민감하고, △잠재적 경쟁이 예상되는 경우 의미가 있다.

5.8.2 성장기의 마케팅믹스전략

성장기 동안, 기업은 시장성장을 가능한 한 장기간 지속시키기 위하여 다음과 같은 여러 전략을 사용한다. 즉 ① 새로운 세분시장에 진출한다. ② 기존의 유통범위를 증가하고, 새로운 유통경로에 진출한다. ③ 상품을 인식시키는 광고로부터 상품선호를 위한 광고로 변경한다. ④ 다음 층의 가격 의식적 구매자들을 유인하기 위하여 적기에 가격을 인하한다. ⑤ 성장기에 있는 기업은 높은 시장점유율과 높은 단기이익 사이에 나타나는 상쇄관계에 직면하게 된다.

상품개선, 촉진 및 유통경로에 많은 자금을 투입하면, 지배적인 시장위치를 구축할 수 있다. 그러나 기업은 다음 단계에서 더 많은 이익을 획득할 수 있을 것이라고 희망하여 현재의 극대이윤을 희생하게 된다.

5.8.3 성숙기의 마케팅믹스전략

성숙기에 처한 어떤 기업들의 경우는 성숙·포화되어 수익성이 떨어지는 상품은 포기한다. 이들 기업들은 보다 수익성이 있는 상품과 신상품에 그들의 재원을 집중시키고자 한다. 그러나 한편으로 생각해 보면, 이러한 기업들은 상당수의 오래된 상품들이 계속해서 보유하고 있는 높은 잠재력을 무시하는 것일 수도 있다.

1) 성숙기의 시장수정(확대) 전략

성숙기에 해당하는 기업은 자사 상표에 대한 시장을 확대하기 위해서는 판매량을 구성하는 두 가지 요인을 활용해야 한다.

판매량 = 상표 사용자 수 × 사용자당 사용률

한편 성숙기의 수정/확대 전략으로, 다음의 4가지 방법으로 상표 사용자의 수를 확대할 수 있다.

(1) 비사용자로의 전환

기업은 비사용자를 그 상품의 사용자로 전환하도록 시도할 수 있다. 예를 들어 배낭여행상품 브랜드를 중장년층상품에도 확대하여 그동안 배낭여행시장에서 간과되었던 중장년층 고객들의 이용을 촉진하는 것이다.

(2) 새로운 세분시장에 진출

기업은 그 상표가 아니라 그 상품을 사용하는 새로운 세분시장 즉 지리적 · 인구통계적 등의 세분시장에 진출할 수 있다. 예를 들어 Johnson & Johnson사는 성공적으로 성년사용자에게 자사의 어린이용 샴푸를 촉진시켰다.

(3) 경쟁자의 고객 빼내기

기업은 자사상표를 사용하거나 채택하도록 경쟁자의 고객들을 유인하도록 조치할 수 있다.

(4) 사용빈도의 증가유도

기업은 고객들로 하여금 보다 더 계속 그 상품을 사용하도록 할 수 있다. 예를 들어 우유의 사용을 보다 늘리기 위해 마케팅 관리자들은 사람들에게 아침식사 대용 이외에도 다른 음용상황에서 우유를 마시도록 촉진전략을 쓴다.

5.8.4 쇠퇴기의 마케팅믹스전략

쇠퇴기는 시장수요가 격감하고 뚜렷하게 수요를 반전시킬 기회나 방책이 보이지 않는 단계이므로 가능한 한 지출을 감소시키고 다른 사람에게 매각하는 방안이 고려될 수 있다. 하지만 기존서비스의 새로운 용도개발이나 재포지셔닝(re-positioning)전략을 통해 효과를 보는 경우도 많다.

이때는 곧바로 철수할 것인가, 아니면 시장을 다시 재활성화시킬 것인가에 대한 재빠른 결정이 필요하다. 이 시기는 특히, 기술의 변화로 유통을 축소시키고, 가격인하 및 판촉비용 감축이 일반으로 단행되는 단계이다.

일반적으로 마케팅전략을 계속적으로 감지하고 이를 반영하는 기업이라면 실제로 상품이 쇠퇴기에 이르기 전에 재빠르게 대응전략을 세우게 될 것이다.

5.9 브랜드이퀴티(brand equity) 마케팅전략

브랜드이퀴티란 브랜드 로열티(그 브랜드에 대한 충성심), 브랜드의 인지도, 소비자의 지각품질, 브랜드 연상, 그 브랜드에 관한 무형자산(특허 · 상표등록, 거래관계 등)으로 구성되며 그것이 기업의 자산으로서 가치를 가지고 있다는 사고방식이다. 브랜드나 그에 결부된 상품이나 서비스에 대하여 다른 자산과 마찬가지로 그 가치를 높여나가는 전략이 필요하다.

대형기업과 일부의 중소여행사가 조성하는 패키지투어에는 패키지로서의 브랜드명이 붙여져 있다. 하나투어 등이 그에 해당한다. 하나투어에 통합되는 이전의 브랜드로는 한진관광의 칼월드투어, 세방여행사의 아리랑 하이라이트투어 등이 있었다.

크루즈여행사인 Azure Seas는 단순한 여행상품을 파는 것이 아니라 다양한 이벤트를 통해 고객에게 평생의 추억을 판매하는 것으로 유명하다.[17)]

즉 브랜드의 큰 장점은 영속성에 있다. 예컨대 저적권이나 특허권은 그것이 아무리

17) 홍성태, 21세기마케팅의 새로운 이해, 현대그룹월례동향보고회의, 2006, 2쪽.

강력하다고 해도 기한이 있다. 언젠가는 독점적 권한이 사라진다. 그러나 브랜드는 사람들의 마음속에 강력하게 자리 잡고 있기 때문에 영구적으로 독점이 가능한 것이다.

코카콜라는 1886년에 등장했지만 130년이 지난 지금에도 세계의 모든 사람들에게 인지되어 세계브랜드로서 통용되고 있다. 이 기업이 망하지 않는 한 브랜드는 영구적이다.18)

대형여행사는 해외여행과 국내여행, 더할 나위 없이 완전 패키지형과 교통과 숙박만을 조합한 에어텔(airtel)형, 고급형과 염가형 등의 차이를 나타낸 복수의 브랜드를 사용하고 있다. 그에 따라 각 브랜드의 특성을 명확하게 소구할 수 있고 또한 가격경쟁에 휘말리지 않고 끝내게 된다. 결과적으로 브랜드의 가치를 높이는 동시에 수익성도 높일 수 있다.

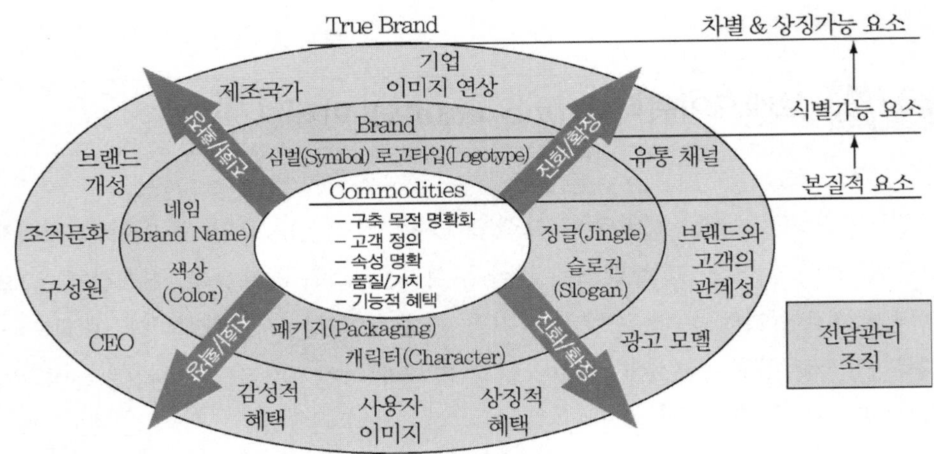

자료 : 문화체육관광부 예술경영지원센터, 마케팅전략–기업의 성공사례에서 배운다, 2010, 58쪽.

〈그림 5-2〉 브랜드마케팅 요소

브랜드는 일반적으로 기업명과는 별도로 설정되어 있고, 팸플릿 등의 각종 인쇄물에도 사용되고 소비자가 상품을 선택할 때 판단재료의 하나가 된다. 여행상품에 관하여 한국의 소비자는 브랜드명보다도 회사명 즉 그 기업의 규모나 이미지, 실적을 중시하는

18) 森下晶美·島川崇·新井秀之·宮崎裕二, 観光マーケティング入門, 同友館, 2008, 108~110쪽.

경향도 있다. 그 이유는 브랜드만이 서비스 내용을 명확히 전달해 줄 수 있고 단순화시킬 수 있게 됨으로써 고객들이 얼굴 없는 여행상품에 대한 안정적인 구매심리를 갖게 되기 때문이다.19)

결론적으로 여행상품은 물재와 서비스의 종합으로 성립하고 있다. 물재란 항공기나 호텔, 레스토랑 등이며 서비스란 여행의 테마나 내용 등이며 이들의 이용을 부드럽게 하여 효과를 최대화하기 위한 것이다.

여행상품의 관리에 있어서 가장 중요한 것은 그 제공자나 소비자에 의하여 또한 그 상호작용의 실체, 계절이나 시간대, 날씨에 따라 차별이 일어나지 않도록 하는 점이다. 소비자의 만족을 최대화하기 위하여, 항상 품질을 일정하게 유지하기 위하여, 시스템과 그 운영방법 및 설계가 필요하다.

또한 여행상품은 구입 전에 품질을 확인하기가 불가능하기 때문에 그 실마리 하나로서 브랜드나 이미지가 중요하다. 소비자가 그 브랜드에 대하여 어떠한 인식을 가지고 있는가를 관리하고 브랜드를 자산으로 파악하여 그 가치를 최대화할 필요가 있다.

해외여행의 패키지투어 등은 안심, 안전, 쾌적이라는 기본적 기능을 이미지화하는 것이 중요하다. 그 외에 토산품이나 향토요리 등에서도 브랜드의 중요성을 볼 수 있다. 요즈음에는 돼지고기에도 지역브랜드가 여행객에게 크게 호소되고 있어서, 그것을 먹는 것이 여행의 큰 목적 중 하나가 되어 있다.

더욱이 제품 · 상품이나 서비스에는 수명주기가 있어서 시장에 투입한 이후에도 각 단계에 맞추어 계속적으로 적절한 대응을 해나감으로써 장기간에 걸쳐 수익확보가 가능해진다. 여행상품에는 특허권이나 저작권이 없는 경우가 많고, 간단히 경쟁타사에서 모방해 버릴 가능성이 있으므로 어떻게 포지셔닝을 확보하여 경쟁우위상황으로 만들어내느냐 하는 것이 과제가 된다.

19) 조서환, 성공적인 브랜딩 전략에 관한 연구, 경영연구, 제5호, 발행연도불명, 302쪽.

5.10 여행상품의 특성

제 학자들의 서비스에 관한 특성은 주로 상품과 서비스의 차이를 구분하고자 하는 데서 그 특성을 찾을 수 있다. 여행마케터는 이러한 여행서비스의 4가지 특성 즉 무형성, 동시성, 변동성 및 소멸성에 관심을 가지지 않으면 안 된다.[20)]

패키지투어는 그 제조과정의 다름에 의해서 두 가지로 대별된다. 하나는 전국의 여행사에서 판매되고 있는 내셔널 브랜드(national brand)로 그 대표적인 것은 하나투어, 모두투어 등이다. 다른 하나는 여행사가 각자 주최하고 있는 것으로 원칙적으로 타사에는 팔지 않으나 오로지 신문, 잡지, 자사의 PR지 등의 미디어에 의해서 집객(集客)한다. 그러나 여기서는 주최여행으로서의 5가지 상품특성 즉 가격, 편의성, 안심감, 쾌적성, 선택성에 관해 알아보고자 한다.

5.10.1 가격(price)

가격은 마케팅 촉진의 중요한 구실을 하고, 동시에 마케팅믹스에서도 결정적인 역할을 한다. 상품의 가격은 시장압력에 의한 결과로서만 나타나지 않는다. 마케팅 매니저는 감각적으로 가격상품의 질에 의해 가격이 상품의 질과 결합되어 결정되며 또한 촉진적 메시지를 말해주고 판매방법이 새로운 시장을 창출한다는 것과 시장점유율을 경쟁사의 희생을 통해 증가시킬 수 있다는 것을 인지할 것이다.

전술한 바와 같이 여행서비스의 여러 특성 가운데 여행상품의 시장 확대에 공헌하여 왔던 최대의 요소는 가격이었다. 패키지투어의 출현으로 해외여행은 비로소 여행상품이 되었으나, 그 가격의 추이(trend)에 가장 큰 영향을 미친 것이 기술혁신에 의한 항공기의 대형화와 하이테크(hightech)화였다.

프로펠러기로부터 제트기로, 제트기에서 점보기로 항공기 변천에 수반하여 운항비용은 놀랄 만큼 내려가 항공운임은 엄청나게 싸졌다. 당연히 패키지투어의 가격도 싸지기 시작했다.

---

20) トラベル ジャーナル, 海外旅行の業務知識, 1991, 39~41쪽.

여행업자의 자기 마케팅 노력 없이도 항공운임의 하락과 원화의 하락이라는 외부요인에 의하여 시장확대의 혜택(benefit)을 받아왔다. 여기서는 여행사의 가격정책과 자체적인 노력은 거의 존재하지 않았다.

항공사는 대형기의 도입에 즈음하여 시장개척수단으로서 판촉운임(promotional fare)을 적극적으로 도입하였다. 판촉운임이란 일정조건을 충족하고 있으면 정규운임을 대폭적으로 할인하는 것으로 당시의 항공사로서는 노선의 선택, 신기종의 도입에 버금가는 중요한 전략적인 마케팅기법이었다.

최초로 도입된 판촉운임은 GIT운임이다. GIT는 Group Inclusive Tour의 약자로 호텔, 식사, 여행 모두를 포함한 투어에 한해서 대폭적으로 할인운임을 적용했다. 당시의 국제항공운임은 IATA(국제항공운송협회)가 엄격하게 규제하고 있었기 때문에 국제항공운임을 덤핑하는 항공사는 세계에 하나도 없었다.

5.10.2 편의성(convenience)

자신이 해외여행을 하려고 계획한 다음 여행계획과 관련된 수배를 하려고 하면 한 번의 해외여행에서 때로는 열 번을 넘는 예약이나 문의가 필요하지만 패키지투어라면 한번으로 끝난다.

여행상품이 소비자에게 받아들여진 큰 이유는 편의성이다. 시장의 다양화에 수반하여 많은 소비성, 즉 소비자에게 선택지를 늘리는 것이 마케팅상 중요하게 되었다. 패키지투어에는 해외여행에 필요한 거의 모든 것이 포함되어 있었기 때문에 해외생활에 익숙하지 않은 여행자에게 더 이상 편리함이란 없다.

스위스항공(Swiss Air)이 일본에서 처음으로 패키지투어를 푸시 버튼(push button)이라고 명명한 것도 버튼 하나만 누르는 것으로 좋다는 편리성에 이름을 붙여서 만들어진 것이다.

여행업약관의 취소료 항목에는 해외주최여행의 경우는 여행개시일의 전날부터 기산(起算)하여 거슬러 올라가 20일째가 되는 날 이후에 해제하는 경우는 여행대금의 20% 이내로 되어 있다.

그러나 현실적으로 주최여행신청이 가장 많은 것은 출발일의 한 주간 전이며 3일 전에 신청하는 좌석조차 비어 있다면 투어에 참가할 수 있는 수용태세는 갖추어져 있다. 패키지투어의 종류가 늘어서 소비자는 세계의 어디든지 언제라도 간단히 출발할 수 있게 된 것도 이러한 편의성이 평가된 결과이기도 하다.

5.10.3 안심감(safety)

만약 같은 요금이라면 절반의 이용자는 메이저(major) 항공사를 선택하는 패키지투어를 구매할 것이다. 최대의 이유는 안심감이다. 직행편과 타국을 경유하는 편을 사용하는 상품에 요금의 차이가 적다면 소비자는 직행편을 선택할 것이다.

그러나 그 차이가 몇 십만 원 정도 차이가 난다면 싼 쪽을 선택하는 경우가 많을 것이다. 소비자의 가격판단은 어렵다. 그래서 항공사 간 격심한 가격경쟁이 생기는 원인이 된다. 즉 여행사는 투어요금을 싸게 하려고 마음을 먹으면 고객의 안심감이나 편의성을 다소는 희생하더라도 싼 항공운임으로 발매하는 항공사를 선택하는 경향이 있다.

외국의 항공사, 특히 발전도상국의 항공사를 이용하여 사고를 당한 경우 손해배상금의 한도가 우리나라의 그것(제한이 없음)과 너무나도 큰 차이가 있기 때문에 여행사의 비용으로 승객에게 '상해사망보험'을 들어달라고 요구하는 소비자가 늘고 있다. 즉 안심안전이 해외여행마케팅의 중요한 요소의 하나로 정착되고 있는 것이 좋은 예이다.

그러한 상황도 있어서 대부분의 패키지투어는 이용예정항공사는 특정하고 있어도 출발편명을 명기하고 있지 않다. 국적기로 출발한다는 것은 소비자에게 던지는 안심감이 다르다. 예를 들어 하와이 호놀룰루행은 날짜에 따라 5편이나 되고 가장 빠른 출발은 18시 35분에 가장 늦은 편은 22시 30분발이다.

편명을 확정하고 있으면 그렇지 않은 경우와 시간의 사용방법이 바뀌기 때문에 확실하게 출발시간을 명시하는 것은 안심감을 부여하는 이상으로 차별화하고 연결되어 있다. 그러한 안심감이나 차별화가 소매상의 점포에서 팔기 쉽도록 연결되어 있어서 판매를 좌우한다.

이리하여 패키지투어는 매우 사기 쉬운 상품이 되었으나 상품선택의 정보도 지식도 없는 소비자에게는 유명브랜드가 의연하게 안심하고 살 수 있는 상품이다. 그러나 오늘날에는 경험이나 정보를 모두 갖춘 성숙한 반복여행자가 늘어나고 있어서 일반적인 상

품으로는 만족하지 않는다. 그러한 상황에서 어떻게든 지명도와 신뢰도를 높여 많은 고객을 모으는 것이 금후의 패키지투어 판매의 최대과제가 될 것이다.

5.10.4 쾌적성(comfort)

해외여행에서 소비자가 추구하고 있는 것 가운데 하나는 쾌적성이다. 패키지여행 가운데서 가장 큰 부분을 차지하고 있는 것은 항공기와 호텔로 특히 비행시간이 10시간이 넘는 장시간 비행의 경우에는 기상(機上)의 쾌적성이 문제이다.

패키지투어에서 쾌적성을 가장 단적으로 나타내는 것은 우리나라 항공사로 목적지까지 논스톱편을 사용하는 것이다. 값싼 패키지투어의 경우는 종종 도중에 갈아타는 불편을 강요받는 경우가 많다. 예를 들면 이탈리아 여행을 하는 경우 헬싱키나 런던, 암스테르담, 브뤼셀, 취리히 등 유럽도시에서 갈아타고 혹은 한국에서 일본 경유 밀라노 혹은 로마행 편을 사용하는 경우도 있다. 값싼 패키지투어는 이렇게 갈아타는 편을 거의 사용한다.

또한 언어가 불안한 여행자에게는 우리나라의 항공사가 안심감을 가짐과 더불어 쾌적함도 있다. 또한 추가요금을 지불하여 비즈니스클래스나 퍼스트클래스를 이용하는 고객도 늘어나고 있지만 항공사 간 경쟁이 치열한 노선에서는 비즈니스클래스 요금도 꽤 할인하여 살 수 있게 되었다.

호텔은 여행자가 장시간 보내며 밤에는 쾌적한 취침환경을 추구하는 곳이기 때문에 소비자의 경험이나 정보가 풍부해짐에 따라 호텔 선택에도 주문이 쇄도한다. 특정 호텔을 지정할 뿐만 아니라 몇 층 이상의 바다 쪽 방(ocean view)을 지정하는 여행자도 늘어나고 있다. 같은 요금이라면 4성급보다 5성급 호텔에 묵고 싶은 것이 인지상정이다. 팸플릿에 숙박예정 호텔명과 더불어 객실의 위치나 유형까지 명시하고 있는 것은 패키지의 쾌적성 보증이다.

출국 시부터 인솔자가 동행한다는 것은 안심감과 동시에 귀찮은 서류작성이나 수속을 일체 처리해 준다는 편의성, 쾌적성의 보증이기도 하다. 생활에 여유가 있는 장년층 고객에게는 인솔자가 동행하는 패키지투어가 선택조건이 되어 있다.

인솔자가 동행하지 않아도 현지에서 담당자가 보살핀다고 기재되어 있으면 현지공항에 한국인 혹은 한국어를 구사하는 사람이 출영(meeting)나와 있을 것이기 때문에 이것도 여행자에게 안심감과 쾌적성을 부여하는 것이다. 중장년층 고객이 직접 무거운 가방을 스스로 운반하는 것은 고된 작업으로 이것을 인솔자가 빈틈없이 처리하여 준다는 것은 쾌적성의 큰 장점이다.

인솔자가 동행하는 패키지투어는 소위 만사 오케이(OK)의 여행상품이며 대다수의 경우 팁, 세탁요금, 전화요금, 토산품 이외의 비용은 전부 포함되어 있다. 출발에서 귀국까지 여행사의 정규사원이 인솔자로 동행하는 경우도 있다. 또한 패키지투어라면 운수기관의 수배, 출발시간의 확인, 레스토랑의 예약 등을 스스로 할 필요가 없기 때문에 이들 서비스도 서비스를 보증하는 요소로 되어 있다.

5.10.5 선택성(selectivity)

패키지투어는 소비자의 욕구를 추측하여 만들어진 상품이다. 그런 까닭에 소비자가 추구하는 것이 다양화함에 따라 패키지투어도 다양화되었다. 여행목적지의 선택뿐만 아니라 항공사, 호텔, 경로(route), 출발일시, 인솔자의 동행유무 등의 선택폭이 넓으면 넓은 만큼 소비자에게는 좋다. ① 항공기의 등급이나 호텔을 고를 수 있다 : 통상적으로는 2등석(economy class)을 사용하지만 최근에는 내용이 한층 향상된 우등석(business class)을 선택하는 소비자가 늘고 있다. 우등석 운임은 연간 같은 요금이기 때문에 비수기라면 높은 이익률을 얻을 수 있다.

호텔도 선택지가 꽤 늘고 있다. 호텔을 지정하는 고객이 늘고 있는 것에 대한 대응이다. 체재형의 패키지투어에서는 체재일수의 연장이 가능한 투어가 늘고 있다. 에어온리(air only)가 시장에 범람하고 있는 것에 대응하여 현지집객, 현지해산이라는 국제항공운임을 제외한 현지여행과 숙박만을 이용할 수 있는 유형도 일부 발생하고 있다. 그러한 연장선상에서 출발일과 귀국일만이 정해져 있고 체재 중에는 매우 자유로운 투어도 있다.

시장도 상품도 다양화하면 당연히 개성화한 상품을 만들지 않으면 경쟁에서 살아남을 수 없다. 개성화란 여행사가 자신들의 경영철학을 팸플릿(상품)에 표현한 것에 지나지 않는다. 자신은 이러한 것을 여행으로 생각한다고 하는 철학이 있어서 패키지상품의

조립방식에 경영자는 자신의 사고방식을 단적으로 표현한다. 자신의 사고방식에 공명(共鳴)하는 소비자가 많으면 많을수록 그 여행사는 번성한다.

많은 여행사가 성인 여행시장의 개척에 일제히 몰입하던 때 일본의 HIS창업자 사와다 히데오(澤田秀雄)는 학생이나 OL(Office Lady)시장에 초점을 맞추어 그들의 욕구에 맞는 여행상품을 제공하여 급속하게 업적을 쌓아올려 고수익을 올리고 있다.

5.11 여행상품의 기획

상품기획이란 상품의 발전추세를 기반으로 상품의 개발방향을 설정하고 고객의 욕구(needs)를 반영한 신상품을 제안하는 것으로 고객의 욕구와 여행사 내부자원(seeds)[21]을 기본으로 하여 일관된 기획의 입안을 통한 상품개발로 차별적 우위(differential Advantage)를 확보하여 시장선점을 목표로 하는 데 그 의의가 있다.[22]

즉 상품기획은 타사의 상품과 차별화를 모색하여 고객으로 하여금 구매의욕을 자극함으로써 보다 선택기회가 많은 고부가가치상품을 창조하는 것으로 다음과 같은 다섯 가지 요건에 의해 행해진다.

① 고객은 누구인가.
② 어떤 요구(needs)에 부응하는 상품인가.
③ 어떤 기술 및 재료(내용)로 만들 것인가.
④ 적절한 시기에 생산 및 판매가 가능한가.
⑤ 투자의 채산성은 있는가.

한편 초기의 상품기획은 기획부문의 담당자들에 의해 시장의 상황, 고객의 동향 등을 면밀히 조사하여 사용목적에 대한 기능, 성능, 가격 등을 어느 시기에 제공한다는 기초

21) 시즈(seeds)는 기술력 · 영업력 등 기업의 내부자원을 말하며, 그 밑바닥에는 기업의 가치관과 문화(culture)가 있다.

22) 남서울대학교 디지털경영학과, 경영전략과 상품계획, 2002, 10쪽.

적 방향이 제시되어야 하며 상품화검증의 단계에서는 설계부문, 제조부문, 생산부문, 마케팅부문의 관련 담당자들을 참가시켜 공동으로 검토케 함으로써 종합적으로 추진되어야 한다는 점을 인식하는 것이 중요하다.

5.11.1 새로운 여행업은 기획자 손에

여행업을 둘러싼 사회, 시장, 환경의 변화가 급속도로 진행되고 있다. 21세기는 여행의 시대라고 알려진 지 오래되었으나 여하튼 인터넷의 보급에 의해 정보산업으로서의 여행은 그 거래형태도 크게 변했다. 그러한 가운데 금후의 여행업을 지탱하는 기초가 되는 것은 부가가치형성의 여행기획력과 다름이 없다.

여행에 대한 욕구는 인간의 본능에 가깝다. 개체를 유지하기 위한 식욕이나 종을 보존하기 위한 생식활동과 그다지 변하지 않는 충동이다. 자신의 주변감각범위를 초월하여 가장 큰 세계를 이해하려고 하는 지적욕구를 가리켜 가토 슈이치(加藤周一)는 '문화적 충동'이라 부르고 있다. 감각을 구체화한 상품화도 등장하고 있다.[23)]

그러나 한국인의 직접욕구나 문화적 충동은 여행에 관한 한 21세기에 들어온 이후 약간의 정체감에 빠져 있다. 이것에는 몇 개쯤의 확실한 원인이 있으나, 한국의 여행에 있어서의 상품력 감퇴나 새로운 것에 대한 상실 또한 요인이 되고 있음에 틀림없다.

1) 시장확대의 빛과 그림자

이것은 전면대비로 말하면 거의 13% 증가가 10년간 계속되었다고 하는 큰 숫자이며 문자 그대로 해외여행 붐이라고 부를 수 있게 된 요인이었다. 이 사이 여행 각사는 서로 경쟁하여 급증하는 수요를 처리하는 데 노력을 경주하고 안이한 수량확보나 저가격에 의한 정형상품의 대량판매에 역량을 너무 집중한 탓이기도 하다.

문자 그대로 대량여행을 주도해 왔던 것이다. 냉소적인 표현을 빌리자면 "얼마나 싸게, 얼마나 대량으로 취급하는가"가 대형여행사 등 각사의 유일절대 가치기준이었다.

그러나 한편으로는 이 경향이 너무 오래 계속되어 왔기 때문에 새로운 상품의 개발, 매력 있는 상품조성, 다양한 품목구비에 의한 신수요의 개척 등 산업이 본래 가지고

23) 山田桂男, 感覚戦略, 同友館, 1983, 122~137쪽.

있어야만 하는 마케팅기능이 없었던 것이다. 이것은 운수기관이나 숙박기관 등으로부터의 판매수수료 수입에 회사경영을 의존시켜 왔던 주요 여행업자의 위험이나 선행투자를 싫어한 데서 온 필연적인 결과로 볼 수 있다.

때문에 21세기에 여행의 중핵(中核)을 짊어져야 할 새로운 여행업에의 경영전략전환을 행할 수 없는 기업들이 도태되었다. 그리고 지금까지 많은 여행사에 있어서 '부가가치 창출기능의 공동화'가 진행 중이다. 알기 쉽게 이야기하면 과거의 오랜 기간에 걸쳐 시장확대가 낳은 신상품개발을 짊어질 인재가 없어진 것이다. 육성할 수 없었다는 그림자를 만든 것이다.

2) 여행업을 지탱하는 기획력은 정보화

부언하여 말할 필요도 없이 고도정보화사회에 있어서 여행업, 그 가운데에서도 특히 '상품으로서의 여행'에 의하여 그 기업의 존재를 지탱하는 가장 기본적인 요건은 서비스나 환대(hospitality)를 포함한 여행상품의 기획력에 있다. 그것에 어떻게 높은 부가가치를 부여하는가, 그리고 그들이 시장으로부터 충분한 평가를 얻을 수 있는지의 여부가 요구되고 있다.

JATA(일본여행업협회)에서는 이러한 상황을 참작하여 2007년 1월에 "해외여행 근미래(近未來)전략을 중심으로 한 금후 여행업이 가져야 할 모습의 실현을 향하여"라는 중간답신을 발표하였다. 여기서 언급되고 있는 여행업계의 문제의식도 기본적으로는 전술한 것과 변화된 것이 없다. 여행업계를 대표하는 멤버로 구성된 검토회의 옵서버(ovserver)로서 참석하여 답신작성에 참여했기 때문에 골격부분을 소개해 둔다.

(1) 여행업이 지향하는 방향(vision)

여행에 의한 새로운 문화 · 가치의 창조, 환경보존에의 노력을 통하여, 지속적인 경제발전과 우호, 평화로운 사회의 실현에 공헌한다.

(2) 여행업의 임무와 사명(mission)

(가) 가치창조산업의 진화

여행업은 여행의 힘에 의한 새로운 가치를 만들며 건전한 경영으로부터 사회적 평가를 얻어 여유 있는 문화사회의 실현을 추구한다.

(나) 새로운 수요의 환기

항상 새로운 수요를 창출하기 위한 마케팅력을 강화한다. 새로운 발상에 의한 질 높은 여행이나 여행을 수단으로 한 여러 가지 기획을 제안한다.

(다) 관광입국(觀光立國)의 추진

국제사회에 있어서 매력 있는 국가조성을 위한 휴가제도나 수도권공항문제 등 하드·소프트 양면의 정비에 중핵기능을 두게 한다.

(3) 위에 열거한 8항목의 기본정책과 17항목의 행동계획(action plan)

이 가운데 '여행의 힘'으로 열거되고 있는 것을 표로 나타내 보자. 즉 이들 가운데 명문화된 여러 요소를 여행상품 가운데 구체적으로 대책을 세워나갈 수 있는지의 여부. 이것은 앞의 비전 가운데서도 '새로운 라이프 스타일, 삶의 보람, 가치관 등을 제안하면서 사회적 평가를 획득'하는 것이다. 다시 말하면 이것은 모두 여행업으로서의 기획력, 상품력의 중요성을 중심으로 한 경영전략의 필요성을 언급하고 있는 것과 다름이 없다.

〈표 5-6〉 여행상품 기획 시 고려해야 할 요소

번호	요소	내용
1	**문화력**	각국이나 지역의 역사, 자연, 전통, 예능, 경관, 생활 등에 대해서 즐겁게 공부하면서 그들의 발굴·육성·보존·진흥에 기여
2	**교류력**	국제 혹은 지역 간 상호이해, 우호촉진을 통하여, 안전하면서도 평화적인 사회의 실현에 공헌
3	**경제력**	여행·관광산업의 발전에 의한 확대, 지역이나 국가의 진흥, 빈곤의 삭감, 환경정비·보전 등 폭넓은 공헌
4	**건강력**	일상으로부터의 이탈에 의한 새로운 자극이나 감동. 유(遊), 쾌(快), 락(樂), 유(癒·치유) 등을 통하여 몸과 마음에 활력, 재창조에의 에너지 보충
5	**교육력**	여행에 의한 자연이나 사람과의 만남을 통하여 이문화의 이해, 상냥함이나 동정심, 가족과의 유대강화, 인간형성 기회의 확장

이전에는 전 국민에게 동경의 권역으로 위치설정되었던 해외여행도 가깝게 다가갈 수 있는 존재가 된 까닭에 그 동경이나 희구가 소멸하였다. 수입과의 상대적 비교에서 본다면 훨씬 가기 쉬워지고 있다고 하는 것에도 불구하고 말이다. 이미 누구라도 살 수 있는 일반상품화한 여행에 사람들은 거의 눈길을 주지 않는다. 개인에의 강력한 영향을 주는 메시지는 무엇인가. 대중을 향한 소구보다 개인을 향한 제안을 생각하지 않을 수 없는 시대인가.

이러한 사정을 전제로 하면서 다음 해 이후 여행기획의 전문가에게 여러 가지 요소에 대하여 구체적인 필요조건을 검토해 보자.

5.11.2 여행기획자(tour planner)의 조건

1) 감수성(sensibility)

여행에 의한 감성의 전파는 역사를 보지 않아도 사람들의 끝없는 전진이나 활력의 원천이 되어 왔다. 여행업에 있어서 사명의 하나는 이러한 여행에 의한 꿈과 문화창조를 선도하는 것이다. 사람은 스스로가 여행의 감동을 반드시 누군가와 나누고 싶어 할 것이다. 여행기획자의 원점은 거기에서 시작한다.

여행기획자에게 필요한 기본조건을 몇 가지 들어보자. 감수성이 풍부하지 않으면 안 된다. 여러 장소에 나가보고, 많은 체험을 하고, 사람과 만나서도 금방 떠오르지 않는 사람이 많다. 자질구레한 것에 일일이 감동은 하지 않더라도 새로운 지식과 견문에 민감하게 반응할 수 있는 감성이 결여되어 있는 사람. 이러한 유형은 여행기획자가 되기는 어렵다.

알기 쉬운 기준을 열거하면 어디든 갔던 장소가 좋아진다. 살아보아도 좋을 것으로 생각한다. 비교적 사람들에게 반하기 쉬운 사람은 기획자로 선발될 가능성이 높다. 물론 여행체험은 많을수록 좋다.

감성을 연마하는 방법이 없는 것은 아니다. 그것은 감동체험의 기회를 가능한 한 많이 가지는 것이다. 아름다운 경치 · 자연체험, 음악 · 미술, 좋은 음식이나 술, 감동적인 문학이나 영화, 사람과의 즐거운 만남이나 슬픈 이별. 이러한 인간의 육감까지 깊이 소구할 수 있는 사상체험을 가능한 한 많이 쌓는 것이 감성 연마와 연결된다.

상품 본래의 기능에 감성기능을 활용한 여행상품을 만들어 차별화하는 것이야말로 재미있는 일이다.[24)]

의학적인 견지에서 보면 인간을 만들고 있는 육십 조의 세포는 보통상태에서는 전체의 10%도 움직이지 않는다고 한다. 그런데 깜짝 놀라거나 두근거리거나 감동을 하면 작동하는 세포의 수가 몇 배로 뛰어오른다고 한다.

2) 정보수신능력

민감한 안테나를 늘 활용하는 것이다. 즉 신문 등의 기사, 사람들의 이야기, 잡지 · 문헌, 물론 인터넷에 널려 있는 모든 정보로부터 필요한 것을 빨리 선택 · 수집할 수 있는 능력이나 의욕을 가지는 것이다.

예를 들면 화제가 된 문화적인 이벤트나 스포츠 이벤트에도 관심을 가져야 한다. 물론 그러한 긍정적인 면뿐만 아니라 사고나 재해, 질병의 유행 등 부정적인 여러 정보에도 민감하지 않으면 안 된다. 인터넷의 보급 등 고도정보사회라고 일컬어지는 사회지만 하등 도움이 되지 않는 쓰레기 정보의 범람에 시달리는 시대이기도 하다.

그렇기 때문에 확실한 정보선택기준을 구비하여 놓고 있지 않으면 도리어 혼란이 있을 뿐이다. 다시 말하면 확실한 '교양=지적재산의 축적'에 의한 가치판단의 원칙을 조금씩이라도 획득해 가는 이외에 방법이 없다.

3) 커뮤니케이션 능력

올바른 인사나 느낌이 좋은 미소, 예의기법이나 스마트한 몸가짐은 호스피탤리티의 능력이라고 할 수 있다. 즉 인간관계를 구축할 때 그 장애가 되는 감각적인 모습을 가능한 한 낮게 설정할 수 있는 것이다.

사람과의 만남에 있어서 경계심을 가지지 않는 능력이라고 해도 좋다. 더욱이 정확한 한국어를 구사할 수 있을 것, 적어도 영어가 통하는 회화능력을 갖출 수 있을 것, 쌍방의 내용을 쓸 수 있는 능력, 최근에는 Literacy(글을 읽고 쓸 줄 아는 능력) 등이라는 표현이 사용되는 경우가 많지만 팸플릿의 카피 등도 자신이 쓸 수 있어야 한다.

---

24) 上村忠, 心理市場論, 中央經濟社, 1983, 49~50쪽.

〈표 5-7〉 여행상품 기획자가 갖추어야 할 요건

번호	요건
1	**왕성한 호기심, 풍부한 감성과 정보 수신능력** 감동체험을 가능한 한 많이, 신문에도 확실하게 주의를 환기하자
2	**한국어·영어의 듣기, 말하기, 쓰기 능력** 업무 이외의 분야에 관한 책을 잘 읽을 것
3	**미소와 더불어 건강한 인사가 가능할 것** 아마도 이것을 할 수 없는 사람은 여행에는 적성이 안 맞는다고 생각한다
4	**많은 여행을 하고 사람과 친숙해진다** 현장경험을 제외한 여행기획 등은 있을 수 없다. 원칙에 따르지 않으면 안 된다
5	**자신의 전문영역이 있을 것, 높은 프로의식** 고객의 입장에서 보면 아마추어에 대가를 지불할 마음이 생기지 않는다
6	**알뜰살뜰 메모하고, 확실한 정보정리** 복잡한 내용을 표현하려 할수록 하나하나의 문장은 짧고 확실하게 하라
7	**건강하고 탄탄한 환경적응능력** 로마에 가면 로마법을 따르라. 체력이나 신경의 유연성

5.11.3 여행업과 음식업의 유사성

"여행사는 레스토랑과 유사하다"라는 비유가 자주 사용된다.[25] 전문영역은 한국음식이든지 이탈리아 음식이든지 중화요리든지 프랑스요리든지 완고한 주인이 가게를 연 초밥집 혹은 독특한 문양이 자랑인 라면집, 서서 먹는 메밀국수집도 있다. 형태는 즉석식품점인지 다점포전개의 체인 패밀리레스토랑 등 여러 가지가 있다.

많은 레스토랑이나 식당에는 각각 자기들만의 맛이 있다. 단순히 배만 부르면 좋다는

25) 小林天心, 旅行企劃のつくりかた, 虹有社, 2011, 30쪽.

고객은 거의 없을 것이다. 그러나 빨리, 싸게, 맛있게라는 삼박자가 갖추어지면 좋다고 하는 고객이 없지는 않다.

맛, 분위기, 서비스와 요금구성이 제대로 갖추어지고 있는가? 그 점포의 외관은 어떠한 특징이 있는가? 등 동일 고객이 언제나 똑같은 레스토랑에 가는 것에 한정하지 않고, 그날의 기분에 따라 선택하는 점포는 다르다. 때로는 패스트푸드가 좋으나 어떤 때는 마음 먹은 예산을 들이는 경우도 있다.

좋은 레스토랑이면서 규모도 큰 곳은 거의 없다. 좋은 레스토랑에서 엄청난 광고를 하고 있는 곳도 없다. 이심전심으로 고객이 고객을 불러 긍정적인 평가를 쌓아가는 곳이 일반적이다.

재료를 구매하고 요리한다. 기본적으로 만들어진 상품의 재고가 없다. 맥도날드나 스타벅스와 같은 대형이면서도 전국 전개의 체인조차 각각의 특징을 자랑하고 있다. 소비자는 각각의 가치기준에 따라 그것들을 선택하여 이용한다. 다소 맛이 나빠도 불평을 하지 않고 다음에 안 가는 것이다. 어떤 형태이든지 간에 규모의 대소에도 불구하고 음식업은 소비자로부터 바로 저것이라는 개성을 가지고 있다.

1) 가격경쟁의 회피

같은 서비스업이면서도 여행업은 아직 그 영역에 이르지 못하고 있다. 소비자 측으로 보아 다름을 알 수 있는 여행사는 적다. 종합여행사로서의 하나투어는 누구라도 안다. 인터파크도 기업이미지가 확실하기 때문에 이들 두 회사의 구별은 금방 알 수 있다. 그러나 롯데와 한진의 질적인 구별은 일반소비자에게 얼마만큼 가능한 것일까. 모두투어와 자유투어의 차이는 어떨까?

기업이 주장하는 비전에서 보면 양자 모두 꽤 분명한 콘셉트를 가지고 있다고는 하나, 그 여행사의 여행상품이 소비자 입장에서 보아 차이를 나타내고 있는 것일까? 이들 여행사 상품담당자는 "항상 우리의 히트작이 날치기당했다"고 탄식하고 있을지도 모른다. 혹은 "좋다. 만 원 정도 싸게 공격해 보자"고 상대의 약점을 호시탐탐 노리고 있을지도 모른다.

알맹이(여행상품내용)가 같다면 싼 쪽으로 움직이기 때문에 소비자는 그쪽으로 흘러 들어갈 것이다. 전문점계의 여행상품 기획담당자로부터 이런 탄식이나 분개는 시종일관 하고 있는 것이다.

그러나 여행상품에 대한 진짜 좋고 나쁨은 가보지 않으면 알 수 없을뿐더러 음식 맛도 먹어보지 않고는 알 수가 없다. 이것이 자동차나 전자상품과의 큰 차이이다.

그러한 의미에서 보면 예컨대 세명항공, 인도소풍, 명산관광, 혜초여행 등 전문점계의 여행사는 자신의 단골을 꾸준하게 끌어 모음으로써 자사의 브랜드를 확립하여 왔다. 타사와 다른 점은 고객을 분명히 이해시킴으로써 가격경쟁으로부터 거리를 두고 있다. 더욱이 여행업법에서 말하는 '수주형 기획여행'은 실제로 프로세계, 여행기획자의 참다운 즐거움은 여기에 있다고 할 수 있다.

〈표 5-8〉 여행기획에 중요한 13가지 시점

1	여행의 테마는 무엇인가
2	어떤 시장 · 고객층에게 팔 것인가
3	계절은 언제가 제일 좋은가
4	일정과 각 지역 숙박 수의 균형을 어떻게 할까
5	타사 상품과의 차별화는 되어 있는가
6	어떤 등급의 호텔을 사용하는가
7	이동이나 여행의 시간배분은
8	국외여행인솔자나 가이드의 선정 · 배치는
9	식사조건은 어떻게 할까
10	불이익 표시를 어떻게 할까
11	투어의 정원은 몇 사람으로 하는가
12	어느 항공사를 선정하는가
13	바람직한 판매가격은 얼마인가

2) 기획조건의 분석

그런데 여행기획의 제 조건에 대해서 구체적으로 열거해 보자. 우선 여행의 테마는 무엇인가이다. 이것을 투어 타이틀이나 캐치프레이즈로 분명하게 소구한다. 최근에는 책 표지도 긴 것이 유행하고 있다. 투어타이틀을 마음 먹고 길게 해보는 것도 재미있다. 다음에 어떤 시장 · 고객층에 팔 것인가. 이에 따라 여행일수, 일정의 조립방법, 식사조건, 숙박시설, 혹은 여행가격까지 모두가 변한다.

막연하게 넓게 확대하여 보편적으로 소구하는 것은 전혀 무의미하다. 여행목적지의 계절은 언제가 가장 좋은지도 관심을 기울여야 한다. 혹은 그 여행 목적지의 계절마다 어떤 특징이 있는지이다. 현지인들조차 비수기라고 생각하여, 예상외의 매력을 알아차리지 못하는 경우도 있다.

바람직한 일정은 며칠 정도로 하는가, 각지의 숙박 수의 균형을 어떻게 할지도 중요하다. '짧지 않으면, 싸지 않으면'이라는 '낡은 여행의 이중구속'에서 탈피하여 목표로 하는 시장 · 고객층을 전제로 하는 이상적인 일정을 생각해 본다. 때로는 고객에의 설득도 중요하다.

다른 상품과의 차별화는 갖추고 있는 것인지, 이를 분명히 하고 시장에 그것을 이해시키지 못하는 한 가격경쟁에 휘말릴 위험성은 항상 도사리고 있다. 특히 신규고객에의 설명은 중요하다. 어떤 호텔을 사용할지도 세일즈 포인트일 것이다. 경우에 따라서 호텔 그 자체가 세일즈 포인트일 수도 있다. 한정공급품을 확실하게 하면 경쟁이 배제되는 수법만으로는 안 된다.

무엇을 어떻게 보여줄까. 이동이나 여행에 어느 정도의 시간을 배분하는가도 생각한다. "갔노라, 보았노라, 돌아왔노라"는 선전문구에 현혹되어 "두 번 다신 안 간다"는 고객도 의외로 많다.

국외여행인솔자, 보조안내사, 가이드 혹은 통역사의 인선 · 배치에도 신경을 쓴다. 전 일정 인솔자의 동행인가, 구역별 동행으로 좋은가, 현지가이드는 어떻게 하는가, 단체의 성격이나 목적지에도 상관되지만 대다수는 고객층과의 관련으로 결정된다.

어떤 의미에서는 기획자의 수완에 달려 있는 것이 식사조건이다. 식사를 넣을 것인가 말 것인가. 레스토랑의 선정, 메뉴의 선택이다. 식사는 절대로 값을 깎아서는 안 된다는

점이다. 불이익표시 혹은 주의사항에 대한 기재내용에서는 기업마인드조차 엿볼 수 있다. 기상조건에 따라서는 내용이 크게 달라지는 경우 도로사정, 종교적 특이성에 의한 제한, 방문처에 따라 서로 다른 사회상식, 역사나 문화적 배경 등 상당한 배려가 필요하다.

더욱이 단체의 정원은 몇 사람으로 하는가이다. 한 대의 버스로 몇 명을 태울 수 있는가에 따라서 가격도 달라지고 서비스의 질도 크게 달라진다. 익숙지 않은 고객에게는 알기 어렵다는 점이지만 지역성과 고객층에서는 평가가 역전된다.

항공사의 선정에 대해서는 여행가격 정책상 중요한 파트너라는 관점이 필요하다. 항공사와의 이인삼각(二人三脚)으로 새로운 여행패턴을 만드는 경우도 있다. 거래상의 신뢰관계가 없으면 잘 되지 않는다.

이상과 같은 여러 가지 제 조건과 기업 측이 필요로 하는 이익수준에서 보아 바람직한 판매가격이 산출된다. 원가계산 가운데 조사 · 개발 · 교육비 등을 충분히 고려하는 것도 빼놓을 수 없는 항목이다.

5.11.4 여행기획정보의 수집

신문, 텔레비전, 여행잡지 등 여러 가지 여행정보가 범람하고 있다. 이외에도 인터넷 등에 의한 개인적인 여행안내서도 많다. 논픽션 관계의 책, 친구의 이야기 혹은 아무것도 아닌 뉴스 가운데 새로운 여행의 힌트가 숨어 있는 경우가 있다. 그러한 많은 정보 가운데에서 여행상품으로 연결시킬 수 있는 아이디어를 몇 개 건질 수도 있다.

많은 텔레비전의 프로그램, 신문에 의한 정보 가운데 직접적으로 여행과 연결될 수 있는 것은 많지 않을지도 모른다. 그러나 관련정보나 뉴스 가운데에서 생각지도 않은 기획의 실마리를 얻을 수 있는 경우도 있다. 시대의 흐름을 알아차리는 것도 두말할 필요조차 없다.

영향력이 큰 것은 영화일 것이다. 지금은 국내 각지에서도 지방자치단체가 국내외의 미디어나 영화의 프로덕션을 불러 모으는 추세이다. 국가나 지역의 관광정책으로서 영화를 빼놓는 것은 불가능하다.

여행사의 기획담당자에게는 정부관광국(NTO : National Tourism Organization)이 큰

뉴스원이라는 것에는 변함이 없다. 이들과는 늘 접촉을 해야 한다. 팸투어(familiarization tour)에의 참가도 여행정보를 얻을 수 있는 좋은 기회이다. 매일의 업무가 바쁘다는 이유로 팸투어 참가를 거절하는 회사도 많다고 듣고 있으나 현지조사라는 업무는 우선순위의 상위에 위치되어 있어서 좋은 것이다. 각종 여행안내책자도 최근에는 좋은 것이 많이 나돌고 있다. 세계에서 가장 많이 팔리고 있다는 론리 플래닛(Lonely Planet)은 한국어판도 출시되고 있지만 나라에 따라서는 영어판이 꽤 참고가 된다.

항공사는 좌석을 파는 것이 기본이지만, 여행목적지 정보에 밝은 담당자가 있는 곳도 있다. 최근까지만 해도 항공사들은 자기나라 혹은 자사가 서비스하는 네트워크 범위의 PR에도 꽤 열심이었고, 여행사와 이인삼각으로 새로운 여행계획을 개발하는 경우도 적지 않았다.

그러나 작금에 이르러 그들은 선행투자를 하는 데까지 여행목적지·마케팅을 거의 하지 않고 있고 그럴 여유도 없다. 오히려 판매경비를 삭감하는 데 마일리지 플랜 등에 의한 비즈니스고객의 확보에 필사적이다. 그렇다고는 하나 여행목적지 정보의 구입처로서 항공사를 외면해서는 안 된다.

기획담당자로서는 타사의 팸플릿도 착실하게 수집해 놓는 것이 좋다. 흉내를 내기 위해서 모으라는 것은 아니다. 어디까지나 참고로서의 이야기이다. 자주 말하는 것이지만 여행기획에는 저작권이 적용되지 않는다.

그래서 나쁘게 말하면 베끼는 것이 훨씬 싸게 팔리기도 한다. 실제로 부끄러움을 모르는 장사가 횡행하고 있는 것 같지만 기획담당자의 자부심을 가지지 않고는 업무를 유지할 수가 없다. 때로는 당해 여행목적지에서 현지여행사나 항공사 등의 여행팸플릿, 기관지(機關誌)가 참고가 되는 경우도 있다. 무엇보다 새롭고, 상품구색이 많은, 실제로 섬세한 기획에 감탄할 경우도 있고 때로는 새로운 숙박시설이나 여행소재가 도입되는 경우도 있다.

비공개정보나 시장정보는 상당한 노력 없이는 입수가 불가능하다. 특히 외부비공개정보(대외비)의 입수에 관해서는 각사 모두 독자적인 노하우와 관련되어 있다. 이러한 외부비공개정보(대외비)에는 알짜배기 정보가 많다.[26]

---

26) 星満, 商品開発100のアドバイス, 日刊工業新聞社, 1984, 188쪽.

1) 팔리는 상품을 고집하지 마라

현지의 지상수배업자로부터의 정보도 중요하다. 현지에서 자주 듣는 이야기를 한국의 여행사에 제안해도 기획담당자는 거기에 대한 흥미를 나타내지 않고 "가격만 좀 더 싸게 하라"는 말만 내뱉는 경우가 많다.

새로운 기획에 도전하지 않고 구태의연한 '잘 팔리는 상품'에 집착하여 여기서 떠나지 못한다. 모처럼 제공한 정보를 아무렇게나 취급한다면 새로운 제안은 없어지는 것과 마찬가지이다. 기획담당자는 종종 현지에 나가 지상수배업자의 목소리에 겸허하게 귀를 기울이고 그들과 함께 신상품을 창출한다는 자세도 필요할 것이다.

여행기획의 업그레이드를 위해서는 이러한 분야의 백 그라운드 정보는 불가결하다. 국가나 지역의 개요는 인터넷에서도 체크할 수 있으나 광범위한 교양관계 서적에도 가능한 한 눈을 돌리고 있어야 한다. 때로는 소설도 큰 힌트를 주는 경우가 있다.

팔리는 상품의 발상도 소비자들의 요구분석에서, 숨겨진 것으로부터 찾아내는 발상, 여성고객으로부터의 발상, 현장에서의 발상 영업시스템에서의 발상, 불평불만으로부터의 발상, 불안으로부터의 발상, 원망(願望)으로부터의 발상, 가치관 변화로부터의 발상, 개발환경으로부터의 발상, 통계자료로부터의 발상, 자원이나 에너지사정으로부터의 발상, 팔리지 않는 상품으로부터의 발상 등 여러 가지가 있으나 팔리지 않는 상품에서 영감을 얻는 것도 발상의 전환이다.[27)]

여행기획은 항상 '팔리는 상품' 만들기를 빼놓아서는 안 된다. '잘 팔리는 상품', '이를 토대로 수정한 상품', '새로운 코스'의 3분의 1 정도의 균형이 안성맞춤이다. 팔리는 상품만을 고집해서는 여행 비즈니스의 폭이 그만큼 좁아질 뿐이다. 드디어 여행기획자의 실력이 시험되는 시대가 온다.

5.11.5 현지조사방법

실제로 현지에 가보지 않아도 여행기획은 세울 수 있다. 데스크업무에 의한 가설대로 얼마든지 단체는 만들어지며, 팔 수 있다는 주장도 있는데, 그것은 부정할 수 없다. 그러나 거기에는 '감동의 공유'라는 여행상품 제작에 대한 원점이 없다.

---

27) 平島廉久, ヒット商品開発の発想法, 日本実業出版社, 1983, 47~114쪽.

현지조사에서 필요한 것 가운데 하나는 철저하게 메모를 하는 것이다. 그를 위해서는 손바닥 안에 들어갈 수 있는 크기, 즉 12×8cm(B7판) 정도가 좋다. 이것을 항상 주머니에 넣어 가지고 다닌다. 그리고 우선은 일기형식으로 날짜, 날씨, 기온 등의 메모를 시작한다. 1페이지를 쓰면 뒷면에는 기입하지 않는다. 테마별로 페이지의 우측 상단에 견출지를 붙여두면 뒤에 정리하기 쉽다. 취재종료 후에 전부 펼쳐놓고 테마별로 분류하는 것이다. 이것을 한 권의 책으로 거의 용도가 끝나지만 만일을 생각해서 여분으로 한 권 준비해 두는 것이 좋다. 필기구는 만년필이나 샤프보다 볼펜 쪽이 좋다.

메모하는 내용은 거의 모든 부분에 걸치지만 특히 거리, 시간, 요금이나 가격, 온도, 높이나 해발, 넓이 등의 구체적인 수치는 중요하다. 현지에서 입수하는 팸플릿 등으로부터는 형용사보다 이러한 수치, 사실관계만을 추출하고 나머지는 버리는 경우도 적지 않다.

다음으로 중요한 것은 자신이 어떻게 느꼈는가를 간단명료하게 메모하는 것이다. 소리, 풍경, 냄새, 맛, 감촉, 느낌 같은 육감의 작용은 메모해 두지 않으면 곧 잊어버린다. 사람들의 이야기, 에피소드, 인상적인 이벤트 등 현지사람과의 격의 없는 대화에서 잊을 수 없는 정보를 얻는 경우도 있다.

역사나 문화에 관한 견문도 메모하는 분량이 많을 것이다. 그 나라나 지역의 역사적 배경을 아는 것은 여행기획에 불가결하다. 특히 현지박물관에 발걸음을 옮길 필요가 있다. 사람들의 생활상이라든지 민속, 사회에 관한 사상(事象)에도 주의할 필요가 있다.

필드 워크(field work)에는 가능한 한 자세한 지도를 빼놓을 수 없다. 출장 전에 입수하면 좋고 그렇지 못하면 현지도착 후 가능한 한 빨리 입수하여 어디를 어떻게 돌 것인지 메모해 둔다.

그리고 인명이나 고유명사를 메모하는 경우는 반드시 철자를 확인해야 한다. 현지발음을 정확하게 알아듣기는 매우 어렵다. 때로는 취재노트를 꺼내 상대에게 기입하게 하는 방법도 좋다.

또 다른 하나는 처음으로 어떤 곳에 간다면 가장 높은 곳에 올라가 보는 것이다. 산이어도 좋고 빌딩이라도 좋다. 거기서 사방을 둘러보고 그 지역의 개괄적인 인상을 심어둔다. 방향감각도 이에 따라 꽤 쉽게 접근할 수 있다.

1) 현장업무(field work)와 사진촬영

디지털카메라가 출연하고 나서 취재활동이 매우 편리해졌다. 언제라도 촬영할 수 있고 지울 수도 있다. 숫자나 표, 지도, 표지, 설명문, 진기한 것들을 메모 대신 끼워 넣을 수 있다. 인상적인 풍경이나 이벤트는 말할 필요조차 없다. 필름대금이 들어갈 걱정거리가 없어졌다, 마음 편하다, 비전문가라도 좋은 사진을 촬영하는 경우가 있다.

혹은 비전문가가 찍은 현실성 있는 사진은 실제의 여행 팸플릿용으로 사용하는 경우도 있을 것이다. 이전에는 비싼 요금을 내고 전문가로부터 빌려서 사용했던 사진을 전부 자신의 것으로 대체하는 여행기획자도 있다. 여행기획자의 센스와 사진기의 그것은 공통점이 많다. 카메라도 사용하는 과정 중에 비전문가 나름의 기술이 생겨 자연스럽게 사진을 좋게 찍게 된다.

촬영하는 사진은 대충 두 종류이다. 하나는 매력적인 풍경이나 장면, 다른 하나는 구체적인 사상(事象)의 설명용이다. 전자는 누구나가 이것이라고 하는 한 점을 걸작이라 하고 싶어 열심히 찍는다. 여행기획 담당자에게 자신의 사진이 감동을 불러일으킬 작품이 된다면 기쁠 것이다.

그러나 멍청하게 하면 안되는 것은 후자이다. 예를 들면 그 지역의 건물, 요리, 복장, 풍속, 사람들, 어린이의 웃는 얼굴, 독특한 사물, 꽃이나 동물, 독특한 간판, 때로는 낙서 등이다. 과연 '이거다'라고 생각하는 것 등은 우선 촬영해 둔다. 이러한 사진은 팸플릿에 현실성 있는 현지정보로서 사용할 수 있으며 여행내용에 현장감을 가져다준다. 그렇다고 해서 예술적일 필요까지는 없다. 또 하나 중요한 것은 사람들에게 카메라를 들이댈 때 반드시 사전에 승낙을 얻는 것이다. 결코 무례하면 안 된다.

좋은 사진을 찍을 수 있다는 것은 다분히 행운이라든지 많은 혜택을 받는 경우가 많다. 멍청하게 하고 있으면 모처럼의 찬스를 놓쳐버리고 만다. 그러한 면에서 보면 기획자가 사용하는 카메라는 가능한 한 간편하면서도 조작이 쉬우면서도 주머니에 쏙 들어가는 가벼운 카메라가 좋다. 포스터에 전개되는 것처럼 고화질일 필요는 없고 기껏해야 A4 정도로 펼칠 수 있다면 충분하기 때문이다.

그리고 좋은 사진을 찍으려고 생각하면 조조(早朝)와 해질녘을 피하지 않으면 안 된다. 돌아다니다 보면 생각지도 않은 장면을 만나기도 하며 아침 해나 석양풍경은 실로 한 순간의 승부이다. 결코 두 번 다시 기회가 오는 경우는 좀처럼 없다.

또한 원칙적으로 풍경사진에는 반드시 사람 및 사람과 관계되는 것을 삽입하는 것이 임장감(臨場感)이 나온다. 단순히 그림엽서처럼 아름다운 사진은 재미가 없다. 가본 사람에게 현실감을 주려면 인간적인 냄새나 존재가 필요한 것이다.

사진에 대해 다른 하나는 가능한 한 찍은 사진을 빨리 정리하여 실패작 등을 삭제하는 것이다. 조사여행 종료 후로 미루면 사진매수가 방대해져 의외로 귀찮은 수고로움이 수반되기 때문이다.

〈표 5-9〉 현장업무 시의 확인사항

1
가장 보기 좋은 장소에 올라가 보아라
2
사실관계나 수치를 정확하게 파악한다
3
고유명사는 반드시 스펠(spell) 체크를 한다
4
지도는 가능한 한 상세한 것을 입수
5
사람의 이야기를 많이, 잘 들을 것
6
박물관이나 책방에도 들러본다
7
자료나 문헌에 가능한 한 많이 눈을 돌린다
8
오감을 풀(full)로 작동하여 느낀다
9
풍경과 구체적인 사상(事象), 양쪽을 촬영한다
10
역사나 문화 등을 포괄적으로 파악한다

2) 자료 · 문헌의 수집과 취사선택

현지에서 수집한 자료나 팸플릿에는 가능한 한 빨리 눈을 돌려 필요한 정보만 메모한다. 조사여행 종료 후에 어떤 것을 생각하고 있으면 무거운 자료를 껴안고 귀국한 채 결국 아무것도 하지 않고 버리게 된다.

현지에서는 적어도 한번 책방에 들려 볼 것을 권한다. 거기서 필요한 범위의 문헌이나 자료를 입수한다. 역사관계 등은 중 · 고등학교 교과서 수준 정도의 것으로 충분하다. 현지사람에게 물으면 잘 가르쳐줄 것이다.

사야 될 문헌 등은 의외로 책방의 선반이나 펼쳐놓은 책더미 속에서 찾을 경우가 많다. 개인적인 토산품으로는 사진집 등 꽤 좋은 것도 있다. 이쪽은 무겁고 부피도 크므로 귀국 시 공항서점 쪽이 좋을지도 모른다.

기획담당자로서 필요한 것은 그 지역이나 국가의 소위 여행지식에만 국한되어 있을 필요는 없다. 역사, 문화, 민속 등에 대해서 가능한 한 포괄적인 지식을 얻고 이해를 증진시키는 것이 중요하다. 이러한 것이 여행기획에 많은 도움을 주게 된다.

따라서 현지조사 전 후 특히 귀국 후에 문헌을 읽어서 얻은 지식과 자신의 직접적인 견문과의 비교는 중요한 것이다. 현지가이드 등으로부터 얻은 정보에도 잘못된 경우가 적지 않다. 개인적 견해도 있음에 틀림없다. 귀국 후에 읽는 문헌은 머릿속에 쏙쏙 들어오고 지식을 증대시키는 기쁨도 출발 전보다는 훨씬 크다.

5.11.6 목적특화형에의 접근

장기간 한국의 여행업계는 최대공약수의 여행수요에 대하여 '얼마만큼 많이 팔릴지'라는 수량만을 가지고 싸워왔다. 여행사의 판매전략이 항공사의 좌석판매전략에 편승되고 말았다고 생각하는 경우도 흔하다.

그러나 지금은 여행도 최소공배수의 수요를 상정하여 거기에 어떤 상품이나 서비스로 대응하느냐라는 부가가치 경쟁시대로 진입하고 있다.

여행업계에서는 이전부터 특정의 세분된 시장에 대한 여행상품을 SIT라고 불렀다. 목적특화형 여행을 말하는 것인데, 지금부터 여행업은 이러한 여러 가지 SIT 수요군(需要群)에 대하여 얼마만큼 섬세한 대책이 가능한가에 달려 있다고 해도 과언이 아니다.

'최대공약수의 여행수요'보다 '최소공배수의 여행수요'를 겨냥한다는 것은 이것이다. 혹은 표적마케팅(pin point marketing)에 의해 양적으로는 작아도 바람직한 수익이 확보될 수 있는 방향성에 연결되어 있다.

1) 수주형 기획여행시대

해외여행 판매수법도 종합여행업자에 한정되어 있었던 일반모집형 패키지투어가 특정범위에 대한 주문생산의 기획제안형이라면 소규모 여행소매상에서도 판매가 가능해졌다. 하나하나 요금내역을 명시하지 않아도 되는 "포괄상품으로서 부가가치를 주장할 수 있게 된 것이다. 이것은 소규모여행업에 있어서 실로 이치에 맞는 변화일 것이다. 자신을 돈으로부터, 여행업에서 일하는 재미나 즐거움은, 여행기획을 세우며, 판매하고, 자신이 그 여행을 인솔하는 것에 있다"라고 생각하여 왔다.

즉 기획·판매·인솔의 삼위일체만이 여행업의 원점이기도 하며 이것에 의한 고객의 집적(集積)만이 여행사경영(특히 중소규모)의 기초의 놓여 있지 않으면 안된다고 확신하고 있다.

그러나 일반적으로 큰 규모의 여행업자일수록 이들 기능이 분할되어 인솔에 이르러서는 이것이 외주화(外注化)되고 만다는 것은 진귀한 일이 아니다. 인솔이라는 그 자체, '있어도 좋고 없어도 좋다' 존재와 같은 울림이 있다. 본래는 투어디렉터(tour director)라고 불러야 할 역할이었다. 투어 컨덕터(tour conductor)라는 호칭도 어쩐지 가볍다. 그나저나 그 인솔이라고 불리는 업무가 업계 내부에서도 가볍게 취급되고, 그것이 그대로 소비자나 사회로부터의 저평가로 이어지고 있다고 말할 수 있다.

이야기가 그렇지만 여기서 말하고 싶은 것은 SIT라는 얼핏 작은, 혹은 현장시장이 가진, 여행업에 있어서의 큰 가능성에 대해서이다. 여행업으로서의 개성을 주장하기 쉽고, 타사와의 차별화가 용이한 분야에 특화하여 업무를 진행한다는 것은 건전한 여행업 경영의 원점이다. 상품이건 서비스건 편리성이건 상권이건 이것은 마찬가지이다.

소비자 측에서 보아 그것들이 평가되지 않는 여행사는 이미 시장에서 퇴장하지 않을 수 없는 시대가 되었다. 일본교통공사(JTB)는 그 경영비전을 여행으로부터 문화교류로 이동시킨 배경에는 그러한 큰 사회의 변화가 있고, 상권은 업종 상호 간에 서로 침식하고 있는 게 엄연한 현실이다.[28)]

2) 극소시장 세분화

테마를 쭉 열거해 보자. 자연계라면 온천, 삼림, 수목, 꽃, 산, 아침 해로 그치지 않는다. 인문계라면 역사, 유적, 종교, 순례, 문화, 음악, 더욱이 취미세계는 넓다. 하이킹이나 스포츠에도(하는 쪽과 보는 쪽) 여러 가지가 있다. 그리고 음식을 테마로 하는 여행이 있으며, 축제, 각종 이벤트, 테마파크, 산업관광 등 분야와 생태관광, 녹색관광, 소프트 어드벤처계, 홈스테이 등이 있다.

잘 알려져 있는 것은 '여행에는 길동무'라는 말을 기업의 콘셉트로 한 클럽 투어리즘(club tourism)이지만 취급하는 장르를 세밀하게 한정하여 깊이 있게 파고 들어간 수법이다. 동창회, 반창회, 문화학교 이외의 대상이 되는 시장에 한정하지 않고 지역안정, 기간안정도 있다. 같은 장소에서도 계절에 따른 매력이나 판매 포인트가 확 바뀌는 경우도 있다.

개인	집단
어학연수, 스포츠, 음악, 재택근무, 아르바이트, 스마트폰, 계약사원, 취업활동, 결혼활동, 건강, 인턴십	서클, 클럽, 세미나, 체육대회, 동아리 활동, 자원봉사(사회공헌) 활동, NPO, 아시아, 아프리카, 국제교류
국제	**환경**
워킹홀리데이, 유학, 홈스테이, 탐험, 방랑, NGO, 발전도상국 지원, 역사, 문화, 민속	지역진흥, 생태관광, 슬로 라이프, 슬로 푸드, 자연식품, LOHAS,[29] 지역문화, 경관, 산림, 농업, 임업, 마을, 바다, 강

자료 : 小林天心, 旅行企劃のつくり方, 虹有社, 2011, 59쪽.

〈그림 5-3〉 학생·청년시장에의 마케팅 키워드

---

28) 田村正紀, 現代の流通システムと消費者行動, 日本經濟新聞社, 1985, 91~94쪽.

29) LOHAS는 Lifestyle of Health and Sustainability의 약자로서 공동체 전체의 보다 나은 삶을 위해 건강과 환경, 사회의 지속적인 발전 등을 심각하게 생각하는 소비자들의 생활패턴을 이르는 말이다.

물론 몇 개의 테마가 중첩되는 경우도 있음에 틀림없다. 여행사로서는 담당자 개인의 영업력 · 능력에 너무 의존하여, 시스템으로서 성립할 수 없다고 느끼는 경향이 있을지도 모른다. 그러나 이러한 테마별 아이디어, 여행의 기획력을 기본으로 한 '미래의' 여행업은 지금부터 승부할 때이다.

여행업다운 지식, 서비스, 노하우에 의한 끊임없는 노력만이 독자의 브랜드 형성을 보다 확실하게 할 수 있다. 뛰어난 기획자는 뛰어난 세일즈맨이며 또한 동시에 뛰어난 인솔자이기도 하다. 높은 커뮤니케이션 능력이 고객만족을 높이는 동시에 다음 투어를 기획하고 판매하는 데에도 연결되어 있다. 고객만족이 그대로 브랜드의 유지, 강화로 연결된다.

시장세분화를 최소화하여 그에 특화된 섬세한 투어를 만드는 것이야말로 규모의 대소에 관계없이 그 중핵에 위치시키는 것이 센스 있는 좋은 여행기획자라는 것이다.

5.11.7 개인형 기획여행

요즘 자동차메이커 등 불경기 탓으로 신문광고를 피하고 있는 스폰서가 많은 것 같다. 통신판매 등의 광고가 늘어났다. 광고게재료가 대폭적으로 개입되었을 것이다. 작금에는 여행광고 출고가 격심하다. 투어광고가 게재되는 날이 진귀하지도 않다. 그리고 예외 없이 9와 8의 숫자가 춤추고 있다.

마치 슈퍼 전단이다. 신문광고에 게재되어 있는 여행요금은 그 아래 네 자리 숫자가 거의 구천팔백으로 되어 있다. 조금 더 노력한 88이라는 숫자도 눈에 걸린다. 작년의 경험법칙에서 오고 있는 것일 것이다.

이러한 가격설정을 '98 증후군'이라고 부른다. 전면을 사용한 광고지면은 예외 없이 무엇인가 작은 구획으로 나누어지며 코스별 레이아웃으로 되어 있는데, 중앙에 여행대금이 나타나고 98 신드롬의 숫자만이 눈을 휘둥그렇게 한다. 이렇게 표현된 레이아웃 자체, 그 회사가 집적해 온 독특한 양식일 것이다. 더구나 숫자 옆에 '놀라운 이 가격'이라는 문구를 넣은 레이아웃이 많다. 기획담당자의 '깜짝 놀라주십시오'라는 간절한 염원이 전달된다(전달되지 않는다).

아마도 담당자는 '고객이 고르는, 잘 팔리는, 무언가 나쁜'이라고 반론하고 있음에 틀림없다. 싼 것만이 최고의 서비스라 믿고 있다. 혹은 이러한 광고 전개에 의해 잠재고객

리스트가 축적되어 있기 때문에 매스미디어를 사용하는 마케팅수법으로서는 결코 나쁘지 않다고 이해하고 있다.

1) 개인에게 기획을 파는 지식과 설득력

대량여행의 현상으로서 이러한 수법을 일괄하여 부정할 수는 없다. 그러나 여행이라는 것은 하나의 문화산업이며 봐주고 팔기 쉬운 것에 의존하는 기획을 평가하기는 어렵다.

여행목적지를 잘 이해하고 또는 오고 싶다는 생각을 할 여유가 없다.

귀국 후 참가자의 부정적 PR을 고려한다면 이러한 기획은 결과적으로 여행목적지 때우기이며 어떤 종류의 시간 때우기에 지나지 않는다. 서비스산업에서 고객만족도를 최우선으로 하는 기획이라는 것은 저가격지향과는 정반대가 되는 경우가 많다. 조금 더 스마트한 방식은 없는 것일까.

예를 들면 커플 두 사람, 자신의 가족 3세대 6명, 혹은 지인 4명, 동창생 5명 등 몇 명의 여행형태를 상정한다. 많아도 기껏해야 10명 정도이다. 절대로 만족하지 않으면 안 된다. 이러한 경우는 여행업에서 일하는 사람들의 주변에도 꽤 많이 발견되고 있음에 틀림없다. 이러한 이유로 대형단체패키지를 소개하는 것이 아니라 개별수배기획여행을 제안한다.

요구수준에 따른 혹은 이쪽으로부터의 권유에 따른 호텔, 여행내용이나 행선지를 선택한다. 차와 가이드를 수배한다. 레스토랑이나 메뉴도 선택해 본다.

개중에는 어떤 이벤트나 콘서트가 포함되어 있을지도 모른다. 철저하게 상대방의 희망을 듣고 그에 부응한 내용으로 하는 것이다. 이것이야말로 주문(order made)에 의한 기획이라면 자신을 가지고 제안한다. 경우에 따라서는 스스로 인솔하는 경우가 있을지도 모르겠다.

아시아 여러 나라 등에서는 특히 자동차 · 운전기사 · 가이드는 삼종세트이다. 경비는 비싸지 않고 한국어 운전기사 · 가이드가 준비될 경우도 있다. 하루에 20~30만 원 정도로 일주일간 150~200만 원 선이다.

이것은 렌터카를 이용해도 마찬가지이기 때문에 그 편리성과 쾌적성을 생각한다면 결코 비싸다고는 말할 수 없다. 천천히, 자신들만으로, 좋은 여행이 보증된다면 이것을 선택하는 사람은 꽤 많은 것이 아닐까.

〈표 5-10〉 여행기획자에게 필요한 제 조건

1
여행목적지를 잘 아는 것
2
그것을 알기 쉽게 표현할 수 있을 것
3
사람을 끌어당길 카피(copy)를 쓸 수 있을 것
4
매스컴과의 접촉을 가질 것
5
고객에게 확실한 만족을 약속할 것
6
설득력 있는 커뮤니케이션이 가능할 것
7
품질이 좋은 팸플릿을 만들 것
8
고객에게 적합한 상품을 만들 것
9
항상 새로운 기획을 생각하여 상품화하는 것
10
개개의 여행에서 충분한 이익을 확보할 것

2) 만족이라는 약속

아시아이기 때문에 싸고 여행기간이 짧다는 생각을 우선 배제하자. 대도시나 해변 이외에 아시아의 매력은 많이 있다. 자연이나 문화의 다양성은 놀랄 만큼 깊이를 가지고 있지만 시판되고 있는 안(安)·근(近)·단(短)을 언급한 것에는 전혀라고 해도 좋을 정도이다.

유럽과 북미의 일부를 제외한 지역에의 여행은 과거 40년 가까이 그 내용에 변화가 없다. 진기한 것을 동경하고, 혹은 다른 사람과 똑같은 의식만으로 획일적인 여행수요가 확대된 것은 1990년대까지이다. 이제 이런 상품수명은 절정기가 지나고 있다.

일반적으로는 수익과 시간의 양면까지도 꽤 추월된 상황이 되고 있기 때문에 가처분 소득 내에 있어서 소비의 우선순위로서는 여행이 차지하는 지위가 내리막길을 걷고 있는 것이다. 따라서 대량수요를 추구하고 있는 여행사의 경영은 편치 못하다. 가격을 내리는 이외에 취할 수 있는 수법이 없기 때문이다.

그러나 소규모이면서 기획내용을 우선으로 하여 승부를 걸고 있는 여행업경영은 지금부터이다. 즉 여행목적지에 대한 충분한 지식을 무기로 고객만족을 최우선으로 한 기획의 제안과 그 설득력이다. 그것을 원점으로 한 전문적인 여행으로 승부하여 시장을 확대해 나가는 것이 여행업으로서 살아남는 길이다.

5.11.8 새로운 여행기획에의 도전

여행의 정보수집, 현지조사를 시작하고, 목적이 특화된 단체나 개인 · 소그룹에 대한 기획제안의 필요성을 알아보았다. 1970년대 이후 여행시장의 고성장을 지탱해 온 대량기획에 대하여 고부가가치형여행을 제안하는 데 따른 새로운 비즈니스 영역을 차지할 수 있는가에 대한 선택기능은 양이냐 질이냐의 두 가지이다. 그러면 새로운 여행 목적지, 새로운 여행기획의 방식을 생각해 보자.

우선은 여행목적지의 역사적 배경을 확실하게 아는 것부터 시작한다. 그 지역의 현재에 이르기까지의 역사적 개관을 이해하는 것은 단체의 성격 여부에 관계없이 중요하다.

사전 현지조사 후에 각종 문헌에 눈을 돌리는 것은 조사 전에 눈을 돌리는 것과는 달리 훨씬 이해도가 높아진다는 사실을 언급하고 싶다. 그곳에 어떤 사람들이 살고, 어떤 생활을 하고 있는가. 자연풍물뿐만 아니라 민속이나 문화적인 이해에는 문헌으로부터의 도움이 필요불가결하다고 말해도 좋다.

투어의 조립은 어떤 여행자를 대상으로 판매할까를 결정하는 것부터 시작한다. 즉 연령층, 목적별 혹은 지역 등 특정집단(cluster)을 파악하는 것이다. 20대가 좋아하는 것과 30대가 좋아하는 것은 상당한 차이가 있다. “무엇을, 누구에게 팔까”라는 명제를 항상 세트로 생각하지 않으면 안 된다. 상품과 구매자를 연결시키는 것은 여행 · 관광마케팅에 있어서 기본 중의 기본이다.

이 한정에 의해 출발일이나 설정개수, 여행일수, 체재지 · 방문지, 경로(방문순서), 이용할 호텔의 선정 혹은 등급선정, 이용항공사의 선정, 바람직한 여행가격 등이 결정된다. 판매경비에 어느 정도 비용이 드는 것일까. 이 사이에는 현지 지상수배업자와의 거래가 개입된다. 때로는 직접 수배가 필요할지도 모른다.

더욱이 항공사와의 협력체제 조성이나 당해지역의 정부관광국 또는 대사관에 대한 협력요청이 필요할지도 모른다. 이전처럼 항공사가 적극적으로 여행목적지 개발에 관련되는 경우는 거의 없다. 그러나 투어의 출발지와 목적지를 연결하는 다리역할을 하는 항공사의 존재는 매우 크고, 특히 새로운 상품개발에 대한 항공사의 이해와 지원은 중요하다.

운임의 거래가격은 이용예정 좌석 수의 물량에 따라 결정되는 경우가 많다. 그러나 새로운 투어나 시장의 가능성을 이끌어내기 위해, 때로는 양과는 관계없고 새로운 도전에 대한 지원이라는 성격의 퀄리티 인센티브(quality incentive)를 요청하는 경우도 있다. 현재 잘 팔리는 것을 기반으로 다음번에도 잘 팔리게 하기 위한 노력은 항공사에 있어 빼놓아서는 안되는 작업이기 때문이다.

1) 파는 게 우선인가 사후의 만족인가

정부관광국의 주된 사명은 항상 새로운 지역의 소개나 새로운 여행상품의 가능성을 찾아내는 데 있다. 그에 입각한 홍보선전활동도 중요한 작업의 하나이다. PR예산에 관해서는 단순히 홍보(publicity)가 아니라 구체적인 투어플랜과 세트로 소구하는 쪽이 효과가 높은 경우가 적지 않다.

각 정부관광국의 예산범위에도 관련되지만 광고전개 시의 비용분담, PR 면에서의 지원, 팸플릿 작성비에 대한 지원 등이 협의대상이 된다. 혹은 처음부터 여행사, 항공사, 정부관광국의 협력체제하에 새로운 시도를 하는 경우도 있다. 삼인삼색의 이해관계가 일치하는 경우는 적지 않다. 소위 삼위일체로서의 여행판촉이 신기획의 수립에는 좀 더 강하게 인식되는 것이 좋지 않을까.

한국에 정부관광국이 없는 나라나 지역에 관해서는 대사관이 PR역할을 책임지는 곳이 있기 때문에 그러한 기능을 활용할 가능성을 시야에 넣어두는 것도 필요하다.

여행기획에 대하여 가장 주의하지 않으면 안되는 것은 한정된 일정에 무엇을 어떻게 삽입하느냐의 선택이다. 이것도 저것도 전부 다 넣어버리면 비전문상대에게는 팔기 쉽

다. 그러나 팔기 쉽다는 것과 여행만족도는 반비례하는 경우가 많다. 이러한 설득력이 여행기획과의 영향을 좌우한다고 말할지도 모른다. 비즈니스로서의 지속성을 중시하려면 만족도는 최우선사항이지만 우선 팔리지 않는 것에는 만족도도 계상할 수 없다.

〈표 5-11〉 새로운 여행기획의 제 원칙

1	여행지의 역사를 확실하게 파악해 둔다
2	판매대상과 기획내용은 불가분하다
3	항공사나 정부관광국과의 협동을 전제로 한다
4	품질 인센티브를 주장하라
5	때로는 지역의 상식을 알아볼 것
6	다른 사람의 시점이나 감성으로 확실하게 보자
7	팔기 쉬운 것보다 여행의 만족을 중시하라
8	계절에 따라 별도의 내용을 준비한다
9	가격보다 내용의 승부에 항상 마음을 둔다
10	세련된 광고원고를 생각하라

그 여행사 혹은 기획담당자에 대해서 고객에 의한 신용도가 확실하게 있는 경우에 이러한 어려움은 필요 없다. 그러나 신규고객을 대상으로 할 때의 고충은 심각할 것이다. 후자의 경우 어떻게 하더라도 잘 팔리는 것을 우선으로 하기 쉽고 그 결과는 항상 신규고객에의 접근을 반복하지 않을 수 없게 된다.

즉 마케팅 교과서에 자주 언급되는 반복고객과 신규고객과의 비용을 비교하면 1 : 4

정도라는 숫자는 이를 가리킨다. 비록 규모는 작아도 서비스업의 기본은 어디까지 반복 고객을 어떻게 확보하는가이고, 그 만족도의 최대화를 어떻게 도모하는가에 있다. 이전에 음식업과 여행업의 유사성에 대해서 언급했지만 고객으로부터의 신뢰획득 노력을 서서히 쌓아 올려가는 이외에 확실한 성공의 길은 없다.

2) 어디까지나 기획에 승부를 건다

여행목적지에 따라서는 여행소재의 계절변동이 격심한 경우가 많다. 같은 패턴의 여행이라도 계절에 따라서 소구하는 포인트를 바꾸지 않으면 안되는 경우도 있다. 또한 통상적으로 지역에 따라 성수기와 비수기가 확실하게 만들어지는 경우도 적지 않기 때문에 사계절 각각의 매력의 발견, 지역의 상식으로 파악할 수 없는 기획자의 '보물찾기'의 시점을 확실하게 가지지 않으면 안 된다. "이렇게 멋있는 소재를 포기해 버린 것일까" 다른 사람의 소박한 의문으로부터 생겨난 사례가 오로라였거나, 저녁이었거나, 거대한 나무였거나, 꽃이었거나 한다. 현지 사람들에게는 견디기 어려운 추위 그 자체가 눈이 없는 지역 사람들에게는 매력이다.

더욱이 여행기획에 있어서 중요한 가격설정이 있다. 어떻게 해서든 조금이라도 싸게라는 방향으로 끌려가기 쉽지만 가격은 상품의 구성 중 여러 요인의 하나에 지나지 않는다. 내용적인 차이가 없으면 가격이 싼 쪽을 선택한다.

따라서 내용과 가격의 적합성을 어떻게 팸플릿 등으로 설명하여 설득할 수 있는가는 각자의 수완에 따르는 것이다. 이러한 계절성에 기인하여 복잡한 가격을 설정하고 있는 곳이 항공사이다.[30)]

시판되고 있는 투어를 보고 있으면 왜 이렇게 좋은 상품을 '왜 이런 싼 가격으로 팔고 있지 않으면 안되는 것일까'라고 생각되는 경우도 있다. 지속적인 비즈니스를 위해서는 신상품의 개발경비나 사원교육 비용도 항상 염두에 두지 않으면 안 된다. 눈앞의 판매량 확보 때문에 그러한 채산이 도외시되어서는 안 된다. 저가격 지향에의 강박관념에서 자유로워지기 위해서는 정면의 기획내용으로 승부를 하는 수밖에는 없다.

공급자를 울리고, 이익을 축내고 혹은 모든 경비를 압축한 끝에 인건비까지 깎으면서 그 결과 '덤핑', '제몫 챙기기'뿐이라면 여행업을 폐쇄하는 쪽이 낫다.

30) 中瀬昭, 観光産業のこころみ, 南窓社, 2003, 31~34쪽.

이러한 과정을 거쳐 드디어 투어팸플릿의 제작이 완성되게 된다. 투어타이틀을 어떻게 하는가, 캐치프레이즈를 어떻게 쓰는가에, 영향과 센스가 꽤 요구될 것이다. 그래서 투어의 이미지 심벌에 무엇을 가져오는가, 이후 세심하게 알아본다.

5.11.9 여행상품의 인수분석

지금까지 여행기획자로서의 수완이나 여행기획의 모든 조건을 보아왔다. 여기서 구체적인 여행이란 상품을 구성하는 부품마다 그것을 강조할 포인트를 정리해 두고 싶다. 자주 언급되지만 '먹는다, 잔다, 논다'나 '턱, 발, 베개' 등의 제 요인을 파악하면서 각각의 의미와 비용분석도 해보자. 비용과 더불어 분석해야 하는 것은 가치분석이다.[31)]

말하자면 패키지투어의 인수분석(因數分析)이다. 여행기획자는 여행기획 시 면밀한 검토와 비용계산을 하지 않으면 안 된다. 우선은 여행목적을 체크해 보자. 이것은 일반여행에서 비즈니스분야까지 여러 분야에 걸쳐 있다. 최근에는 생태관광이나 산업관광도 자주 언급되고 있다. MICE라는 여행업계 용어는 이미 새롭지 않고, 스포츠 이벤트나 취미세계의 여행도 다채로워졌다. '여행일수'에 관해서는 '안(安) · 근(近) · 단(短)'처럼 비용이 싸고 거리가 가깝고, 여행기간이 짧은 대량여행을 언급하는 표현으로 사용되기도 한다. 그러나 지금까지 보아왔던 것처럼 SIT나 FIT화의 흐름도 포함하여 이후에는 좀 더 다양해질 것이다.

'여행인원 · 정원(定員)' 등 투어의 질은 특히 중요하다. 지금까지는 비용관리상 몇 명 이상으로 투어를 개최하는지를 계산하였다. 즉 '최저실시인원'이 여행사에게 중요했지만 지금은 고객입장에서 보면 '최고실시인원' 쪽이 마음에 걸린다.

특히 고령자지향의 주유형(周遊型) 여행 등은 여행조건 가운데 '몇 사람~몇 사람'이라는 표기 쪽이 일반화할지도 모른다. '참가자층'은 '여행목적'과도 관련된다.

여행은 동반이며 연령층도 꽤 중요한 시점이다. 다른 인수(因數)에도 여러 가지 영향이 있다. 체재형 여행에서는 관계가 없으나 주유형 여행에서는 경로에 대해서 분명하게 검토하지 않으면 안 된다.

---

31) 浅井慶三郎, サービス業のマーケティング, 同文舘, 1985, 81~83쪽.

어떠한 방문순서가 여기서는 항공기로 이동하는가 지상 혹은 배로 이동하는가, 일정이나 여행 혹은 목적에 맞추어 결정한다. 시간을 내서 천천히 체험활동을 조합할 경우도 있을 것이다. 특히 다른 경합상품과의 차별화를 꾀할 경우에는 '여행 · 방문'과도 병행하여 여행기획자의 수완을 발휘할 필요가 있다. '숙박기관 · 박수'도 '여행목적'이나 '참가자층'과의 관련에 따라 바뀐다. 환전공급의 특징이 있는 숙박시설을 확보함으로써 경쟁상대를 배제하는 수법도 있으나 이것은 그 나름의 판매력의 뒷받침이 없으면 괴롭다.

1) 기획의 차이는 지상이동(地上移動)

해외여행에 관해서는 항공사가 하나의 열쇠이다. 최근에는 LCC(저가항공사)가 화제지만 종래의 항공사도 2등석 인적 서비스의 질은 이미 LCC와 크게 다르지 않다. 잉여서비스는 다 빼버리고 물, 맥주, 식사, 베개, 모포는 모두 유료로 하는, 전철이나 시내버스 정도의 항공사가 세계를 누비고 있다.

여행기획자로서는 자사의 거래조건도 중요하지만 신상품을 만드는 경우 등과는 별도로 마음먹은 공동판촉을 실시해 보는 것도 재미있을 것이다. 항공사는 특히 구미(歐美) 등 장거리노선에 왜 침대항공기를 도입하지 않는 것일까? 단지 드러누워 자고 싶은 사람에게는 2단 침대이건 3단 침대이건 상관없다.

이는 여행객이든 비즈니스고객이든 상관없이 절대적으로 받아들인다. 특히 고령 여행자층에게는 대환영일 것이다. 경험상 2등석은 괴로우나 그렇다고 해서 비즈니스등급의 추가요금까지는 지불하고 싶지 않은 사람이 대다수이다. 3단 침대로 해버리면 운송하는 인원도 그렇게 바뀔 수밖에 없다. 종래의 안전기준 등은 다소의 지혜로 어떻게든 될 듯하다. 초고속 기재도입 전에 혹은 그것과 병행하여 침대여객기의 개발도입을 권장하고 싶다.

다음으로 '다른 지상교통기관'에 대해 말해보자. 이전에도 제안했지만 경제선진지역을 제외하고는 운전기사를 포함하여 차량에 드는 비용은 적다. 가이드를 포함해도 때로는 세단 사용이나 중형차를 손쉽게 사용할 수 있다.

특히 가족여행이나 소그룹 등 FIT에는 여행의 질감을 높이면서도 가격 면에는 그 정도로 큰 영향이 없다는 '특별취급' 여행제안이 가능하다. 생태관광 등 소인원의 특별수

배에도 유연한 대응을 할 수 있다. 또한 여행경로에서 언급한 바와 같이 여행의 성격에 따라서는 항공기로 연결하는 것보다 지상이동을 하는 쪽이 여행내용에 묘미가 생기는 경우도 적지 않다.

〈표 5-12〉 여행상품의 구성요소

번호	구성요소	번호	구성요소
1	여행목적	12	계절
2	여행일수	13	자유행동
3	여행인원·정원	14	쇼핑
4	참가자층	15	가이드
5	여행경로	16	인솔자
6	숙박기관·숙박수	17	지상수배업자
7	항공사	18	건강관리
8	기타 지상교통기관	19	위기관리(사고대책)
9	여행·방문	20	여행보험
10	식사	21	비용과 이익
11	시간배분·시차		

2) 식사대는 깎지 마라

'여행·방문', '식사', '시간배분·시차', '계절'은 여행의 핵심을 형성하는 부품이다. 실제로 현지에 나가, 방문개소를 결정하고, 소요시간을 재고, 체재시간을 결정한다. 한정된 시간 가운데서 이들을 어떻게 운영하며 고객만족의 최대화를 도모하는가는 중요한 것이다. 반복해서 말하지만 '어떻게 팔기 쉬운 투어를 만드는가'를 먼저 시켜서는 안 된다. 전자를 우선하면서 후자와의 바람직한 균형을 조정한다.

어려운 일이나 확실한 고객층을 서서히 형성하기 위해서는 이를 실행할 수밖에 없다. '식사'를 넣을 것이라면 레스토랑의 선정과 동시에 메뉴의 시식까지 해본다. 중요한 것은 결코 '가격을 깎지 말라'는 것이다. 양보다 질이다. 때로는 악화가 양화를 구축하는 것을 여러 투어에서 자주 볼 수 있다.

창조형 여행업을 지향하는 것이라면 고객의 허점을 이용하는 여행은 피해야 할 것이다. 연배층에 대해서는 '시간배분 · 시차', '계절'을 염두에 둔 일정표 작성을 빼놓을 수 없다. 여행형태가 다르면 체험활동도 전혀 다르고 여행준비에도 큰 차이가 있다.

'여행 · 방문'에 관련된 것이나 '자유행동', '쇼핑'의 배분은 극히 중요하다, '여행 · 방문', '식사'를 전부로 하여 '자유시간'을 만들지 않는 투어도 있다. 풀 패키지(full package)에서 '여행 · 방문', '식사'부분을 선택하여 사용하지 않은 부분을 환급처리하는 요금체계를 운영하고 있는 회사도 있다.

자유행동이라는 이름하에 하나하나 현지에서 옵션수배요금을 청구하기보다 이쪽이 공정한 소구방법이다. 또한 '쇼핑'을 여행일정에 포함시키지 않은 여행도 증가하고 있다. 요청이 없으면 들르지 않는다. 가고 싶지 않은 여행자의 존재를 우선시한다. 여기서 얻는 수수료수입 등을 투어의 수지에 계상하지 않는다는 것은 지극히 당연한 경영판단이다.

이상과 같은 내용에 추가하여 '가이드', '여행인솔자'를 어떻게 할지, 경우에 따라서는 어느 쪽이 일방적이라는 경우도 있을 것이다. 생태관광 등에서는 '가이드'가 결정적인 중요도를 점한다. 새로운 여행사 경영에 있어서 여행인솔자가 수행하는 중요성에 대해서는 몇 번이나 언급하였다.

'지상수배업자'와 협력하는 경우에는 확실한 상담 협력관계가 불가결하다. 일방적으로 맡겨버리는 식의 여행형태 이외에 가격만 깎아버리는 것이 주업무가 되어서는 차별화 등은 먼 꿈나라 이야기밖에 되지 않는다. 때때로 지상수배업자의 노하우를 배우는 것도 필요하다. '여행관리', '위기관리', '보험'은 기획담당자뿐만 아니라 여행업 경영상 고객의 자각을 촉진하는 데도 중요하다. 이 위에 '비용의 최소화'와 '이익의 최적화'를 통제하지 않으면 안 된다.

5.11.10 모든 여행기획은 TC로부터

여행기획과 판매와 인솔은 삼위일체이다. 스스로 투어를 팔아보지 않으면 시장을 이해하기 어렵다. 투어현장에 자신이 가보지 않으면 그 토지도 고객도 이해할 수 없다. 현장체험을 하지 않으면 정말로 좋은 여행을 만들 수 없는 것이다.

인솔이라는 말에 강한 위화감을 가지고 있다. 그러나 관용적으로 아무렇게나 사용해버리면 반성하게 된다. 업계에서는 국외여행인솔자가 일반적이다. 이것을 줄여서 TC(Tour Conductor)라고 한다. 여기서도 국외여행인솔자를 통일하여 TC라고 부르기로 한다.

TC는 여정을 원활하게 진행하고 고객과의 만족도 최대화에 노력하며 동시에 불만족도를 최소화시켜야 할 의무를 지키고 있다. 단체의 리더이며 감독이며 인솔자이기도 하다. 말이나 문화의 번역자 역할도 수행한다.

TC를 사전에서 찾아보면 가이드, 관리인, 경영자, 사장, 지휘자, 전도체, 피뢰침 등이 있다. 이들 모두가 실제의 TC업무에 포함되어 있다. 때로는 몸을 움직이지 않으면 안되며, 때로는 연기력도 필요하다. 또한 사람의 마음을 읽어내지 않으면 안되고 정확한 상황파악과 결단이 필요한 까닭에 TC업무는 사람을 만든다.

그러나 TC 가운데는 단순한 인솔도 적지 않다. 업계에서 일반적으로 부르고 있는 여행 심부름꾼이라고 하는 경우의 인식은 별로 좋지 않다. 지상수배업자에게 모든 것을 맡기고 아무것도 하지 않는 주제에 고객 앞에서 웃음이나 짓는, 리더십이 없는 녀석들도 꽤 많다. 이러한 녀석들 가운데에는 쇼핑센터에서 쇼핑수수료나 챙기는 얼간이들이 많은 게 보편적인 현상이라고 할 수 있다.

그러나 여기서는 TC의 자질구레한 기술론을 전개할 생각은 없다. 여행기획과의 관계에 관하여 불가결한 사항을 중심으로 생각한다.

1) 품질관리업무의 실행책임자

TC는 여행이라는 눈으로 볼 수 없다. 따라서 고객에 대하여 현지의 공급자나 관계자에 대해서 회사를 대표하여 존재하고 있다. 우선은 이 점을 확실히 염두에 두지 않으면 안 된다. 최근에는 TC업무를 외부의 전문회사에 위탁하는 경우도 적지 않다.

그러나 이 기본적인 역할을 외부에 위탁한다는 것은 그리 간단히 생각할 일이 아니다.

이 큰 업무에 대한 위탁료는 본래라면 상당한 고액이 된다. 경비절감이라는 면에서 이 업무를 위탁한다는 발상 자체가 크게 틀렸다고 할 수 있다. 여정을 관리한다는 것은 여행상품의 품질을 관리하는 것이다.

TC는 회사를 대표하고, 기획자의 눈을 가지고, 투어의 각 부품을, 서비스를 철저히 체크하고, 항상 개선 · 개량에의 지도를 행하지 않으면 안 된다. 또한 TC의 역할은 항상 '사람과 화물과 돈'의 계산이라고, 귀에 딱지가 생길 만큼 듣고 있다. 이 정도라면 싸고 좋다.

그러나 이 수준에서는 부가가치형의 여행상품이라고 기대할 수 없다. 즉 서비스업에 특히 중요한 품질관리업무의 실행책임자가 바로 TC인 것이다. 더구나 TC업무는 신상품의 기획이나 개발에도 중요한 역할을 겸하고 있다.

다음으로 TC는 회사와 공급자의 사이에 조정역할을 완수하지 않으면 안 된다. 크게 말하면 상품기획의 콘셉트로부터 시작하여 그 의도를 공급자 등의 관계자에게 해설할 수 있어야 한다.

고객의 기대나 희망을 정확하게 관계자에게 말할 수 있고, 때로는 교섭이나 설득도 필요하다. 그를 위해서 어학력이나 커뮤니케이션은 중요하고, 거꾸로 공급자로부터의 요망을 회사에게 전달할 책무가 있다. 제언이나 충고를 빠뜨려서도 안 된다.

보다 좋은 여행기획이나 서비스를 만들어내기 위한 힌트는 도처에 깔려 있다. 그것을 자신의 감각으로 쓸어 담을 뿐만 아니라 이해관계자(stakeholder)로부터 끌어내지 않으면 안 된다. 그리고 회사에 가지고 돌아와 다음 업무에 반영시켜 나가는 것도 빼놓을 수 없다.

이해관계자의 예지, 노력, 서비스, 협력이 없는 여행상품이란 존재하지 않으며, 기획담당자와 TC는 2인 3각으로 이에 대응하지 않으면 안 된다. TC업무는 기계적인 작업 등으로는 전혀 이룰 수 없다.

2) 살아 있는 계획은 현장에서의 호흡으로부터

또한 TC는 고객과 현지 사이에 낀 이문화(異文化) 간 조정자이다. 단순한 통역이어서는 안 된다. 이문화 간의 가교라고 말해도 좋다. 문화마찰을 방지하기 위하여 현지의 문화나 관습을 확실히 하여 투어 가운데 현지에 설명할 수 있는 것과 그 반대로 현지의

문화나 습관을 고객에게 설명하는 것이다.

역사, 생활상, 민속, 문화는 서로 대등한 입장에 서서 존중되지 않으면 안 된다. 혹은 극히 간단히 말해서 “로마에 가면 로마의 법을 따르라”라는 캐치프레이즈를 내거는 것으로 좋을 때도 있다. 쌍방을 이해하고 그 조정력을 솜씨 있게 처리한다. 마찰을 줄이는 책무를 분명하게 자각한다.

다시 말하면 예컨대 복장의 TPO나 매너도 중요하다는 것이다. TC 가운데는 보기에 어색한 채로 언제나 같은 스타일로 일관하고 있는 사람도 있다. 그 장소에 전혀 어울리지 않는 시대에 뒤떨어진 모습을 연출하는 사람도 종종 볼 수 있다.

나라나 지역에 따라서 이러한 기준은 크게 달라질 것이다. TPO(Time, Place, Occasion)와 입으로 말하는 것은 간단하나 실제로 그 정도로 쉽지는 않다. 즉 임기응변적인 품질 좋은 스마트함이 필요한 것이다.

TC의 연구가 좀 더 진척되면 좋을 것이다. 더욱이 TC에는 고도의 책임감과 커뮤니케이션 능력이 필요하다. 후자에는 ‘미소와 인사’로부터 시작하여 회화, 지식, 지성, 센스, 호스피탤리티, 인간성 등이 포함된다.

미소 띤 얼굴과 인사를 보기 좋게 한다는 것은 중요하다. 정성어린 밝은 미소와 온정어린 인사야말로 사용언어에 관계없이 모든 인간관계를 여는 열쇠이다. 모두 머리로는 이를 이해하고 있을 것이다. 그러나 실행은 어렵다. 한번 더 천천히 거울을 비춰보면서 충분히 체크해 보기 바란다.

이러한 투어의 현장체험을 통하여 여행기획자는 고객의 반응이나 현장사정을 피부로 느끼는 경우가 많다. 살아 있는 여행기획은 현장과의 호흡이다. 지식과 감각을 매끄럽게 조합하는 것에서 뛰어난 여행의 기획이 탄생한다. 그리고 TC의 현장에서는 다음번 투어세일즈를 하기가 가장 쉽다.

3) 인솔자에게 요구되는 자질 및 능력

- 사회인으로서 상식과 예의가 갖추어져 있다.
- 항상 고객과의 원활한 의사소통과 신뢰관계를 위해 노력할 수 있다.
- 여행참가자끼리의 동료구성에 도움을 줄 수 있다.

- 인간에 대한 관심이 깊고, 타인에의 공평성, 동정심 및 배려가 가능하다.
- 리더십과 책임감이 있다.
- 해외 인솔의 경우 영어 등 외국어 회화력이 있다.
- 분쟁의 대응이 냉정하면서도 정확하게 처리할 수 있다.
- 금전관리, 보고서 작성 등 필요한 실무수행능력이 있다.
- 계절, 기온, 시차 등의 변화에 적응력이 있고, 건강하다.

4) 인솔업무에서 얻을 수 있는 것

- 세계적인 넓은 시야에 서서 여행자가 이문화(異文化)를 접하는 데 도움을 줄 수 있다.
- 여행을 통하여 국제친선의 역할을 수행할 수 있다.
- 사람, 문화, 시설, 식사, 풍경 등과의 만남을 통해 자기계발, 성장기회를 생각하여 공부를 열심히 하게 된다.

5) 직업으로서의 특징

투어의 계절적 번한(繁閑)에 수반하여 가동일수에 변동이 있다. 특히 여행시즌에는 인솔일수가 과중하게 된다.

- 복장, 언동, 판단 등에 있어서 자기관리가 필요한 사업장 밖의 노동이다.
- 노동일 및 노동시간이 일정하지 않기 때문에 건강관리가 특히 필요하다.
- 임금은 인솔마다의 일당이 기본이기 때문에 매월의 수입변동이 크고 연간수입을 고려해서 계획적인 생활습관이 요구된다.
- 업무가 불규칙하기 때문에 생활목표와 직업의식의 정합성과 확립이 필요하다.

〈표 5-13〉 TC의 마음가짐 20항목

번호	항목	번호	항목
1	원기왕성한 인사와 밝은 미소	11	화장실의 위치를 항상 찾아라
2	큰 목소리로 확실히 발언한다	12	모닝콜은 전부 자신이
3	절차를 생략하지 않고 땀을 흘린다	13	단원의 생일 체크해라
4	이유없이 고객을 기다리게 하지 마라	14	분실물에 대한 주의는 사전에 구체적으로
5	피로한 얼굴을 보여서는 안 된다	15	인원이나 개수는 철저하게 확인하라
6	언제나 냉정·침착하면서도 당황하지 마라	16	항상 배려와 상냥함을 가져라
7	마음에 들지 않는 사람을 돌봐라	17	엉터리 외국어를 부끄러워할 필요는 없다
8	도망가지 마라, 변명하지 마라	18	고객입장에서 발상하라
9	무엇을 언제 하는지 명쾌하게	19	차원 높은 농담을 준비하라
10	고객보다 먼저 정보를 입수해라	20	프라이드를 잊어서는 안 된다

5.11.11 좋은 인간관계 형성법

여행기획에는 많은 사람들과의 접촉이 필요하다. 업무의 성공조건은 대인관계 기술에 있다고 말해도 좋을 것이다. 즉 커뮤니케이션의 기법에 능통하지 않으면 안 된다. 그것은 단순히 말이 통한다는 수준은 아니다.

인간의 직접적 커뮤니케이션에 있어서 말이 수행하는 역할은 그렇게 크지 않다. 그 사람을 눈으로 보고 표정, 목소리에서의 톤, 동작, 분위기 등이 때로는 말보다 훨씬 큰 정보량을 발산한다.

이치에 닿는 말을 하기보다 큰 소리로 일갈하는 쪽이 좋은 경우도 있다. 애완동물의 표정이나 동작에서 우리들은 어느 정도의 정보를 받아들이고 있는가. "눈은 입만큼 사물을 말한다"라고 말하고 있으나 입으로는 따라갈 수 없는 감정이 전해져 오는 것이다. 남녀 간이나 친자관계를 보면 금방 알 수 있다. 몸짓이 말에 추가되지 않으면 커뮤니케이션 등도 성립되지 않는 것은 아닐까.

'원기 발랄한 인사와 정겨운 미소는 세계의 공통언어이다.' 몇 마디를 했느냐가 중요한 것이 아니라 사람과 만났을 때 언제나 자연스러운 인사 또는 미소를 띨 수 있다는 것이 모든 인간관계를 여는 가장 중요한 열쇠이다.

말이 통하지 않는 세계에서 이것이 유일한 무기이기도 하다. 또한 기분 좋은 인사를 할 수 있다는 것은 자기 자신에 대한 공짜판촉이기도 하다. 즉 공짜, 효율 좋은, 자기 판매촉진기법이라는 것이다. 만나는 도중에 '뭐 이따위가'라고 생각되는가, '좋은 느낌'이라고 생각되는가는 한 순간에 생기는 의사소통이다.

그러한 까닭에 여기서는 이 대인관계기법에 대하여 여러 가지 측면에서 생각해 보고 싶다. 서비스업의 현장에 있으면서 그런 사항에 소홀한 사람들이 너무나 많은 것도 한국인들의 특징이다.

휴전선으로 막혀 있는 섬나라와 같은 우리나라에서 다른 나라 사람들을 배제한 생활을 오래하다 보니 '한국인끼리'의 암묵적 이해사항이 많고, 그것을 당연시하고 있다. 외국사람을 보면 자주 느끼는 것이지만 시선이 마주치면 반사적으로 웃음을 짓는다. 적대하고 있지 않다는 것을 무의식적으로 이쪽에 재빠르게 전하는 것이다.

한국인끼리 그러한 짓을 하면 무엇인가 속셈이 있는 것은 아닐까 하고 의심하기도 한다. 이러한 것들이 한국의 도시에서 살고 있는 사람들이 가진 불쌍한 자의식일지도 모른다.

1) 눈 맞춤(eye contact)을 분명히 하라

그런데 인사에서 상대방의 눈을 보지 않는 인사는 인사라고 할 수 없다. 분명하게 상대의 눈을 응시하고 마음을 담아 인사하는 것이 바람직하다. 아이콘택트가 없는 인사는 무례하기 짝이 없는 인사일 것이다. 눈은 마음의 창이라고 하지 않는가?

그 다음으로 인간관계에 있어서 상대방의 태도를 변화시킬 수 있다는 것을 원칙적으

로 잊어서는 안 된다. 손윗사람에게는 지나칠 정도로 공손한데 손아랫사람한테는 대단히 고압적인 태도로 일관하는 유형이 있다.

발주자 입장에 대해서 거래처에 몹시 고압적 태도로 일관하는 사람도 볼 수 있다. 같은 상대인데 상대의 입장이나 지위에 따라 손을 뒤집는 태도로 나오는 사람도 적지 않다. 누구라도, 언제나, 극히 보통의 경의를 가지고 접한다는 것은 사회인으로서 극히 당연한 예일 것이다.

예(禮)란 사회질서를 지키기 위한 생활규범이며 의(義)란 어떤 일의 도리에 맞추는 것이라고 사전에 나와 있다. 따라서 회사라든가 조직상의 위치에 관계없이 어디까지나 일대일의 대등한 관계를 의식하지 않으면 안 된다.

또한 대인관계는 이쪽에서 의식적으로 만들어가려는 의식이 필요하다. 기다리고 있으면 상대방으로부터 자연적으로 해오는 것은 결코 아니다. 대인관계는 자주 거울에 비교된다. 이쪽이 악의를 가지고 있으면 상대에 비추이고 또한 그 반대가 되기도 한다. 더욱이 첫인상이 나빴던 사람을 잘 사귀어보고 싶은 사람은 거의 없다.

흉금을 털어놓고 이쪽부터 적극적으로 인간관계를 구축해 나가는 노력을 게을리해서는 안 된다. 애교가 없는 사람 쪽이 실제는 심지가 있다고 주장하는 경우도 종종 있으나 앞서 언급한 붙임성도 좋고, 생긋 웃는 것은 그 반대이다. 일반론의 내면에는 이러한 반대이론도 존재한다는 것을 기억해 두지 않으면 안 된다.

기억은 부정확하지만 레이몬드 첸들러 씨는 그의 작품 중 주인공에 "강해지지 않으면 살아나갈 수 없다. 우아해지지 않으면 살 가치가 없다."와 같은 것을 말하고 있다. 커뮤니케이션 가운데 우아함은 항상 필요하다. 동시에 이들의 주장을 강력하면서도 확실하게 전달하지 않으면 안 되는 것도 많다. 해야 될 말을 확실하게 하는 자세를 가지고 있지 않으면 신뢰 있는 인간관계는 좀처럼 만들기 어렵다.

2) 인간관계 조성의 문턱을 낮게

커뮤니케이션능력 가운데는 지성이나 지식 이외에 눈치, 세밀함이라는 요소도 포함된다. 최근 『또 당신한테 사고 싶다』라는 책이 호스피탤리티라는 업계에서 화제가 되고 있다. 이 책은 일본의 신칸센열차 판매에서 우수한 성적을 거두었는데 '눈치의 에센스'가 훌륭하게 기록되어 있다.

〈표 5-14〉 좋은 인간관계를 만드는 10가지 마음가짐

1	확실한 예의를 갖춰라
2	아이콘택트를 확실히 하라
3	만나는 순간에 인상은 결정된다
4	싫다고 생각해도 좋게 하는 노력을 하라
5	인간관계는 거울처럼 반사된다
6	상대를 보고 태도를 바꾸지 않으면 안 된다
7	명함에 의존하지 않는 인간관계를 만들어라
8	남 뒤에서 욕하지 말고 칭찬하라
9	복장이나 태도는 우아하게
10	신뢰를 쌓기는 쉽지 않다

사람의 마음을 휘어잡는 서비스의 현상, 확실한 마음씀씀이는 눈치, 공부, 사내에의 선전, 제안방식 등등, 작은 것의 집적이 얼마만큼 큰 결과로 이어지는지 놀라울 만한 하나의 예가 나와 있어서 재미있다. 아직 이 책을 읽어보지 않은 사람들에게는 한번 읽어볼 것을 권유하고 싶다.

다른 사람의 험담을 하는 것은 좋지 않다. 그 대신 제3자에 대하여 칭찬해 두면 좋다. 험담이라는 것은 부지불식 간에 그 사람에게 전해지고 만다. 그것이 별도의 형태로 부풀려져 되돌아온다. 일시적인 쾌락은 이익(merit)을 만들지 못한다.

거꾸로 당사자를 향하여서가 아니라 누군가를 칭찬한다는 것은 꽤 좋은 반응을 불러일으키는 경우가 많다.

복장이나 몸가짐도 어떤 의미에서 커뮤니케이션 기술에 포함될지 모른다. 청결함은 그 제1조건이다. TPO를 분별한 복장, 고상함, '남의 눈에 안 띄는(소극적인)'이라는 형용사가 계속된다. 호스피탈리티산업에 있어 단정한 짧은 머리형은 대단히 중시된다. 최대 공약수의 사람들의 거부반응을 최저로 끌어내릴 공부를 게을리해서는 안 된다. 여성이라면 짙은 화장이나 긴 손톱은 혐오스럽다. 불결하기 때문이다. 이러한 커뮤니케이션 능력이 기획자들에게는 빼놓을 수 없는 중요한 것들이다.

CHAPTER 6

여행가격믹스

06 여행가격믹스

마케팅에 관한 전략적 · 전술적 의사결정에 있어서 상품전략, 촉진전략, 경로전략과 더불어 가격전략은 중요한 지위를 점하고 있다.[1] 왜냐하면 가격은 상품 자체와 더불어 가장 중요한 마케팅믹스요소를 구성하고 있으며, 또한 원가와 더불어 기업수익을 창출하는 요인이기 때문이다.[2]

따라서 가격전략은 마케팅믹스전략 가운데서도 가장 중요한 핵심전략의 하나로서[3] 모든 것은 가격에 집약된다. 가격설정과 가격경쟁은 마케팅 담당 간부임원이 직면하는 최대의 걸림돌이라는 전문가도 있는 실정이다.

다시 말해 가격은 마케팅에서 가장 기본적 문제의 하나인 동시에 가격정책, 가격설정, 가격전략은 마케터에 있어서 입구이며 동시에 출구의 위치라고 할 수 있다.[4] 그것은 가격이 마케팅에 있어서 가장 이해하기 어려운 이유 중 하나는 어렵다는 것을 의미한다.[5]

그러나 가격은 간단히 말해 물재나 서비스에 대해 부과되는 요금이다. 넓은 의미에서 가격은 소비자가 상품이나 서비스를 소유 또는 이용함으로써 얻을 수 있는 편익의 담보로서 모든 가치의 합계라고 할 수 있다. 영리를 목적으로 하는 조직은 물론 대다수 비영리조직도 어떤 형태로 그 상품이나 서비스에 가격을 결정하지 않으면 안 된다.

1) 宇野政雄, 総合マーケティングハンドブック, ビジネス社, 1987, 273쪽.

2) P. Kotler, Markeing Management, Analysis, Planning, and Control, 5th ed., Prentice-Hall, 1984, p. 506.

3) 한희영, 매가전략론, 무역경영사, 1978, 27쪽.

4) 清水滋, 小売業のマーケティング, ビジネス社, 1982, 105쪽.

5) 남덕우, 가격론, 박영사, 1983, 7쪽.

위에서 언급한 대로 가격정책은 기업의 근간이다. '좋은 것을 싸게'는 기업에 있어서 영원한 과제이다. 그러나 여행상품의 최대특징은 기본적으로 인적 서비스의 집적(集積)이라는 점일 것이다. 균일한 공업생산품의 상품 · 가격과의 결정적인 차이점이 여기에 있다.

특별가격으로 출시한 여행상품에 대해 여행사 혹은 기획담당자 입장에서 보면 항공사나 호텔과의 어려운 구매교섭을 포함하여 비수기에, 이만큼의 노력를 해서 내용이 풍부한 투어를 만들고, 신문지의 광고료도 깎아 대대적인 캠페인을 하였다. 피크 시의 거의 1/3 이하 가격으로, 문자 그대로 파격적인 여행상품을 제공했는데 어째서 고객들에게 불평만을 듣는 것일까? 조금이라도 이쪽의 수고를 알아주면 좋겠는데라고 말하고 싶을 것이다.

여행사에 대한 주문으로서는 다소 팔기 어렵다고 해도 아침 출발시각이나 버스의 주행거리 · 시간 정도는 사전에 알릴 수 있었을 것이다. 그러한 점에서 "저가격이면서 행동반경을 넓히고 갈 수 있는 데까지 가기 위해서는 이 정도의 강행군은 피할 수 없다", "컨디션을 충분히 고려하여 참가해 달라"고 할 정도는 당연히 사전에 안내했어야 한다.

이것은 고객으로부터 투어를 신청받기 전에 확실히 이해시켜야 할 사항이지는 않은가. 동시에 투어 실현에 이르기까지 어느 정도 기업이 노력하는 것 또한 불가결한 작업이 아닐까라고 생각한다.

여행사에서 가격전략은 가격의 최소화에 있다. 덤핑판매가 횡행하고 있는 치열한 여행시장에는 원가에 최소한의 마진만 보장되면 상품을 팔려는 여행사가 많기 때문에 남들과 똑같은 원가구조로는 버틸 수 없는 것이다.[6)]

6.1 여행상품의 가격특성

서비스에 있어 가격의 차이에 대한 이유를 발견해 내는 일은 어렵다. 그것은 가격이 고객의 수용에 따라 결정되며, 소위 '격'이라는 형태로 서비스의 일부가 되어 있기 때문

6) 김근수, 여행업 · 호텔업 · 골프장업 · 외식업의 경영매뉴얼, (주)영화조세통람, 2006, 264쪽.

이다. 즉 가격에 대한 평가는 고객 개인의 내면의 문제이다. 서비스의 가격에는 다음과 같은 특성이 있다.

6.1.1 불명확한 비교기준

상품에 있어서의 고가격은 다기능, 우수한 성능, 상표의 신용 등을 의미한다. 이들 관계는 카탈로그를 보거나 점원으로부터 설명을 들음으로써 쉽게 알 수 있으며, 타사의 상품과 비교함으로써 그 타당성을 평가할 수 있다.

그러나 서비스에 있어서의 고가격은 확실히 폭넓은 서비스, 질 높은 설비, 독특한 분위기, 권위성 등을 의미한다고 할 수 있다.[7] 그러나 타사의 서비스와 비교하는 것은 거의 불가능하다. 그것은 격의 차이, 기대의 차이에 기인된 것으로 결국 심리적 차이일 뿐이다.

6.1.2 고객이 수용하는 가격

20만 원짜리 호텔의 객실과 50만 원짜리 호텔객실의 차이는 명확하지 않음에도 불구하고 고객에게 이용되고 있는 것은 고객이 그 가격에 대해 타당하다고 인정하기 때문이라고 생각한다. 그 타당함은 전술한 대로 '격(格)'이 사회적으로 인지되어 50만 원짜리 가격이 무엇을 의미하는지가 어느 정도 명확하다는 것에 입각하여 판단되고 있는 것이다.

이는 어느 가격이 높은지, 낮은지, 그것에 무엇을 기대하고 있는지는 기본적으로 개인의 판단이지만 그것과는 별도로 그 가격이 어떠한 것을 보증하고 있는지라는 사회적 평가라는 것을 의미하고 있다. '격'을 결정하는 것은 실로 이 사회의 평가이지만 이 사회의 평가는 오랜 세월 동안 축적되는 가운데 고객과 기업이 서서히 변화해 나가는 것이다.

고객이 그 평가를 수용하지 않거나 이용을 중지하거나 다른 형태로 평가하게 되면 사회의 평가는 급격히 변화하지만 통상적으로는 큰 변화 없이 결과적으로 서비스 가격도 크게 변동하지 않는 경우가 많다.[8]

---

7) 田内幸一, 浅井慶三郎, サービス論, 調理営養教育公社, 1994, 115~116쪽.

8) 앞의 책, 117쪽.

6.2 가격결정의 영향요인

가격설정에 영향을 미치는 제 요인은 단지 비용이라든지 수급관계뿐만 아니라 상품의 성격, 경쟁기업의 판매가, 수요의 성격, 예상판매량, 판매경로 각 단계에서의 적정이윤, 가격 이외의 마케팅전략 등 매우 복잡하게 관련되어 있다.[9)]

즉 매출액, 이익, 상품의 시장위치 설정 등의 점에서 가격의 대강을 정하는 가격전략과 그에 입각하여 설정된 범위 내에서 시장의 상황변화에 대응할 수 있도록 세세한 결정을 요하는 가격전술이 있다.[10)]

그렇기 때문에 기업의 내·외부적 요인이 가격에 관한 의사결정에 영향을 미친다. 〈그림 6-1〉은 그것을 나타낸 것이다.

내부적 요인으로는 기업의 마케팅목표, 마케팅믹스전략, 제 비용, 조직 등이 있다. 또한 외부적 요인으로는 시장의 특징이나 수요, 경쟁, 기타 환경적 제약이 있다.

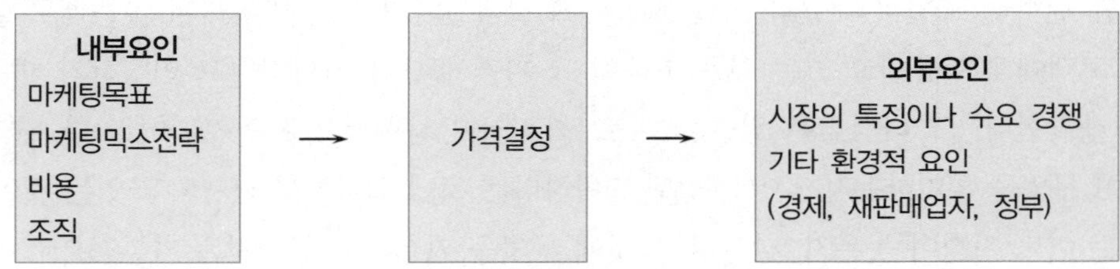

〈그림 6-1〉 가격설정에 영향을 미치는 내·외부적 요인

6.2.1 내부적 요인

1) 마케팅목표

가격을 결정하기 전에 기업은 상품전략을 선택하지 않으면 안 된다. 만약 시장이 되는 마켓을 선택하여 주의 깊게 정위화(positioning)를 한다면 가격을 포함한 마케팅믹스

9) 宇野政雄, 앞의 책, 277쪽.

10) 小坂恕 外 , マーケティングマネジメント, プレジデント社, 1984, 328~329쪽.

전략은 보다 정확할 수 있다. 예를 들면 포시즌스 호텔은 호화호텔로서 스스로 정위화하여 대다수 다른 호텔보다도 높은 숙박료를 설정하고 있다.

조직의 목표가 명확할수록 가격설정이 쉽다. 자주 이용되는 목표로는 ① 생존(survival), ② 기간이익의 최대화, ③ 시장점유율의 최대화, ④ 상품품질의 주도권 등이 있다.

(1) 생존(survival)목표

생산성이나 격심한 경쟁, 소비자 욕구의 변화 등의 문제를 안고 있는 기업은 생존을 그 목표로 설정하고 있다. 단기적으로 생존은 이익보다도 더욱 중요하다. 호텔에서는 경기가 나빠지면 이 전략을 자주 사용한다.

여행관련 산업의 전문가는 생존목표의 가격전략에 주의하여 그 귀추를 주시할 필요는 있으나 반드시 그에 대항하는 것만이 능사는 아니라고 지적하고 있다.

경합기업에 생존가격전략을 취하게 하여 검약형 여행자를 흡수시키는 것은 특히 그것이 작은 기업의 경우에는 가격인하를 실시하지 않은 다른 경합기업에 고이익률의 영업을 제공하는 것과 마찬가지이다.

(2) 기간이익 최대화목표

대다수 기업은 현행이익을 최대화하는 가격설정을 원하고 있다. 기업의 대다수는 장기적 업적보다도 단기적인 재무성과를 올리려고 수요와 비용을 추계하고 기간이익, 현금흐름, 투자수익률을 최대화하는 가격설정방식을 취하고 있다.

예를 들면 어느 기업이 도산 직전의 여행사를 저가격으로 구입하려고 한다. 목표는 그 여행사를 재건하여 영업이익을 낸 다음 제3자에게 매각하는 것이다. 만약 여행사가 재기에 성공한다면 큰 자본획득이 될 것이다.

(3) 시장점유율 주도목표(매출액 최대화)

기업 가운데는 마케팅 점유율로 유리한 입장을 취하려는 기업도 있다. 이러한 기업은 최대의 마케팅 점유율을 가진 기업이 최종적으로는 저비용화를 꾀할 수 있고, 장기적으로도 높은 이익을 올릴 수 있다고 생각하고 있다. 하물며 가격은 가능한 한 낮게 설정된다.

(4) 상품품질주의목표

리츠칼튼 호텔 체인의 객실당 건설·획득 비용은 25만 달러를 초과하는 경우가 종종 있다. 그러한 고자본 투자율 이외에 객실당 인건비도 높게 되어 있다. 호화로운 서비스를 제공하기 위해 유능한 직원을 고용하여 높은 고객 비율을 유지하고 있는 것이다. 리츠는 가격을 높게 설정하는 것이 필요하다.

(5) 기타 목표

기업은 상기 이외의 목표를 달성하기 위해 가격을 이용하는 경우가 있다. 어느 식당은 시장진입에서의 경쟁을 피하기 위해 가격을 낮게 설정할지도 모른다. 시장의 안정화를 도모하기 위해 경합과 같은 수준의 가격설정을 할지도 모른다.

즉석식품 식당에서는 신상품에의 관심을 높이고 보다 많이 집객하는 것을 목적으로 하여 일시적 가격인하를 꾀하는 경우도 있다. 이와 같이 가격설정은 여러 수준으로 기업의 목적달성에 대해서 중요한 역할을 수행하고 있는 것이다.

2) 마케팅믹스전략

가격은 기업이 마케팅 목표 달성을 위해 사용하는 마케팅믹스 요소의 하나에 지나지 않는다. 가격은 시종일관 효과적인 마케팅 프로그램을 만들기 위해 상품설계(design)나 유통, 촉진의사결정과 잘 조정되지 않으면 안 된다. 다른 마케팅믹스 변수에 대한 의사결정이 가격에도 영향을 미친다.

3) 비용

비용은 기업이 상품에 설정하는 가격의 기초가 된다. 생산이나 유통, 촉진과 관계되는 비용을 망라할 수 있는 가격설정이 바람직하다. 또한 가격은 이들 비용을 망라하는 이외에 투자가에의 적절한 보수를 확보할 정도로 충분히 높지 않으면 안 된다. 따라서 비용은 가격전략상의 중요한 요소가 된다.

비용에는 고정비(fixed cost)와 변동비(variable cost)의 2종류가 있다. 고정비는 오버헤드(overhead)라고도 불리나 생산이나 판매수준에 관계없이 일정한 비용을 말한다. 즉 기업에는 업적에 관계없이 매달 집세나 지급이자, 급여 등 지불이 있다. 고정비는 생산

수준과 직접적으로는 연결되지 않는다. 한편 변동비는 생산수준에 직결되어 함께 변동한다.

관리자는 때때로, 고객은 사업의 운영비에는 전혀 관심이 없고, 단지 어떤 가치를 추구하고 있다는 것을 망각해 버리는 경우가 있다. 기업은 비용을 충분히 검토하지 않으면 안 된다. 경합기업보다도 생산이나 판매에 소요되는 비용이 큰 경우에는 가격인상을 하지 않으면 안 된다. 그렇지 않으면 이익이 감소할 수밖에 없는 것이다.

4) 조직문제

경영진은 조직 내의 누가 가격설정을 담당할 것인가를 결정하지 않으면 안 된다. 기업에 있어서의 가격설정 방법은 여러 가지이다. 중소기업에 있어서는 마케팅이나 판매부문이 아니라 최고 경영진이 가격을 결정하는 경우가 많다. 대기업에서 가격은 회사경영의 지침(guide line)하에서 법인사업부나 지역 관리자, 단위 관리인에 의해서 취급되는 것이 전형적이다.

여행관련 산업에 있어 대다수 기업에는 가격설정이나 가격에 영향을 미치는 다른 부문과의 조정을 꾀하는 재무관리부문이 설치되어 있다. 항공사를 비롯한 관광유람선회사, 렌터카회사 및 대다수 호텔체인에서 재무관리부가 설치되어 있다. 효과적 재무관리를 하는 데에는 가격구조가 재고관리에 있어서 회사가 하려는 것을 지지하고 있는지의 여부와 판매활동이 정확한 시장분할에 맞추어져 있는지의 여부를 확인하지 않으면 안되었다. 현재로서는 매주 판매담당자와 만나 우선순위를 설정하면 끝나도록 되어 있고, 선전이나 재고관리, 예약관계 부문과의 관계도 빈틈없다.[11)]

6.2.2 외부적 요인

1) 시장과 수요

가격의 하한은 비용에 의해서 정해지지만 상한은 시장과 수요에 의해서 정해진다. 소비자나 여행업과 같은 중개업자가 상품의 편익과 가격 간의 균형을 취한다. 이와 같은

11) "Royal Caribbean Breaks Through," Scorecard : The Revenue Management Quarterly (Third Quarter, 1992), Aeronomics Inc., Atlanta, Ga., p. 3.

가격설정을 하기 이전에 마케팅담당자는 상품에 대한 수요와 가격의 관계를 이해해 둘 필요가 있다.

시장가격의 결정요인은 일원적으로 어느 시점만을 취해서 보면 오해를 불러일으키기 쉬운 것이다. 시장동향을 정기적으로 조사하고, 그에 따라 대응하는 것이 필수불가결한 것이다.

2) 교차판매(cross selling)와 상향판매(up selling)

상향판매는 효과적 생산관리의 일부가 되고 있다. 이는 판매담당자나 예약담당자를 훈련하여 가격이 싼 것을 판매하는 것이 아니라 가능한 한 계속하여 비싼 것을 판매하도록 작용하는 것이다.

상향판매 주창자의 한 사람은 어떤 호텔의 케이터링 서비스도 상향판매에 의해서 15%의 수익을 증진시킬 수 있다고 말하고 있다.[12)]

상향판매 기회는 많이 있다. 기회를 잡아 프로그램을 실시하는 것이 중요하다. 식사 후의 커피 서비스도 늘 하는 제공방식을 취하기보다는 보다 고급으로 세련된 제공방식을 생각함으로써 상향판매를 할 수 있는 것이다. 정통커피의 매출은 미국 커피판매의 30% 혹은 그 이상이 될 것이라 예측되고 있다.[13)]

가격변경은 복잡한 문제에의 즉효 약으로서 쉽게 행해진다. 가격을 올리거나 내리는 것은 간단하지만 가격의 잘못이라고 느끼는 사람들의 비율(지각)을 변경시키는 것은 어렵다. 가격에 관한 의사결정에는 소비자나 경제적 상황, 경합 등을 포함한 여러 시장요인을 충분히 검토하는 것이 필수 불가결하다.

3) 상이한 시장에서의 가격설정

판매하는 측의 가격에 대한 통제는 시장에 따라 다르다. 경제학자는 4개 유형의 시장이 있다고 주장하고 있다. 즉 ① 완전경쟁, ② 독점적 경쟁, ③ 과점적 경쟁, ④ 완전독점이 그것이다. 완전경쟁하에서 시장은 보리나 동, 유가증권 등의 상품을 팔려는 많은 판

12) Howard Feirtag, "Up Your Property's Profits by Upselling Catering," Hotel and Motel Management, Vol. 206, No. 14 (Aug. 19, 1991), p. 20.

13) Gail Bellamy, "Hot Stuff : Upselling Coffee and Tea," Restaurant Hospitality, Vol. 75, No. 2 (Feb. 1991), pp. 120~124.

매자와 구매자로 구성된다. 완전독점상태는 단일 판매자가 존재할 뿐이다. 이 경우 우편서비스와 같은 정부독점, 전력회사와 같은 규제된 자연독점, 나일론을 시장에 내려고 할 때는 듀퐁사(Du Pont)와 같은 사적 독점을 생각할 수 있다.

대다수 여행관련 기업은 독점적 경쟁이나 과점적 경쟁하에서 사업을 전개하고 있다. 과점적 경쟁하에서 시장은 단일 시장가격이 아니라 일련의 가격대에 있어서 장사를 하는 많은 판매자와 구매자로 구성된다. 판매자가 구매자에 대하여 차별화를 도모하기 위해 일련의 가격이 되는 것이다.

물재라면 품질이나 특징, 형태를 변경할 수 있으며, 부수된 서비스도 바꿀 수 있다. 구매자는 판매자의 상품 간 차이를 보고 각각 상이한 가격으로 구입하는 것이다. 판매자는 상이한 고객 분할에 대해 각각 차별화하여 상품개발을 수행함과 동시에 가격 이외에도 상표나 선전, 인적 판매 등을 이용한다.

과점적 경쟁하에서 시장은 상호 간 가격이나 마케팅전략에 극도로 민감한 2, 3의 판매자로 구성된다. 판매자가 이처럼 적은 것은 시장에의 진입이 어렵기 때문이다. 각각의 판매자는 경합기업의 전략이나 움직임에 대해서 경계하고 있다.

만약 중요 항공사가 항공운임을 10% 인하하면 즉시 고객을 증가시키게 될 것이다. 그에 대하여 다른 항공사도 가격인하로 대응할 것이다. 반대로 과점상태에 있는 판매자가 가격인상을 한 경우 경합기업은 그에 응하지 않을 경우도 있다. 이 경우에는 인상을 철회하거나 경합기업에 고객을 빼앗길 위험을 감수하지 않으면 안 된다.

4) 가격과 가치에 대한 소비자 지각

결국 상품가격이 적절한지의 여부를 결정하는 것은 소비자 자신이다. 가격설정 시에 경영진은 소비자가 어떻게 가격을 지각하는지, 또한 지각 자체가 어떻게 소비자의 구매의사결정에 영향을 미치는지에 대해서 고려하지 않으면 안 된다. 다른 마케팅 의사결정과 마찬가지로 가격에 관한 의사결정도 구매자지향이지 않으면 안 된다.

가격설정에는 전문기술 이상의 것이 필요하다. 창조적인 판단이 필요하며, 구매자의 동기부여에 관한 지식도 필요하다. 효과적인 가격설정은 영업기회를 창출한다. 표적시장을 비롯하여 소비자의 구매이유 또는 어떻게 구매의사가 결정되는지 등에 대해서의 창조적 인식이 필요한 것이다.

각각의 차원에 있어서 구매자는 한 명 한 명 상이하다는 인식이 효과적인 판촉이나 유통, 상품에 관한 방침과 마찬가지로 가격방침에 있어서도 중요하다.

상품을 구입할 때 소비자는 무엇인가 가치가 있는 것(화폐)과 다른 무엇인가 가치가 있는 것(상품을 소유 혹은 사용하면서 얻을 수 있는 편익)을 교환하고 있는 것이다. 구매자지향의 가격설정을 효과적으로 수행하기 위해서는 구매자가 상품에서 얻을 수 있는 편익에 어떤 가치를 찾아낼 것인가를 이해하는 것이 필요하다.

6.2.3 가격결정방법

여행사가 어떠한 가격을 설정하는가는 그 여행사가 존립하고 있는 시장상황이라든가 제공상품에 의해서 상당히 차이가 있다. 예를 들면 같은 종류의 상품을 생산하고 있는 여행자 수나 기존상품과 제공상품 간의 차이 유무나 상품수명주기의 각 단계에 의해서 설정되는 가격은 다르다.

가격결정에 즈음하여 특히 고려해야 할 요인에 입각하여 정리할 것이 있다. 이 분류는 가격결정에 있어 고려해야 할 일이 많은 비용(cost), 수요(demand), 경쟁(competition) 요인 중 어느 요인에 중점을 두는가에 의해서 각각의 가격결정방법을 정리하는 것이다.[14]

가격결정방법에는 여러 가지 방법이 있을 수 있으나, 기본적으로는 원가에 기초를 둔 가격결정방법(cost-oriented pricing)과 수요에 기초를 둔 가격결정방법(demand-oriented pricing)으로 나누고 그 외에 자주 적용되고 있는 경쟁지향적 가격결정방법(competition-oriented pricing)과 마케팅지향적 가격결정방법(marketing-oriented pricing)의 4가지이다. 이하에서는 여행업에서 일반적으로 적용하고 있는 가격결정방법을 중심으로 소개한다.

1) 원가지향적 가격결정방법(cost-oriented pricing)

비용가산법이란 일정의 이익을 자사의 비용에 추가하여 가격을 설정하는 방법이다. 이 방법의 가격설정이라면 확실하게 자사의 이익은 지킬 수 있다. 그렇기 때문에 기업에서 상품·서비스의 생산에 관련된 비용은 최저한도로 회수하여 할 가격의 하한치가 된다. 예를 들면 규제완화 전의 공공요금 결정기준인 총괄원가주의도 비용가산의 설정

14) P. Kotler, Marketing Management, Englewood Cliffs : Prentice-Hall Inc., 1984, pp. 506~522.

이다.

단지 규제완화된 시장에서는 실제로 이 가격이 실현될지 여부는 다른 조건(고객의 요인, 경쟁요인 등)에도 의존된다. 이 때문에 사내 예산 책정의 스타트라인으로서 이 방법으로 설정하는 경우도 많지만 실제의 가격설정은 더욱이 별도의 요인이 추가되어 결정하는 것이다. 항공사의 비용에는 연료비, 인건비 이외에 운항시설이용비, 항공기재 임차료 등을 들 수 있다.

코스트플러스방법(cost-plus method)이라고도 일컫는 이 방법은 전 비용을 보전하고 투하자본을 회수하여 적정이윤을 얻는다는 기업에 있어서의 가격결정목적에 기인한 바가 많기 때문에 이 방법이 널리 이용되고 있다. 또한 여행업의 여행상품은 여행소재의 조합으로 이루어져 있어 여행소재를 이루고 있는 각각의 여행요소는 여행업에서 독자적으로 생산이 불가능하기 때문에 이 방법이 여행가격을 산출하는 기초가 된다.

원가지향적 가격결정방법에는 원가가산법과 목표이익법 및 손익분기점분석법이 있다.

(1) 원가가산법(cost-plus pricing)

이 방법은 원료비나 임금 등의 직접비를 산출하고 거기에 감가상각비나 땅값, 이자 등의 간접비를 추가하여 원가를 산출하여 그 원가에 일정률의 이익을 가산하여 가격을 결정하는 방법이다.

$$\text{총원가} = \text{총변동비} + \text{총고정비}$$

$$\text{가격} = \frac{\text{총원가} + \text{예정이익}}{\text{총단위수}}$$

그러나 여행업의 현실에서는 이 원칙이 잘 지켜지지 않고 여행소재의 가격에다 여행사의 일정비용(안내경비, 직원출장비, 수속에 따른 경비 등)을 합산한 가격에 수수료(commission)를 가산한 가격으로 책정하고 있다.

이 방법의 장점은 첫째, 판매자가 수요보다는 원가를 확실히 알 수 있으며, 가격과 원가를 연계시킴으로써 가격결정과업이 용이하면서도 수요변동에 따른 빈번한 조정이 불필요하고, 둘째, 한 산업 내의 모든 기업이 이 방법을 채용하면 가격경쟁이 극소화될 수 있으며, 셋째, 대다수 소비자들은 이 방법이 판매자 및 구매자 모두에게 공정한 방법이라고 믿는다는 점이다. 그러나 단점으로는 첫째, 품목에 대한 수요나 경쟁이 전혀 고려되지 않는다는 점, 둘째, 간접원가의 배부방법이 주관적이어서 비현실적이라는 점이다. 패키지투어의 예를 취하면 다음 각 항목에 의해 구성된다.

(가) **변동비용**(variable cost) : 크게 구분하여 구매원가(제조업의 경우 재료비 등)와 기타의 변동비용으로 구성된다. 변동비용은 판매량(수)의 증감에 따라 변화한다.

(나) **구매원가** : 항공운임 구매원가, 현지 지상비(호텔대, 현지교통비-트랜스퍼(transfer)의 버스대, 이동을 위한 제반 교통비 등), 관광 제 경비(버스, 가이드, 입장료 등 식사대), 잡비(포터비, 팁, 전화대, 교통비 등) 지불처는 항공사, 호텔, 지상수배업자 버스회사, 레스토랑 및 그 관계자 등이다.

(다) **기타 변동비용** : 모집용 팸플릿, 선전광고비, 모집경비, 소매판매수수료, 서비스경비(설명회 등 행사를 위한 제 경비, 경품비용, 투어참가자용, 여정·여행 브로슈어·수화물표, 단체용 배지, 사원의 여행경비 사무비, 국외여행인솔자경비 등) 이상의 것 중에 항목에 따라서는 원가로 처리하는 경우도 있다.

(라) **고정비용**(fixed cost) : 판매량의 증감에 관계없이 발생하는 경비. 회사, 사무소의 일반관리비, 사무소비, 인건비, 총경비 등. 그러나 고정비를 어느 투어 또는 투어의 시리즈에 얼마나 배분할지는 실제로 어렵기 때문에 일정한 이익 또는 이익률을 정하여 그 가운데 고정비용의 할당분을 흡수한다고 본다. 이들의 집계에 따라 기간계산(期間計算)을 하여 계획이익, 생산성계획에서 조직, 부과(部課)의 수익실적을 평가하는 방법을 취한다.

(마) **총비용**(total cost) : 변동비용, 고정비용의 합계이다.

(2) 목표이익법(target return pricing)

이 방법은 원가가산법에 투하자본수익률의 생각을 가미하여 가격을 결정하는 방법으로 소위 원가가산법의 응용방법으로 불린다. 이 방법의 특징은 예상되는 판매수량에 기초하여 그 비용을 보전하여 특정의 수익률 목표를 달성할 수 있는 가격을 결정하는 점에 있다. 즉 투하자본에 관하여 일정의 장기평균이익률을 달성할 수 있는 가격을 결정

하는 셈이다.

$$\text{ROI} = \frac{\text{이익}}{\text{투자액}} \times \frac{\text{이익 판매량}}{\text{판매량투자액}}$$

$$\text{가격} = \text{단위원가} + \frac{\text{투자액} \times \text{목표수익률}}{\text{예상판매량}}$$

$$\text{단위원가} = \text{변동비} + \frac{\text{고정비}}{\text{예상판매량}}$$

통상적으로 이 방법의 기저에는 여러 생산수준하에서의 총비용을 추정 → 다음 기의 예상조업수준 추정 → 수익률 목표의 결정이라는 단계를 거쳐 가격이 결정된다. 예컨대 여행사에서 행사 최소인원을 결정할 경우 이 방법을 적용하게 되면 행사 최소인원은 (고정비 + 목표이익) ÷ (가격 − 변동비)라는 공식으로 쉽게 산출된다.

즉 고정원가가 50,000원, 판매가격이 16,000원, 변동원가가 6,000원, 목표이익이 30,000원이라면 이때의 행사최소인원은 8명이다. 그러나 이 방법은 목표이익을 달성할 수 있다는 장점을 가지고 있으나, 수요나 경쟁을 고려하지 않고 있어서 경우에 따라서는 목표이익을 달성하기는커녕 손해만 입는 경우도 있다는 단점을 지니고 있다.15)

(3) 손익분기점분석법(break-even point pricing)

비용가산 가격결정방식은 판매자 측의 비용 중심적 사고방식이다. 이 사고방식은 시장, 경쟁의 동적인 면을 직시하고 있지 않다. 판매량(수)이 변동되면 그 수익의 총액, 이익률은 당초의 계획보다 크게 멀어진다.

판매량과 총비용이 일치하는 점을 손익분기점(break even point)이라고 한다. 손익분기점을 웃도는 판매량, 집객(集客)이 잘 될 때는 수익을 얻을 수 있다. 여행업의 경우 여행대금이 차지하는 구매원가, 변동비용의 비율이 매우 크다.

---

15) 지정주, 여행사 패키지상품의 가격결정에 관한 연구, 세종대학교 경영대학원 석사학위논문, 1986, 19쪽.

총비용을 흡수할 만큼의 판매폭을 직시하여 손익분기점 분석에 의해 확실하게 판매량(수)을 상정하여 가격라인을 정한다. 손익분기점은 다음 계산식으로부터 계산할 수 있다.

이 방법은 손익분기점 즉 비용과 수익이 동액이 되는 매출액(내지 생산량, 판매량, 조업도)을 기준으로 가격을 결정하는 방법이다. 결정방법으로는 주로 손익분기점 공식이 이용되는데, 즉 손익분기점 = 고정비/(1－변동비/매출액)이라는 공식에 의하여 가격결정이 이루어진다.

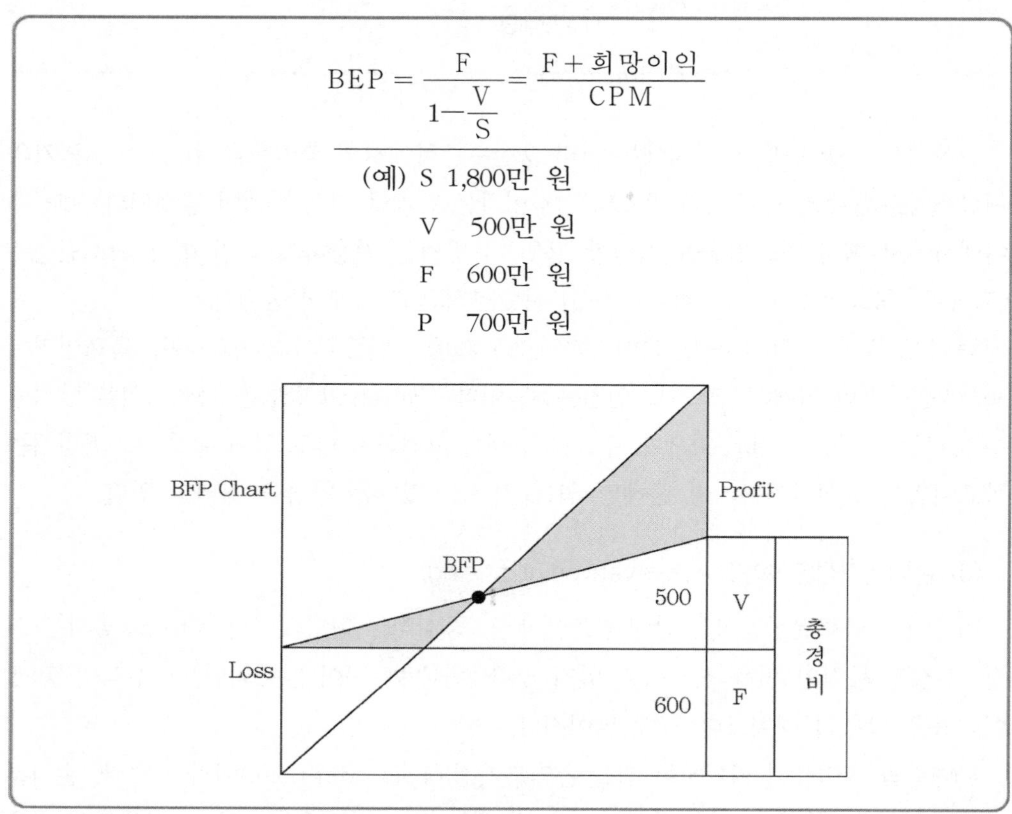

2) 수요지향적 가격결정방법(demand-oriented pricing)

이 방법은 비용보다도 상품에 대한 여행자의 지각이라든가 수요의 강도 등을 중시하여 가격을 결정하는 것이다. 특히 최근에 판매가격과 상품가치와의 관계에 대한 소비자

의 관심이 높아지고 있을 때에는 기업이 이런 종류의 방법에 의하여 가격결정을 하는 경우가 점점 늘어날 것이다. 또한 여행자의 가격평가나 여행상품에 관한 지식이 증가됨에 따라, 혹은 시장이 성숙하여 상품차별화나 시장세분화의 필요성이 높아짐에 따라 이 방법의 중요성이 점점 증대할 것이다.

이 방법은 판매자의 논리가 아니라 구매자 = 승객 측의 사정을 고려한 가격이다. 항공기에 대한 이동에 대하여 승객이 가진 가치관이 가격에 반영된 경우이다. 예를 들면 비즈니스 손님의 경우 그 지불의사금액은 사내의 출장규정에 의존할 것이다. 회사의 경우 비용으로 처리할 수 있기 때문에 일반적으로 개인고객보다도 지불의사금액은 커지게 된다. 그렇기 때문에 비즈니스 고객의 경우 보통운임에서의 구입비율이 높다고 생각된다.

한편 여행목적의 개인객의 경우 회사처럼 비용으로서 처리할 수 없기 때문에 소득 가운데서 세금을 지불한 후에 항공권을 자신의 돈으로 사지 않으면 안 된다. 소득은 개인 간에 커다란 차이가 있기 때문에 보통운임의 개인의 세그멘트가 있는 한편, 저가격대에서 구입의사를 내비치는 개인 세그멘트도 상당수 나온다.

이러한 고객층이 각종 할인제도에 따라 항공사가 개척한 수요가 된다. 여하튼 고객은 상품이나 서비스에 스스로가 인정한 가치보다 가격이 높은 경우는 구입하지 않는다고 생각된다. 그러한 의미에서 고객가치에 기반한 가격은 상한치가 된다.

(1) 가치가격법(value pricing)

이 방법은 여행자가 여행상품에 관해 지각하는 가치에 입각하여 가격을 결정하는 방법이다. 이 방법은 여행자에 의한 여행상품가격의 지각을 가격결정의 출발점으로 하고 있기 때문에 가격을 결정할 경우에는 제공상품에 대하여 여행자가 지각하는 가치를 측정하고 그 자료를 가격을 결정하는 데 활용하지 않으면 안 된다.

특히 여행자가 판매가격과 상품가치의 관계에 대해서 충분히 음미할 수 있는 상품에 대해서는 이 방법에 의한 가격결정은 중요할 것이다. 결국 이 방법은 여행상품의 상표(brand)가 중요한 역할을 한다.

(2) 차별가격법(fare discrimination pricing)

이 방법은 여행업에서 수요의 평준화 또는 비수기의 타개책으로써 널리 이용하는 방법으로, 예를 들면 성수기의 할증요금 도입, 비수기의 할인요금 도입 등이다.

3) 경쟁지향적 가격결정방법(competition-oriented pricing)

이 방법은 이미 시장에 있어 자사와 동질의 상품을 판매하고 있는 여행사의 가격을 참고하여 가격결정을 하는 것이다. 즉 경쟁상대의 가격을 자사의 가격에 끌어들이는 방법이다. 이에는 첫째, 경쟁상대와 똑같은 가격을 설정하는 것, 둘째, 경쟁상대보다 높은 가격을 설정하는 것, 셋째, 경쟁상대보다 낮은 가격을 설정하는 것이 있으나, 이들 중에서 어느 것을 선택하느냐는 상품의 동질성, 상품수명주기의 단계, 기업의 목적 등에 의하여 달라진다.

자사와 경합하는 경쟁타사의 경합 상품가격에 주목하여 가격을 설정하는 것이다. 항공운수분야 특히 국내항공 여객운수에 대해서는 전술한 바대로 과거 주로 공공성의 관점에서 각종 규제가 남아 있었다. 그 때문에 정부의 당시 규제완화 논의 가운데에는 운임의 저하를 규제완화의 정책효과로서 들고 있을 정도였다.

예들 들면 자사의 점유율이 큰 항공노선에 타사가 저운임으로 참가해 온 경우, 자사는 시장에 있어서의 지분을 유지 · 강화하기 위하여 운임을 내려 대항한다. 이것이 방위전략에 있어서의 가격설정이다.

한편 자사가 새로운 노선에 참가하는 경우는 기존의 점유율을 장악한 회사로부터 일정 점유율을 탈환할 필요가 있기 때문에 공격적인 전략을 취할 필요가 있다. 이것이 공격전략에 있어서의 가격설정이다.

국내항공 여객수송의 경우 경합은 반드시 동업타사뿐만 아니라 KTX나 고속버스도 경쟁상대가 되고 있기 때문에 경쟁조건은 시시각각 변화하고 있고, 그에 대항하여 가격설정도 다양하게 변화시키고 있다.

또한 이들의 경쟁에서 본 가격설정은 시장에서의 포지션(자사가 마켓리더인가, 추종자인가, 틈새시장 개척자인가), 브랜드력에 의한 고객에 대한 가격교섭력의 크기 여부가 경합으로부터의 스위칭코스트(마일리지의 이용) 등에도 영향을 미치고 있다.[16)]

(1) 실세가격에 의한 가격결정

이 방법은 경쟁지향가격결정방법 중에서도 가장 인기 있는 방법으로 업계의 가격수준에 자사의 가격을 맞추는 것이다. 실세가격이란 비용이나 수요와는 관계없이 주로 경쟁상대의 가격에 입각하여 가격을 설정하는 방법이다. 이 경우는 중요한 경합기업의 가격과 같든지, 높든지, 낮든지 중의 하나이다. 기업은 다소의 차이는 있으나 대개 그와 유사한 가격설정을 하여 차이는 거의 없다. 가격탄력성에 대한 측정이 곤란한 경우에는 실세가격이 그 나름의 수익을 낸다고 하는 것이 업계 전체의 지혜가 되고 있기 때문이다. 또한 실세가격은 해로운 가격경쟁을 피하는 작용이 있다고도 생각되고 있다.

(2) 입찰에 의한 가격결정

이 방법은 주로 여행을 많이 취급하는 공사나 협회 등에서 다수의 여행사를 불러 여행가격을 결정하는 방법으로 경쟁상대가 어떤 가격을 내는지를 예상하면서 자사의 비용이나 이익을 감안하여 가격을 제시하는 방법이다.

입찰에 의한 가격결정의 목적은 어디까지나 낙찰을 받아 계약을 체결하는 것이기 때문에 입찰에 참가하는 경쟁상대보다도 싼 가격을 제시할 필요가 있다. 그러나 경쟁상대보다 싼 가격을 제시하는 데에도 한계가 있다. 따라서 경쟁상대의 입찰가격에 관해서 정보를 수집하고 자사에 있어 각 가격안별로 기대이익이나 낙찰가능성을 산출한 것을 감안하여 최종적으로 입찰가격을 결정해야 한다.

4) 마케팅지향적 가격결정(marketing oriented pricing)

이 방식은 수요중시, 고객지향의 가격결정 방식이다. 이 투어를 고객이 얼마라면 사줄까를 고려하여 판매가를 예정하고 그에 맞추어 상품을 만드는 것이다. 전형적인 예가 과거 100원짜리 라이터이다. 100원으로 팔기 위해 사양을 단순화하고 합리화하여 가격을 인하해서 더욱이 이익을 확보하여 상품화했다.

해외여행에 있어서도 통상적으로 영향을 미친다고 보이는 대중의 일반적 가격은 10만 원을 끊는 정도일까. 마케팅 담당자의 중요한 업무 가운데 하나는 기업이 제공하는 상품 · 서비스의 가치를 정확하게 소비자에게 이해시키는 노력이다. 쌀수록 좋다는 것도

16) 지정주, 여행사 패키지상품의 가격결정에 관한 연구, 세종대학교 경영대학원 석사학위논문, 1986, 19쪽.

일리는 있으나 여행이 끝나고 비로소 알 수 있는 투어의 편리함·쾌적함이 가격의 고저(高低)를 초과하는 만족감을 가능한 한 구입 이전에 알 수 있도록 사전에 프레젠테이션을 공부하지 않으면 안 된다.

5) 실제의 가격결정 방식

이와 같이 가격을 결정하는 방식에는 여러 가지 방법이 있으나 많은 경우 동종(同種) 상품의 종래가격과 그 실적평가에 의한 수정, 경합상품, 경쟁상대의 가격의 추세를 보아가며 결정해 나간다.

(1) 실세가격

자사의 비용에 의한 계산과는 관계없이 동일수준 업계 경쟁상대와의 사이에서 스스로 결정해 오는 가격대가 있다. 그에 맞추어 전후의 가격을 설정한다. 극히 현실적이며 실제로 많이 이용하고 있다.

(2) 리더 팔로(leader follow)가격

업계 대형여행사의 가격설정을 보고 그에 추수(追隨)하여 경쟁의 역관계와 판매력에 따라 가격차를 붙여 결정해 나간다. 프라이스 리더(price leader)[17]는 통상적으로 가장 큰 셰어(share), 상품구비, 유통, 브랜드의 시장침투력, 상품개발력, 구매교섭력을 가지고 있다. 저가격라인을 강조하지 않고 일정의 적정한 라인을 유지하여 품질·신용향상을 유지하려는 경향이다. 이것이 업계의 질서형성으로 연결되고 있다.

6) 여행비용 견적과 환율변동

(1) 해외여행비용과 외화

해외여행에 대해서는 외국에서의 여행비, 체재비, 잡비, 쇼핑의 지불 등 원칙적으로 여행지의 통화 또는 유로(euro)화나 미국달러를 현지통화로 교환하여 지불한다. 여행사의 패키지투어도 지상비 부분은 고객으로부터 수수한 여행대금 가운데 현지비용으로서

17) 기업 중 제품의 가격변동을 선도하는 기업, 과점기업들 중에서 한 기업이 제품의 가격을 인상 또는 인하하면 다른 기업들도 동시에 같은 폭으로 인상 또는 인하하게 만드는 선도기업을 말한다.

외국에 그 나라의 통화 또는 미국달러로 송금한다.

(2) 우리나라의 국제수지 통계

이들의 외화 지불 · 수지는 나라의 국제수지 가운데 국제여행수지로 계산된다. 국제수지는 다음과 같이 구분하고 있다.

- 경상수지… 무역 · 서비스 수지(무역수지와 서비스수지)
- 경상이전(經常移轉)수지 … (소득수지와 자본이전수지)

여행자의 외국여행관계의 비용, 외국인의 한국에서의 체재기간 중 비용의 수치, 지불은 서비스수지 가운데 여행부문에 계산된다. 여행사가 집금(集金)한 투어대금 등의 현지여행송금, 국제 크레디트카드에서 쇼핑의 결제송금도 여기에 계산된다. 더욱이 국제간 이동을 위한 여객운임은 별도 수송부문에 계산된다.

(3) 유통요금결정의 중요성

환율시세의 변동에 따라 여행대금의 산출, 가격결정시점에서의 적용환율과 투어실행에 의한 시점에서의 송금결제환율 차의 상하폭에 따라 환율차익 · 환율차손이 생긴다. 통상적으로 패키지투어의 대금 가운데 거의 3분의 1이 외화결제를 필요로 하는 지상경비이며, 그 외화 송금총액은 상당히 많기 때문에 여행대금의 견적시점에서 적용환율의 결정은 홀세일러의 수지에 결정적인 영향을 미치게 된다. 결정환율은 여행이 판매 또는 실시되는 수개월 후(통상평균 4~10개월 후)에 원고(원화가치의 상승)가 되면 환율차익, 원저(원화가치의 하락)가 되면 환율차손이 생긴다.

7) 환율의 결정과정

홀세일러는 통상적으로 연 2회 모집용 팸플릿(4~9, 10~3월 적용분)을 작성한다. 매년 4월 투어에 대해서는 1월 중에 팸플릿을 작성하여 판매를 위해 소매상을 통하여 소비자에게 배포한다. 그를 위해서 12월 말에는 팸플릿 인쇄의 최종단계에서 여행대금확정을 위한 적용환율을 결정하지 않으면 안 된다.

즉 투어실시기간의 4~9월의 지상비 외화 결제부분의 달러환율을 전년도 12월 말에는 정하지 않으면 안 된다. 그를 위해 환율을 여하히 결정할지는 환율동향을 거래은행과 긴밀하게 협의하여 내외의 정보를 수집하고 신중하게 예측한 다음 최고경영자의 판단으로 결정한다.

환율의 위험을 피하기 위해 통상적으로는 가용달러 지불 예상금액의 절반 정도를 은행에서 선물예약하여 헤지(hedge)[18]로 한다. 환율이 달러 상승 경향인 때에는 선물예약을 약간 억제하여 가용구간의 30~50%, 예약을 취소할 수 있도록 옵션설정을 해둔다. 예측이 달러 약세경향인 경우에는 50% 정도 선물로 충당한다.

수개월 앞의 달러환율을 예상하여 결정하고 가격(여행대금)을 반영하는 셈이나 위험을 예상하여 안전하게 환율을 예측하면 그 부분이 비용에 반영되거나 가격라인이 다소 높아져서 경쟁상 불리하게 된다.

원저경향(달러강세)을 예측하지 못한 경우는 환차손이 생기게 되어 달러의 상승폭이 커지면 당초 예정했던 이상의 지불을 요하게 되어 경영상 큰 결손이 된다. 해외여행의 관점에서 보면 달러약세, 원화강세 혹은 안정적인 환율시세가 바람직하다.

6.2.4 가격전략

1) 신상품의 가격결정

(1) 우대가격설정

스스로를 호화롭고 우아한 것으로 위치 설정하는 가격전략이다. 대체적으로 호텔이나 고급레스토랑은 그에 걸맞은 고가격 시장에의 진입(參入)을 시도한다. 나이트클럽에서는 테이블 차지를 받음으로써 특정고객에게 대금을 청구하여 배타적 이미지를 만들어 내고 있다. 어느 경우도 가격인하는 사업의 정위화(positioning)에 연결되어 표적시장에의 소구력을 상실하는 결과가 된다.

(2) 상층흡수가격결정

상층흡수가격전략은 시장 자체가 가격에 대해서 민감하지 않을 때 고가격을 설정하는 전략이다. 이는 가격을 인하할 때나 매출액이 감소하는 경우에 유효한 방법이다. 시장의 선도자그룹을 확보하여 고가전략을 펼치다가 시간의 경과에 의해 상품의 인지도가

18) 국제증권 및 외환시장에 투자해 단기이익을 올리는 민간투자기금.

확대되거나 후발경쟁업자의 출현 시 저가전략으로 전환하는 가격전략으로서 여행업에서는 채택하기에 부적합한 가격전략이다. 여행관련 산업에 있어서는 경합기업의 진입이 비교적 용이하다는 점이 있지만 이 전략을 장기적으로 실시하는 것은 거의 불가능하다는 점을 인식하지 않으면 안 된다.

(3) 시장침투가격결정

짧은 시간에 시장에서의 인지도를 확보하거나 시장점유율의 증대를 도모하기 위하여 저가격전략을 통해 시장에서 지위를 강화하기 위하여 펼치는 가격전략이다. 이러한 전략은 필수재처럼 가격중심의 재화에 보편적으로 적용되는 것이 일반적이다.

규모는 작으나 이익률이 높은 시장분할을 대상으로 고가격의 상층흡수가격을 설정하는 것이 아니라 저가격을 설정하여 시장에 신속하면서도 깊게 침투하여 가능한 한 많은 구매자와 거대한 시장점유율을 획득하려는 기업도 있다.

저가격 설정은 다음과 같은 조건하에서 유효하다. ① 시장의 가격감수성이 높고 저가격이 수요를 증가시키는 데에 연결될 수 있을 것. ② 규모의 경제(scale merit)를 생성하는 상황에 있을 것. ③ 저가격이 경합기업의 진입을 억제하는 상황에 있을 것 등이다.

(4) 상품 번들(束)과 가격결정

이 방법에서는 몇 개의 상품을 조합하여 그 조합을 낮은 가격으로 제공한다. 예를 들면 호텔에서는 숙박에 식사와 유흥이 부가된 주말 패키지나 조합과 신문 서비스를 부가한 패키지를 특별가격으로 제공하고 있다. 이러한 종류의 가격설정은 소비자들이 쉽게 구입할 수 있는 상품의 판매촉진을 위해 적합하지만 가격은 소비자를 충분히 납득시킬 수 있을 정도로 낮게 책정되지 않으면 안 된다. 여러 가지 품목이 중핵적인 서비스에 부가되어 고객의 비용을 상회할 만큼의 가치를 창출하는 것이다.

상품 번들(束) 가격설정은 관광유람선 회사나 여행취급회사, 카지노 등의 사업에 있어서 자주 이용되는 전략이다. 관광유람선 회사에서는 '비행기와 관광유람선'과 '비행기와 드라이브 · 관광유람선' 패키지가 이용되지만 이들은 렌터카 회사나 항공사, 관광유람선 회사, 호텔의 서비스가 조합되어 개개의 서비스를 각각 별개로 구입하는 것보다 훨씬 싼 가격으로 제공되는 것이다.

호텔의 카지노 사업에서는 큰 손(heavy gambler)을 집객할 목적으로 종종 이 전략이 이용된다. 이 경우 호텔의 객실은 적자를 각오하고 가격을 인하하거나 때로는 무료로 제공하고 있거나 또는 특매상품(loss leader)으로서 위치 설정되어 있다. 또한 음식이나 유흥 서비스가 패키지화되어 비용 이하의 가격으로 때로는 무료로 제공되는 경우도 있다.

(5) 스키밍 가격(skimming pricing)결정

스키밍 가격전략은 신제품 도입 초기에 이익을 극대화하기 위한 전략으로 수요 탄력성이 낮아 소비자가 가격에 둔감하거나 제품의 진입 장벽이 높고 제품이 차별화되어 있을 때 효과적이다.[19] 경쟁사들의 제품 모방이 힘들고 초기 혁신자들의 규모가 클수록 좋다. 시장진입 초기 고가(高價)의 스키밍 전략은 일정 수익을 얻으면 가격을 내려 다수 고객의 수요를 촉진해 매출성장을 도모한다.

(6) 지역별 가격결정

서로 다른 지역의 고객별로 가격을 설정한다. 일반적으로는 지역마다 제품의 수송비가 상이하기 때문에 지역마다 가격을 설정하는 것에 유의한다.

해외여행에서는 여행의 출발지별(인천, 부산, 제주) 가격을 설정하고 있다. 이것은 국제항공운임의 요소, 그 시장의 수요와 공급의 관계, 홀세일러(도매상)의 판매조직 · 전략 등의 차이에 따른다.

(7) 가격조정

기업은 고객이나 상황변화에 따라서 기본가격을 조정하는 것이 보통이다. 여기에서는 할인가격과 광고원조금, 차별화 가격, 수익률 관리, 심리적 가격설정, 판매촉진가격설정, 지리적 가격설정 등의 전략에 대해서 검토하기로 한다.

(가) 수량할인

대다수 호텔에서는 객실을 대량으로 구입해 주는 고객에 대해서 기간한정 혹은 연중으로 특별요금을 설정하고 있다. 단체나 대기업의 회의기획담당자에게도 특별요금을 설

19) 중소기업청 비즈니스지원단, 천 번의 두드림-기업 성공 안내서, 2014, 57쪽.

정하거나 답례품 등을 보내고 있다.

참가자가 직접 실비로 숙박을 하는 업계의 협회 주최 컨벤션이 개최된다고 하자. 협회로서는 숙박료를 $5 싸게 할인하기보다는 하루에 20방마다 한 방을 무료로 제공받는 쪽이 보다 득이 될지도 모른다.

협회로서는 이들 객실을 진행요원이나 연사를 위해 사용할 수 있으며 그만큼의 비용을 절약할 수 있기 때문이다. 단체요금 이외에 호텔은 매년 일정량의 객실을 이용하는 기업에 대해서는 회사요금(corporate rate)도 설정하고 있다. ▲회원할인, ▲FFP(반복고객프로그램 · frequent flier program), ▲카드할인, ▲법인할인, ▲현금지불할인 등이 이에 해당한다.

(나) 구매시기에 의한 할인

수요가 낮은 비수기에는 계절할인도 행해진다. 연간을 통하여 수요를 일정하게 유지하기 위해서이다. 호텔이나 모텔 또는 항공사에서는 영업이 저조한 때에 계절할인을 한다. 항공사는 하루 가운데 어느 시간대나 일주일 중 어느 요일인가에 할인(off-peak discount)을 실시하고 있다. 국제선에서는 수요의 계절적 변화에 따라 가격을 조정하고 있다.

유감스럽게도 기업 측의 이러한 할인전략은 항상 성공하는 것은 아니다. 식당에서는 고령자할인이 행해지고 있지만 이것은 식당이 혼잡하기 시작하기 이전의 저녁 이른 시간에 고령자에게 서비스하고 싶다는 의도가 숨어 있다. 고령자는 바쁜 시간에도 할인을 받을 수 있기 때문에 그러한 얼리비에이트(alleviate) 특별요금은 필요 없다는 사람도 있다.

(다) 판촉용 할인

통상적으로 캠페인상품 · 가격이라고 한다. 특정한 시기, 상품을 한정하여 캠페인 등을 이용해 통상가격보다 저렴한 가격설정이다. 신규 항공노선의 개설, 신규개업 호텔의 영업개시 등에는 초기수요를 개척하기 위해서 특별 도매가격 제공 등이 있으며 항공사, 호텔, 홀세일러가 공동으로 캠페인을 전개하기도 하며, 때로는 비용을 분담하여 제공하는 경우도 있다. 여기에는 로스리더(loss leader)[20], 주력상품, 특별제공가격, 모니터가격

20) 원가보다 싸게 팔거나 일반 판매가보다 훨씬 싼 가격으로 판매하는 상품. 특매상품 · 유인상품 · 미끼상품 · 특수상품 등 여러 별칭으로 불린다.

등이 있다.

얼리버드(early bird)할인이라고 하여 일정기일 이전의 조기여행 신청에 대하여 우대가격, 할인 등도 있는데 확약수의 예상추정이 가능하여 판매계획의 사전조정이 쉬워진다. 또한 환율세이버(rate saver)라는 것도 있는데 이것은 여행출발 직전의 할인, 예약마감 후의 잔여좌석 처리가 가능하다. 여행에 길들여진 소비자에게는 편리하다. 호텔 숙박 등 늦은 도착할인, 규제완화정책(deregulation) 이후의 미국 항공사의 다양한 할인운임도 마찬가지 사고방식이다.

계절할인은 여행업계에서는 정착되고 있는 중요한 가격정책이다. 여행 출발의 성수기, 비수기, 평수기를 연간, 계절, 연휴기간, 월, 주, 평일, 주말, 하루 가운데의 시간대별로 세밀하게 나누어 가격의 고저를 설정한다. 국제항공운임에서는 판촉운임에 계정함으로써 구분을 설정하고 있다.

(8) 차별화 가격설정

차별화 가격설정이라는 말에는 인종, 종교, 성별, 연령에 의해서 사람을 차별하려는 의도가 숨어 있다. 나이트클럽이나 바에서는 숙녀를 위한 나이트를 설정하거나 여성을 대상으로 하여 입장료나 드링크류의 할인쿠폰을 발행하는 등 성에 의한 차별화 가격이 판매촉진 전술의 하나로 이용되고 있다.

차별화가격은 고객 각각의 지불액을 최대화시키는 작용이 있다. 항공사의 슈퍼 세이버요금(super saver rate)에는 통상적으로 항공표의 조기구입과 주말체재라는 2가지 조건이 있다.

주말체재라는 조건은 거의 상용여행자를 제외하고 항공표의 조기구입은 가정에서의 긴급 시나 돌발적인 상용여행을 제외한다.

항공사는 상용여행자나 긴급 시에 이동하는 사람들은 그만큼 가격에 대해서 민감하지 않고 가격탄력성이 없다는 것을 잘 알고 있다. 그래서 여가고객에게 저가격요금을 제공하는 것이다. 여가고객은 가처분소득을 여행비용에 충당하기 때문에 상용여행자에 비하면 가격에 훨씬 민감하다. 가격의 인하는 여가여행 분할 수요의 환기에 연결되는 경우가 많다.

항공사와 마찬가지로 호텔도 상용객과 여가객과의 차별화를 꾀하고 있다. 상용객을

상대로 하는 비즈니스가(街)의 호텔은 주말의 가동률이 매우 나쁘다. 대다수의 이러한 호텔은 저가격의 주말패키지를 개발하여 여가객의 집객을 유도하고 있다.

변동비가 적거나 수요에 변동이 있는 경우 가격차별화는 수요를 평준화하여 수입을 늘리기 위한 유효한 수단이 된다. 전체적으로 가격의 인하를 하는 것이 아니라 일부 사람들에 대해서 인하하여 그만큼의 고객을 늘리려고 하는 것이다.

항공업계나 호텔업, 관광유람선업, 철도업 등 여행관련 산업의 중요한 섹터에서는 막대한 고정비문제를 안고 있다. 이들 업계에 있는 기업은 좌석이나 침대를 팔지 않으면 안되는 것이다. 차별화 가격을 사용하기 위해서는 다음과 같은 기분을 충족시키지 않으면 안 된다.

① 가격에 대한 반응이 각 고객집단에 의해서 상이할 것. 즉 각 집단이 서비스에 추구할 가치가 상이할 것
② 각 분할이 인식 가능하고, 가격차별화의 메커니즘이 있을 것
③ 저가격으로 구입할 수 있는 분할에 소속된 사람이 다른 분할의 사람에게 상품을 빼돌릴 수 없을 것
④ 활동을 전개할 만한 정도로 분할의 규모가 충분할 것
⑤ 가격차별화전략을 실시하기 위한 비용이 그것으로부터 얻어질 수 있는 수입을 초과하지 않을 것
⑥ 상이한 가격을 사용함으로써 고객이 혼란을 겪지 않을 것[21] 등이다.

(9) 심리적 가격결정

심리적 가격결정에는 단순히 경제적 관점에서가 아니라 가격이 가지는 심리적 측면을 고려한다. 본 장의 처음에 가격과 품질의 관계에 대해서 언급하였지만 우대(prestige)는 상품이나 서비스를 고가격으로 판매함으로써 만들어지는 것이다.

심리적 가격설정의 또 하나의 측면은 참고가격이다. 이것은 구매자가 어느 특정상품에 관해서 경험에서 머리에 떠오르는 가격으로 구매 시에 참고로 하는 가격이다. 참고가격은 현재의 가격이나 과거의 가격, 혹은 구입상황을 배경으로 하여 형성된다. 인기상품

---

21) John E. G. Bateson, Managing Services Marketing (Dryden Press : Fort Worth, Inc., 1992), p. 339.

에는 참고가격이 있다. 식당에 관해서도 커피나 스테이크, 햄버거 등의 메뉴나 그 가격대에 대해서 사람들은 선입견을 가지고 있다.

(10) 판촉가격 결정

판촉가격은 일반적으로 정가보다 낮게 설정되지만 때로는 원가 이하로 가격이 설정되는 경우도 있다. 판촉가격에는 몇 개의 형태가 있다. 즉석식품을 취급하는 식당에서는 메뉴품목의 몇 개를 특매가격으로 하여 집객을 시도하고 있으며 고객이 다른 메뉴품목을 통상가격으로 구입한다는 것을 겨냥하고 있다.

(11) 경쟁지향적 가격결정

이 방법은 이미 시장에서 자사와 동질의 상품을 판매하는 여행사의 가격을 참고하여 가격결정을 하는 것이다. 즉 경쟁상대의 가격을 자사의 가격에 끌어들이는 방법이다. 이에는 첫째, 경쟁상대와 똑같은 가격을 설정하는 것, 둘째, 경쟁상대보다 높은 가격을 설정하는 것, 셋째, 경쟁상대보다 낮은 가격을 설정하는 것이 있으나, 이들 중에서 어느 것을 선택하느냐는 상품의 동질성, 상품수명주기의 단계, 기업의 목적 등에 따라 달라진다.

① 현행시장가격에 의한 가격결정 : 이 방법은 경쟁지향가격결정방법 중에서도 가장 인기 있는 방법으로 업계의 가격수준에 자사의 가격을 맞추는 것이다.

② 입찰에 의한 가격결정 : 이 방법은 주로 여행을 많이 취급하는 공사나 협회 등에서 다수의 여행사를 불러 여행가격을 결정하는 방법으로 경쟁상대가 어떤 가격을 내는지를 예상하면서 자사의 비용이나 이익을 감안하여 가격을 제시하는 방법이다. 입찰에 의한 가격결정의 목적은 어디까지나 낙찰을 받아 계약을 체결하는 것이기 때문에 입찰에 참가하는 경쟁상대보다도 싼 가격을 제시할 필요가 있다. 그러나 경쟁상대보다 싼 가격을 제시하는 데에도 한계가 있다. 따라서 경쟁상대의 입찰가격에 관해서 정보를 수집하고 자사에 있어 각 가격안별로 기대이익이나 낙찰가능성을 산출한 것을 감안하여 최종적으로 입찰가격을 결정해야 한다.

6.3 여행가격의 합리적 설정

장사는 좋은 물건을 싸게 팔며 더욱이 충분한 이익을 확보하는 것이 이상적이다. 그러나 경쟁상대를 시장에서 배제하기 위한 잔략적인 투매(dumping)도 있다. 이상적인 가격정책은 어떤 모습일까.

보다 비싸게 파는 정책은 있을 수 있는 것일까.

상정(想定)한 시장과 그것에의 상품내용을 연결시키는 것이다. 즉 팔기 쉬운 가격보다 여행 후의 고객만족도를 중요시하는 것이다. 이 두 가지 점을 중핵으로 가격결정상의 주의사항에 대해서는 이미 언급하였다. 여기서는 구매와의 관련성을 경쟁상대의 존재를 시야에 넣고 가격설정에 대하여 다소의 시도를 해보고자 한다.

다른 경합이 없으면 가격설정은 자유롭게 할 수 있다. 전문점계의 여행사는 이러한 점을 충분히 인식하지 않으면 안 된다. 시장(고객층), 상권, 상품, 서비스 등에 있어서 얼마만큼의 독점 배타적인 비즈니스를 확립할 수 있는가. 즉 고객을 어떻게 인지시키는가이다.

경우에 따라서는 호텔 등 여행을 구성하는 소재를 독점적으로 확보하는 것도 있을 수 있을 것이다. 혹은 현지의 전문점계 서비스나 상품을 취급하는 회사와 배타적 계약을 하는 방법도 있을 수 있다. GSA(판매총대리점) 계약 등이 이에 해당한다.

때로는 위험천만하지만 이익도 크다. 대규모 한정공급품, 시장가치가 높은 것을 얼마만큼 발견하여, 그것을 투어로 상품화할 수 있는가는 여행기획자의 수완에 달려 있다고도 한다.

만약 상품의 내용에 차이가 발생하면 당연히 싼 쪽을 선택할 것이다. 그러나 여행내용에 대해서 고객은 직접 만져보든지 시험해 보는 것이 불가능하다. 그런 까닭에 얼핏 같은 것처럼 보이는 상품일지라도 실체나 내용이 크게 달라지는 것도 무리는 아니다. 설령 유사상품이 널려 있고 더구나 가격이 싼 경우 그 차이를 충분히 설명할 수 있어야 하며, 자사상품의 가격 타당성에 대해서 충분한 설득력을 가지고 있어야 한다.

6.3.1 가격경쟁의 회피 혹은 배제

아프리카 전문점인 어느 여행사는 ① 직행편이 있는 곳은 취급하지 않는다. ② 대형버스는 사용하지 않는다. ③ 대형여행사들과는 경쟁하지 않는다. ④ 해변휴양지는 취급하지 않는다. ⑤ 사전조사 없는 기획은 있을 수 없다는 등의 내규(內規)가 정해져 있다. 이것들은 모름지기 자사의 기획에 대한 독자성이나 우위성을 확보하기 위한 것이다. 혹은 대량여행과의 한 획을 긋는 것이라고 바꾸어 말해도 좋다.

①이나 ④라는 포인트에 그것은 단적으로 나타나 있다. ②에 관해서는 "냉방이 잘 되는 대형버스 여행보다 자연풍을 피부로 느낄 수 있는 소형차에 의한 여행의 우위성"을 소구한다는 것이다. 그러나 이렇게 타사와의 경합만을 회피하고 있는 것만으로는 재미가 없다.

예를 들면 하와이처럼 큰 여행목적지에 있어서 고부가가치상품을 어떻게 "양으로 대처하여 생산하고 판매할 수 있는가"에 달려 있다. 이것이 금후의 전문점에 있어서 도전이라고 창업자인 구마사와시는 말하고 있다.

여하튼 단순한 가격경쟁의 경우는 규모가 큰 쪽이 이긴다. 따라서 가격경쟁을 유발하지 않는 환경조성이나 상품조성이 부가가치상품으로 승부하는 게 기업의 철칙이다.

고객과의 신뢰관계 혹은 거래처(공급자)와의 신뢰관계 위에서만이 지속적으로 비즈니스는 성립한다. 여행사의 경우 고객과의 신뢰관계가 없으면 '가격이 얼마나 싼가'라는 한마디만을 묻는 경향이 있다.

그러나 일단 그 신뢰관계가 완성되면 가격에 대해서 묻는 경우는 거의 없다. 이는 편리성이나 서비스의 질, 여행상품으로서의 높은 만족도가 단순한 가격과 비교하는 것이 무의미하다는 것을 고객들에게 확실히 이해시키기 위한 것이며, 이 방식은 고객들에게도 신뢰성을 주기 때문이다.

또한 좋은 상품조성, 매력적인 가격설정에는 공급자의 협력을 빼놓을 수 없다. 이 사람들과의 거래에도 신뢰관계 구축이 굉장히 중요하다. 상대방의 약점을 파고 들어가거나, 싸게 사는 것만이 능사는 아니다. 서로의 공통이익을 함께 추구하는 자세가 늘 필요하다.

소위 비수기의 신상품개발 등이 이에 해당한다. 가격우위성만을 소구하는 것이 아니라 항상 새로운 착안점에 기초한 부가가치창조를 공급자와 함께 생각하고, 또한 그 이익을 공유한다는 뛰어난 여행공급자의 기량을 요구하고 싶다. 그것이야말로 이해관계자와

의 신뢰관계 구축에 빼놓을 수 없는 중요한 점이다. 이는 기획자 혹은 당해기업 그릇의 크기와도 관계된다.

6.3.2 브랜드력과 가격의 신뢰성

한편 여행기획자는 확실한 비용감각을 가지지 않으면 안 된다. 현지의 가격이나 요금 시세, 물가수준을 정기적으로 파악해 둘 필요가 있다. 세상 물가라고 바꾸어 말해도 좋을지도 모른다. 인건비 등에 대해서도 마찬가지이다. 구매가격에 대해서 너무 모르면 모든 방면에 지장이 생긴다. 물론 값을 깎을 수 있으면 좋다는 것은 아니다.

구매가격에 대해 타당성이나 판단력이나 비교력도 여행기획자의 중요한 요소이다. 경우에 따라서는 거래처에 어느 정도의 무리한 부탁을 하지 않을 수 없는 경우가 있을지도 모른다. 이러한 경우는 이쪽의 짐이 된다. 타당한 구매가격과 이러한 짐을 혼동해서는 안 된다. 서로 신뢰하고 보다 지속적인 거래조건을 항상 연구해야 한다.

"인적 서비스에 스케일메리트(scale merit)는 없다"고 언급해 왔다. 기본적으로는 좋은 서비스를 싸게 받아들이는 경우는 없다. 그러니까 좋은 식사를 하려고 생각하면 식사 요금을 깎으면 안 되는 것이다. 레스토랑에 들어가 메뉴를 보고 요금을 깎는 사람은 없을 것이다. 기본적으로 투어의 식사도 마찬가지이다. 인건비, 기타도 마찬가지이다. 서비스는 공짜가 아니다. 좋은 서비스일수록 그 요금은 비싸다. 여행업종사자는 이 점을 특히 분명하게 기억할 필요가 있다.

비슷한 상품이 놓여 있으면 다소 비싸도 신뢰도(단순한 지명도)가 있는 회사상품 쪽으로 손이 간다. 이것이 그 회사가 가진 브랜드력이다. 또한 같은 회사의 같은 상품이 있고 가격의 높낮이가 있다고 하면 늘 비싼 쪽의 품질이 좋다고 생각할 것이다. 그것이 가격의 신뢰성이다.

그러므로 여행사는 전문적인 분야의 브랜드력 획득에 힘을 쏟지 않으면 안 된다. 또한 고객들로부터는 "비싼 만큼 반드시 그만큼의 좋은 서비스임에 틀림없다."라는 무조건 신뢰만을 주장해서도 안 된다.

이상에서 언급된 바와 같이 채산을 무시한 덤핑을 통상적으로 실시하는 것은 장사로서는 최후의 수단이다. 또한 경쟁상대를 배제하기 위하여 실시한다면 이는 공정거래에 위배된다. 하물며 여행업처럼 서비스를 집합시켜 조합해서 판매하는 상품의 경우는 그에 따른 미래시장에의 영향이나 여행목적지 가치영향도 시야에 넣어두지 않으면 안 된다. 때때로 좋은 물건을 싸게 팔고 수량으로 이익을 내는 것에 너무 집착하다 보면 이러한 사항들을 배려하지 못하는 경우가 없지는 않다.

브랜드요소는 브랜드인지도를 높이고 브랜드를 연상시키는 데 도움을 준다. 각 요소가 단독으로 효과를 발휘하는 것은 안 되며, 선택되고 통합되는 것이 필요하다. 그 선택기준은 5가지이다. 즉 ① 기억가능성, ② 의미성, ③ 이전가능성, ④ 적합가능성, ⑤ 방어가능성이다. 적합가능성이란 시간의 경과, 시대의 풍조까지도 의식한 유연성이나 적응성이다. 이전가능성은 글로벌이즘이 의식된 기준이며, 타 지역이나 국가에서도 유효한 시대성을 말한다. 그러므로 각 브랜드요소는 이러한 선택기준에 따라 통합되지 않으면 안 된다.[22)]

브랜드 구축의 최종단계에서는 브랜드의 의미나 가치를 소비자에게 전달하기 위해서 적절한 커뮤니케이션 수단이 필요하다. 브랜드요소가 통합된 것을 광고나 판매채널에 어떻게 등장시키는가가 과제인데 소위 4P로 알려져 있는 마케팅믹스를 어떻게 배합하느냐가 중요한 관건이다.

〈표 6-1〉 가격경쟁을 피하기 위한 7가지 조건

1
상품내용의 차별화를 철저하게 의식하라
2
고객으로부터의 신뢰관계 획득을 최우선시하라
3
여행의 구성소재 독점은 가능한지 체크하라
4
공급자와의 신뢰관계 구축이 중요하다
5
양호한 비용감각을 항상 가지고 있어야 한다
6
자사상품 가격에 절대적인 자신을 갖는다
7
염가판매는 최저·최후의 수단이다

22) 吉田春生, マーケテティングの現場, 大学教育出版, 2010, 77쪽.

CHAPTER 7

여행유통믹스

07 여행유통믹스

서비스경제가 발전되면서부터 기존에 질 좋은 상품의 생산에 의존하던 것에서 질 좋은 서비스를 제공하는 것으로 초점이 이동하여 현재 우리들은 경제생활을 영위하기 위하여 상품을 생산하며 구입하고 교환하며 소비한다.

현실적 어려움 때문에 생산과 소비를 한 사람의 인간이 행하게 되는 자급자족의 경우는 극히 적다. 생산과 소비를 통합시키는 재화의 유통과정은 더욱 복잡화되어 큰 격차를 보이고 있다. 그러므로 유통은 수요와 공급의 적합성을 추구하고 재화의 효용성 증가를 꾀하는 데 큰 의미가 있다.

유통(distribution)은 마케팅 활동의 일환으로 자사의 상품이나 서비스를 어떤 유통경로를 통해 표적시장이나 고객에게 제공할 것인가를 결정하고 새로운 시장기회와 고객가치를 창출하는 일련의 활동이다.

또한 유통은 생산과 소비를 잇는 경제활동으로 공급업체로부터 최종 소비자로 이어지는 하나의 유통시스템(혹은 유통경로시스템)은 제조업체가 생산한 상품이나 서비스가 흘러가는 단순한 경로가 아니라 새로운 가치와 소비를 창출하는 토대가 된다.

여행업의 유통활동은 여행상품이나 여행서비스가 여행생산자나 여행서비스 제공자로부터 최종 고객에게 이르는 과정에 개입되는 다양한 조직들 사이의 거래관계를 설계하고 운영하며, 그것을 통해 협상, 주문, 촉진, 물적 흐름(여행상품배달), 금융, 대금결제 등과 같은 유통(혹은 마케팅)기능의 흐름을 촉진시키는 활동을 의미한다.

여행사의 실태는 천차만별이지만 그 중심은 여행상품의 메이커(maker)로서의 도매상(홀세일러 · wholesaler)이며 다른 하나는 판매점으로서의 소매상(리테일러 · retailer)이다. 대개의 경우 큰 여행사는 이 두 개를 겸업(兼業)하고 있다.

전통적으로 여행상품 생산자들은 여행상품의 정보 유통을 GDS(global distribution system)와 여행사라는 중간자들(intermediaries)에게 주로 의존하였다. 여행상품의 유통경로에서 GDS라는 중간자의 역할은 세계 도처에 산재해 있는 수없이 많은 생산자들의 정보를 총괄하는 역할을 담당하여 왔다.

한편 여행사는 GDS에서 제공하는 정보를 이용하여 최종 소비자에게 그 정보들을 효과적으로 제공하는 역할을 담당하여 왔다.[1)]

그러나 최근 여행상품 유통환경에 있어서 급격히 부각되고 있는 변화추세는 여행업의 유통구조를 획기적으로 재편하는 계기가 되고 있다. 현재 여행의 유통구조 재편에 가장 영향을 미치는 환경요인 중에 대표적인 것은 바로 기술, 특히 정보기술(information technology)의 발전이다. 정보기술의 발전은 인터넷이라는 새로운 매개체를 통하여 전자상거래(e-commerce)를 가능하게 하였다.[2)]

결국, 유통이라는 것은 물건과 가치의 흐름이며, 생산과 소비를 연결하는 행동(활동)이므로 거시적인 경제(macro-economy) 측면에서 상품 및 서비스의 생산자에게서 소비자에로의 사회적 유통과 이동을 나타내는 것이다. 즉 사회적 유통과 이동에 의해 상품의 사용가치와 경제적 효용이 높아져 부가가치가 창출된 경우를 유통이라고 생각하면 되겠다.

7.1 여행상품과 유통

7.1.1 여행상품의 유통경로(distribution channel)

유통경로란 상품이 생산자로부터 소비자 또는 최종수요자의 손에 이르기까지 거치게 되는 과정이나 통로를 말한다. 상품은 상거래활동에 매개되어 유통되므로 유통경로는 기본적으로 수요와 공급의 성격에 따라 달라지는데, 이에 따르면 ① 소규모 생산·소규모 소비형, ② 소규모 생산·대규모 소비형, ③ 대규모 생산·소규모 소비형, ④ 대규모

1) 차길수, 인터넷과 관광산업의 유통구조 재편, 관광경영학연구, 제12호, 2001, 200~219쪽.

2) 塹江隆, IT化時代の旅行業, 文化書房博文社, 2000, 37쪽.

생산 · 대규모 소비형으로 나눌 수 있다.

유통경로를 규정하는 요인으로는 상품의 종류, 생산지와 소비지의 거리, 경제와 상업의 발전 정도, 상거래 관습, 국내상업 또는 국제무역 여부 등이 있다.

일반적으로 생산자와 소비자 사이에는 한 개 이상의 유통경로에 의해서 구성되며[3], 각각의 경로는 다음 경로와 병행하고 경합하면서 운영된다.

여행상품의 유통경로는 여행상품 자체가 제공 · 배달되는 경로와 여행상품의 사용권이 유통 · 판매되는 경로의 두 가지로 구분된다.[4] 여기에서 여행상품의 사용권이라는 것은, 영화나 콘서트의 입장권, 항공권, 숙박권 등과 같은 여행상품을 사용하는 권리를 지칭하는 것이다.[5] 단지 이러한 여행상품 사용권의 유통판매경로는 모든 서비스산업에서 볼 수 있는 것은 아니다.

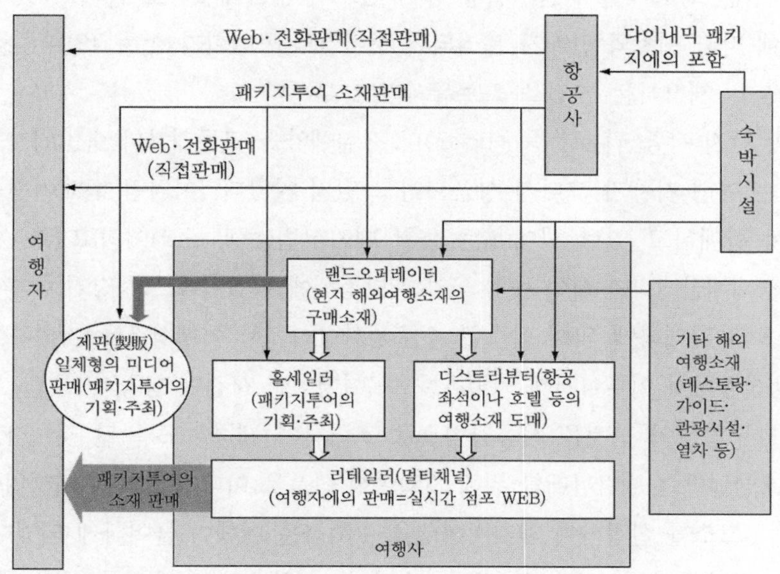

자료 : 高橋一夫, 観光, マーケティング・マネジマント, JHRS, 2011, 118쪽.

〈그림 7-1〉 여행상품의 유통경로

3) 国際観光振興会, 観光振興おける流通機構の研究, 国際観光情報, 第251号, 1980, 4~12쪽.
4) 清水滋, サービスの話, 日本経済新聞社, 1968, 30쪽.
5) 前掲書, p. 30.

여행상품의 유통경로도 여러 기준에 의해 다를 수 있으나, 기본적인 유통경로는 3가지로 요약할 수 있다. 즉 ① 생산자 → 고객경로, ② 생산자 → 여행사 → 고객경로, ③ 생산자 → 지상수배업자 → 여행사 → 고객경로 등이다. 여행상품이 전문화되면서 유통경로도 점점 복잡화 · 다양화되고 있는 추세이나, 기본적인 유통경로 틀 속에서 약간의 경로가 추가 또는 삭제되면서 경로의 다양화가 모색될 것이다.

1) 여행도매업자(도매상 · wholesaler)

통상적으로 홀세일러는 도매상이지만 관광산업에서는 여행상품의 메이커를 지칭한다. 홀세일러는 대규모 여행사인 하나투어나 모두투어, 항공사의 자회사인 전문홀세일러로 양분된다.

후자에는 대한항공계열의 한진관광 등이 있으며 순홀세일러로 불리고 있다. 홀세일러의 출현에 따라 제조와 판매가 분리되어 서비스의 공업화가 실현되었다. 홀세일러처럼 여행상품을 제작하는 기업을 프로듀서라고 부른다.

여행업이 단지 각종 권류(券類 · ticket)나 객실예약을 교통업자나 숙박업자에 의뢰하던 시대에는 여행 자체가 그다지 상품화하고 있지 않았다. 이처럼 수배여행을 수주생산방식에서 판매하고 있던 시대에는 소위 대기상법(待期商法)이라고 할 수 있다.

그러나 경제개발 5개년 계획 등의 국가 개발정책에 힘입어 고도성장기 이후 한국에서는 여행수요의 확대화에 의해 단순한 수주생산방식에서 여행상품을 기획하여 예상생산 · 시장생산방식이 이루어지게 되었다.[6] 즉 여행업이 사전에 항공사, 호텔, 식당 등의 여행소재를 구입하여 그것을 시공간적으로 조립하여 제공하도록 된 것이다.[7]

더욱이 오늘날에는 대량판매를 위해 기획여행 상품을 미디어에 올려 여행업이 사전에 일정 · 가격 · 코스를 설정하여 패키지여행을 주최하는 여행이 늘어나게 되었다. 오늘날 여행업은 소재제공자(supplier)의 교통 · 숙박 등 여행소재의 단순한 서비스의 대리판매뿐 아니라 그것을 믹스하여 종합적인 여행상품을 기획 · 판매하는 것이 보다 일반적인 추세이다.

오퍼레이터(operator)란 교통의 입장에서는 운용자, 운항업자, 통신원을 상기할 것이

6) 日本交通公社, 観光の現状と課題, 財団法人日本交通公社, 1979, 447쪽.

7) 森谷トラベルエンタプライズ, 海外旅行ビジネス入門, 1983, 66쪽.

다. 호텔에서는 교환원을 지칭한다. 이 용어는 프랑스어의 Exercere(집행한다, 관리한다)에서 유래하고 있다.[8)] 여행 도매업자(tour operator)란 여행패키지를 조성하는 것을 전문으로 하는 민간여행회사이다. 그들은 여행상품을 판매하는 것을 중요한 업무로 하는 여행사와는 전혀 그 성질이 다르다.

그러므로 여행도매업자는 여행대리점의 법적 자격을 가지고 여행상품을 전매하는 경우가 많다.[9)] 여행도매업자(tour operator, whole tour operator, tour wholesaler)는 여행소재공급업자(supplier 또는 principal)로부터 여행소재를 구매하여 이를 상품화하여 개인 또는 여행소매업자 및 단체에게 판매하는 자라고 할 수 있다.[10)]

그러나 한국이나 일본에서는 여행도매업자를 지칭하는 경우 지상수배업자와 혼동하는 경우가 있다. 여행도매업자의 역할이 현지의 지상수배, 해외여행의 준비나 운영이지만 해외여행의 수배에는 불가결한 존재이다.[11)]

투어오퍼레이터는 홀세일러(wholesaler)를 나타내는 말로 사용하는 국가도 있지만 공통적인 것은 현지에서 해외여행자를 위한 여행수배를 하여 이를 운용하는 회사라는 의미가 강하다.[12)]

오늘날에는 컴퓨터의 보급과 정보통신체계의 확립에 힘입어 여행도매업자 내지 여행업자의 배제경향이 나타나고 있다.

2) 여행소매업자(소매상 · retailer)

1990년대 전반에 신문이나 여행정보잡지에 광고를 게재하여 집객(集客)하는 매체모집이 성행하게 되어 직판에 투철하여 새로운 시장을 개척한 여행사가 속출하였다. 그 결과 대형여행사에는 홀세일러 부문과 매체모집 부문이 병존하게 되었다.

그뿐만 아니라 신문모집에 의한 판매 초기에는 많은 지점이 독자적으로 자신의 상품을 선전했기 때문에 거의 동등한 상품을 다른 가격으로 파는 등 엉터리 상황이 발생하

8) 山上徹, 国際観光マーケティング, 白桃書房, 1997, 178쪽.
9) F. Vellas, L. B. Cherel, International Tourism, MacMillan Business, 1995, p. 163.
10) 신동숙, 여행계약을 규율하는 관광법리에 관한 연구, 경기대학교 대학원 박사학위논문, 1997, 10쪽.
11) トラベルジャーナル, 海外旅行ビジネス入門, トラベルジャーナル, 1990, 75쪽.
12) 日本ツアーオベレター協会監修, 海外ツアーオペレターガイド'96, トラベルジャーナル, 1996, 4쪽.

였다.

그것도 이윽고 자연 도태되었다. 직판(direct sales)은 패키지투어와 경합관계에 있는 것처럼 보였으나 실제로는 나뉘어 있다. 같은 매체모집에서도 신문과 잡지에서는 계층이 다르고 여행사까지 발품을 파는 계층은 또한 별도의 계층이다.

여행사의 신문광고에의 의존도는 꽤 높다. 월요일은 여행관련 광고가 넘치고 있다. 구미에 비교하여도 약간 이상할 정도로 많다. 이 매체모집의 파도에 편승하여 성장한 일련의 여행사에 전문점이 있다.

특정방면 혹은 특정분야에 특화하고 있는 여행사로 DM이나 입소문으로 모집했지만 매체모집으로 대량집객에 성공하면서부터 SIT(Special Interest Tour)의 전문점으로 성공하고 있다. 예를 들면 SIT에는 등산, 하이킹, 다이빙, 음악 등이 있으며 최근에는 월드컵 등 스포츠이벤트도 각광받고 있다.

1970년대 후반부터 출연하기 시작한 것이 에어온리(air only)업자이다. 값싼 항공권이 시민권을 획득하여 시장에서 지분(share)을 점하게 된 오늘날 이것이 당초는 부정판매라는 인식이 커서 대기업이 일체 손을 쓰지 않았던 시대가 있었다. 반복고객(repeater)이 증가할수록 에어온리시장은 확대되고 경쟁의 격화와 더불어 정규운임의 반액 이하의 값싼 항공권이 출연하고 있다.

성숙한 여행자의 증가에 따라 FIT(개인해외여행)시장이 급팽창, 홀세일러를 비롯하여 전문점도 이 부문(segment)에 대응한 상품을 개발하였다. 일부에서는 에어온리와 중복하는 경우가 있어서 이 두 개의 경우는 혼란스러운 경향이 있으나 FIT는 결코 저렴(低廉)을 의미하지는 않는다. 단체로 여행하는 것이 싫어서 마음대로 여행하고 싶은 고객에게는 여행의 프로에 의한 상담(consultation)이 불가결하여 이러한 추세에 대응하여 방면별로 특화하고 있는 여행사도 있다.

3) 전업사(in-house, inplant agency)

인하우스는 기업 산하에 있는 여행사를 일컫는 말로 대기업의 전업회사, 예를 들면 현대그룹 내의 현대아산이나 코레일 내의 홍익여행사 등 기업 산하의 여행사들이다. 그러나 독립계의 여행사에 비교하여 사람, 돈, 코네 등 경영자원에 혜택을 받고 있음에도 불구하고 일반적으로 경영자에게 독립정신이 결여되어 업적은 그만큼 신장되지 않고

있다. 또한 주체여행업자임에도 불구하고 홀세일을 하고 있지 않은 여행사도 있다. 대형 · 중대형은 홀세일과 리테일 업무를 겸업하는 경우가 많다.

4) 여행중개업자(여행중개상 · distributor)

1990년대에 들어서면서 많은 외국항공사가 한국에 상륙을 개시함에 따라 그 좌석을 도매하는(GSA = 총대리점) 혹은 디스트리뷰터라고 불리는 업자가 탄생하였다. 또한 항공좌석과 호텔을 조합한 유니트(unit) 판매업자도 다수 출현하고 있다.

배급업자(distributor)는 항공사, 호텔 등의 서플라이어(supplier = 공급업자)를 대신하여 위험을 부담하면서 여행상품의 부품을 소매상(retailer)에게 넘겨주는 업자를 말한다. 소매상에는 수배업무가 인정되어 있기 때문에 고객의 의뢰로 항공좌석이나 호텔의 객실 예약을 하는 경우, 공급업자(supplier)부터 직접 구매하는 것이 있으나 일괄하여 대량으로 구매하고 있다. 배급업자로부터 구매하는 것이 비용적으로도 유리한 경우가 적지 않다. 또한 공급업자(supplier)에게 직접예약을 신청해도 배급업자가 이미 좌석이나 객실을 블록(block : 미리 위험을 부담하여 대량으로 구매하는 것)하고 있어서 만석(full booking)이라는 경우도 생긴다.

따라서 소매상이 수배여행의 실시에서 배급업자를 활용하면 유리한 경우가 적지 않다. 또한 배급업자 혹은 유니트업자의 역할이 증대하여 서플라이어인 항공사와 여행사 사이에서 가격결정권을 둘러싼 다툼이 격화되기도 한다.

오늘날과 같이 매수시장이 강화되면 항공사는 가격결정권을 잃게 되기 때문에 항공사는 특정여행사의 의존도를 가능한 한 낮추려고 노력하며 중급규모의 배급업자에게 의존하는 존재가 된다(특히 비수기의 좌석을 메우고 있는 것은 이러한 항공사계의 디스트리뷰터이다). 배급업자는 대형 자회사, 항공사의 자회사, 혹은 호텔객실의 구매회사 등 여러 가지 형태로부터 출발하고 있고 각각 특색 있는 전문분야의 업자이다.

여행상품의 유통에는 전문업자인 여행중개상이 존재하며 이들은 유통경로에서 중요한 역할을 하게 된다. 중개업자들은 크게 여행사와 지상수배업자 및 특별유통경로자로 구분된다.

특별유통경로자란 여행을 고무하는 단체나 모임이나 회의기획자, 호텔대리상, 항공사의 가맹여행사 대리상, 여행에 집행력이 있는 협회나 단체, 법인여행사무소, 여행상담역 등 여행상품의 유통중재자를 말한다.

이들 중재자들은 생산자와 소비자의 역할을 대행하거나 양자 간의 유통에 영향력을 행사할 힘을 가지고 있다. 이들은 여행사나 지상수배업자와는 달리 법적으로는 수수료(commission)를 받지 못하며, 이들은 여행서비스에 대한 자격이 부여되지 않은 것이 특징이고 단지 회사 또는 단체를 위해 저렴한 가격으로 여행서비스를 제공하는 피고용인이다.[13] 흔히 이들은 업계에서 지입자(일본명 : 모치코미) 또는 보따리장수라고도 한다. 일부 여행사에서는 이들을 사외사원으로 고용하여 매출실적을 올리기 위해 이용하고 있다.

여행중개상은 여러 형태의 시장에 매력적인 버스여행을 제공한다. 버스여행 가운데는 시즌 중에만 운행하는 것도 있지만 하나의 이벤트에 입각한 것, 혹은 연중행사로 하고 있는 것 등 여러 가지이다. 여행루트상에 있는 호텔에 있어 버스여행은 중요한 수입원이 된다.[14]

5) 지상수배업자(land operator)

공급업자(supplier)는 항공사를 제외하고 통상적으로 해외에 거점이 있다. 거기서 해외의 호텔, 운수기관(버스, 철도 등), 트랜스퍼(공항과 호텔 사이의 이동이나 시내관광으로 사용하는 버스 등의 수배), 가이드 등의 수배를 하는 업자로서 지상수배업자가 있다. 한국에는 그러한 수배업무를 하는 여행사가 수백 개 있으며 정확한 실태는 파악할 수 없지만 이러한 업자의 단체에 한국여행수배업협회도 있다.

이러한 지상수배업자는 현지 공급업자(supplier)에게는 대단한 거래처이며 우선하여 객실이나 버스를 할당하는 것에서부터 직접예약을 받아 불가능한 경우에도 지상수배업자에게 의뢰하면 예약이 나오는 경우도 많다.

또한 지상수배업자가 서플라이어의 사이에 끼어 있으면 만에 하나 지상수배업자에게 책임을 지울 수 있는 (법률적으로는 면책되어 있다고 해도 도의상 혹은 장기적인 거래

---

13) 정찬종, 앞의 책, 162~163쪽.

14) 투어 브로커에 대한 좀 더 상세한 정보가 필요한 경우에는 다음의 문헌을 참고할 것.
"HASMA/Group Tour Information Manual" (Washing D.C. : Hotel Sales and Marketing Association, undated).

를 잃지 않는다는 경제적인 이유로) 경우도 있어서 지상수배업자의 거래를 일종의 보험으로 여기는 여행사도 적지 않다.

여행업이 단순히 티켓이나 객실예약을 교통업자 · 숙박업자에게 의뢰하고 있던 시대에는 여행 자체가 그다지 상품화하고 있지 않았다. 이와 같이 수배여행을 수주생산방식으로 판매하고 있던 시대는 소위 대기상법(待機商法)이라고 말할 수 있다.

고도성장시기 이후 우리나라에서는 여행의 수요확대에 의해 단순한 수주생산(受注生産)방식으로부터 여행상품을 기획하고 예상생산 · 시장생산방식이 성행하게 되었다. 즉 여행업이 사전에 여행소재를 구매하여 그것을 조립 · 제공하도록 된 것이다.

더욱이 상품을 대량판매하기 위해서는 기획여행상품을 미디어에 올려, 여행업이 사전에 여행일정 · 가격, 코스를 설정하고, 패키지투어를 주최하는 여행이 많아지게 되었다. 여행업과는 공급자의 교통 · 숙박 등의 여행소재의 단순한 대리 판매뿐만 아니라 그것들을 믹스하여 종합적인 여행상품을 기획 · 판매하는 것이 일반화되게 되었다.

랜드오퍼레이터는 〈그림 7-1〉처럼 여행부품의 생산자, 즉 여행업에 의하여 대리되는 교통 · 숙박 · 기타 사업 소위 프린서펄(principal)로부터 여행소재를 조성하여 여행상품을 다른 여행업자를 통하여 도매하는 이외에 스스로도 일반대중에게 소매로 판매하는 경우가 있다.[15)]

우리나라에서는 투어오퍼레이터라고 하는 경우 지상수배업자를 의미하나, 투어오퍼레이터의 역할은 현지의 지상수배, 해외여행의 중개업이지만 해외여행의 수배에는 불가결한 존재이다.[16)] 이는 구미(歐美)에서의 투어오퍼레이터와는 다르며 우리나라에서는 현지의 지상수배업자만을 의미하고 있다.

「관광진흥법」에는 투어오퍼레이터라는 용어가 없고 현지연락사무소라는 애매한 말로 표현하고 있다. 우리나라에서는 구미의 호칭과는 달리 투어오퍼레이터란 수배대행자, 수배를 업으로 하고 있는 사람이며, 여행업자에 대하여 현지의 여행수배, 운행을 대변하는 자라고 생각하여 왔다. 하나투어와 같은 대형여행업자는 현지법인에 의한 자사(自社) 오퍼레이션활동을 수행하고 있는 경우도 있으나 중소여행업자는 버스 · 레스토랑 · 가이드 등을 현지여행업자에게 일괄하여 청부(請負)시키는 랜드오퍼레이터(land operator)

15) 鈴木忠義, 現代観光論, 有斐閣, 1974, 123쪽.
16) トラベルジャーナル, 海外旅行ビジネス入門, 1990, 75쪽.

를 활용하고 있는 실정이다.

그런데 홀(M. Hall)[17]은 거래소 최소화의 원칙(Principles of Minimum Total Transaction) 원리, 집중저장의 원칙(Principles of Massed Reserve, Pooling Uncertainty)을 가지고 중간상인으로서의 도매업자의 존재가치를 옹호했지만 거기서는 중간상인 개입의 이점으로서, 기본적으로 일정수량을 모아 '규모의 경제성'이 잘 발휘되면 외생화(外生化)에 의한 분업의 이익이 명확하게 존재한다는 것을 강조하고 있다.

이전에는 유통 면에 있어서는 외생화에 의한 분업의 이익이 향수되어 그 결과 복잡·다단계의 유통조직이 구축되어 있었다. 그러나 본질적으로 생산·소비의 인격적 격차는 보다 두텁고 보다 짧은 형태가 합리적이며, 중간기능과 중간이 획득하고 있는 마진이 물가고의 원인이라고 비판되어 내생화(內生化)를 행하기 위하여 '중간상인배제론', '중개무역론' 등이 제기된 것이다.

6) 인재파견업자

여행에는 인솔자를 떼어놓을 수가 없으나 인솔자의 수요는 연간을 통하여 일정(一定)하지 않기 때문에 외부의 전문 직원에게 의존하는 경우가 많다. 현재 인솔자를 양성하여 여행사의 신청에 따라 인솔자의 파견사업을 하는 기업이 몇 군데 있다. 이러한 업자의 협회에 한국국외여행인솔자(TC)협회가 있으며 최근에는 여행사의 요청에 따라 성수기 예약을 받고 있는 요원으로서 컴퓨터에 정통한 직원을 파견하는 등 새로운 수요에 대처하고 있다.

7) 판매대리점(representative)

판매대리점(hotel sales representative)은 특정 시장지역에서 객실이나 서비스를 판매한다. 호텔에 있어서는 자신의 판매원을 가지기보다 판매대리점을 이용하는 쪽이 종종 효과적이다. 이 방법은 예약신청과 동시에 가부가 판명되며 예약요금도 알 수 있기 때문에 가장 많이 이용된다.[18] 또한 시장이 떨어져 있거나 외부의 사람에 있어서 문화적 차이가 시장에의 침투를 어렵게 하고 있는 경우에 적합한 방법이다.

---

17) M. Hall, Distributive Trading-An Economic Analysis, Hutshinson's University Library, 149, pp. 80~81.

18) 정찬종, 여행업무관리론, 백산출판사, 1997, 85쪽.

예를 들면 미국의 어느 호텔은 멕시코에서 판매대리점을 이용하는 쪽이 그곳에 판매지배인을 파견하는 것보다 효과적일 수 있다. 그것은 그들이 그곳의 문화나 지리, 언어적 불편 없이 업무를 수행할 수 있기 때문이다. 이러한 까닭에 힐튼, 쉐라톤, 홀리데이인 등 대다수 유명 체인호텔은 각국에 판매대리점을 개설하여 운영하고 있다.

판매대리점은 경합하고 있지 않은 호텔의 대표이지 않으면 안 된다. 그들은 수수료만을 수령하며, 봉급에 가산되는 형태로 수수료를 수령하거나 한다. 호텔판매대리점이 각 호텔이 제공하는 서비스를 배우고 그것을 시장에 전달하는 데에는 시간이 걸린다. 따라서 호텔판대리점의 선정은 가볍게 생각할 성질의 것이 아니다. 호텔판매대리점의 거듭되는 변경은 비용효율이 나쁘고 효과적이지 않다.

8) 전국 수준, 도 수준, 지역 수준의 여행사

한국과 같이 국토면적이 작은 나라에 해당되는 것은 아니나 미국이나 유럽, 중국 등 큰 나라에서는 지역별로 여행사가 나뉘어 있다. 이들 여행사는 시장정보를 획득하거나 객실예약을 확보하기 위해서는 훌륭한 수단이다. 전국규모의 여행사는 그 나라 내에서의 여행을 추천하고 있다.

전국 내에 호텔을 가진 호텔체인의 영향은 중요하지 않을 수 없다. 도 수준의 여행사는 주의 자원이나 여행대상을 해외 혹은 전국 혹은 그 도내에 선전한다. 도 수준의 여행사는 보통 도의 현관이 되는 장소, 즉 도 내에 전략적으로 입지된 도청소재지 등의 장소에 여행자를 위한 정보센터를 가지고 있다. 지역의 업계단체 또한 독립된 오퍼레이터나 체인의 오퍼레이터를 원조할 수 있다.

9) 컨소시엄(consortium)과 예약시스템

컨소시엄은 공통의 목적을 위한 협회나 조합을 말한다. 컨소시엄은 라틴어로 동반자 관계와 협력, 동지를 의미한다. 여행업에서의 컨소시엄은 단일 여행업자가 판매를 전담하는 것이 아니라 여행업자들 간의 제휴와 동맹 및 외부적 결합을 통해 특정 여행상품을 창구에서 예약 판매할 수 있도록 판매상의 유리한 입지를 마련하기 위하여 구성한다. 이러한 과정에서 컨소시엄의 대표역할을 담당하는 자는 이러한 여러 여행사의 여행상품들을 판매해 주면서 편의를 제공해 주는 대가로 이윤창출 기회를 마련한다.

컨소시엄이 형성되는 이유는 그에 의해 보다 마케팅력이 강화되기 때문이다. 지역 또한 컨소시엄을 개발하여 자신의 영역을 여행 시의 매력적인 장소로써 판매하고 있다. 예컨대 영국의 배스(Bath)지방에서는 배스지역 레저오락협회(ABLE)를 조직하여 여행의 특매상품으로서 판매를 개시하였다.

이 유형의 협동조합은 보다 소규모 환대조직이 판촉수단을 개발하여 자신의 상품을 유통시키는 것을 가능케 한다. 여행사는 컨소시엄을 형성시켜 호텔의 객실, 항공사, 기타 여행상품의 요금을 싸게 하도록 요구한다. 보다 큰 여행사에 의한 컨소시엄의 하나는 익스피디어(Expedia)에서 개발한 우드사이드(Woodside) 매니지먼트 시스템이다. 컨소시엄도 또한 수직적 마케팅시스템을 개발하여 회원이 필요로 하는 공급품을 싼 가격으로 입수할 수 있도록 하고 있다.[19)]

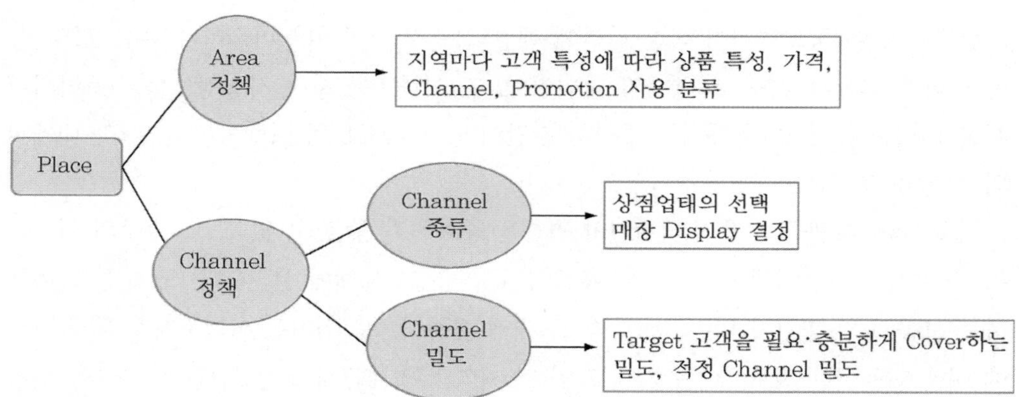

자료 : (주)휴넷사이버경영연구소, STP 분석 방법과 마케팅믹스전략, 2011, 66쪽.

〈그림 7-2〉 유통전략의 모형

7.1.2 유통형태의 변화

1) 업태(業態)의 변화

「관광진흥법」에 의한 여행사의 분류는 일반여행업, 국외여행업, 국내여행업의 세 종류이나 이 분류는 여행업자의 업태를 반영하고 있지 않다. 사업은 업종이 아니라 업태로

19) See J. C. Holloway and R. V. Plant, "Marketing for Tourism" (Pittman, London, 1992), pp. 124~126.

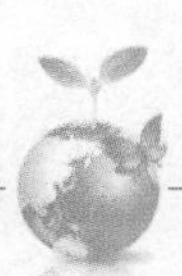

파악하지 않으면 올바른 전략을 구사할 수 없다. 업태를 나타내는 데는 종합형, 매체판매형, 해외여행전업형, 지역밀착형, 유통계 등의 설명이 보다 타당성을 갖는다.

〈표 7-1〉 여행사의 업태

<table>
<tr><th>판매 대상</th><th>여행사 종류</th><th>특징(주된 취급업무)</th><th>여행사의 예</th></tr>
<tr><td rowspan="6">일반여행자</td><td>종합여행업계</td><td>패키지투어를 비롯하여 단체여행, 수배여행, 업무여행 등 모든 여행상품을 점두(店頭), 인터넷 등 여러 유통경로로 판매한다.</td><td>하나투어, 모두투어, 자유투어, 한진관광, 롯데관광 등</td></tr>
<tr><td>상품조성 자사판매</td><td>주로 패키지투어 등의 기획여행을 조성하여 점두, 통신판매 등 자사의 경로를 이용하여 판매한다.</td><td>한국에서는 비교적 적고, 일본의 HIS 등</td></tr>
<tr><td>미디어 통신판매계</td><td>주로 패키지투어 등의 기획여행을 조성하여 신문광고 등을 매체로 한 통신판매를 실시한다(통신판매액이 매출액의 50%를 웃돈다).</td><td>한국에서는 비교적 적고, 일본의 Club Tourism, 한큐코쓰샤(阪急交通社) 등</td></tr>
<tr><td>리테일러계</td><td>주로 타사 패키지투어의 판매와 단체여행이나 수배여행을 취급한다.</td><td>대부분의 지방여행사</td></tr>
<tr><td>인터넷판매계</td><td>주로 숙박이나 항공권 등 여행소재를 판매하는 수배여행을 인터넷 등으로 취급한다.</td><td>업투어, 탑항공 등</td></tr>
<tr><td>업무성 여행 특화계</td><td>주로 출장이나 시찰 등의 업무여행을 취급한다.</td><td>관공서 입찰전문 여행사</td></tr>
<tr><td rowspan="3">여행사</td><td>홀세일러</td><td>패키지투어를 조성하여 리테일러에게 판매한다.</td><td>하나투어, 모두투어 등</td></tr>
<tr><td>디스트리뷰터</td><td>항공좌석, 숙박 등 해외여행소재를 리테일러를 비롯한 여행사에게 판매한다.</td><td>명산관광 등</td></tr>
<tr><td>지상수배업자</td><td>여행사의 의뢰를 받아 해외여행 목적지의 지상수배(숙박, 교통, 식사 등)를 취급한다.</td><td>Travel.com 등 대부분의 지상수배업자</td></tr>
</table>

(1) 새로운 분야 BTM(Business Travel Management)

글로벌화의 진전으로 기업의 업무도항(業務渡航)이나 국제회의에 참가하는 여행상품은 증가일변도이다. 그런 가운데에서 비즈니스 트래블 매니지먼트(BTM)가 생겨났다. 기업의 출장여행 수배에서부터 여행비 정산까지의 업무를 일괄하여 기업에게 제공하는 것으로 미국에서는 대형여행사의 업무의 대부분이 이 BTM이다.

이 서비스에는 글로벌한 컴퓨터 네트워크와 업무도항의 분석력이 필요하여, 현재 일본에서 이 서비스를 제공하고 있는 곳은 일본교통공사(JTB)나 긴키니혼투어리스트(KNT), 니혼료코(NTA), 칼슨, 바곤리(Wagonlits) 등에 국한되어 있다.

또한 중소기업의 업무도항을 전문적으로 취급하고 있는 여행사 프랜차이즈·체인이 유니글로브(Uni Glove)이다.

인하우스는 BTM을 실시하기 위하여 분사화(分社化)를 시도했으나 실제로는 BTM을 제공하기 위하여 친회사(親會社)의 컴퓨터시스템과 일체화하지 않으면 안된다는 등의 의식은 강하나 그 실현에는 해결하지 않으면 안되는 과제가 산적되어 있다.

BTM은 종합출장관리시스템으로 단순히 업무도항 수배를 청부(請負)하는 것이 아니라 회사 전사적인 업무도항 상황을 파악하여 분석하고 비용삭감으로 연결시키는 시스템이다.

미국에서도 업무도항은 각 사업소가 독자적으로 수배하고 있었으나 컴퓨터의 발달로 이제까지 관리가 불가능하다고 생각하고 있었던 복잡한 업무도항을 일원적(一元的)으로 관리할 수 있게 되었다.

업무도항은 여행·관광과 달라서 불의에 일어나는 경우가 많고 여정변경도 많다. 갑자기 여행이 중지되는 경우도 허다하다. 여러 개의 항공사를 갈아타는 연관여정도 있다. 그런데 한국과 미국 간 혹은 한국과 유럽 간 출장량을 전사적으로 파악하고 있는 국내기업은 거의 없다. 그 실체 즉 전사적으로 어느 항공사의 어느 노선을 어느 정도 이용하고 있는지 알 수 없다.

또한 한국기업의 유럽 현지법인에 근무하는 사람이 예를 들면 테헤란이라든지 나이로비에 출장을 간다고 하자. 혹은 런던지점의 기술자가 요하네스버그에 출장을 간다 해도 한국 본사에서는 그 경비가 적절한지 어떤지 알 수 없다.

결산에서는 업무도항(業務渡航)의 총액이 계산되지만 그 내역은 분명하지 않다. 또한

기업도 그 내역을 알려고 하지 않고 한국에서는 기업에서도 정부에서도 예전부터 가짜 출장 등이 있어서 출장비를 실제로 절약하려는 분위기가 없었다.

그러나 어느 산업도 경쟁이 격화되면 비용의 절감에 영성적이어서 업무도항비용도 성역이 없어졌다. 출장에는 어느 항공사를 이용하며 원칙적으로 어느 호텔을 이용하는지에 대해서 무관심할 수 없게 되었다.

한국에서도 인하우스(전업사 · 專業社)가 업무도항수배를 일시에 인수하고 있는 것은 아니다. 본사의 많은 부분은 인하우스에 맡기고 있으나 지방의 영업소 혹은 사업소의 업무출장은 요즘 여러 가지로 신세지고 있는 오래 사귀어 온 지역의 여행사에 의존하는 경우가 적지 않다.

국내여행에서도 항공사는 기업의 요구에 따라 기업이 눈앞에 있는 컴퓨터로 항공사 예약센터의 컴퓨터에 접근하여 검색, 예약, 정산하는 시스템을 완성, 그를 위한 CD-ROM을 기업에 배포하고 있다. 예를 들면 온라인이 그 CD-ROM에 여행사의 판매수수료가 자동적으로 기입되도록 설정할 수 있다. 즉 예약 · 발권에 필요한 여행사의 비용이 격감할 뿐만 아니라 당해 여행의 국내여행이용실태가 분명하게 되어 BTM도입의 중요한 실마리가 되었다.

구미(歐美)의 기업에는 트래블 매니저(travel manager)라는 자리가 있다. 한국에서도 외국자본기업에서는 마찬가지로 트레블 매니저를 두고 있으나 많은 한국기업에서 업무도항을 취급하는 곳은 총무부나 인사부나 비서실 등이다.

그러나 그들의 부서가 기업의 모든 업무도항의 뒷바라지를 하고 있는 것은 아니고 업무도항 사무를 관리할 의사도 없는 것 같다. 무역상사 등은 출장 가는 본인이나 과(課) 혹은 부서 단위에서 관리하고 있다.

BTM을 도입하고 있는 기업이라면 아무리 큰 기업이라도 프리퍼드 항공사(preferred carrier) 혹은 프리퍼드 호텔체인(preferred hotel chain)을 지정하고 있어서 프리퍼드 서플라이어(preferred supplier)의 이용이 최우선된다.

세계적인 네트워크를 가진 체인은 대체로 연간이용객실 수에 따라서 꽤 높은 할인율을 적용한 코퍼레이트 요금(기업 간 협정요금 · corporate rate)을 제시한다. 그러나 BTM의 전문가로서 한국시장에 상륙한 일본의 여행사는 어느 정도 일본에서는 대기업이지만 아직 한국기업에 수용태세가 갖추어져 있지 않기 때문에 BTM을 판매하는 데 상당한 어려움을 겪고 있다.

(2) SOHO(Small Office Home Office)의 발전

시대는 지시를 기다려서는 안되고 스스로 생각하는 사람에게는 기회를 제공한다. '샐러리맨은 죽는다.'라고 해도 좋다. '회사형 인간'이 아니라 '업무형 인간'이 활약하는 시대에 여행업은 노력한 만큼 인정되는(경제적으로도) 비즈니스이다.

소호란 SOHO(Small Office Home Office)의 줄임말로서 자신의 방이나 집안의 창고, 주차장 등 기존 사무실의 개념을 벗어나는 공간 내에서 이루어지는 사업을 말한다. 재택근무형태로 인터넷 등을 통해 소규모사업을 하는 개인 자영업자들을 뜻하기도 한다.

해외여행을 몇 번이나 반복하는 사이에 스스로 항공권을 수배하고 호텔을 예약하는 사람들도 늘고 있다. 개인여행(FIT)에의 이행이다. 해외여행이 자유화되기 전에는 단체나 기업이 주최하는 그룹여행에 참가하는 이외에 적절한 요금으로 여행을 할 수단이 없었기 때문에 여행형태는 그룹 ⇒ 단체 ⇒ FIT로 변화해 왔다.

그러나 이제까지 단체여행에서 개인객 중심의 비즈니스라면 여행사의 형태도 많이 변화했다. 과거에 한 번도 가지 않았던 여행목적지에의 여행은 불안이 수반된다. 거기서 FIT가 지금처럼 활발해진 것으로 보이나 전문가의 조언이나 추천을 받고 있는 사실에는 변함이 없다. FIT를 활발하게 하고 있는 것은 여행사라는 역설도 성립된다.

정년 후 자택에서 근처 사람들을 상대로 소규모 여행사를 경영하려는 사람들이 늘고 있다. 한국에서도 여성의 중간관리직은 늘고 있으며 그 사람들이 독립할 수 있는 환경이 갖추어져 있다. 여행업에는 물류 등이 적어서 주부가 아르바이트로도 개업할 수 있다.

가정에서도 여행의 이니셔티브를 가지고 있는 것은 주부나 딸들로 기업에서도 사내여행을 주무르고 있는 것은 여성사원이기 때문에 여행업 경영자도 여성 쪽을 지향하고 있다.

여행을 좋아함, 거들어주는 것을 좋아하는 기질, 환대정신이 업무에 가장 중요하다. 여행에 대한 지식은 물론 빼놓을 수 없는 사항이지만 최신여행정보는 정보과잉일 정도로 충분히 입수할 수 있는 시스템이 갖추어져 있다.

많은 인터넷 정보사이트가 있으며 항공사나 호텔의 GDS에 간단하게 접속할 수 있다. e-mail로 정보의 수수도 간단히 할 수 있다. 문제는 상품기획 등에서 상품에의 응답을 포함한 문제의식이나 관심을 가지는 것이다.

미국이나 유럽 등에서는 SOHO로 업무를 하는 여행사가 주류가 되어 있다. 그렇기 때문에 도심의 1등지에서 큰 점포를 구축할 필요가 없다. SOHO에서의 여행사는 전형적인 21세기형 비즈니스이다. 일본의 「여행업법」에서는 점포에 반드시 '총합여행업무취급관리자'를 둘 필요가 없게 되어 있지만 경영자가 이 자격을 취득하면 좋다.

그러나 현실적으로 이 자격취득자에의 평가는 그다지 높지 않다. 학생이라도 취득할 수 있는 사람이 많다. 그것보다도 자신의 단골로 하는 영역을 만들어가는 것이 중요하고 미국에는 CTC(Certified Travel Counselor · 공인여행상담사)라는 시험제도가 있어서 이 자격을 취득한 사람은 사회적으로도 높게 평가되고 있지만 일본에는 아직 그러한 제도가 확립되어 있지 않다. 우리나라는 더더욱 그렇다.

여행업 경영자로서 독립하는 것은 이제까지 여행사에 근무하고 있던 때에 어느 정도 '업무형 인간'이었는지가 중요하다. '회사형 인간'으로 관심은 항상 상사에게 있었거나 눈앞의 이익에 있었다면 독립하여 여행업을 경영할 자격은 없다. SOHO에서 가장 중요한 것은 인간관계를 가장 중시하고 정말로 전문직업인으로서 자신을 가꾸는 사람일 것이다.

7.2 여행시장과 유통기능

7.2.1 여행상품과 복잡한 채널

여기서는 여행시장에서 유통하고 있는 상품 가운데 해외여행상품에 대하여 개관한다. 해외여행상품은 크게 다음의 세 가지 경로로 유통되고 있다.

1) 직접판매

인터넷 혹은 전화 등의 수단으로 여행자가 직접 서비스제공기관에 예약하는 경우이다. 특히 최근에는 인터넷으로 여행자와 직접 콘택트 포인트(contact point)를 할 수 있는 것으로, 직접판매의 마케팅을 강화하고 있다. 그들이 취급하고 있는 항공좌석이나 객실은 수용력이 일정하지만 수요는 계절이나 날씨 등에서 변동한다. 이 때문에 판매효율을 높이는 것이 중요하고 다양한 경로에의 작용을 하든지, 여행사의 경로는 자사의 조직이 아니기 때문에 의사결정은 스스로만 할 수 있는 것은 아니다.

취급하고 있는 상품은 재고가 불가능하기 때문에 임박해도 공실 · 공석이 있는 경우는 가격을 내리거나 유통경로에의 판매강화를 해나가고 싶지만 자유재량으로 이를 수행하는 것이 쉽지 않았다. 인터넷이라는 경로는 숙박시설이나 교통기관의 시책의 폭을 넓혀 종래의 경로와의 관계를 크게 변화시키게 된 것이다.

항공사나 숙박시설은 판매효율을 높이도록 노력함으로써 수입관리를 수행하고 있다. 종래에는 예약담당자의 경험과 감으로 수행하고 있었지만 항공사에서는 GDS의 계발 · 보급에 의해 과거의 데이터와 현재의 상황으로부터 수요를 예측하여 최적가격을 제시하도록 되어 있다.

숙박시설은 자사의 객실을 GDS에 등록하여 객실을 판매하거나 항공사의 관계여행사에서의 다이내믹 패키지(dynamic package)[20]로 판매할 수 있도록 항공사도 경로를 취하여 GDS를 활용하고 있다.

2) 간접판매

항공사나 대형숙박시설처럼 자사에서 온라인 예약시스템을 가지고 있을 뿐만 아니라 규모가 크지 않은 숙박시설이나 레스토랑, 가이드, 열차 등의 여행서비스 제공기관은 유통경로로서 여행사를 활용하여 간접판매를 실시하고 있다.

한편 여행상품이 유통하는 여행사는 업계 내에서 기능이 수직적으로 분화하고 있다. 해외여행의 여행상품은 현지(혹은 근처국가)에 거점을 가진 랜드사에 의해 해외여행상품의 소재로서 구입 · 수배가 진행된다.

20) 소비자가 기존의 패키지 여행상품을 대신해 자신의 항공권, 숙박, 렌터카 및 기타 옵션을 스스로 예약·구매하는 것. 즉 고객이 인터넷 등에서 항공이나 호텔 등 여행소재를 선택하면 할인요금으로 여행일정이 설정되는 패키지 투어이다.

중소규모에서 가격교섭력이 없는 여행사를 위하여 항공사나 호텔로부터 혹은 랜드사로부터 구입한 여행소재의 도매판매를 하는 것이 디스트리뷰터(distributor)이다. 디스트리뷰터로부터 구매한 저가항공권 등의 여행소재를 여행자에게 판매하는 것이 리테일러(retailer)이다.

리테일러는 서비스받는 권리를 항공권이나 호텔바우처(hotel voucher) 등을 통하여 여행자와의 결제를 진행한다. 일본 최대의 니혼고츠코샤(일본교통공사)도 1996년부터 저가항공권시장에 뛰어들어 영업력을 높이고 있다.[21)]

3) 위탁판매(consignment sale)

매매거래의 일종으로 상품의 생산자 또는 상인이 그 상품의 판매를 대행기관에 위탁하고 그에 대한 보수로서 매출금액의 일정비율의 수수료를 대행기관에 지급하는 방식을 말한다.

위탁하는 쪽을 위탁판매자, 대행기관을 수탁판매자라고 하며, 후자는 그 수탁방법에 따라 대리상 · 중개상 · 도매상 등으로 분류된다. 수수료의 비율은 상품에 따라 다르나 일반적으로 2~3% 전후이며, 많아도 10%를 넘는 일은 드물다.

랜드사에 구매 · 수배를 의뢰하여 해외패키지투어의 기획 · 모집 · 실시를 하는 것이 홀세일러로 불리는 회사이다. 패키지투어를 전문적으로 조성하고 스스로는 직접 여행자에게 판매하는 경우가 적고, 다른 여행사(리테일러)에게 상품을 도매로 판매한다.

실무적으로는 하나투어, 모두투어처럼 홀세일 기능과 리테일 기능의 양쪽기능을 자사내에서 가지면서 운영하는 여행사도 있는가 하면, 홀세일 기능만을 전문적으로 하는 외국계 회사도 있다. 그러나 그 숫자는 적다.

7.2.2 유통시스템으로서의 여행사의 기능

유통시스템은 종래 메이커에 의해 만들어진 제품을 소비자의 곁으로 가져오기 위한 수단으로 사용되어 왔다. 그러나 여행에서의 유통시스템은 여행서비스 그 자체를 여행자에게 전달하는 것이 아니라 예약, 결제 등 일련의 과정을 통하여 여행자에게 여행서

21) 長沼石根, 旅行業界 ハンドブック, 東洋経済, 1997, 128쪽.

비스를 받을 권리를 명확히 해나가는 것이다. 즉 상품결제에 따라 소유권이전을 하는 것이 아니라 좌석이나 객실 등의 이용권을 발생시키는 거래유통이 여행의 유통시스템인 것이다.

여행서비스는 생산과 동시에 소비되는 것이며 유형재처럼 생산시점과 소비시점을 분리할 수가 없다. 예를 들면 호텔에 체크인을 할 때, 벨맨으로부터 "어서오십시오. 아무개 씨"라고 개인이름으로 환영인사를 전달하는 리츠칼튼 호텔의 호스피탤리티 서비스는 그 현장의 고객과 동시에 존재하고 호스피탤리티 서비스 현장에 있지 않으면 생산된 서비스를 소비할 수가 없다. 소위 서비스의 기본특성인 생산과 소비의 동시성이 여행서비스 유통시스템의 현상을 특징짓고 있는 것이다.

해외여행에 있어서의 여행서비스 유통시스템은 전술한 바와 같지만 유통시스템으로서의 여행사는 어떤 의미와 기능을 가지고 있는 것인지 생각해 보자.

1) 여행소재의 조립기능

여행사는 여행자와 서비스제공기관과의 사이에 있어서 여행자의 구매대행이나 서비스제공기관의 판매대행을 하는 것이 아니라, 여행자가 필요로 하는 여행상품을 주최적으로 기획하는 기능을 가지고 있다.

여행소재가 각각 따로따로 존재하는 한 여행자의 여행행동을 실현할 수는 없다. 여행소재를 단순히 조립할 뿐만 아니라 여행자의 요구를 파악하여 스스로 마케팅능력을 발휘하는 것으로, 여행소재가 유기적으로 연결되어 여행상품이 완성되는 것이다.

이 조합기능이 없으면 여행사가 여행상품의 유통기능에 존재하는 유통시스템에 존재할 가치가 없다. 항공사나 숙박시설이 인터넷에서 직접여행자에의 판매를 다할 수는 없다. 여행사는 서비스 제공기관에 대해서는 여행자 요구에 입각한 새로운 여행서비스를, 여행자에게는 새로운 투어리즘의 가치를 계속해서 제안하는 것이 필요하다.

2) 거래비용의 삭감기능

여행사는 여행자 측과 서비스제공기관 쌍방의 거래비용 삭감을 실현하는 기능을 가진다. 여행자 측에서 보면 스스로의 요구에 맞는 서비스제공기관을 발견하는 데, 비용이나 시간은 스스로가 가진 서비스제공기관의 정보량에 따라 증감하지만 여행사를 통하여

제공되는 정보는 그 수고를 더는 동시에 일정한 안심감을 가지고 수용된다.

또한 여행사는 연간을 통하여 서비스제공기관으로부터 대량구매를 통하여 계속적으로 송객을 하고 있기 때문에 여행자에게 제공되는 가격도 일정한 교섭이 된 적당한 감이 있는 것이라고 말할 수 있다.

3) 거래수의 단순화 기능

여행사에 의한 거래는 거래의 종합에 의한 거래수의 단순화라는 작용이 있다. 〈그림 7-3〉과 같이 여행서비스제공기관에는 5개의 회사가 있으며, 여행자도 5그룹이 어떤 때 각자가 직접거래를 하려고 하면 그 거래의 횟수는 5×5 = 25회가 된다. 그러나 양자 사이에 여행사가 존재하는 경우는 5+5의 10회로 끝나게 되는 것이다. 이와 같이 여행사가 개입하는 것으로 서비스를 비교 검토한 다음 구매결정을 할 수 있게 되어, 만드는 측과 사는 측 쌍방에 있어서 필요로 하는 거래수가 절약되어 거래수가 주는 것을 '거래수 삭감의 원리'라고 부른다. 거래가 여행사에 집약되면 1회당 거래에 드는 비용이 같을 경우, 사회적 비용이 감소하게 된다.

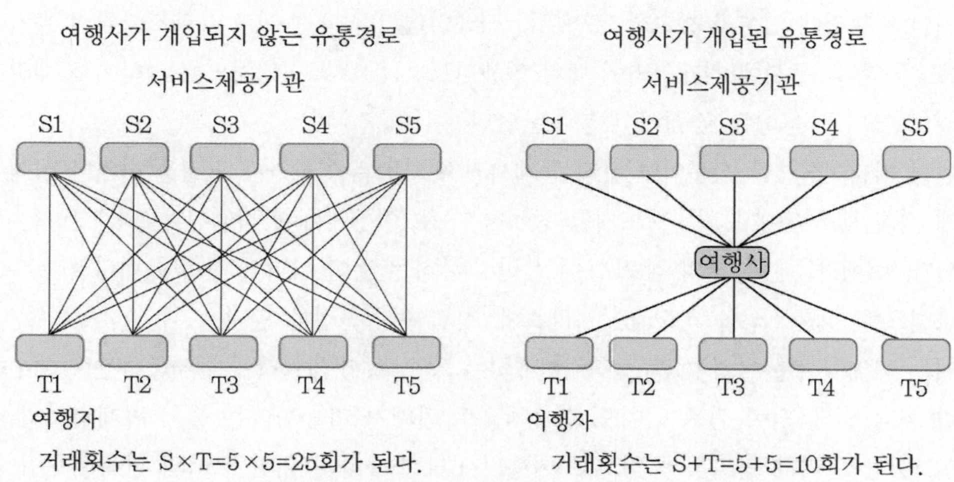

〈그림 7-3〉 여행사의 개입에 의한 거래수의 감소

7.3 해외여행상품의 유통관리

7.3.1 홀세일(wholesale)상품과 미디어상품의 유통관리

해외여행패키지상품은 홀세일상품과 미디어상품의 두 가지 유형이 있을 뿐인데, 여행자에 전달되기까지의 상품유통은 리테일러(retailer)를 매개로 하여 판매하는가 직접적으로 판매하는가의 차이가 있다. 이들 두 가지 유형의 상품에는 마케팅활동에서 큰 차이를 발견할 수 있다.

홀세일상품은 앞서 언급한 대로 상품이 여행자의 손에 도달되기까지의 과정정비가 필요하며, 유통경로를 관리하는 것이 필요하다는 것을 알 수 있다.

홀세일상품은 여행사의 점포에서 대면판매하는 것이 기본이다. 그 때문에 여행자로부터 신뢰를 얻기 쉽고, 여행상품의 만족감과 더불어 브랜드구축이 중요한 요소이다. 거꾸로 다수 리테일러의 사원 한 사람 한 사람이 판매 시에 정확한 정보를 가지고 호감을 가질 수 있는 접객매너로 고객들을 접하지 않으면 홀세일상품의 브랜드가치가 떨어질 것이다.

채널의 관리에 있어서 중요한 포인트는 리테일러의 질을 높이고 브랜드가치의 유지향상을 지향함과 동시에 리테일러에 대한 인센티브 시책이나 경영지도에 의하여 홀세일러에의 로열티를 높이는 것이라고 할 수 있다.

한편 미디어상품은 신문이나 잡지 등에서의 광고로 투어참가자 모집을 하거나 여행자에게 직접 팸플릿이나 회원정보지를 송부하는 등, 여행자에게 직접판매를 실시하는 상품이다. 여행자는 여행사의 점포 등에서 신청을 하는 것이 아니라 전화나 팩시밀리 혹은 인터넷으로 상품조성을 하고 있는 개소에 직접 여행신청을 한다.

이는 리테일러를 통하지 않고 직접판매하는 것으로, 리테일러에게 지불하는 판매수수료가 필요 없게 되어 점포 없이도 전국적으로 판매가 가능하다는 등의 마케팅상의 이점이 있다. 그러나 광고를 중심으로 여행자에게 소구하기 위한 고액의 판촉비용이 들고, 타사상품과 비교되기 쉬울뿐더러 가격경쟁에 휘말리기 쉽다는 등의 부정적 측면도 있다.

미디어상품은 홀세일상품과는 달리 경로를 가지지 않고 판매하는 수법과 더불어 성장해 온 것이기 때문에 여행자의 정보나 요구를 상품기획에 반영함으로써 그 가치를 높여왔다고 할 수 있다. 여행자와의 사이에 유통경로를 두지 않는다는 것은 스스로가 조성하는 상품을 판매 시 세그멘트된 목표에 효율적인 판촉을 할 수 있고, 그 판촉효과의 여부에 대해 검증을 하기도 쉽다.

7.3.2 유통정책 : 해외여행패키지상품의 채널 길이

해외여행패키지상품에는 홀세일상품과 미디어상품 등의 두 종류 상품이 있다는 것을 나타냈다. 두 개의 상품에는 각각의 특징이 있는 것과 더불어 경로의 필요성에도 차이가 있었다.

7.3.3 채널의 폭

1) 간접적 경로정책

판매처를 한정하지 않고 신용상태에 지장이 없으면 거래에 응하는 정책이다. 장점은 소비자에게 상품이 전달되기 쉬운 것이나 통제하기 어렵고 판매관리가 복잡하게 될 가능성이 지적된다.

2) 선택적 경로정책

일정한 기준에 따라 판매처를 선택하여 경로를 구축하는 정책이다. 자사상품을 우선적으로 판매하는 등의 계약을 추구하는 등 적절한 통제가 가능하다.

3) 배타적 경로정책

특정의 관광지역 판매상품에 있어서의 판매처를 선정하고 독점적 판매를 인정하는 대신 가격이나 판촉활동 등의 통제를 강화하려는 정책이다.

7.3.4 새 시대의 유통전략

지난 100여 년 동안 마케팅은 주로 경영활동의 하나로 전개되었다. 특히 1960년대에 정립된 4P 믹스는 마케팅의 전형으로 받아들여졌고 시장점유율(market share)을 가장 중요한 관리지표로 사용했다. 또한 소비자들을 수동적인 소비자로 규정하고 마케팅만 잘하면 판매할 수 있다는 공급자 중심의 생각이 지배적이었다.

인터넷과 스마트폰을 주로 사용하는 지금의 고객에게는 과거의 관리지향적인 마케팅이 더 이상 통하지 않는다는 것이다. 기업에서 일방적으로 제공해 주는 정보는 어느새 스팸(spam)이 되어버렸다. 즉 관리적 마케팅이 아니라 전략적 마케팅을 전개해야 한다는 것이다.

〈표 7-2〉 마케팅 패러다임의 변화

관리적 마케팅	구분	전략적 마케팅
공급 결핍	경제	공급 과잉
생산자	관점	소비자/고객
마케터공간 (Marketer Space)	영역	소비자공간 (Consumer Space)
이윤 추구	목표	브랜드 가치 향상
단기	기간	중장기
제품	대상	브랜드
4P	믹스	4C
시장점유율 (M/S : Market Share)	지표	마인드점유율 (M/S : Mind Share)

자료 : 중소기업청·중소업진흥공단, 초보기업 유통채널 진출하기, 2013, 24쪽.

전략적 마케팅은 기업 및 마케팅의 비전과 목표, 그리고 시장세분화, 표적시장 선정, 포지셔닝을 중심으로 차별적인 전략대안을 수립하고 이를 구현할 수 있는 마케팅믹스를 개발하고 실행하는 것인데, 마케팅믹스의 요소 중 특히 유통의 차별화가 이루어져야 함을 역설하고 있는 것이다.

7.4 여행업에 불고 있는 유통혁명

여행상품의 유통에 혁명이 일어난 것은 대체적으로 다음과 같은 이유에서이다. ① 상품성이 고품질로 전문지식이 없더라도 판매가 용이하게 되었다. ② 여행정보의 범람으로 여행사가 정보 면에서 여행자의 우위에 설 수 없게 되었다. ③ 신문이나 매스미디어를 통한 무점포 판매가 진전되었다. ④ 기업의 다각화로 인한 업계 간의 경계가 불분명하다. ⑤ 정보화의 진전으로 인한 여행정보의 광범위한 이용 등으로 요약된다.[22] 즉 고객맞춤형 문제해결능력을 갖추라는 것이다. 즉 인터넷 등으로 유통의 중간과정이 생략되기 시작한 것이다.[23]

7.4.1 원하는 곳에서 판매하라

시장은 항상 변하고 있다. 그 변화의 중심에 유통이 있으며, 이 유통은 결국 고객의 요구(needs)를 반영해야 한다. 최근 금융지주회사들(하나, 신한, KB, 우리 등)은 증권과 은행 점포, 그리고 PB센터 등을 한곳에 모아 전문 금융 서비스를 제공하는 복합점포(BWB : Branch with Branch)를 운영하고 있다. 새로운 채널의 등장은 해당 기업, 경쟁사, 기존 채널, 고객 등과 관련하여 새로운 갈등이 발생할 수도 있으나 시장 확대를 원하는 기업차원에서는 선택할 수밖에 없다. 고객이 원하는 물건을 팔 수 없다면 배달시스템을 강화해 나가는 수밖에 없다.

7.4.2 역발상을 통한 차별화

역발상의 대표주자는 바로 몰링(Malling)이다. 몰링이란 복합 쇼핑몰에서 쇼핑뿐만 아니라 여가도 즐기는 소비형태를 말한다. 가족과 함께 쇼핑도 하면서 식사, 게임, 영화 등 다양한 문화체험을 동시에 즐기면서 소비할 수 있는 형태이다. 대표적인 사례로 미국의 몰 오브 아메리카(Mall of America), 일본의 커낼 시티(Canal City), 홍콩의 하버 시티

22) 정찬종, 여행사경영론, 백산출판사, 2007, 195~196쪽.
23) 伊東光晴, サービス産業論, 社団法人放送教育振興会, 1998, 123쪽.

(Harbour City) 등이 있다.

상생 또한 역발상에서 시작한 차별화전략이다. 웅진코웨이는 2011년 제품관리 서비스 전문가인 '코디(1만 3,500명)'를 활용하여 필립스 면도기, 다이슨 청소기 등 세계 1등 프리미엄 제품들을 방문하여 판매하는 식의 유통사업을 시작했다.

기존에는 자사에서 생산하는 정수기, 비데, 공기청정기, 연수기 등을 판매했으나 타사 제품으로 채널을 확장한 것이다. 이 사업은 고객이 매장에 가지 않고도 프리미엄 제품들을 최저가 수준으로 구매할 수 있게 하겠다는 사업모델이며, 제조사 및 공급사와 고객, 그리고 판매사와 판매원 모두 윈-윈(Win-Win)할 수 있는 새로운 채널로 설계된 점에서 차별화되고 있다.

한 매장에서 2~3개 품목을 동시에 취급함으로써 단일 매장 내에 매출 시너지효과를 낼 수 있다. 예를 들어 여행사에서 여행가방을 팔거나 여행가이드북의 판매 등을 동시에 운영함으로써 여행상품 매출뿐만 아니라 부대용품 및 서적매출도 동반 상승하는 효과를 거둘 수 있다.

7.4.3 오픈 마켓의 활용

오픈 마켓이란 인터넷에서 중개료를 내고 물건이나 서비스를 사고파는 행위, 혹은 그 행위가 벌어지는 장소를 말한다. 오픈 마켓은 일단 외형적으로도 전자상거래에서 가장 큰 매출을 자랑하고 있다.

젊은 층 중에서는 옥션, G마켓 등에서 한 번도 물건을 사보지 않은 사람을 찾기가 어려울 정도이다. 십여 년 전에 시작된 후 단 한번도 성장을 멈추지 않은 오픈 마켓 시장을 공략한다는 것은 새로운 유통채널, 새로운 세대의 소비자층을 휘어잡는 첫걸음이자 가장 큰 걸음이다.

7.4.4 소셜커머스의 활용

전 세계적으로 소셜커머스가 열풍이다. 여기저기서 소셜커머스의 성공신화가 들려오고 시장규모가 기하급수적으로 커지고 있다. 소셜커머스란 페이스북, 트위터 등의 소셜 네트워크 서비스(SNS : Social Network Service)를 활용하여 이루어지는 전자상거래의

일종으로, 일정 수 이상의 구매자가 모일 경우 파격적인 할인가로 상품을 제공하는 판매 방식이며 소셜 쇼핑(social shopping)이라고도 한다. 즉 SNS(Social Network Service)란 1인 미디어, 1인 커뮤니티를 중심으로 한 정보 공유를 포괄하는 개념으로 온라인의 인적 네트워크 서비스라고 할 수 있다.

대표적인 SNS로 국내에는 카카오스토리, 싸이월드(cyworld), 네이버의 미투데이(me2day), 다음의 요즘(yozm) 등이 있고, 국외로는 페이스북(Facebook), 트위터(twitter), 링크드인(linkedin), 링크나우(linknow), 야후의 플리커(flicker), 포스퀘어(foursquare), 텀블러(tumbler), 피드(pheed), 패스(pass) 등이 있다. 무료 문자메시지로는 한국의 카카오톡, 미국의 킥(kik) · 왓츠앱(WhatsApp), 중국의 위챗(WeChat), 중동과 아시아의 라인(line) 등이 있다. 여행분야에서는 쿠팡(coupang)이 대표주자로 자리매김하고 있다.

이와 같은 소셜커머스는 네트워크 서비스를 활용해 ① 상거래 참여자에 대한 신뢰를 더해주고, ② 판매자와 구매자의 합리적인 의사결정을 도와주며, ③ 구매자 개개인에 맞춘 상거래 환경을 만들어주고, ④ 상거래정보와 경험을 실시간으로 공유 · 확산시키며, ⑤ 온라인과 오프라인의 상거래공간을 통합시키고, ⑥ 판매자와 구매자가 가진 신뢰자산을 구체화시키는 것이다.[24)]

SNS 마케팅의 장점은 ① 정확한 목표고객층 분석, ② 빠른 피드백, ③ 소비자들의 신뢰도와 충성도가 높은 점이다. 단점은 SNS 효과측정 분석 툴(tool)과 가이드라인이 없어 소비자의 욕구나 방문자 수나 부분적 키워드 외에 자료들의 정량화가 어렵다는 점이다. 그러나 SNS를 이용한 마케팅은 매출을 증대시키는 직접적인 영향이 적더라도 기업이나 브랜드 회상, 호의적인 이미지를 형성시킬 수 있다는 점에서 매우 유용한 커뮤니케이션 툴(tool)이라고 할 수 있다.

7.4.5 적절한 이벤트를 통한 고객 관심 끌기

아무리 정보화 사회라 하더라도 상품과 서비스를 이용하는 것은 사람이다. 그러므로 매출을 늘리려면 그 사람들의 흥미와 관심을 유발해야 한다.[25)] 춘천시에서 20여 년간

24) 김철환, 성공적인 소셜커머스를 위한 10단계 전략, 블로터앤미디어소셜커머스랩, 발행연도불명, 9쪽.

25) 중소기업청 · 소상공인진흥원, 업종별 점포운영 매뉴얼(소매업), 2009, 79쪽.

여행사를 운영하는 M씨는 한 달에 한 번씩 지역 일간신문에 전면광고를 실었다. 광고를 실은 신문은 해당 지역에서는 주요 중앙일간지보다 구독률이 높다. 광고게재 결과 문의는 쇄도했지만 실제로 그 여행상품을 구입한 사람은 집행된 광고비에 비해 턱없이 모자랐다.

그러나 이 결과에 대해 M씨는 이렇게 이야기한다. "여행업계에서는 꾸준히 광고를 할 수밖에 없습니다. 광고가 당장 효과가 나타나지 않는 경우가 많지만 나중에 서서히 효과를 발휘합니다." 즉 사업과 점포 운영을 위해서는 장기투자가 필요한 셈이다. 각종 광고도 일종의 '사람을 모으는 이벤트'라고 생각하면 된다. 사람을 모으는 방법은 신문 삽지 전단지부터 체육관을 대여해 치러지는 큰 행사에 이르기까지 다양하다.

7.4.6 QR코드의 활용

QR(quick response)코드란 문자, 음성, 영상정보, 위치 등에 관한 다양한 정보를 저장해 놓은 흑백 격자무늬 패턴의 바코드를 말한다. 1994년 일본의 덴소(Denso)사가 개발한 것으로 최근에는 QR코드에 증강현실[26)]을 결합하여 사용자의 경험을 최대한 확장시켜 주는 커뮤니케이션 매체로 활용되고 있다.

QR코드의 장점으로는 ① 빠른 응답이다. QR코드를 스캔하면 홈페이지나 인터넷사이트로 바로 연결이 가능하다. ② 편리성이다. 필요한 것만 선택적으로 볼 수 있으며, 온·오프라인과 연동이 가능하다는 점이다. 인터넷에서 정보를 찾으려면 여러 곳을 웹서핑해야 하는 시간을 대폭 줄일 수 있다. ③ 정보저장량이다. QR코드에서 저장 가능한 정보량은 문자로 최대 7,089자로 충분하고 다양한 정보를 제공할 수 있다.

7.4.7 배달 · 판매채널의 구축

여행상품의 제공·배달은 그 제공 배달경로를 통해 항공사, 철도공사, 버스회사, 호텔, 레스토랑 및 레저스포츠사업에 종사하고 있는 토산품점, 면세점, 박물관, 미술관 등

26) augmented reality : 실세계에 3차원 가상물체를 겹쳐 보여주는 기술을 말한다. 즉 사용자가 눈으로 보는 현실세계에 가상물체를 겹쳐 보여주는 기술이다. 현실세계에 실시간으로 부가정보를 갖는 가상세계를 합쳐 하나의 영상으로 보여주므로 혼합현실(Mixed Reality : MR)이라고도 한다.

여러 공급자 및 그에 종사하는 종업원이나 여행업자가 고용하고 있는 여행인솔자나 안내사 등 담당자들에 의해 업무가 수행된다.

큰 여행사는 그 여행상품 사용권의 유통, 판매채널에 대한 도매는 자사에서 수행하고 있기 때문에 도매채널 설립에 관한 의사결정을 할 필요가 없으나, 소매채널 설립 즉 그 설계 선택에 관해서는 의사결정을 하지 않으면 안 된다.

여행상품 사용권의 소매판로의 종별, 유형에는 여러 가지가 있고, 그것에는 백화점, 슈퍼마켓, 생협(生協), 농협, 지하철, 임대빌딩, 역구내, 예식장 등 여러 곳에서 운영하고 있다. 그러한 까닭에 여행사로서는 여러 종별, 유형의 소매판로를 어떻게 조합하여 좋은 소매채널을 설립해야 하는지를 결정하지 않으면 안 된다.

그것은 조합방식 여하에 따라 커버할 수 있는 소비자, 고객층이 결정되기 때문이다. 예컨대 신혼여행객을 고객층으로 한다면 예식장이 있는 소매경로가 유리하고, 단체여행객을 고객층으로 한다면 생협이나 농협의 소매경로가 유리하며, 일반인을 고객층으로 한다면 백화점이나 슈퍼마켓을 소매경로로 하는 것이 유리할 것이다.

금후 예상되는 판매채널로는 편의점, 담배판매점, 주유소, 꽃집, 패밀리레스토랑 등이 있다.[27)]

7.4.8 요약

여행업은 ICT의 진전에 따라 급속한 변화의 시대로 도래하였다고 알려지고 있다. 종래 여행업계에 있어서 유통기능의 역할은 거래비용의 삭감이나 거래의 집약화 · 단순화에 중점이 두어져 있었다.

그러나 그 역할은 인터넷으로 대체되고 있다고 말해도 좋을 것이다. 여행사에 가서 몇 십 분이나 기다리고 나서도 예약할 수 없었다는 경험은 누구라도 있지 않을까? 그러한 경위는 인터넷에 의하여 해소되게 되었다.

그러나 인터넷에서 예약할 수 있는 항공기나 숙박시설 등의 관광소재를 조합하여 스스로 마케팅 능력을 발휘함으로써 잠재수요의 환기로 연결되는 기능은 여행사의 강력한 기능이라고 할 수 있다.

---

27) 佐藤喜子光, 観光ビジネスの未来, 東洋経済, 1997, 40~42쪽.

이 기능에 따라 조성된 해외여행패키지상품은 유통기능으로서의 여행사의 힘을 살린 것이라고 할 수 있다. 그렇기 때문에 유력상품을 포함한 유통경로 구축의 현상은 금후 여행사에 있어서도 가장 중요한 마케팅 과제이다.

판매기회를 확보할 뿐만 아니라 브랜드가치를 유지 · 향상시킬 수 있는 유통경로의 구축이야말로 홀세일 기능을 가진 여행사에게는 빼놓을 수 없는 경영자원이 되는 것이다.

〈표 7-3〉 우리나라 여행상품의 시대별 발전단계

단계 구분	제1단계 (1945–1969)	제2단계 (1970–1985)	제3단계 (1986–1991)	제4단계 (1992–현재)
경제발전도 및 사회상	1인당 GNP 500$ 이하 : 고엥겔계수(60% 이상) : 생계노임 : 전통적인 농업사회시기 : 최저생활	1인당 GNP 1,000$–2,000$: 중위(中位)엥겔계수(30–50%) : 생활노임 : 공업화–도시화 전개 : 건강생활	1인당 GNP 2,000$–6,000$: 적정엥겔계수(30–35%) : 최저임금 보장 : 건강생활 : 고도도시화, 공업화의 대중소비단계, 전산화, 전 산업별 과학화	1인당 GNP 8,000$–28,000$: 엥겔계수 30% 이하 : 정보화, 자유화, 세계화시기 : 문화생활, 다양화, 라이프 스타일의 개성화, 가치관 추구
시장특성	특정소수 고급화	특정소수, 불특정 소수 고급화	불특정다수 고급화 → 저렴화	특정다수 및 불특정 다수, 세분화, 고급화, 저렴화 → 다양화
여행상품 형태	기차표, 항공권, 숙박권 등의 단순성 상품	청부여행, 국내여행상품 위주, 해외여행상품시대 돌입, 업무여행 위주, 패키지상품 출시	단체여행 위주, 관광목적 해외여행 급증, 주최여행, 배낭여행, 정적관광여행상품 위주 → 주유형 여행	청부여행, 주최여행, 인센티브여행, 패키지상품, 배낭여행, SIT상품, 생태관광, 주제여행, 동적관광 여행상품 성행 주유형 여행 → 휴가형, 목적지형 여행상품
여행업무	알선, 수배, 대리 등의 단순업무	상품개념도입 및 개발 시작, 생산지향의 초기단계	판매중점주의 (대량구입 및 대량판매)	기획·개발 중점주의, 유통혁신 추구, 마케팅 중점
여행상품 생산방식		수주생산방식	수주 및 계획 생산방식	수주 및 계획 생산방식
여행상품 유통방법	직접판매(1단계)	직·간접판매 (1, 2, 3단계)	직·간접판매 (1, 2, 3단계) 전문형 유통 →	직·간접판매 (1, 2, 3, 4단계) → 일반형 유통
여행상품 유통기구	여행사 탄생시기 국제여행알선업 국내여행알선업 – 허가제 –	국제여행알선업 국내여행알선업 여행대리점업 – 등록제 –	일반여행업 국내여행업 국외여행업 – 등록제 –	일반여행업 국내여행업 국외여행업 – 등록제 –

자료 : 김종남, 한국의 여행상품 생산·소비·유통구조적 발전단계, 관광산업신문, 제13호, 1998, 10쪽.

CHAPTER 8

여행촉진믹스

08 여행촉진믹스

여행사의 마케팅 제 활동 가운데 판매촉진의 하나인 홍보에 대해서 검토한다. 근대적 기업에 있어서 홍보가 기업의 근간으로 인식된 지 오래이다. 그나저나 모든 것은 고객만족의 원점이다.

모든 거래에서 빼놓을 수 없는 요건은 신용이다. 신용의 사전적 정의는 "현재시점에서 생각하여 장래에 반드시 의무를 이행할 것으로 추측하여 신임하는 것"이라고 되어 있다. 즉 '신용한다', '신용 받는다'는 것은 고객과의 사이에 암묵적으로 교환되는 약속이라고 할 수 있다.

여행상품에는 형태가 없다. 큰 줄거리로 말하면 '정보력×서비스력'의 패키지이다. 앞에서도 언급한 대로 여행상품은 생산과 소비가 동시에 발생되기 때문에 저장이 불가능하고, 시험도 할 수 없다. 그러한 까닭에 고객으로부터의 신임이 중요하다.

기업활동이라는 것은 이 약속의 반복인 것이다. 시대나 세대를 초월하여 이러한 것은 계속적으로 시행되는 것이 바람직하고, 모든 기업은 그것을 목표로 하고 있다.

그런데 여행업마케팅은 그 가운데 상품에 지면을 꽤 할애해 왔다. 여기서 판매촉진 가운데 홍보 · 퍼블리시티(publicity)에 관하여 언급하고 싶다. 홍보는 예산만 있으면 어떻게든 된다. 그러나 많은 기업에 그러한 여유는 없다.

어떻게 하면 돈을 들이지 않고 선전할 수 있는가가 항상 큰 과제이다. 또한 광고는 기업으로부터 소비자에게 돈을 투입하여 산출한 메시지이다. 원칙적으로 말해서 소비자의 체험적 평가와는 무관하다.

"광고하는 음식점은 밥 맛이 없다"라는 말이 있다. 맛이 있으면 광고 없이도 사람들이 자연히 많이 찾는다. 그러니까 일부러 돈을 들여 광고할 필요가 없다는 논리이다. 어떤 의미에서 광고의 진리를 말하고 있다. 그러나 모든 기업은 그 활동이나 상품을 여하튼 알리지 않으면 안 된다.

8.1 서플라이어의 판매촉진

앞에서 밝힌 바와 같이 여행사는 여행소재의 조립자이다. 따라서 여행소재의 공급자는 여행사에게 여행상품을 조립하도록 팔지 않으면 안 된다.

최근에는 항공사의 FFP(마일리지프로그램)으로 대표되는 데이터베이스 마케팅이나 인터넷의 발달 등으로 공급자에 의한 소비자에의 직접적인 커뮤니케이션이나 영업이 눈에 띄고 있으나 그럼에도 불구하고 여행업계에의 의존도가 없다고 할 수는 없다.

미국에서는 항공사에 따라 여행사의 수수료에 차이가 생겼으나 이것은 여행사를 배제하려 한다기보다 하나의 거래에서 여행사가 판매하는 수고를 던 것이기 때문에 그에 상응하여 수수료를 낮춘다는 것으로 설명하고 있다.

물재(物材)의 판매에서도 소매와 대형 수요가 병존하고 있으나 수수료의 차이는 그것과 같다고 생각하면 알기 쉽다.

공급자가 도매상이나 소매상을 대상으로 하는 판촉에서는 특히 ① 새로운 항공노선이 개설되거나 새로운 호텔이 개업한 경우, ② 지명도가 낮은 국가, 도시, 리조트를 판매하려고 하는 경우, ③ 사건, 사고, 천재지변 등으로 한국인 방문객이 격감한 경우에는 신속성이 높으면서도 효율적인 업계대책이 중시된다.

또한 한국인 방문객이 연간 수만 명 정도에 그치고 있는 나라는 광고예산이 적어 대대적인 소비자지향 선전이 실시될 수 없기 때문에 판촉활동 대상을 여행업계를 위해 조정하는 것이 상책이다. 즉 유통대책만으로 마케팅활동이 충분한 경우도 결코 적지 않다. 따라서 여기서는 앞에서 언급한 일반 소비자를 대상으로 한 판촉활동을 참고로 하면서 업계대책에 대하여 언급하기로 한다.

8.1.1 판촉기능

공급자가 자사의 소재를 여행상품으로 조립하도록 작용한 하나의 예로서 새로운 여행 목적지 개발의 예를 소개하면 다음과 같다.

1996년 6월에 일본항공이 하와이섬의 코나에 직행편을 개설하였다. 그때까지 하와이섬을 방문한 일본인 여행자는 많지 않았다. 하와이관광국의 조사에서도 호놀룰루에서 코나까지 여행한 일본인 고객은 고작해야 연간 15만 명 정도였다. 그것도 대부분이 호놀룰루부터의 당일치기 혹은 1박여행이었다.

나리타공항으로부터의 직행편을 개설하는 데 있어서 일본항공은 대중매체를 통하여 빅아일랜드에 대한 선전을 시작했으나 그전에 여행업자를 대상으로 연수여행 등을 실시하고 이 직행편을 사용한 여행상품의 기획 · 발매를 실시하였다. TV 선전으로 소비자가 코나에 관심을 가지고 여행사에 가면 거기에는 이미 코나상품의 팸플릿이 진열되어 있었으나 만약 이 순서가 거꾸로였다면 선전의 속효성이 없는 것으로 끝나고 말았을 것이다.

일본항공의 직행편이 개설된 것은 코나의 선전 임팩트가 강하기 때문에 코나의 많은 고급 호텔은 협력을 아쉬워하지 않는다. 그러나 호텔에 있어서는 일본인 고객이 하와이섬에 오는 것만으로는 마케팅의 실패로 자신의 호텔에 투숙하지 않으면 선전에 협력한 의미가 없다. 하와이 주 당국은 공항에 출입국관리와 세관을 위한 건물을 건설하였다.

일본항공이 주 3편의 운항을 개시했을 뿐인데 하와이섬에 미친 경제적 영향은 연간 1억 달러로 예상되고 인구 6만 명 정도의 섬에 있어서는 큰 영향이라고 할 수 있다. 물론 지역에 스포츠시설, 상품, 레스토랑, 엔터테인먼트 시설이 들어섰다. 일본어를 사용할 수 있는 사람들이 취업처를 구했다는 것은 말할 필요도 없다.

8.1.2 판촉도구

1) 팸플릿

공급자에게 가장 중요한 것은 커뮤니케이션과 관련된 각종 자료를 모두 한국어로 작성하는 것이다. 정부관광국이나 호텔에는 관광지 소개 팸플릿 작성을 빼놓을 수 없으나 오늘날에는 팸플릿을 목적별로 만든다. 대개는 영어판 번역이지만 귀찮더라도 본문만은 원문을 한국어로 고칠 필요가 있다. 초역(初譯)이 좋다. 레이아웃이나 사진은 영어 원판을 그대로 사용해도 좋으나 설명만은 완벽한 한국어로 고친다.

한국에서는 특히 지도가 중시된다. 시판되는 가이드북 등은 입수하기 쉽지만 상세한 지도는 좀처럼 입수하기 어렵기 때문이다. 실제로 지도를 입수하려 시도해 보면 세계적으로 유명한 뉴욕이나 런던, 파리 등의 지하철노선도의 입수도 꽤 어려운 것이 현실이다.

2) 세일즈매뉴얼(sales manual)

에이전트 세일즈매뉴얼(agent sales manual)은 여행기획담당자, 혹은 판매담당자를 위해 제작된다. 정부관광국이 발행하는 세일즈매뉴얼은 표준적인 여정(旅程), 관광개소의 요약에 추가하여 국가(주), 업계단체, 박물관 등의 상세한 문의처, 혹은 국제회의, 업무방문(TV)이나 인센티브투어에 관련된 정보도 있어서, 홀세일러가 여행상품을 판매하기 위해 만든 세일즈매뉴얼과의 큰 차이가 난다.

홍콩관광협회, 호주정부관광국, 독일관광국 등은 컬러풀하면서도 약 200페이지가 넘는 두꺼운 매뉴얼을 발행하고 있으나 요점만 간단히 정리한 것을 발행하고 있는 관광국이 대다수이다.

호텔체인도 훌륭한 매뉴얼을 발행하고 있으나 한국어로 번역하면 매우 번거롭기 때문에 대개는 본부에서 인쇄한 영어판을 그대로 사용하고 있다. 항공사는 거의 세일즈매뉴얼을 발행할 필요성을 느끼고 있지 않으며, 팸플릿으로 꽤 상세하게 상품설명을 하고 있기 때문에 매뉴얼에는 힘을 쏟고 있지 않다.

3) 가이드북(guide book)

정부관광국에서 출판되고 있는 가이드북은 대개 소책자 형식으로 중요한 사항을 선택하여 설명하고 있는 것들이 대부분인데, 대다수는 요약에 그치고 있다. 이는 한정된 예산을 가지고 많은 부수를 인쇄하지 않으면 안되는 정부관광국의 숙명이다. 정보를 구하는 측으로서는 시판되는 분야의 가이드북에 의존하는 것이 무리일 수밖에 없다.

4) 포스터 & 캘린더(poster, calendar)

포스터나 캘린더는 원칙적으로 본사 혹은 본국(本國)에서 작성한 것을 사용한다. 여행사를 대상으로 한 세미나라든가 설명회에서 선물로 포스터나 캘린더를 배포하는 경우가 많은데, 그다지 효과적인 판촉방법은 아니다. 여행사의 카운터에서 사용되는 것은 예컨대 하와이 포스터 정도의 것이기 때문에 포스터나 캘린더는 요청이 있는 경우에만 배포하는 것이 원칙이다. 특별하게 한국시장만을 겨냥한 포스터나 캘린더를 제작하는 것은 역이나 지하철용으로 제작하는 등 특별한 경우로 한정한다.

5) DM(Direct Mail)

공급자가 유통을 대상으로 직접우편(DM)을 기획할 경우는 그리 많지 않다. 그러나 현재처럼 개인적 편지를 수만 명을 대상으로 보낼 수 있는 기술이 발달하면서 여행업계와의 커뮤니케이션 수단으로서도 좀 더 빈번하게 사용되게 되었다. 직접우편은 직접적인 응답을 얻고자 할 경우에 가장 효과적인 수법이나 몇 종류의 인쇄물을 보낼 뿐만 아니라, 입체적인 것, 회신에 따라서는 경품을 주거나 하여 반응을 살피는 공부를 할 필요가 있다.

6) 경품(give away)

여행사 혹은 매스컴을 대상으로 한 경품에는 기제품(旣製品)을 사용한 경우와 특주품(特注品)을 주문하는 경우가 있다. 기제품이라고 해도 나라, 주, 지방 혹은 호텔의 특징을 인상에 남게 하지 않으면 안 된다.

특별히 작성하는 경우라면 주년(周年)의 기념품, 특별 캠페인 취지에 맞는 것 등이 있으며, 볼펜, 컴퓨터용 마우스패드, 손수건, 눈금자, 형광펜, 포스트잇 등 좀 돈이 들어간 것으로는 머그컵, 명함지갑, 메모장, 일기장 등이 있다.

그러나 대다수 정부관광국이 이러한 것을 항상 제작하고 있기 때문에 같은 물건이 겹치는 경우가 많고, 세상에 흔한 것으로는 신선미가 결여되어 결국 사용하지도 않은 채 버려지는 경우도 있으므로 주의한다. 외국에서 미션으로 내한(來韓)한 경우 초콜릿 등의 지역특산품을 나누어주는 경우도 종종 있다.

7) 비즈니스 기프트(business gift)

세미나 등을 개최한 경우, 참가자를 대상으로 추첨하여 몇 개의 상을 제공한다. 혹은 선전장에 추천사를 제안받은 경우 감사한 마음을 표하는 것이 예의이다. 그러한 때에 대비하여 호화스러운 사진집, 민예품, 특산품 등을 준비한다.

8) 협력(tie up)

1) 퀴즈(quiz)

단순히 ○○을 문자로 메우려는 듯한 것이 아니라(이 방법은 신제품의 출시로 급하게 지명도를 높일 때 등에는 즉효성이 있다), 여행관련 기업의 퀴즈는 느긋하게 생각하거나, 자료를 조사하거나, 혹은 전단광고를 정독하지 않으면 본격적인 퀴즈도 되지 않고 효과도 적다.

(2) 협력(tie up)

협력은 상품의 메이커라든지 또는 여행과 관련된 항공사 등과 협력하여 실시하는 경우가 많다. 전자의 경우, 퀴즈 특별상품으로서 어떤 국가에 커플로 10쌍을 골라 초대한다는 경우도 있다.

(3) 특집

특집은 잡지나 신문과 결합하여 만드는 것으로 정부관광국이 취재비를 부담하거나 종잣돈이라고 말하는 것으로 마중물이 되는 일정금액의 비용을 부담하여 민간기업에 의한 특집에의 광고 출고(出稿)가 촉진되도록 하는 경우가 많다.

9) 영업활동

(1) 세일즈 콜(sales call)

호텔이나 항공사에 있어서 여행사에 판촉방문(sales call)을 하는 것은 당연한 영업활동으로 이는 정부관광국(NTO)에서도 중요한 영업활동으로 자리 잡고 있다. 특히 주최 여행사에의 영업활동은 중요하며, 자기 나라에의 투어가 국가 브랜드의 패키지투어에 대한 포함여부가 PR효과에 엄청난 결과를 가져온다.

비록 실제 패키지투어 참가자가 적다 해도 PR효과는 높다. 그를 위해서는 역시 주최 여행회사를 직접 방문하여 상품화를 촉구하지 않으면 안 된다. 또한 특정 국가 혹은 지역, 장소, 예를 들면 미국, 인도, 남미 등 특수한 방면은 거기에 전문특화된 소수의 여행사와 밀접하게 협력하는 경우도 많다.

공급자의 영업활동은 여행사의 주력상품에 포함시키는 것이 중요한 목적이나 가능한 한 여러 여행사의 요구에 대응할 필요가 있다. 정보제공은 물론 요금 면에서 특별 배려를 한다든지 서비스내용을 충실히 한다든지 등으로 방법은 천차만별이다.

영업활동은 대개 성수기대책, 한계에 부닥친 수요의 타개, 새로운 항공노선의 개설, 새로운 소재의 개발 등의 경우에 실시된다.

(2) 세미나와 워크숍

세미나는 여행사의 대상으로 소재를 상세하게 설명하는, 혹은 새로운 판매방법의 단면을 설명하는 데 효과적이다. 그러나 CEO로부터 카운터 사원에 이르기까지 동일하게 취급할 수는 없다. 관심이 강한 것에 대해서 각각의 프로그램을 작성하여 개최할 필요가 있다.

세미나에서의 인사는 영어로 해도 지장은 없지만 실제의 설명은 한국어로 하는 것이 바람직하다. 또한 강연 등이 프로그램 등에 포함되어 있는 경우에는 한국어번역을 준비한다.

세미나는 기본적으로 대화는 아니지만 워크숍은 상담의 장으로써 기획된다. 이 형식은 미션 등이 방한한 경우에 채용된다. 특정 여행목적지의 판촉에 주한관광국, 항공사, 호텔, 지상수배업자(land operator) 등이 협력하여 실시하는 경우도 있다.

대개 회의장에 책상을 놓아(칸막이로 구획을 나누어 작은 방을 만드는 경우도 있다), 공급자의 영업책임자가 테이블에 앉아 있고, 내장자(來場者)에게 자신의 시설이나 서비스에 대해서 설명한다. 인기 있는 호텔, 지역, 관광지 등에 내장자가 집중하는 경우도 있기 때문에 초대자의 수를 한정하거나 사전에 약속을 하여 하나의 상담시간을 10~15분으로 제한하는 경우도 있다.

여행견본시와는 달리 워크숍은 상담이 목적이기 때문에 여행사도 꽤 현지사정에 정통한 담당자, 혹은 영어를 어느 정도 할 줄 아는 사람을 파견한다. 최근에는 정보수집이나 상담은 물론이거니와 상호이해나 신뢰관계 구축의 장으로도 이용되고 있다.

(3) 파티

파티는 간담회, 간친회(懇親會), 감사의 저녁 등 여러 형태로 불리고 있으나 세미나나 워크숍에 이어서 개최된다. 물론 문화체육관광부장관, 한국여행업협회 수뇌부, 유력기업의 CEO가 내한한 파티 등에 개최될 경우가 많다. 이러한 경우 주최자인사, 내빈인사, 건배제의 등 3종 세트를 빼놓을 수 없지만 이 시간은 길어야 20분 이내로 끝내지 않으면 긴장감이 사라져 회의장은 잡담이 일게 되고 내빈 인사 등에 누구 하나 귀를 기울이지 않게 된다.

또한 초대하는 내빈의 등급균등화가 중요하므로 최고경영자와 젊은 평사원을 함께 배치해 버리면 연령차가 커서 초대자와의 사이에서 대화가 빈곤해지고, 이업종 사람들이 혼재(混在)하게 되면 초대자를 서로 소개하는 주최자로서의 역할을 확실히 하지 않으면 파티는 성황을 이룰 수 없게 된다.

국가기념일에 대사관에 관계자를 다수 초대하여 진행하는 파티에서는 정부관계자, 정치인, 기업인, 그 나라의 주한기업 대표 등 보통 때에는 서로 관계가 없는 사람들이 출석하는 경우가 많다. 그중에서 간혹 서로 아는 사람을 발견하여 그 사람하고만 대화를 하려 해서는 무엇 때문에 파티에 왔는지를 모르게 된다.

또한 대사관 등에서의 파티에서 초대장에 '리셉션'이라고 되어 있으면 음료를 중심으로 회화를 즐기는 것으로 식사는 없으므로 장시간 머무는 것은 피하는 것이 좋다.

초대자 측이 부부이면 부부동반이 예의이다. 그러나 우리나라에서는 집이 멀다, 영어를 못한다, 아는 사람이 없다, 걸치고 나갈 옷이 없다 등의 이유로 남자만 가는 경우가 이외로 많다. 우리나라의 이러한 풍습은 외국인들에게는 기이한 것으로 비춰지고 있다.

10) 연수여행

"백문불여일견(百聞不如一見)"이라고 하지만 현지에서 보고 느끼는 것은 판매촉진에서 가장 중요한 활동이다. 해외여행의 판매에서는 말단 세일즈맨이 여하히 자신을 가지고 상품을 고객에게 추천하는지에 따라 성과가 크게 달라진다.

지난주에 어떤 나라에서 귀국한 세일즈맨이라면 그 나라의 어떤 질문에도 자신을 가

지고 정확하게 답변할 수 있다. 따라서 구매시점에서 불안 혹은 의문을 가지고 있는 고객의 의사결정을 크게 좌우한다.

어딘가의 여행목적지를 팔려고 할 경우 거기에 여행했던 경험이 있는 사람이 많을수록 정보가 새롭고 풍부하기 때문에 판매효율도 높아진다.

정부관광국이나 항공사는 현지의 수용 측(호텔이나 지상수배업자 등)과 협력 · 조정하여 한국의 여행사를 3~7일 정도 연수여행에 초대한다. 통상적으로 연수여행은 항공사, 정부관광국, 호텔, 지상수배업자 등 많은 사람들이 협력하여 실시하기 때문에 누군가가 중심이 되어 조정하지 않으면 안 된다.

연수여행도 목적에 따라서 대상을 세 개로 나눌 수 있다. 여행사의 최고 경영자를 초대하는 경우는 그만한 목적과 영접할 준비(문화체육관광부장관 혹은 시장이 주최하는 리셉션이 있는지 등)가 필요하고, 최근에는 부부동반으로 초대하는 경우도 늘고 있다. 또한 통상적인 여행에서는 볼 수 없는 장소, 예를 들면 일반에게 공개되고 있지 않은 궁전 내(경복궁 경회루에서의 파티)에서 리셉션을 개최하면 초대 측에게 깊은 인상을 심어줄 수 있다.

기획담당자를 대상으로 하는 것은 주로 잘 알려진 나라를 새로운 아이디어, 새로운 통로로 판매하고 싶을 때라든지, 올림픽이나 만국박람회처럼 빅 이벤트의 경우이다.

중간관리층은 항상 새로운 기획 등의 소재를 찾고 있기 때문에 가능한 한 한국인 여행자가 방문한 적이 없는 장소에 안내하거나 한국과의 역사적인 연결고리가 있는 에피소드를 소개하는 등 섬세한 배려와 노력이 필요하다. 또한 요금, 버스수배의 가능여부 등 실무적으로 빼놓을 수 없는 정보를 상세하게 준비한다.

카운터종사원의 경우는 실제로 그 나라를 방문하여 자신 있게 영업하는 것이 목적이다. 나라에 따라서는 "어디라도 자유롭게 보아주십시오"라고, 호방한 인상을 심어주는 프로그램을 짜는 경우도 있지만 그것은 가능한 한 피하고 싶다.

대개 참가자는 처음으로 그 나라를 방문하기 때문에 하나의 테마에 따른 상세한 여정을 만드는 것이 바람직하다. 반대로 출발 전에 희망을 체크해 가면서 현지에 가면 그것은 안된다고 차갑게 응대한다면 연수의 열매를 거두기는 쉽지 않다.

연수여행은 대개 전액을 스폰서인 정부관광국이나 항공사가 부담하지만 카운터 종사원들을 대상으로 하는 경우 약간의 비용(운전기사의 팁, 포터 팁, 휴게 시의 커피값 등)

을 청구하는 경우도 있다.

여행사에 따라서는 이러한 연수여행을 사원에의 인센티브로 파악하여 기획이나 판매와 관계없는 인사, 총무, 경리 등의 영업·판매업무와 관계없는 사람을 파견하는 경우도 있기 때문에 무언가 객관적인 선택기준을 설정할 필요가 있다.

8.2 광고와 판매촉진

광고·촉진전략은 광고관리자, 판매관리자, 마케팅관리자 등 이들의 전략에 책임을 가진 기업 내 개인에 의해서 설정되어야 한다. 이 개인 혹은 이들이 광고·촉진전략의 설정과 성과에 직접적으로 관계하는 광고대리점, 판매촉진회사, 스페셜티(specialty)광고대리점, 상담역 등 지원그룹과 협동하는 것이 결정적으로 중요하다.

그러나 그렇다고 해서 외부의 기업에게 이들의 전략을 도출하여 실행할 권한만을 부여하는 것은 권유할 수 없다. 지금까지의 경험에 의하면 이러한 것을 시키면 광고대리점과 같은 지원그룹은 눈부시게 아름다운 광고카피나 도해(圖解)를 만들어 평판이 좋은 광고매체에 흘려, 결과적으로 기업은 완전하게 자신이 목표에 걸맞지 않은 것이 될 뿐이었다. 그 이유는 외부집단은 목표를 고객인 기업과 마찬가지로 보지 않기 때문이다.

대다수 광고대리점은 광고에 관해서 훌륭한 영예를 성취해 왔다. 그러나 그것은 고객기업의 매출액 혹은 시장점유율의 증대에는 거의 혹은 아무것도 기여하는 것이 없었다. 외부 전문가는 자기의 고객기업을 기업 혹은 기업경영자로서 올바로 보고 있지만 최종소비자로서는 올바로 보고 있지 않다.

유감스럽게도 이러한 견해는 그들을 고용한 관리자를 즐겁게 해줄지라도 기업 혹은 마케팅 목표를 달성하는 것으로는 연결되지 않는다.

이론적으로 말하면 기업목표·마케팅목표와 광고·촉진관리자의 목표는 일치하지 않으면 안 된다. 그러나 실제로 양자 사이에는 큰 차이가 있다.

몇몇 경우에 있어서 기업 외 전문가는 고객의 기업목표·마케팅 목표를 경시하여 이들을 크리에이티브 과정에 있어서 유해(有害)하며 또한 장애로 보는 자도 있었다. 광

고 · 촉진에 책임이 있는 기업 관리자에 있어서의 이상은 선택된 외부의 전문가들과 팀이 일체가 되어 일하며, 시의 적절하게 비용 · 효과적 방법으로 목표를 충족시킬 전략과 전술을 유도하는 것이다.

이것이 달성될 때, 팀은 목표달성을 위해 선택된 전술을 포함한 광고 · 촉진믹스를 개발할 것이다. 이렇게 하면 전문가에게 수수료를 주지도 않을뿐더러 그들의 생활을 즐겁게 하지도 않으면서 종국에는 경영진에 의해서 비판을 받지는 않겠지만 거의 아무것도 달성할 수 없는 입맛 좋은 프로그램을 작성할 정도의 결과로 끝나는 것도 아닌 것이다. 광고 · 촉진전략에 책임이 있는 사람들은 다음과 같은 책임을 진다.

▲ 유료 매스미디어, 직접우편, 전시회, 광고게시판, 특별광고, 기타를 포함한 매체 상표믹스의 선정
▲ 메시지의 선정과 승인, 이는 그래픽, 색, 크기, 카피 및 기타 구성(format)의 의사결정을 포함한다.
▲ 무료 미디어를 포함한 각 미디어가 이용되는 미디어 일정기획
▲ PR이벤트를 포함한 행사일정기획
▲ 경영진에의 이러한 종류의 정보에 대한 주의 깊은 전달
▲ 시각표나 예산제약에 충분한 주의를 기울인 광고 · 촉진 프로그램개발과 실행의 감독
▲ 결과에 대해서는 책임을 질 것. 점차 최고경영층은 광고 · 촉진에 책임이 있는 사람들에게 효과의 증명과 결과에 책임지도록 요구할 것이다.

유감스럽게도 이 문제에 관해서는 몇 년에 걸친 마케팅 기법과 다수의 연구업적이 있음에도 불구하고 관광업계 내에서 많은 지배인들은 마케팅을 계속해서 광고와 동일시하고 있다. 그들은 광고는 마케팅의 단순한 일부라는 것을 인식하고 있지 못하다.

초기에 식당의 전략연구를 행한 저자들은 "대다수 식당기업은 광고 지출의 증대에 의해서 시장점유율을 유지하려 해왔다. 광고만이 성공을 약속하는 것은 아닐 것이다."라고 결론짓고 있다.[1)]

---

1) Joseph J. West and Michael D. Olson, "Grand Strategy : Making Your Restaurant Winner," Cornell Hotel and Restaurant Administration Quarterly, Vol. 31, No. 2 (Aug. 1990), p. 77.

지금까지 소비자의 구매행동과정에 관해서는 AIDMA이론이 잘 알려져 왔다. 이 AIDMA란, 소비자가 어떤 상품을 인지하고 나서 구매에 이르기까지의 주의(attention), 관심(interest), 욕구(desire), 기억(memory), 행동(action)이라는 다섯 가지 과정의 두문자를 취한 것이다.

그래서 인터넷이 마케팅의 장으로서 또한 도구로서 적극적으로 활용되게 되면 AISAS라는 사고방식이 등장한다(2005년 6월에 주식회사 덴쓰·電通가 상표등록). AISAS란 주의(attention), 흥미(interest), 검색(search), 구매(action), 정보 공유(share)라는 다섯 가지 과정의 두문자를 따온 것이다.

AIDMA와 비교해서 AISAS에 새롭게 추가된 과정은 검색이다. 이것은 관심을 가진 제품이나 서비스에 대하여 구글(Google)로 대표되는 검색서비스를 우선 조사해 본다는 소비자의 행동을 가리키고 있다.

최근에는 휴대전화의 인터넷 접속서비스가 일반화하고 언제 어디서나 검색서비스를 이용할 수 있는 환경에 있다. 또한 개인용 컴퓨터와 같은 기능을 가진 휴대전화인 스마트폰의 등장으로 문자뿐만 아니라 화상이나 동영상 등도 개인 컴퓨터와 손색없는 검색결과를 얻을 수 있게 되었다.

또한 마지막으로 추가된 정보공유는 블로그나 트위터, SNS(Social Networking Service), 가격비교사이트, 각종 전자게시판 등에도 제품이나 서비스에 관한 정보가 취급되고 그 가운데서도 특히 사용 후의 감상이나 평가 등이 공유되고 있다는 것을 가리키고 있다.

소위 구전의 하나이며 검색과 마찬가지로 인터넷 서비스에 의하여 소비자가 스스로 제품이나 서비스 정보를 모으게 되었다는 결과 기업 등에서의 일방적인 정보발신보다도 소비자 쪽의 정보공유 쪽이 구매과정에 영향을 미치게 되었다는 점이다. 라쿠텐(樂天) 트래블의 '구전·고객의 소리'나 별(★)에 의한 평가도 그 하나의 형태이다.

인터넷상의 정보를 통제하는 것은 간단히 되는 것은 아니기 때문에 예를 들면 주관적으로 표현한 정보, 의도적으로 과장된 평가 등이 기업 등의 마케팅과 소비과정에 어떠한 영향을 주는지가 정보나 평가의 신뢰성(신빙성)을 어떻게 담보해 가느냐 하는 것이 금후 중요한 과제가 될 것이다.

8.3 홍보와 판매촉진

홍보는 PR이라는 문자로도 일반화되어 있다. 즉 기업과 사회의 관계성을 강화시키는 것이다. 그리고 기업의 사회적 평가 혹은 인지도를 여하히 높이는가가 홍보의 임무이다. 그러나 그 기업평가의 원점은 당해기업의 상품 혹은 서비스가 얼마나 뛰어난가에 대한 이용자 · 고객의 평가이다. 고객+평가가 가산되어 평판을 부른다. 소위 구전레벨이며 좋은 소문이라는 것도 이것이다.

이러한 평가가 중첩되어 상당한 시간이 경과되면서 명성이 생겨난다. 홍보업계에서 말하는 브랜드가 그것이다. 다시 말하면 브랜드라는 말은 표식이라는 것이다. 방사되고 있는 소가 여러 마리 섞여 있어도 곧 구별할 수 있도록 소의 궁둥이에 표식을 지져 넣는 것이나 마찬가지이다. 즉 브랜드란 차별화를 뜻하는 것이다. 홍보는 어떤 매체를 통하여 이 평판의 범위와 스피드를 확대 · 촉진시키는 것과 다름 없다.

그러나 여기서 염두해 두어야 할 것은 '고객은 미디어이다'라는 원점에 대해서이다. 미디어라는 것은 중립적인 매체이다. 어떤 정보도 잘 전달해 준다. 즉 좋은 정보이건 나쁜 정보이건 똑같이 전달한다. 그러나 일반적으로 좋은 정보보다 나쁜 정보 쪽이 압도적으로 속도가 빠르다. 명성의 형성에는 시간도 걸리지만 명성의 해체는 한순간이다.

또한 매체 그 자체가 가지는 '신용도'도 중요하다. 지인이나 친구 혹은 친척 가운데 특히 자신과 가까운 사람으로부터의 정보는 중시된다. 그러니까 기업에 있어서 홍보는 고객 만족으로부터 시작된다. 현재 가지고 있는 고객의 모든 것을 만족시키는 것이 홍보에 대한 마음가짐 중 제1요소이다.

더구나 고객이라는 미디어는 무료 · 공짜 매체이다. 이 공짜 매체를 여하히 유효하게 활용할 수 있고 이용할 수 있는가가 PR의 원점이다.

자주 오는 단골손님을 어떻게 늘릴지에 대한 논의가 계속되고 있다.

이미 앞에서 분명히 밝힌 바와 같이 만족 없이 반복고객은 생길 수 없다. 하물며 여행처럼 불요불급(不要不急)한 상품으로 때로는 상당히 고가로, 또한 여행목적지나 내용이 천차만별인 경우, 형태가 없는 상품으로 인해 반복여행자화는 어렵다.

그러므로 반복여행자화도 그렇지만 매체로서 주변의 좋은 선전을 공짜로 하는 것이 중요할지도 모른다. 즉 반복고객화하면 그 고객이 기업의 PR기관으로서 정착하여 기능해 주는 경우도 있다.

이상을 확실히 염두에 둔 다음이 홍보활동이지만 그 회사의 상품이나 활동이 뉴스로서 미디어에 의하여 보도되도록 작용하는 것이 중요임무 중 하나이다. 여행업에 있어서는 때때로 정부관광국이나 항공사와 협력하여 이것에 임하는 경우도 있다.

항상 미디어에 종사하는 사람들과 좋은 관계를 유지하는 것이 중요하다. 또한 보도할 만한 가치 있는 뉴스를 제공한다. 새로운 상품이나 서비스는 뉴스이다. 뉴스를 취재하도록 유도하고 취재기회도 제공한다. 그러므로 좋은 관계를 가지는 것은 좋은 뉴스의 제공자와 계속해서 관계를 유지하는 것이기도 하다.

〈표 8-1〉 기업홍보의 열쇠

1

기업의 홍보는 고객만족이 제1보

2

홍보의 목적은 사회와의 관계성 긴밀화

3

회사의 비전·가치를 고양하라

4

모든 고객은 무료 미디어이다

5

고객의 평가가 사원의 프라이드를 제고한다

6

기업의 가치는 고객과의 약속을 지키는 것이다

7

신상품은 고객에게 좋은 서비스이다

8

질적 차별화만이 기업의 가치이다

9

고객평가가 브랜드유지를 가능하게 한다

10

기업은 시대와 세대를 초월하여 전속한다

고객에게 좋은 상품은 좋은 뉴스이며 좋은 서비스이다. 이러한 의미에서 보면 홍보활동의 대상이 되는 미디어도 소비자와 같다고 할 수 있다. 따라서 미디어 관계자의 데이터베이스를 확실히 구축하고 필요에 따라서 정보제공이나 언제라도 항상 접촉할 수 있도록 경신해 두지 않으면 안 된다. 직접적으로 취재자와 인간적인 신뢰관계를 만드는 것도 무엇보다 중요하다.

8.4 판매촉진전략

판매촉진(sales promotion)이란 회사가 상품이나 서비스의 판매를 늘리기 위하여 짧은 기간 동안 중간업자나 최종소비자들을 상대로 벌이는 광고, 인적판매, 홍보 이외의 여러 가지 마케팅 활동을 말한다. 즉 소비자의 구매와 판매업자의 효율성을 자극하는 것으로 진열, 전시, 전람회, 실연(實演)으로 소비자에게 구매 또는 판매하는 업자의 효율적 활동을 자극하는 것이다. 말하자면 '작용하는 활동'이며 표적고객에게 적극적 활동하고 그 수요를 환기 자극시켜 여행상품의 매출을 증진시키려는 활동이다.[2)]

판매촉진 수단은 ① 수요창조를 위한 판매촉진, ② 소비자 단가 증가를 위한 판매촉진, ③ 고정고객창조를 위한 판매촉진, ④ 기업내부의 판매촉진, ⑤ 세일즈맨에 대한 판매촉진 등이 있으며, 표로 정리하면 〈표 8-2〉와 같다.

여행사가 시장에서 살아남기 위해서는 타 경쟁사보다도 소비자에게 보다 많은 가치를 제공하여 자사의 우위성을 확보해야 한다.

촉진전략은 여행사가 소비자 수요를 직접 자극하는 촉진활동인 광고·선전 등의 유인형 전략(pull strategy)과 유통경로상 다음 단계 구성원들에게 행해지는 촉진활동, 예컨대 영업사원에 의한 촉진활동인 원정형 전략(push strategy)으로 나누어진다. 전자는 점포, 영업소의 진열실(show room), 상담창구 등에 주변의 거주자나 통행인을 끌어들이는, 체질적으로 보아 식물적 영업형태를 말하며, 후자의 경우는 상세권(商勢圈 : trading area)을 확장하기 위해 세일즈 담당자가 고객을 찾아 판매활동을 하는 동물적 영업형

2) 정찬종, 새여행사경영론, 백산출판사, 2014, 38쪽.

〈표 8-2〉 판매촉진의 주요 수단

종류	내용
수요창조를 위한 판매촉진	직원(판매원) 및 agent(단골고객, 여행자)로 하여금 새로운 고객으로 만들고 확보하여 가는 활동이다.
소비자 단가 증가를 위한 판매촉진	각 수입부문의 소비를 촉진시켜서 고객일인당, 평균 소비단가를 증대시키는 일이다.
고정고객 창조를 위한 판매촉진	고객의 세분화(segmentation)와 고객의 정보수집에 의한 고객의 조직화이다.
기업내부의 판매촉진	각 부서 활동을 활발하게 만들고 업무능률을 높이기 위하여 직원에 대하여 고정고객 및 잠재고객에 대한 관리를 유도하는 것이다.
세일즈맨에 대한 판매촉진	여행요금표(tariff), 국제회의, 인센티브 플랜(incentive plan), 전시회, 패키지 플랜(package plan), 이벤트안내 등을 명시한 팸플릿(pamphlet), 브로슈어(brochure) 등 인쇄물의 제작, 영화·슬라이드의 제작, 고정고객 초대, 영업소·전판점(專販店) 관리 등이다.

태를 취하는 것이다. 따라서 이들의 영업형태는 결국 점두(店頭)판매, 즉 카운터 판매와 방문판매로 대별된다.[3)]

8.4.1 점두(카운터)판매전략

여행사에서 고객을 접하는 빈도가 높은 부문이 2개 있다. 하나는 카운터 직원(counter staff)이다. 즉 대면판매(對面販賣)를 하는 부문이다. 소비자가 기대하고 있던 여행상품과 실제 사이에 차이가 생겨 이에 따른 고충이 관계기관에 적지 않게 보고되고 있다.

점두판매전략은 유인형 전략(pull strategy)의 하나로서 고객을 점포로 끌어들이는 전략을 말한다. 영업형태로는 식물적 영업형태를 띤다. 즉 꽃이 아름답고 향기로우면 벌들이 모이는 것과 같은 이치이다. 대다수 여행사들이 카운터에 단정한 여사원을 배치하는 것도 점두판매전략의 일환인 셈이다.

---

3) 정찬종, 최신여행사실무, 백산출판사, 2010, 112~113쪽.

점두판매의 기본적 조건은 입지조건(location), 즉 점포의 위치와 구조, 그 밖에 고객의 수요, 기호, 심리 등에 대처할 수 있는 상품의 진열(display), 배치(layout), 이에 따른 진열 용구, 점원의 분담 배치, 응대기술 등을 들 수 있는데, 이것은 어느 것이나 판매효과를 직접 좌우하는 중요한 요소이다.

따라서 점두(店頭)판매에 있어서는 〈표 8-3〉에서와 같은 기본요건에 맞는 업무체계를 확립하여야 할 것이다. 또한 점두판매를 위해서는 폭넓은 상품판매지식과 더불어 실천적 판매기술을 몸에 익히지 않으면 안 된다.[4)]

〈표 8-3〉 카운터판매의 기본요건

구분	내용
1. 점포의 위치, 구조, 외관	• 교통의 편리성 · 자유로운 출입의 보장(free enterance) • 경합이 적은 곳 · 고객을 끌어들이기 쉬운 구조(단지 교통량 · 통행량이 많은 곳이 아님)
2. 판매원의 적절한 분담 조치	• 대기고객이 없도록 적절한 배치 · 쾌적한 구매유도
3. 판매원의 접객태도	• 애교 · 친절 · 예의 · 정중 · 적극성 · 기민성 · 청결성 · 정확성 · 호감
4. 진열, 레이아웃	• 편리한 통로계획 · 요소마다 고객의 발을 멈추게 하는 상품전시 • 편리성 · 매력성 · 분위기 조성 · 조명 · 용도별 분류, 계절 및 패션에 민감할 것(POP) · 소도구의 사용법 · 상품보급 배치변경(renewal)
5. 판매원의 상품지식	• 가격 · 특징 · 사용방법 · 내용
6. 사무처리의 정확 · 신속	• Ticketing · 거스름돈 · 포장
7. 고객유인	• 전단 · 서신 · 직접우편(DM) · 소책자(brochure) · 광고 선전 • 이벤트 · 회원조직 · 설명회

카운터 세일즈의 유리성은[5)] 다음과 같다.

① 세일즈맨의 업무관리가 구석구석까지 미친다.

4) 高橋瑞恵, 店頭セールスマニュアル, 税務経理協会, 1983, 47쪽, 104쪽.
5) 社団法人 全国旅行業協会, 旅行業務マニュアル, 1983, 245쪽.

② 담당 세일즈맨에 대한 지원활동이 가능하다.
③ 접객률을 높일 수 있다.
④ 잠재고객의 개발이 가능하다.
⑤ 사외(社外) 세일즈에 비교하여 경비를 절감할 수 있다.
⑥ 집객 이외의 업무와 연결된다.
⑦ 여행정보의 풍부한 이용이 가능하다.
⑧ 담당세일즈맨의 신뢰도가 높다.
⑨ 개인, 그룹, 단체에 이르는 광범위한 업무처리가 가능하다.
⑩ 세일즈 용구의 활용이 가능하다.

여행자와 여행업자 사이에 여행의 책임범위에 대해서는 인식에 차이가 있고, 그러한 분쟁을 미연에 방지하려면 상담직원의 '사전설명'이 중요한 역할을 한다.

성숙한 여행자가 증가함에 따라 여행상담사가 없어도 되는 경우도 흔하게 되었고, 여행상담사의 권위가 사회적으로 높은 평가를 받고 있지도 못하다.

여행은 눈에 보이지 않는 상품이기 때문에 사원의 접객태도나 설명방법이 상품의 품질을 반영한다. 따라서 접객태도가 나쁘면 소비자들은 그 회사의 상품도 나쁠 것으로 결론짓게 마련이다.

다음으로 '전화응대'가 중요하다. 예전에는 실제로 여행사를 방문하여 눈으로 그 회사의 실태를 확인하지 않으면 여행사를 신용하지 않는 풍조가 있었으나 최근에는 여행사의 좋고 나쁜 판단을 전화응대로 판단하는 소비자가 느는 추세이다. 여행사의 마케팅에서는 높은 지명도가 그 정도의 큰 역할을 하지 않는다는 조사결과가 발표되고 있다.

8.4.2 방문판매(field sales)전략

방문판매전략(방판전략)은 점두판매와 같이 내점객(來店客)을 기다리는 방식이 아니라 판매담당자가 적극적으로 고객을 찾고 방문하여 상품을 파는 것이기 때문에 원정형(遠征型) 전략(Push Strategy)이라고 한다. 영업형태는 동물적 영업형태를 띤다.

즉 동물들이 먹이를 찾아 쉬지 않고 이동하는 것과 같은 이치이다. 학단 등 대형단체의 경우에는 방문판매가 기본이며, 여행사 점포 밖에서 판매하기 때문에 여행사의 내부에 있는 자료를 가급적 많이 보여주어야 한다.[6]

이 전략에서는 판매원의 역량이 세일즈의 관건(key point)이 된다. 그러므로 판매담당자는 업무의 추진법, 다시 말해서 치밀한 계획에 의거한 의욕적인 활동을 실시하지 않으면 좋은 성과를 올리기가 어려우며, 방문판매의 고려사항은 〈표 8-4〉와 같다. 방문판매에 있어서는 무엇보다 ① 저항감을 주지 않을 것, ② 긴장하지 않을 것, ③ 좋은 인상을 줄 것, ④ 가능하면 소개를 받을 것, ⑤ 방문시기를 잘 선택할 것, ⑥ 상담내용을 명확화할 것 등을 고려해야 한다.[7]

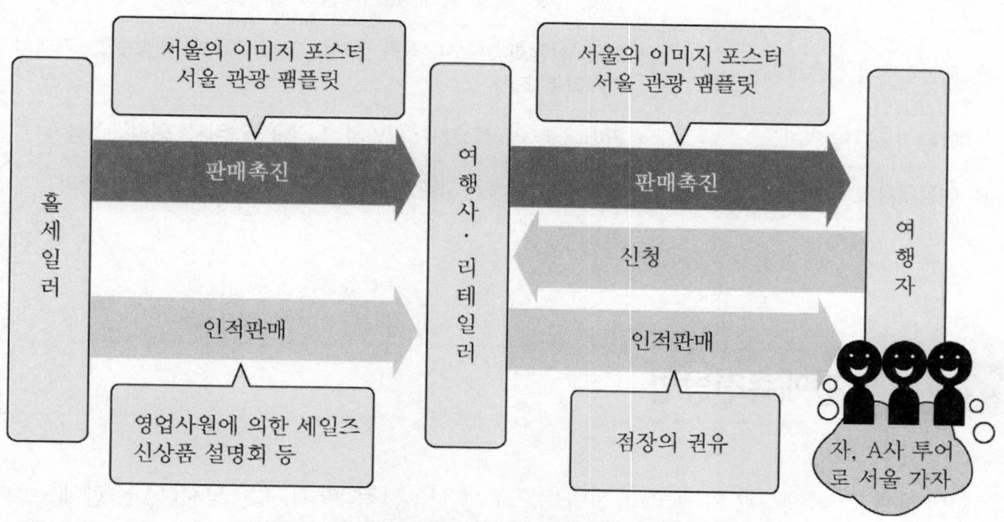

〈그림 8-1〉 여행사의 PUSH전략(홀세일러의 경우)

6) 中野順一, 等価変換マーケティング, プレジデント社, 1981, 23쪽.
7) 宮本裕, セールスの基礎知識, 産業能率大学出版部, 1983, 43~65쪽.

〈표 8-4〉 방문판매의 고려사항

항목	내용
1. 거래처의 명부, 대장의 제작	• 회사명·주소·전화번호·위치도·거래실적·중요인사 이름·매출액·재무정보·사훈·매출액·영업이익
2. 외판기구와 분담 담당의 결정	• 거래처의 분담제 실시·지역별 담당제·상품별 담당제
3. 방문계획의 설정	• 행선지마다의 용건, 소요시간, 장소, 거리 등을 고려하여 방문순서를 정함 • 연, 월, 주, 시간, 방문계획표 작성
4. 거래처의 연구, 조사	• 주거래은행의 신용상황·사업발전계획·기타 정보(승진, 인사이동)·투자정보·상품개발정보
5. 응대기술의 기획·훈련	• 개척방법 ·판매방법·수금방식·화법·응대태도 • 일보, 주보, 월보 등의 보고(예정과 실시결과)
6. 외판업무의 활동관리	• 회의·상담회의 실시·각종 통계의 이용·실시의 현장순회·거래처 앙케이트 조사
7. 외판(外販)사무관리	• 판매대금·예약요청서·확인서·일정표·견적서·여행조건서
8. 여행대금의 회수관리	• 청구서(invoice)·지불일 확인·수금결과 점검·수금사원관리

8.5 판매촉진방법

일반적으로 여행상품의 판매촉진방법으로는 ① 인적 판매, ② 정시(呈示)판매, ③ 대중매체에 의한 판매, ④ 개인매체에 의한 판매, ⑤ 공중관계(public relation), ⑥ 구전(口傳), ⑦ 기타 방법 등이 있다.

8.5.1 인적 판매(personal selling)

인적 판매란 판매원이 표적여행자에 대면하여 의사소통(communication)을 하고 여행자의 욕구를 충분히 인식시킬 만한 상품 및 서비스를 제공하는 것으로 일명 판매원판

매라고도 한다. 인적 판매활동의 최종목적은 판매창조에 있다. 따라서 이 방법은 판매원의 올바른 자세, 판매기술, 세일즈맨십(ability + brain + challenge), 창조성 등이 요구된다.

인적 판매방법의 장점으로는 ① 판매자와 구매자의 목표를 상호 보완한다. ② 상호교류적 의사소통이 가능하다. ③ 즉시적인 피드백(feed back) 효과를 가져온다. ④ 기능적으로 현저하게 신축성 내지 융통성에 풍부한 수단이다. ⑤ 의사소통에 걸리는 시간이 타 판매방법보다 빠르다는 점을 들 수 있다. 여기에 정보의 전달능력, 특정상황에의 적응, 정동적(靜動的) 작용, 설득력 등이 추가된다.8)

그러나 이와 같은 장점에도 불구하고 단점으로 지적되고 있는 것은 ① 한 사람의 유능한 판매원을 양성하는 데 많은 비용이 든다. ② 시간적 제약을 많이 받는다. ③ 판매원에게는 일종의 직업병이 생길 수 있다는 점 등이다.9)

8.5.2 정시(呈示)판매(presentation selling)

정시판매란 현물을 상대에게 설명하여 상품을 구입케 하는 방법을 말한다. 여행상품과 같은 무형상품은 고객이 실제로 그 내용을 잘 알 수 없기 때문에, 예를 들면, 여행지의 비디오테이프라든지 슬라이드 필름, 모형전시(miniature), 여행안내 등의 진열, 견본시나 전시회를 통한 판매는 모두 이 계통에 속하는 판매방법이다(淺井廰三郎, 1985 : 104).

8.5.3 대중매체(mass media)에 의한 판매

대중매체란 일반적으로 4대 미디어라고 일컫는 ① 텔레비전, ② 방송, ③ 신문, ④ 잡지를 비롯한 카탈로그(catalogue)에 의한 인쇄 및 광고 등을 총칭하는 것으로 대중(大衆)을 대상으로 하는 판매방법이다. 이 방법은 대상을 한정시키지 않고 불특정 다수에게 상품의 존재를 알림으로써 판매확대를 꾀해 나가는 방법으로 널리 이용되고 있다.10)

---

8) 宮本裕, セールスの技術, 産業能率大学出版部, 1982, 19~24쪽.

9) 宇野政雄, マーケティングハンドブック, ビジネス社, 1984, 426~437쪽.

10) 홍기선, 1989 : 233

이 방법의 장점은 단시일 내에 파급효과가 커서 여행자의 이미지에 영향을 줄 수 있으며, 향상된 이미지는 인적 판매에도 상당한 영향력을 미친다는 점이나, 반면에 단점으로는 여행상품의 특성이 무형적이고 고객의 편익은 한정하기 어려우므로 메시지 내용을 결정하기 어렵다는 것, 광고비용이 엄청나게 비싸다는 점 등이다.

특히 대중매체에 의한 광고는 여행자들이 새로운 여행사를 찾거나 여행사와 관련된 의사결정에 필요한 정보를 얻는 데 중요하게 이용되는 원천으로서 여행자의 평가를 개선하는 효과를 발휘하는 것으로 알려지고 있다.

8.5.4 개인매체에 의한 판매

개인매체(personal media)란 대상을 한정하는 미디어로서 크게는 인간에 의한 모든 직접의사소통(direct communication)이 전부 포함되나, 작게는 직접우편(direct mail)이나 전화판매(telephone selling) 두 가지를 의미한다.

DM은 우리말로 직접우편, 직접우송광고 또는 서신광고라고도 한다. 이것은 인쇄를 통한 판매촉진방안의 하나이며, 용구적 수단(카탈로그, 전단, 디스플레이, DM, 사보 'house organ')에 속한다.[11)]

한편, 전화판매는 최근 텔레마케팅(telemarketing)의 일환으로 도입되어 널리 이용되고 있는 방법이다. 텔레마케팅은 단순히 전화를 거는 것이 아니라 규정된 방법과 체계적인 방법으로 전화를 이용한다는 점과 특히 시기(timing)가 중요한 요소로 작용한다는 특징을 가지고 있다.

개인매체를 이용한 판매방법의 장점으로는 ① 가장 개성적이며 정선적이다. ② 정확한 표적시장(target market)의 구매자를 선정할 수 있다. ③ 융통성(규격, 형태, 문안)이 많다. ④ 인간적인 접촉효과가 있다. ⑤ 효과측정이 용이하다는 점 등이다. 반면에 단점으로는 ① 정확한 명단의 입수와 유지·관리가 어렵다. ② 대상자를 끌어들이는 오락성이 결여되어 있다. ③ 동일 광고내용이 여러 군데서 나가므로 광고대상자에게는 오히려 부담을 주게 된다. ④ 광고주의 지명도가 떨어질 때 신뢰감을 얻을 수 없다는 점 등이다.

---

11) 淡野民雄, ホテルマーケテイング読本, 柴田書店, 1984, 152쪽.

8.5.5 공중관계(public relation)에 의한 판매

공중관계(PR)란 자기 정책이나 서비스활동을 자신에게 이익이 되도록 설명하는 것으로 경영관련 의사결정이 이루어진 후에 광범위하게 공중에게 주안점을 둠으로써 표현되는 태도이다.

PR은 판매를 증대시키는 내부적 또는 외부적 기회로서(Michael M. Coltman, 앞의 책, 270) 홍보(publicity)를 포함하는 개념으로 사용한다. 내부적 PR활동에는 고객과 직원의 취급방법을 포함하며, 외부적 PR활동에는 일반적으로 지역사회와 여행관련 기업 간의 관계를 포함하고 있다.

한편, 홍보는 자기 정보의 뉴스화로서 여러 사람들에게 알리는 것이며, 지역신문사, TV방송국 등에의 보도자료나 사진자료의 제공을 통해 보도되도록 하여 공중성을 얻는 것(generating publicity)이다. 즉 광고주를 표시하지 않고 뉴스 형식으로 무료(free of charge)로 선전하는 것이다. 이처럼 PR은 지역 내에서의 이해(利害)관계를 제거하고, 지역 외에 대해서는 지역 이미지를 향상시키는 등 사회적 신뢰 획득을 목적으로 한 정보활동을 의미한다.[12)]

8.5.6 구전(口傳)에 의한 판매

구전(hand down orally)이란 여론형성자(opinion leader)로부터 사람들의 입을 통해 전달되는 것이다. 이와 같이 구전이란 사람들의 입과 입을 통해 전달되기 때문에 즉시적인 효과는 적다 하더라도 어떤 여행사의 서비스를 이용한 적이 없는 사람에게는 다른 사람들이 전해주는 이야기나 평판이 여행사 선택에 중요한 역할을 한다. 즉 여행사의 여행서비스에 대하여 좋은 이용체험을 하는 것이야말로 최대의 판매라고 할 수 있다.[13)]

이 방법은 사람이 매체가 되기 때문에 내용을 전달하는 사람의 기본 품성도 상당히 영향력을 발휘한다. 신뢰성이 있는 사람이라면 그 사람이 전하는 내용을 그대로 믿고 따르겠지만, 그렇지 못한 사람이 전하는 내용은 다시 한 번 확인하려 할 것이다. "발

12) 日本観光協会, PRの研究, 1981, 3쪽.

13) 김성혁, 서비스경영론, 대왕사, 1992, 41~42쪽.

없는 말이 천리 간다"라는 옛 속담도 있듯이 구전에 의한 판매방법은 비용도 전혀 들지 않고 소기의 성과도 기대되므로 가능한 좋은 소문이 날 수 있도록 많은 연구를 해야 한다.

8.5.7 기타 판매

여행상품의 판매방법으로 이용되고 있는 기타 방법으로는 ① 옥외광고(입간판, 유인물, 회보(news letter), 전자전시판 등), ② 교통광고(각종 차의 내외에 광고문을 부착시키는 광고), ③ 구매시점광고(point of purchase), ④ 시찰초대여행(familiarization tour)의 실시, ⑤ 대리점 또는 특약점(representative)을 통한 위탁판매, ⑥ 회원(membership) 조직을 통한 판매, ⑦ 경품권을 이용한 판매 등이 있다. 이상 열거한 여행상품 판매촉진을 위한 중요 촉진활동의 목적과 수단은 〈표 8-4〉와 같다.

〈표 8-4〉 여행촉진활동과 촉진수단의 예

목 적	촉진수단의 예
상품의 이미지를 고양시키기 위하여	디스플레이(display), 필름, 업계가 주최하는 대회 참가, 마켓 리더(market leader)
상품의 지명도(知名度)를 고양시키기 위하여	행사(event), 직접우편(direct mail), 구매시점광고(point of purchase), 실연(實演), 쇼윈도, 신기성(novelty), 감시평가(monitor)제도, 샘플전시회, 작명(naming), 매스컴 종사자의 초대여행, 포장, 콘테스트 등
상품을 이해시키기 위하여	여행상품설명회, 소책자(brochure) 배포, 텍스트(text) 제공, 비디오 테이프(video tape) 제공, 요금표(tariff) 제작 배포, 회보(news letter) 제공
상품의 기능을 충분히 발휘시키기 위하여	서비스보장제도, 정기적인 서비스점검, 복면사찰(覆面査察)
구매를 용이하게 하기 위하여	크레디트제도, 연불(延拂)제도, 자동판매기에 의한 티켓판매, 통신판매, 배달서비스, 우편주문(mail order)
예상고객의 파악을 위하여	소개, DM, 앙케이트, 전시회, 출장판매, 조기(早期)서비스, 야간서비스
직접판매를 증진시키기 위하여	스페셜 세일즈, 프리미엄, 염가판매, 신용판매
계속구입을 촉진시키기 위하여	경품권, PR지(誌), DM, 여행자의 조직화, 회원제도
구입시기를 앞당기기 위하여	조기구입 세일즈, 예약세일즈, 콘테스트, 크레디트 판매
보다 많이 구입하도록 하기 위하여	세트여행 및 판매, 수량구입 프리미엄, 수량구입 할인, 단체 및 가족여행 우대제도

자료 : 한희영, 마케팅관리론, 다산출판사, 1982, 675~676쪽에 의거 재구성.

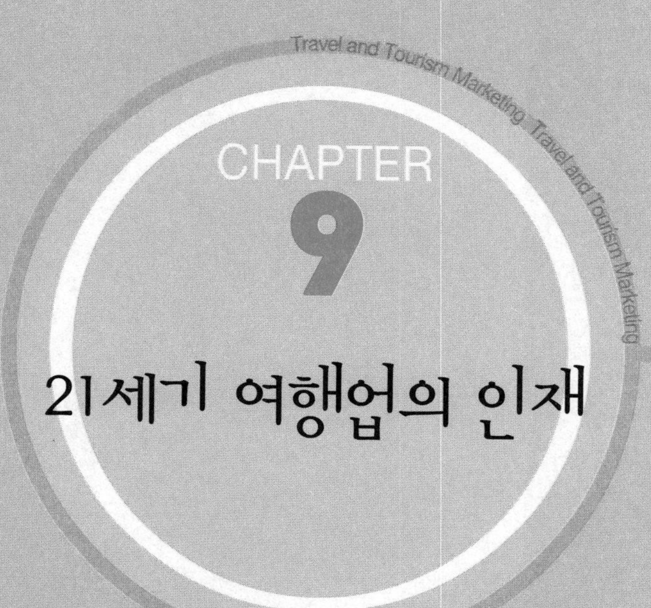

CHAPTER 9

21세기 여행업의 인재

09 21세기 여행업의 인재

9.1 여행업의 미래

앞으로 살아남을 여행사들은 여행시장을 리딩하는 대형업체들과 전문성을 갖추면서 수익성을 보장받은 여행사로 압축된다. 일부 여행사의 대형화 추세는 이미 걷잡을 수 없는 시대의 트렌드로 받아들여진다.[1] 시간이 지날수록 부익부 빈익빈 현상도 그 격차를 더욱 확고히 하고 있다.

대형여행사들의 시장 잠식률 역시 지난해와는 또 다른 양상을 보이며 무섭게 확장하는 추세이다. 이러한 상황은 앞으로 지속될 것이 확실시되고 있다. 앞서 언급한 것처럼 중소형 여행사들의 몰락이 가장 큰 이유이다.

근래 들어 중소형 여행사들의 눈빛이 더욱 어두워졌다. 한 여행사 대표는 "이제는 중대한 결정을 내려야 할 때가 온 것 같다"며 "항공사의 수수료제도 폐지 이후 근근이 버텨 왔지만 더 이상 수익성 악화로 회사의 운영이 기로에 서 있다"고 토로했다.

항공권판매 수수료 폐지는 무색무취한 일반 여행사들이 영업을 지속해 나가기에는 영업환경이 뒷받침해 주지 못하는 시대가 도래했다. 지방 토종여행사들의 변화가 이러한 움직임을 대변해 주고 있다. 수십 년간 자사 브랜드로 수익을 내오던 지방의 여행사들이 과감하게 자사 브랜드를 포기하고 대형업체의 리테일러로 전향했지만, 앞으로는 지방이 아니라 서울도심의 여행사들이 자사브랜드를 포기할 날이 다가오고 있다.

1) 유동근, 전문성과 수익성 갖춰야 미래 여행사로 남는다, 제726호, 세계여행신문, 2013.

경영자 마케터에게는 현상분석과 대책도 중요한 업무지만 장래동향을 직시하고 변화에 대해서 미리 적절한 경영계획, 마케팅계획의 방향을 잡아 기업의 진로에 책임을 지지 않으면 안 된다.

금후의 시장변화에 영향을 미칠 변수는 많다. 우선 소득과 자유시간이 중요한데, 여기서는 수요, 공급, 정보화, 유통, 기업과 경영 등의 문제점 및 금후 분명하게 문제의 중요성이 커지는 고령화, 인구동향, 환경문제에 대해서 언급한다.

9.1.1 수요의 변화

수요의 변화를 개인의 요구, 기업의 요구, 사회의 요구에서 검토해 보자.

- 개인의 요구 : 급속한 고령화에 따라 수요의 패턴이 변화한다.
  서비스 소비의 경향이 높아진다.
  문화 · 고양 · 레저 면에서의 요구가 확대한다.
- 기업의 요구 : 글로벌화, 정보화가 한층 진전된다.
  기술혁신은 더욱 진행되고 기업의 구조 혁신과 업무의 재편성이 진행된다.
- 사회의 요구 : 환경문제는 점점 중시된다.
  멀티미디어화의 진전, 파급, 규제완화, 서비스 자유화

9.1.2 고령화

금후 수요변화 가운데서 분명하게 나타난 것은 장래의 인구구성 변화이며 고령화일 것이다. 그들 변화는 말할 것도 없이 소비동향의 변화에 영향을 미친다. 금후의 인구동향 변화가 급속한 것은 최근 화재가 되고 있는 대학입학 적령기 학생의 변화(학령인구의 감소)를 보면 분명해진다.

현재 우리나라의 인구구조는 선진국뿐 아니라 아시아의 경쟁국 중 일본, 중국, 태국, 홍콩 등에 비해 아직 젊은 편이나 2050년에는 고령인구의 비율이 선진국 평균을 크게 상회하는 최고령 국가 중의 하나가 될 것으로 전망된다고 밝히고 2050년경이 되면 65세 이상 노인인구 비율이 우리나라의 경우 34.4%에 달하는 반면 미국은 26.9%, 중국 30.0%, 태국 27.6%, 말레이시아 21.1%, 프랑스는 32.7%에 불과할 것으로 전망되고 있다

고 밝혔다.

이와 같은 고령화에도 불구하고 의학기술의 발전과 생활환경의 개선으로 인하여 평균수명이 늘어남에 따라 은퇴 후 여가시간이 이전 세대에 비하여 증가하면서 노년기를 즐겁고 건강하게 보내기 위한 여가활동에 대한 관심이 증가하고 있는 추세이다. 이러한 분위기는 국민여가활동조사 결과에서도 노년층의 여가활동 참여비율을 통해 간접적으로 확인할 수 있다. 60대 이상의 주 여가활동도 산책, 등산의 참여율이 높은 것으로 나타났다.2)

〈표 9-1〉 주요국 인구구조의 변화

	2000년			2050년		
	0-14세	15-64세	65세 이상	0-14세	15-64세	65세 이상
전 세계	30.0	60.0	10.0	21.0	58.0	21.1
한국	**21.1**	**71.7**	**7.2**	**10.5**	**55.1**	**34.4**
중국	24.8	65.1	10.1	16.1	53.9	30.0
일본	14.7	62.1	23.2	12.5	46.2	42.8
태국	26.3	65.3	8.4	16.9	56.5	27.6
말레이시아	33.7	59.8	6.5	18.4	60.5	21.1
홍콩	16.0	69.0	14.4	14.5	49.5	36.0
프랑스	18.7	60.7	20.5	16.0	51.3	32.7
독일	15.5	61.2	23.2	12.4	49.5	38.1
영국	19.0	60.4	20.6	15.0	51.1	34.0
이탈리아	14.3	61.7	24.1	11.5	46.2	42.3
미국	21.7	62.1	16.1	18.5	54.6	26.9
스웨덴	18.2	59.4	22.4	14.0	48.3	37.7

자료 : 대한상공회의소, 고령화가 산업에 미치는 영향과 대응전략, 보도자료, 발행연도불명, 3쪽.

2) 문화체육관광부, 여가백서, 2013, 68쪽.

기업의 입장에서 근로자의 노후생활까지 책임진다는 것은 무리이겠지만, 근로자가 기업 재직기간 중 노후생활의 불안감을 해소시킬 수 있는 대안을 기업이 적극적으로 제시해야 한다. 평생직장이 아닌 평생직업이라는 관점에서도 개인 스스로가 자기계발에 최선을 다하도록 환경을 조성하는 동시에 기업이 필요로 하는 역량을 명확하게 제시하고, 필요하다면 금전적 · 비금전적 지원을 아끼지 않아야 한다.

이를 통해 기업은 역량 있는 근로자를 확보함으로써 경쟁력 강화의 근간을 마련하고, 개인은 직장생활이 곧 노후불안감 해소의 단추를 채워가는 방안이 되는 것이다.

정년까지 보장할 수 없는 추세가 지속된다면 회사에만 의존하지 않는 인재를 육성해 가는 것이 중요한 회사의 책무이며 회사에 남아 일을 하는 경우는 가급적 자신의 가치관과 흥미, 적성 등을 고려한 일을 부여해 주도록 노력하는 것이 생산성을 올리는 길임을 이해하여야 한다.

9.1.3 환경문제

금후 시장의 최대 제약조건은 환경문제이다. 이것은 한국은 물론 세계적으로도 강력한 관심사항이며 더구나 그 영향은 급속도로 확대되어 날이 갈수록 중요성이 점점 커지고 있다.

여행 · 관광 분야에서는 타 산업과 비교하여 이 문제의 관심과 대책이 지연되고 있다. 그러나 금후 여행수요의 세계 규모로의 확대와 환경에의 영향이 큰 것을 고려하면 관광산업 마케팅에서 종래보다 훨씬 더 중요한 과제로써 취급되게 될 것이다.

여행 · 관광의 발전은 금후보다 많은 대규모 공항과 보다 많은 대형 항공기의 끊임없는 취향을 필요로 하며 여행 목적지에서의 제 시설, 호텔 등의 확충, 건설에는 당연히 자연환경의 파괴에 대한 배려가 필요하다.

또한 인간적인 문제로는 폭발적으로 증가된 외국여행을 자유롭게 할 수 있는 돈 있는 반복여행자와 경제적으로 큰 격차가 있는 현지주민(호스트)과의 관계이다. 이들의 시야로 보면 여행 · 관광 시장의 발전과 그에 수반된 항공공급, 여행시설의 일방적인 확충을 예상하여 시장이 단순하게 성장한다고 예측하는 것은 그다지 납득할 수가 없다. 이는 장래여행 목적지의 상품화에 있어서 극히 큰 문제이다.

현재로서는 지속가능이 키워드이다. 지속가능은 이념이다. 일반적으로 환경문제는 1987년의 환경과 개발에 관한 세계위원회(WCED : World Commission on Environment and Development)에 이어서 이 문제는 1990년대 초반부터 특히 1992년 리우데자네이루에서의 지구환경 정상회의 선언에 의해 세계의 긴급한 문제로써 재확인되었다. 지속가능은 WCED의 UN보고서 "지구의 미래를 지키기 위해" 확인된 이념으로 '지속가능한 개발을 미래세대의 요구에 적용 가능한 가능성과 능력을 해치지 않는 것 내지 실현가능한 현재의 요구에 걸맞은 개발'이라고 정의하였다. "지속가능한 개발이 자연 및 문화적인 자원을 해치지 않고 또한 환경을 변화시키지 않으면서 개발목표를 달성하는 방책으로 불가결한 것이다"라고 생각하게 되었다.

"여행 · 관광산업에 있어서 환경을 지키는 것은 도덕적인 의무이면서도 직업상 불가피한 조건이라고 지적하고 있다. 국제기관이나 정부차원에서도 이 문제의 강력한 관심과 대책은 시작되고 있으며 한국에서도 지구정상회의에 「환경기본법」의 제정이나 세계유산조약의 비준에 따라 여행 · 관광산업과 환경의 연관성이 널리 인식되게 되었다. 관광산업 각 분야에서도 이제 진지하게 마케팅 결정 시 환경문제를 중시하고 지속적인 발전을 시도하는 것을 강하게 의식하지 않으면 안 된다.

현재로서는 이미 공급 측이 이 문제에 진지하게 대책을 세우기 시작할 뿐만 아니라 소비자 측에서도 환경을 강하게 인식하는 사람들이 늘어 이 경향은 금후 보다 광범한 세력이 될 것으로 생각된다.

9.2 여행업의 인재육성

관광산업의 인재는 바로 우리의 것을 세계인에게 제대로 알리는 기획력과 마케팅 능력 그리고 현장에서 이들을 제대로 안내할 수 있는 지식과 엔터테인먼트 능력을 갖고 있는 사람이어야 한다.[3] 이런 인재를 키워야 한다. 그러려면 각 분야별 전문 인재와

3) 장창원 · 홍광표 · 이용환 · 조영기, 서비스산업 선진화를 위한 인재정책 과제, 한국직업능력개발원, 2010, 60~66쪽.

함께 이를 통합하고, 융·복합화 능력을 겸비한 종합적 능력을 가진 인재를 키워야 한다. 그러나 인재는 그냥 키워지는 것이 아니다. 상당기간에 걸친 꼼꼼한 준비와 실행 끝에 이루어지는 것이다.

그리고 준비과정에서 필수적으로 필요한 것이 정확한 통계이다. 그것도 미래 전망과 관련한 인력수급전망이다. 통계가 밑받침되어야 인력수급계획을 세울 수 있고 제대로 된 정책을 계획하고 집행할 수 있다. 해당 산업에 대한 인력수급전망은 꼭 필요하다고 할 수 있다.

한국의 관광자원에서 가장 핵심적인 것은 사람이다. 여행관련 산업에 종사하는 사람들, 인재들의 역할에 따라 관광산업의 경쟁력이 좌우된다. 여행관련 산업에 종사하고 있는 분들의 얘기를 들어보면 우리나라에 관광인재는 많은데, 적재적소에 맞는 인재를 구하기는 쉽지 않다고 한다.[4)]

인력은 많은데 필요한 때, 필요한 곳에 쓸 만한 인재가 없다는 것이다. 인력풍요 속의 인재빈곤이다. 이렇게 된 데에는 다양한 요인이 복합적으로 작용했다. 현장의 중요성을 간과한 정책의 시행착오, 관광업계 경영자들의 경영윤리와 종사자들의 근로환경 등이 복합된 결과이다.

정보기술(IT) 강국이라고 하는 우리나라가 관광산업 분야만큼은 아직 IT기술의 접목과 융합을 통한 소프트웨어 개발·이용이 활성화되어 있지 못하다. 관광객이 많이 오는 몇 국가를 제외하면 그 밖의 관광객에 대한 안내 프로그램이 제대로 되어 있지 않다.

9.2.1 핵심역량의 개발

오늘날처럼 국제화되고 경쟁이 치열한 비즈니스 세계에서 기업경쟁력을 유지하기 위해서는 최첨단의 기술력과 조직 내부의 기술이나 단순한 기능을 뛰어넘는 노하우를 포함한 종합적인 능력이 필요하다. 이러한 요소를 극대화하는 능력은 조직 구성원의 능력에서 좌우되는데 이러한 차원에서 핵심역량(core competency)[5)]은 조직구성원의 역량을

4) 장창원 외, 서비스 산업 선진화를 위한 인재정책 과제, 한국직업능력개발원, 2010, 24쪽.

5) 기업 업무의 일부 프로세스를 경영효과 및 효율의 극대화를 위한 방안으로 제3자에게 위탁해 처리하는 것을 말한다. 다른 의미로는 외부 전산 전문업체가 고객의 정보처리 업무의 일부 또는 전부를 장기간 운영·관리하는 것을 뜻하기도 한다.

향상시키기 위하여 중요시되고 있다.[6)]

한 기업의 기술력은 그것을 활용하는 조직구성원의 능력에 의해 좌우된다는 것이다. 또한 시장에서 인식되는 상품의 가치는 이 상품의 장점을 조직구성원이 어떻게 효과적으로 전달하는가에 의해 어느 정도 결정된다.

그렇지만 조직구성원이 성공하는 데 필요한 핵심능력을 가지고 있는지의 여부를 판단하기는 쉽지 않다. 효과적인 업무수행에 필요한 행동들은 사업유형에 따라 다르고, 조직 내에서도 역할에 따라 달라진다. 그래서 많은 기업에서는 업무에서 우수한 성과를 내기 위해 요구되는 핵심적인 기술, 지식과 개인의 특성을 파악하고, 인적자원시스템이 이것들을 개발하는 데 초점을 맞추고 있다.

9.2.2 아웃소싱의 검토

첨단기술사회가 되면 새로운 기술에 적응하고 이를 활용하여 제품과 서비스를 생산하는 고급 노동력이 필요하다. 마이크로프로세서를 갖춘 기계들이 인간이 개발한 프로그램대로 작동하여 단순 노동력을 대체한다. 따라서 이러한 첨단기술장비 및 기계를 만들고 작동하는 기술직 고급인력의 수요는 증가하며, 여기에 활용되는 소프트웨어를 만들고 네트워크를 만들고, 모니터하고 관리하는 인력이 필요하게 된다.

대부분의 기업은 생산라인을 구분하여 제품과 서비스로 나눠서 전문화시키고 있으며, 핵심기술에만 투자하고 부수적인 활동은 모두 아웃소싱하고 있다. 이런 생산체인 가동으로 중간제품, 지원생산 활동이 가능하여 컴퓨터 서비스나 인력은 아웃소싱(outsourcing)으로 채운다.

9.2.3 사람이 서비스를 결정한다

서비스산업에서는 기업으로서의 종합품질과 고객에 대하여 서비스를 제공하고 완성시키는 것은 직접 고객과 상담하는 종업원이나 담당자이다. 담당자가 고객의 희망이나 요망을 듣고, 고객이 추구하는 정보를 제공하며, 예약이나 요금 또는 투어의 선택이나 상담에 응하여 여행서비스를 제공한다. 고객을 포함하여 사람과 사람의 접촉을 통하여

6) 월간산업교육, 핵심역량의 개발전략, 발행연도불명, 3쪽.

판매되는 것이 특징이다. 정보나 컴퓨터가 가져오는 힘이 크다고는 하지만 그것을 끌어내고 고객의 만족을 얻어내는 것은 사람의 힘이다.

항공사나 호텔이 어떻게 많은 투자를 하여 최신의 제트기를 보유하고 최고급설비를 가지고 있어도 그것을 이용하는 고객의 만족은 그 고객과 상대하여 접촉점을 가지는 카운터 종사원, 객실승무원, 프런트 종사원, 객실담당자의 진심어린 한마디, 매너, 마음씀씀이에 좌우되고 있다. 여행사에서도 마찬가지다. 이들은 여행관련 기업의 최대자산이 고객과 더불어 종업원이라는 것을 암시하고 있다.

경영관리자의 중요한 책무는 어떻게 가능성 있는 종업원을 발견하여 채용하고, 교육·훈련을 통해 이들을 성장시키는가에 있다. 사람이야말로 중요한 자산이다. 중요한 자산에 과감하게 투자하고 자산을 효과적으로 유지하고 발전시키는 것은 사람분야도 마찬가지이다.

따라서 인적자원에 대해서는 항상 동기부여가 필요하다. 인적자원 즉 인간이야말로 기업에 위탁된 것 가운데 가장 생산적이면서도 가장 변화되기 쉬운 자원이다. 그리고 가장 큰 잠재적인 힘을 가진 자원이라고 할 수 있다.

9.2.4 인터널마케팅과 종업원만족도(ES : Employee Satisfaction)

인터널마케팅(Internal Marketing, 내부마케팅)은 소비자들의 만족도를 증진시킴으로써 소비자운동의 표적(target)이 되는 것을 피하기 위해, 우선 기업 내부 임직원들의 욕구를 충족시키는 것이 중요하다는 자각에서 출발했다.[7)]

여행·관광산업처럼 서비스 기업에서 고객에게 좋은 서비스를 제공하기 위해서는 고객에 대해서뿐만 아니라 사내의 종업원에게도 마케팅을 수행할 필요가 있다(내부마케팅·internal marketing). 고객의 만족도(CS : Customer Satisfaction)를 위해서는 동시에 종업원의 만족도(ES)에 많은 배려를 할 필요가 있다.

서비스는 고객과 개개의 종업원과의 연결을 통해 성립하는 것이기 때문에 경영자는 우선 종업원을 고객으로서 자신이 생각하고 있는 서비스를 종업원에게 판매할 필요가 있다. 이것이 철저하지 않으면 종업원을 통한 고객에의 서비스 제공에 의한 만족도는

7) 疋田聡·塚田朋子, サービスマーティングの新展開, 同文館, 1993, 3쪽.

달성되지 않는다. 기업의 장기적인 성공을 위해서는 이들 개인적인 종업원의 환경을 갖추어 개인으로서의 성장을 지원하기 위한 기능의 제공은 매우 유효하다.

9.2.5 맨파워(man power) : 육성의 중점

여행 · 관광업의 고용에서 인재(종업원)에 요구되는 특징, 필요하다고 생각되는 기능에 대해서 데이비드슨(Davidson)은 다음과 같이 이야기하고 있으나 그 가운데에서 요점을 파악하여 인재에 대해서 중점을 두고, 적성을 찾아내, 채용, 사내교육, 육성에 활용될 수 있어야 한다고 하였다. 더욱이 경영자나 관리자의 경영관리능력에 대해서 여기서는 언급하지 않는다.

1) 관광산업이 타 산업과 다른 점

- 영업시간이 긴 것, 불규칙적인 것
- 성 · 비수기에 좌우되는 것
- 여러 지역의 사람들과 일하는 것
- 즐거운 분위기에서 일하는 것

2) 업무상의 기능

담당하는 업무를 확실하게 수행한 다음 필요로 하는 기본적인 기능이다. 예를 들면 여행사에서의 카운터 담당자가 단말기를 사용하여 항공권을 예약하거나 고객에게 패키지투어를 권유하는 등의 기능이다.

3) 고객관계기능

직접 고객과 접촉하는 종업원에게 필요한 기능. 특히 여행 · 관광분야에서 일하는 사람들에게 기대되는 기능이며 태도이다. 여행 · 관광에서 고객은 집을 떠나 즐겁게 여행하며 시간을 보내고 싶어 하며 자신과 접촉하는 여행관계자로부터 항상 쾌적하고 정중하고 도움되는 서비스를 기대하고 있다.

그 시기에 맞는 종업원의 접객기능 · 태도를 항상 유지해 나가는 것은 특히 성수기, 혼잡한 시기 등에는 사실상 어렵다. 여기에 경영관리 측에서의 시스템으로서의 긴장의 끈을 놓지 않는 일상훈련과 고무가 필요하다.

고객관계기능 가운데에서 마지막으로 특히 하고 싶은 것은 고충처리에의 대응기능이다. 고객관계기능 훈련의 대다수는 고객으로부터 고충을 여하히 효과적으로 취급하느냐는 것이다. 국외여행인솔자(tour conductor)업무도 외국에서의 업무이며, 외국어 능력이 필요하지만 그 이상으로 요구되는 것은 이 커뮤니케이션 능력, 때로는 리더십의 자질이다.

4) 정보기능

고객의 질문은 담당하는 업무에 따라 여러가지이다. 자신이 담당하는 분야에 한정하지 않고 주변의 일반적 정보에 대해서도 폭넓은 지식이 필요하다. 고객이 말하는 것을 잘 듣고 판단하는 능력, 그에 대하여 정확한 정보를 검색하고, 조립하고, 알기 쉽게 전달하는 능력, 이들 커뮤니케이션 기능이 여행·관광분야에서 중요한 기능이다.

5) 외국어 능력

점점 무경계가 진전되어 국내외의 왕래가 긴밀한 가운데 사람들의 교류 중심이 되는 것이 여행·관광분야이다. 따라서 커뮤니케이션 수단으로서의 외국어의 중요성은 날로 높아지고 있다. 여행업계가 필요로 하는 인재는 다음과 같은 것이다.

여행업의 영업형태는 시대에 따라 크게 변화하고 있다. 그 가운데서 여행사들이 추구하고 있는 것은 성장가능성을 가진 인재이다. 성장가능한 인재의 요건은 첫째, 무엇이나 흡수하는 소박한 성품, 둘째, 현재에 머무르지 않고 탐구심과 호기심을 가지고 있는 사람이다.

접객업이므로 서비스정신을 가지고 접대하는 것에 기쁨을 느낄 줄 아는 것이 필요하다. 따라서 폭넓은 일반상식을 일상화해야 한다. 여행업계는 항상 격심한 경쟁에 놓여 있어서 그와 같은 서비스 정신이 필요하며, 글로벌화에 의한 지구 규모의 왕래가 지금 이상으로 빈번해져 여행업의 가능성은 무한대로 커지게 되지만 시대의 변화에 어떻게 대응해 나가는지가 금후의 과제이다.

9.3 여행업의 미래를 위한 경영철학

전쟁과 정치적 · 경제적 불안만 없으면 여행업은 된다는 말이 있듯이 여행업은 평화산업의 기수로서 그 진가를 유감없이 발휘하고 있다. 또한 여행업 종사자는 자기 돈을 들이지 않고 쉽게 국외여행을 할 수 있어 뭇 사람들의 동경의 대상이 되기도 한다.[8)] 우리나라의 경우는 좀 다르지만, 일본의 경우에는 졸업 후 직장 선택의 우선순위에서 여행업이 여타 첨단산업이나 대형 그룹사를 제치고 매년 상위랭킹을 유지하고 있다.

지금까지 한국의 여행업은 고도경제성장의 덕택으로 여가 · 관광 등의 붐(boom)을 타고 큰 어려움 없이 성장하여 왔다. 미래학자들의 예견에 의하더라도 관광산업의 미래는 밝다.

장래가 밝다고는 하지만 여행업에 종사하는 종사자들의 안이한 태도와 구시대적인 경영방식으로는 다가올 미래에 대응할 수 없다. 단순히 시류에 따라 고객을 끌어모으는 방식으로는 곤란하다. 앞으로는 고객을 자신이 창조한다는 각오로 또한 사회적으로도 지지를 받을 수 있는 본격적인 마케팅활동을 전개하지 않으면 안 된다.

미래사회에는 성공의 모습도 바뀐다. 지금처럼 돈 많은 사람이 아니라, 아직도 일을 하고 있는 사람이다. 미래사회는 일거리가 없으므로 일거리를 가진 사람만이 자존감을 가지고 부러움을 산다. 평생직종, 평생직장이 없어지는 시기를 2025~2030년 정도로 본다.[9)]

21세기 관광산업은 어떻게 될까. 경기의 쇠퇴에도 불구하고 해외여행자 수는 점점 늘어나고 있으며 앞으로의 예측도 현실감을 증가시키고 있다. 개개의 기업이 저수익임에도 불구하고 관광산업은 21세기에 세계 최대의 산업이 된다고 한다.

그 가운데 자신의 회사 이름이 거리에서 발견될 수 있을지에 대한 보장은 없다. 단지 가능한 것은 항상 시장과 고객의 동향에 세심한 주의와 대책을 세워 경쟁상대인 타사보다 현명하게 수행하고, 자사가 가진 경영자원을 고도로 발휘할 수 있도록 매일매일 끊임없는 노력을 해나가는 것이다.

---

8) 정찬종, 여행사경영론, 백산출판사, 2007, 156쪽.

9) 박영숙, 한국사회의 미래예측과 교육의 대응전략 모색에 관한 연구, 교육인적자원부, 2006, 76쪽.

금후 관광산업에서는 환경과의 조화라는 한계를 똑똑히 확인하고 지속적인 발전만이 이 산업의 진로라는 것을 명확하게 인식해야 한다. 즉 보다 책임 있는 마케팅이 이 사업에서 취해야 할 경영지침이다.

다른 여러 산업보다 관광산업은 삶의 풍요로움을 추구하는 사람들에게, 생활의 질을 추구하는 사람들을 위해, 어떤 것보다도 내일의 사회를 위해 유용하게 공헌하는 것이다. 여행 · 관광은 이런 면에서 중요한 이점을 가지고 있다. 이 산업만큼 건강한 환경을 유지하며 과잉개발로부터 자연을 지키는 글로벌 산업은 없다.

9.3.1 최고의 추구

기업의 대소, 전문분야를 불구하고 자신의 위치를 파악하여 하나하나의 노력을 쌓아 올리며, 종업원을 격려하고, 그 가능성을 최대한으로 끌어내고, 인간의 성장과 생산의 힘에 대한 깊고도 뿌리 깊은 신뢰관계를 만들어내는 것은 매우 중요하다. 훌륭함이란 고객지향이라는 명확한 목적을 가진 비즈니스에의 활력 있는 사람들의 팀에 의한, 중단 없이 전진하는 과정이다.

그 과정에 대한 상승력의 에너지는 보다 탁월한 서비스를 제공할 수 있는 경영력, 마케팅력, 그들의 행동에 의하여 실현되는 사람들, 그리고 대가를 지불함으로써 지지 · 찬동해 줄 고객, 특히 반복고객이다. 그런 까닭에 탁월한 서비스만이 이익의 근원이다.

9.3.2 진실의 순간(MOT)

『진실의 순간(MOT : Moment of Truth)』을 쓴 얀 칼슨(Jan Carlson)은 1981년에 적자가 누적되고 있던 스칸디나비아항공의 사장으로 취임한다. 유로 클래스(Euro Class)를 신설하여 비즈니스여행자를 대상으로 한 서비스를 비롯하여 유럽에서 최우량의 항공사를 만들기 위한 전력을 구사함으로써 불과 1년 만에 흑자 경영으로 바꾸어 놓았다.

얀 칼슨은 “첫 번째 인상이 마지막 인상이 된다”고 하면서, 초두효과(初頭效果, primacy effect)를 설명하면서, 마치 투우장에서 소와 사람이 생사를 사이에 두고 마주 보는 듯한 것과 같이 고객과 서비스 제공자가 서로 마주 대하는 결정적인 순간이라고 설명하고 있다. 그는 매일 5만 번의 결정적 순간이 있다고 주장한다.[10)]

이에 성공을 하면 고객과 향후 끈끈한 연결고리를 맺을 수 있다. 이와 같이 서비스 접점으로서의 MOT는 고객과 좋은 인상으로 헤어질 수 있는 수많은 기회들이라고 볼 수 있다.

그럼에도 불구하고 기회는 공평하게 주어지지 않는다는 것이다. 곱셈의 법칙은 고객이 경험하는 일련의 서비스과정 중에서 어느 하나만 불만족스러워도 고객이 생각하는 점수는 0점이 될 수 있다는 것이다. 따라서 접점에서의 행동 하나하나가 얼마나 중요한지를 인식해야 한다.

또한 시장이 선도하는 전환기에 대처하기 위해서는 "고객본위의 기업으로 대체하는 것이다"라고 주장한다. 뛰어난 CEO(Chief Executive Officer)에 의해 비전이 제시되어도 최전선의 종업원에 의하여 고객에게 질 좋은 서비스가 확실하게 제공되지 않으면 기업의 성공은 어렵다. 항공권판매 종사원이나 객실승무원 등 최전선 종업원의 최초 15초간의 접객태도가 그 항공사 전체의 인상을 결정하고 만다. 칼슨은 그 15초를 "진실의 순간"이라 부르고 있다.

최전선 종업원의 의식변화와 서비스향상 노력에의 활력, 환기만이 흑자전환이라는 호성적을 가져오며 동사(同社)의 장래에 불가결한 자산과 인적자원을 함께 확보하였던 것이다.

칼슨이 이끈 스칸디나비아항공은 그 후 다시 찾아온 경영 부진을 타개하여 1997년 세계랭킹 16위, 유럽항공사로서 제6위를 유지하여 분투하고 있으며, 이 책에 언급되어 있는 여러 가지 사례, 제안, 경영철학은 지금도 많은 경영학 책에서 유익한 사례로 이용되고 있다.

10) 野田一夫·八木甫, サービスマネジメントの革命, HBJ出版局, 1985, 45쪽.

〈표 9-2〉 진실의 순간 중요 항목과 내용

항목	구체적 내용	비　고
1	팸플릿을 본 고객으로부터 주최여행의 내용에 대한 설명 요구가 있다.	전화에 의한 문의 포함
2	고객이 희망하는 여행에 참여할 수 있는지의 여부를 문의한다.	
3	고객으로부터 정식 신청을 받는다.	신청금의 지불과 신청서의 작성이 있을 때
4	고객에 대해 여행일정표 이외에 여행조건서를 송부하고 그에 대해 설명한다.	
5	출발 전에 여행일정 등에 변경이 있는 경우 연락과 그 원인 및 대체안에 대해서 설명한다.	
6	출발 전일 인솔자에 의해 참가하는 고객에 대해서 자기소개를 포함하여 집합일시, 장소 등의 확인연락을 취한다.	
7	출발 당일 주최 여행회사 측 직원 및 인솔자에 의한 공항에서의 탑승수속 설명과 유도	
8	출발 후 매일 여행일정이 확정서면에 나온 일정대로 진행되고 있는지의 여부를 인솔자가 확인한다.	
9	만일 태풍 등 천재지변에 의한 여정변경이 발생한 경우 안전확보를 위해 인솔자가 고객에 대해 위할 행동	
10	병자나 상해를 입은 사람이 발생하거나 도난사고가 발생한 때의 인솔자 및 현지 직원이 취할 행동	
11	호텔 객실 조건의 확인 및 이에 대해 고객으로부터 주문이 있는 경우, 인솔자 및 현지 직원이 고객에 대해서 취할 행동	
12	관광시설(미술관, 박물관 및 토산품점을 포함)에 고객을 안내할 때의 행동	
13	왕복 항공기내 혹은 버스 안에 있을 때 참가여행자에 대해서 인솔자 및 현지직원이 그때마다의 취할 행동	
14	귀국 시 버스, 항공기내 혹은 도착공항에 있어서 인솔자가 참가여행자에게 접할 때의 행동	
15	여행종료 후에 송부된 앙케이트 또는 고객으로부터의 고충, 요망, 의견, 제안에 대해 회사 측이 취할 행동	

9.3.3 내일에의 경영철학

리차드 노먼(Richard Norman)의 "서비스 매니지먼트"에 의하면 진실이 순간이라는 개념은 처음에 노먼이 제창하여 그 후 스칸디나비아항공이 이 용어를 조직개혁의 기본 개념으로서 이용했다고 한다.

여행업을 포함하여 서비스업에서 서비스의 배달을 실제로 완성하는 것은 고객과 마주 앉은 진실의 순간에서의 종업원의 임팩트(impact)이며 고객입장에서 본 바람직한 태도이다.

회사에서는 매일, 몇 백, 몇 천이라는 이 진실의 순간을 경험하고 있다. 이 중요한 접점의 하나하나를 어떻게 하여 모든 종업원이 도덕성을 유지시키고, 격려하며, 계속해서 고객에게 제공해 갈 수 있느냐는 것, 경영자로부터 담당자에게 이르기까지의 신념과 정열을 가지고 조직적으로 구축해 나가는 것, 이것이 기업이 추구해야 할 철학이지 않으면 안 된다.

21세기에 살아남으려는 기업은 고객과 종업원과 스스로에 대해서 모두 다 함께 무엇을 추구하는지를 분명히 나타낼 수 있는 철학을 가지지 않으면 안 된다.

맞춤형 여행에는 그 분야의 전문가가 기획하고 안내해야 한다. 여행객들에게 재미와 호기심을 유발하려면 한 분야의 전문가 식견을 갖고 있으면서도 다양한 분야의 변화상을 알아야 하며, 다양한 스토리텔링의 소재를 갖고 있어야 한다.

역사공부는 여행업에 종사하는 사람들에게 공통 필수이다. 해외여행객은 전문분야별로 오는 경우도 있지만 이런 구분 없이 오는 여행객이 훨씬 많다. 다양한 지식을 갖고 있는 여행객들에게 재미와 흥미를 유발하려면 공통적인 관심사항을 찾아내야 한다. 그 중의 하나가 방문하는 나라의 역사이기 때문이다. 외국인 대상 역내 여행의 경우에는 국가 간 관심사를 선린관계 차원에서 반영해야 우호적인 느낌을 갖게 된다.

융합관광, 생태관광, 역내관광, 의료관광 자체가 전문가 시대의 여행이 도래함을 의미하고 있다. 여행사업 종사자에게도 단순한 지식보다는 보다 폭넓은 교양과 전문지식이 요구되는 시대이다. 시대의 변화 및 동향을 이해하고 설명하는 능력, 역사지식, 환경 및 바이오 지식, IT기술과 융합문화 지식, 의료지식 등 다양하다. 여기에 영어 · 일어 · 중국어를 비롯한 여행객이 많은 나라의 언어구사능력, 그 나라의 역사지식과 산업지식까지 요구된다. 관광가이드는 외국관광객이 오면 그 나라의 말로 안내해야 한다. 관련하여 그 나라의 동향과 역사지식, 산업, 방문객의 국민이 존경하는 인물을 알면 호감을 유발할 수 있다.

여행은 시대의 흐름을 통찰하는 혜안을 가져야 성공할 수 있다. '올레길' 여행이 대표적이다. 현대인은 각박한 도시생활에서 자연으로의 회귀를 원하며 잠시나마 휴식을 찾고자 하기 때문이다. 요즘 느림을 추구하는 새로운 추세도 바쁜 일상에서 벗어나려는 시도의 하나이다. '빠름'보다는 '자연 · 전통과 함께하는 느린 삶'을 추구하려는 것이다.

웰빙 바람 역시 마찬가지이다. 여행관련 종사자에게는 이런 일련의 여행의 흐름을 탐색하고 이해하고 응용하는 능력이 요구된다. 여행상품을 기획하는 사람에게 이런 지식이 없으면 제대로 된 여행상품을 만들어낼 수 없다. 기획을 잘해도 이를 제대로 설명하고 안내하는 가이드가 제 역할을 하지 않으면 효과는 반감된다. 그래서 관광산업에도 각 분야의 전문적 지식과 함께 여행객들의 재미와 관심을 유발하는 지식의 융합이 필요하다.

9.4 여행업 종사원과 자격제도

자격제도는 법적 보장체계로서, 이는 업무의 전문성과 관계되는 각종 사회 · 환경요인들(기업, 대학, 전문 직능단체, 소비자 등) 중에서 정부와의 관계에 속하며, 정부는 업무의 법적 보장체계를 통하여 사회적 제반효과를 발전시킨다.[11]

최근 산학이 상호 신뢰할 수 있는 산학 매개체제의 중요성에 대한 인식이 확산되고 있는 추세이다. 즉 학교는 산업현장에서 필요로 하는 질적 수준이 높은 인재를 개발하고, 기업은 그 인재를 적극적으로 고용하는 것을 말한다.

대부분의 선진국에서는 통합적 국가자격체제를 보유하고 있으며, 영국은 NSS(National Skill Standard) 등을 통하여 체계적 · 합리적 · 통합적 매개체제 개편정책을 수립하였고,

11) 김덕기, 관광산업 인력 전문화방안, 한국관광연구원, 2001, 25쪽.

프랑스는 직업 리쌍스(Licenceprofessionnelle) 등 고등직업전문학위를 신설하여 운영하고 있다.[12)]

개별 자격이 시장에서 제 기능을 수행하려면 노동시장에서의 직무수요와 연계되어야 할 뿐 아니라, 개별 자격 간 호환성이 체계적으로 정비되어 자격시장의 참여자에게 경력개발에 필요한 학습경로를 명확하게 알려줄 수 있어야 한다. 그러므로 자격은 또한 교육훈련시장과도 긴밀히 연계되어야 한다. 특히 사회가 능력중심사회 · 평생학습사회로 변화함에 따라 '자격시장', '노동시장' 및 '교육훈련시장'을 포괄하는 거시적 차원의 연계 내지 통합이 더욱 중시되고 있다.[13)]

9.4.1 여행서비스관련 종사자

1) 투어플래너

여행서비스관련 종사자는 우리나라 국민의 국내 및 해외여행과 외국인의 국내여행이 원활히 진행되도록 도와주는 여행사무원과 여행상품기획가(tour planner), 여행에 필요한 각종 편의를 제공하고 쾌적한 여행을 할 수 있도록 안내해 주는 여행안내사 등으로 구분할 수 있다.[14)]

여행상품기획가는 기존에 여행지역으로 활성화되지 않은 지역을 찾아내어 새로운 여행지를 상품화한다. 여행상품개발원, 여행코디네이터(tour coordinator), 투어플래너(tour planner) 등으로도 불리는 이들은 과거에는 해외 배낭여행이나 국내외의 명승지 여행상품들을 주로 기획하였지만, 최근에는 오지여행, 체험여행, 맛기행, 기차여행 등 다양한 테마여행 상품들을 많이 개발하고 있다.

여행상품을 기획하기 위해서 해외여행 자료와 현지 관광청 자료를 자주 체크하고 그 동향을 파악한다. 여러 가지 이용 가능한 교통수단, 비용 및 편의성에 관한 정보를 획득하고, 상품성 있는 관광지를 찾는다. 또한 고객의 경제력과 취향, 휴가 일정 등을 고려해 최적의 여행코스를 추천해 주기도 한다.[15)]

---

12) 박태준, 미래지향적 직업교육 패러다임 구축방안 연구, 한국직업능력개발원, 2008, 102쪽.

13) 김현수 외, 국가자격시험 관리체계 개선을 위한 법제도 개선방안, 한국직업능력개발원, 2007, 54쪽.

14) 고용노동부, 2013 한국직업전망, 2013, 412~414쪽.

15) 노동부 · 한국고용정보원 직업연구센터, 성공적 이직 및 재취업을 위한 가이드, 2009, 95쪽.

여행상품기획가의 가장 기본적인 업무는 상품개발이지만 상품의 홍보 및 판매에 대한 책임과 고민도 함께한다. 여행상품의 기획과 판매는 함께 이루어지며 기본적인 업무 외에 마케팅활동까지 병행하는 것이 일반적이다.

여행상품개발자가 되기 위해 요구되는 특별한 자격이나 학력조건은 없다. 여행관련 분야의 업무경험이 있거나 국내외 여행경험이 많은 것이 유리하다. 여행상품개발자는 여행업무를 비롯해 여행지역에 대한 교통이나 지리, 숙박, 문화 등 모든 정보를 숙지하고 있어야만 업무수행이 가능하기 때문에 관련 회사에 입직한다고 처음부터 여행상품개발자가 되는 것은 아니며 관련 업무를 통해 일정 이상의 경력을 쌓아야 한다.

2) 여행사무원(OP : Operator)

여행사무원은 여행객을 모집하고, 이들을 대상으로 상담하여 상품을 판매하는 일을 한다. 여행사에 따라 평소에는 사내업무를 담당하고, 단체가 형성되면 공항 등으로 찾아가서 여행객을 인솔하는 업무를 담당하기도 한다. 또한 숙박, 교통, 식당 등 여행과 관련한 사항의 예약 및 수배를 담당하기도 한다. 대개는 여행하려는 고객에게 여행상품을 추천 및 판매하고, 여행과 관련된 예약 및 발권업무를 수행하는 자이다.

이들은 고객에게 여행상품을 추천 및 판매하고, 여행일정을 계획한다. 또한 고객의 요구에 맞는 여행상품을 추천하고, 상품별 비용 등 각종 자료를 제시한다. 숙박시설 예약, 교통편 예약 등 여행에 따르는 대행업무를 준비하고 여행일정을 계획한다. 행선지, 교통편, 여행일정, 경비, 숙박시설을 고객과 협의 · 결정한다.[16)]

단체여행을 계획하고 명시하여 판매한다. 여행출발 전 여행지에 관한 자료를 고객에게 제공한다. 여행경비를 계산하거나 단체여행의 비용을 견적한다. 고객 운송수단 및 숙박시설을 예약한다. 수송이나 관광지 출입을 위한 티켓을 구입하고 요금을 수급하며, 여행상품에 관한 고객 불만사항을 해결한다.

여행사무원이 되기 위해 특별히 요구되는 자격은 없으나 대부분 전문대 이상의 학력자들이 주로 취업한다. 대학에서 관광경영(학)과, 국제관광(학)과, 호텔경영(학)과 등 관련 학과가 많이 개설되면서 전공자들의 취업이 늘고 있다. 해외여행관련 자료를 많이 다루어야 하기 때문에 영어, 일본어 등을 비롯한 외국어 능력을 갖추는 것이 필요하다.

---

16) 한국고용정보원, 직종별 직업사전, 2013, 475~500쪽.

여행사는 보통 기획부서, 영업부서, 고객관리부서, 지역별 국내외 여행부서 등으로 구성되어 있으며, 여행사무원은 이러한 부서에 소속되어 활동하게 된다.

3) 여행안내사 · 인솔자

여행안내사(tour guide)는 국내외를 여행하는 개인 또는 단체의 교통기관, 숙박시설, 관광객 이용시설 및 편의시설의 이용을 안내하는 등 각종 여행편의를 제공하며, 관광지 및 관광상품을 설명하거나 여행을 안내(인솔)하는 사람이다.

여행안내사(인솔자)는 관광통역안내사와 국내여행안내사로 구분된다. 관광통역안내사는 국내를 여행하는 외국인 관광객 또는 국외를 여행하는 내국인 관광객을 대상으로, 국내여행안내사는 국내를 여행하는 내국인관광객을 대상으로 여행일정표 작성, 여행자 인솔, 명승지나 고적지의 안내 및 소개 등 여행에 필요한 각종 서비스를 제공한다.

이들은 여행 출발 전에 관광객의 신상 및 여행목적 등을 파악한 후 방문지에 대한 정보를 수집하고, 숙박시설, 교통편, 레크리에이션 및 기타 일정 등 모든 사항을 계획 · 조정한다. 여행 출발일에 공항이나 집합장소에 먼저 도착하여 관광객을 맞이하고 여행 일정에 대해 설명한다.

국외여행인솔자(TC : Tour Conductor)는 출국수속을 도와주고 현지도착 시에는 숙소 수속을 대행한다. 관광 중에는 현지가이드와 협조하여 여행의 원만한 진행을 위해 노력하며, 관광 중에 예상치 못한 사고가 발생할 경우 본사와의 연락을 통해 협의하고 신속하게 문제를 해결해야 한다. 여행이 끝난 후에는 정산을 하고, 관광안내 시 문제점 및 개선점을 기록하여 향후 여행기획에 좋은 참고자료가 되도록 여행보고서를 작성하기도 한다.

여행안내사가 되기 위해 요구되는 자격이나 학력조건은 없다. 무엇보다 여행관련 분야의 업무경험이 있거나 국내외 여행경험이 많은 것이 유리하다.

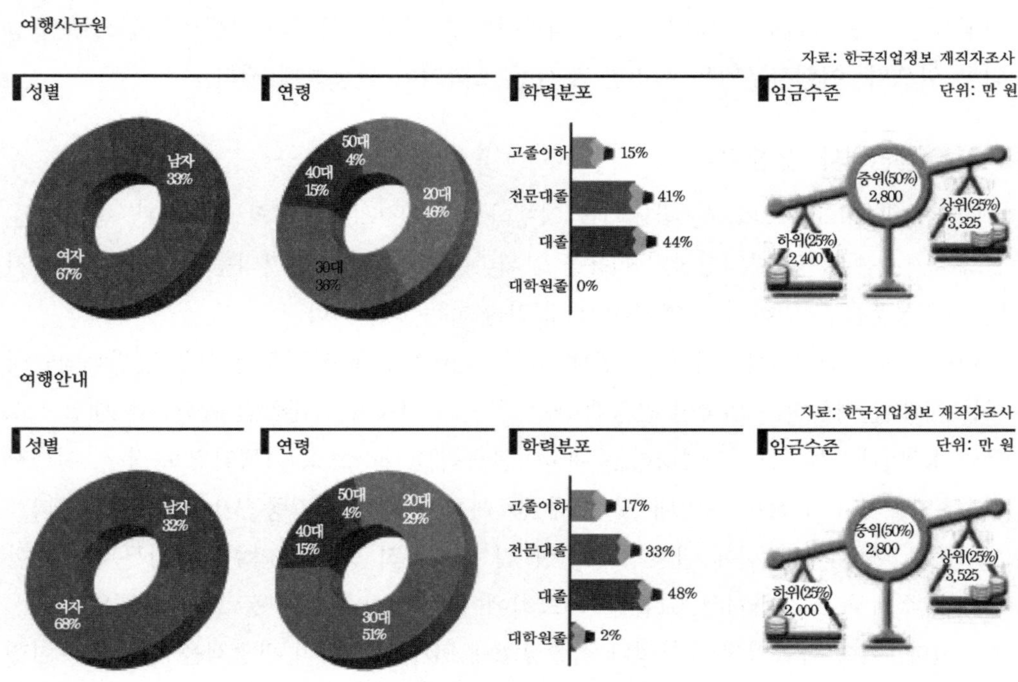

〈그림 9-1〉 여행서비스관련 종사자의 현황

4) 지역수배전문가

여행지의 관광시설 등을 수배하는 일을 한다. 이들은 여행지의 여행사에 소속되어 국내의 여행사로부터 현지의 여행지 수배를 의뢰하면 여행상품의 구성요소 중 항공권을 제외한 숙박, 교통, 음식 등을 사전에 확보하여 예약업무를 수행한다. 여행사를 대상으로 영업활동을 한다. 국내의 아웃바운드 여행사를 대신하여 현지의 인바운드 여행사와 연락하여 업무가 원활히 진행되도록 지원한다.

5) 철도여행상품개발원

철도와 관련된 여행상품을 개발 · 홍보하고 여행객을 유치한다. 이들은 철도여객을 유치하기 위해 시장조사를 통해 영업전략을 수립한다. 연계 가능한 여행사와 협력하여 철도관련 여행상품을 개발한다. 단체여행단을 모객하는 모집원의 영업활동을 지원하기

위해 팸플릿 및 플래카드 제작 등의 관련 업무를 담당한다.

단체여행객 모집원의 영업실적을 관리한다. 특정 계약을 통해 철도이용할인 혜택을 제공하는 계약수송을 유치하기 위해 기업체 및 단체에 방문한다. 고객의 방문이나 전화 문의에 응대한다. 역 내에서 판매활동을 하거나 광고활동을 할 수 있는 업체를 유치하기도 한다.

6) 해외여행기획자

해외여행상품을 기획 및 개발하고, 고객상담 업무를 수행한다. 이들은 새로운 해외여행지 개발을 위해 인터넷이나 여행동호회, 현지 여행사, 직접 방문 등을 통해 정보를 수집한다. 수집된 정보를 토대로 개발가능성과 시장성 등을 종합적으로 판단하여 개발 여부를 결정한다.

관광개발 예정지의 항공, 숙박, 관광지 등의 관광자원을 파악한다. 여행에 들어갈 총비용을 산출하고, 일정표를 만든다. 현지의 협력업체를 섭외하고 계약을 맺는다. 항공권 예약, 여권발급, 환전 등 여행에 필요한 기타 업무를 대행하기도 한다. 고객의 요구사항에 맞춰 여행상품을 추천하기도 한다.

7) 관광유람선관광가이드

유람선 이용객이 쾌적한 관광을 할 수 있도록 방송안내, 응대, 여흥진행 등 각종 서비스를 제공한다. 방송기기의 이상 여부를 확인한다. 배선 스케줄을 보고 방송을 구상한다. 날씨, 안전 등 특이사항 등을 안내한다. 승선안내 및 접객을 한다.

선박이 출항하면 주변의 관광, 역사, 안전에 대하여 우리말 및 외국어 방송서비스를 한다. 승객의 요구에 응대하고 각종 선내 서비스를 제공한다. 승객이 유람선 하선 시에 하선인사를 한다. 간단한 선내 오락시간을 주최하기도 한다.

8) 항공예약발권사무원

항공발권시스템을 이용하여 승객이 원하는 출발지 및 목적지, 시간을 검색하여 이용 가능한 항공편을 조회한다. 이들은 고객에게 이용 가능한 항공사 및 탑승시간, 좌석등급 등을 조회하여 알려주고 고객이 승인하면 신분증 및 여권 등을 확인하여 예약한다. 또한 항공여행 일정에 따른 항공요금을 산출하고, 항공티켓을 발권하며, 항공권 이용에 따른 주의사항을 전달한다.

고객의 마일리지 확인 및 목적지, 항공사 등과 관련한 문의사항에 대하여 답변한다. 환불, 기한연장 또는 변경 등을 처리하고, 전자항공권 및 선불증(PTA : Prepaid Ticket Advice : 타 지역에 거주하고 있는 여행자를 위해 미리 티켓가격을 지불하고 해당지역에서 티켓을 발권할 수 있도록 하는 제도)과 관련된 업무를 수행한다.[17)]

여행상담사 자격증은 소규모 여행사에 대한 고객신뢰도 부족, 올바른 여행상품 판매절차에 대한 지식부족, 여행업계과 관련업계의 새로운 정보와 제도에 대한 지식부족 등에서 오는 문제를 해결하고자 신설된 민간자격증이다. 여행상담사는 여행상품 판매에 대하여 고객의 요구에 부합하는 여행관련 상품정보를 제공하고 계약에 도달할 수 있게 하는 사람이다. 종래의 여행사분야 자격증은 여행안내나 항공예약/발권 직종에 편중된 까닭에 여행상담업무가 소외되어 있었다. 따라서 이 자격증은 NCS[18)]에 기초를 둔 신규 자격증 신설요구에 따라 새롭게 등장한 것이다. 검정등급은 1급과 2급으로 나뉘는데 1급은 전문가 수준의 뛰어난 여행상담 활용능력을 가지고 있으며, 여행상담업무의 책임자급 능력을 갖춘 최고급 수준의 자격증이고, 2급은 준전문가 수준의 여행상담 활용능력을 가지고 있으며, 여행상담 수준이 상급단계에 도달하여 한정된 범위 내에서 여행상담업무를 수행할 기본능력을 갖춘 자에게 발급되는 자격증이다.

9.4.2 여행서비스종사원의 자격시험제도

관광분야 자격제도는 국가기술자격법에 의해 한국산업인력관리공단에서 운영하는 국가기술자격, 문화체육관광부에서 운영하는 국가자격, 법률에 의해 위임받은 특정기관에서 운영하는 국가공인민간자격, 민간단체에서 필요에 따라 운영하는 민간자격제도 등이 있다.[19)]

관광종사원 자격제도는 현행 「관광진흥법」 제36조(관광종사원의 자격 등에 관한 규

17) 한국고용정보원, 관광분야 직업전망, 2007, 20쪽.

18) NCS(National Competency Standards, 국가직무능력표준)는 산업현장에서 직무를 수행하기 위해 요구되는 지식·기술·태도 등의 내용을 국가가 체계화한 것이다.

19) 김윤영, 관광개발 전문자격제도 도입 타당성 연구, 한국관광연구원, 2010, 37쪽.

정) 및 동법 시행령 제37조에 근거하여 시행되고 있다. 유자격자 고용과 관련해서 기존의 의무규정이 권고 규정으로 대체되고 있는 추세에 있으며, 이러한 완화추세에 편승하여 유자격자의 고용을 기피하고 있는 실정이다.[20)]

1983년에는 명예통역안내원 제도가 도입되어 각종 국제회의 및 행사에 있어서 국위선양 및 민간친선의 기반을 조성하고 방한 외국인여행자가 겪는 언어상의 장애나 불편사항, 관광안내 등에 필요한 자료나 정보를 제공해주는 데 일익을 담당하기도 하였다.[21)]

1993년에 신설된 국외여행인솔자의 경우에는 자격시험이 없고 교육을 이수하고 형식적인 시험을 친 후 자격증이 주어진다. 특히 국외여행인솔자 소양교육과정은 여행업체에서 6월 이상 근무하고 해외여행경험이 있는 자가 소정의 교육기관에서 15시간 이상을 이수하면 자격증이 주어진다.

2001년도에 신설된 문화유산해설사는 우리의 역사문화 유적에 대한 기본적 소양을 갖춘 자 및 문화유산의 관리자, 후손 및 문화유산에 대한 해박한 지식을 가진 자, 외국어능통자(영/일/중) 등을 대상으로 서류 및 면접 심사를 통해 선발하며, 120시간 이상의 소양 및 전문교육과 현장실습교육을 받고 수료증과 더불어 자격증이 수여된다.[22)]

9.4.3 외국의 여행관련 자격증 사례

1) 일본

(1) 여행관련 업무자격의 종류

(가) 여정관리주임자(투어 컨덕터)

필요한 조건 : ① 국토교통성장관이 지정한 기관(지정기관)이 실시하는 여정관리 지정 연수 수료자(합격자)일 것, ② 여행업법에서 정한 일정한 첨승실무(添乘實務)를 경험하고 있을 것, 지정연수의 내용은 국내는 국내인솔업무, 여행업법령 · 각종 약관, 첨승원의 지위와 책임, 일반은 해외첨승실무, 첨승외국어, 국내첨승실무, 여행업법령 · 각종 약

20) 정찬종 · 김정옥, 여행업무 자격제도 개선방안에 관한 연구, 관광경영연구 관광경영학회, 제19호, 2003, 337~365쪽.
21) 김향자. 관광종사원자격제도 개선방안, 한국관광연구원, 1998, 12쪽.
22) http://www. tour.daegu.go.kr (2002).

관, 첨승원의 지위와 책임 등의 과목을 이수하게 된다. 첨승실무를 경험하는 방법은 ① 실제로 투어에 보조첨승원으로 참가하거나, ② 등록회사의 연수투어에 참가하여 연수를 받거나, ③ 협회 주최의 연수투어에 참가하여 연수를 받는 방법 등이 있다.

여정관리주임자증을 취득하기 위해서는 첨승실무 경험횟수가 필수적인바, 지정연수 수료일을 전후하여 1년 이내에 1회 이상, 또는 지정연수 수료일로부터 5년 이내에 3회 이상을 요구하고 있다.

연수자격은 ① (사)일본첨승서비스협회의 정회원 또는 찬조회원으로 소속되어 있는 첨승원 또는 준회원이거나, ② 인솔업무 경험연수가 제1차 시험을 행하는 다음 해 1월 1일 현재 다음 사항을 충족하고 있어야 하는바, 즉 1급은 5년 이상, 2급은 3년 이상이다. ③ 통상의 인솔 일수가 신청기간 말일을 기준으로 1급은 800일 이상, 2급은 400일 이상일 것. 연수기간은 일반의 경우 4일, 국내연수는 3일간이다.

평상시 인솔업무란 여정관리업무, 단체관리업무, 여행서비스수령원조업무, 여행준비업무, 여행종료 후 업무, 자금관리업무, 추가인솔업무(여행마다 특약으로 기본적 인솔업무 이외에 추가되는 인솔업무)를 정확하게 실시할 능력에 대해서 묻는 것을 말한다. 이상 시 인솔업무란 교통기관의 운행이 대폭 지연된 경우, 여행목적지에서의 재해 · 전란 등이 발생한 경우, 여행단체의 구성원에게 사상자가 발생한 경우, 기타 비상사태 발생에 따라 여행 진행에 중대한 지장이 생긴 경우 그 사태에 대처하여 적절한 인솔업무를 실시할 능력에 대해 묻는 것을 말한다.

〈표 9-3〉 시험 종류

시험	종류	과 목
1차	일반1급	평상시 · 이상 시 인솔업무 · 일반교양 · 영어 · 첨승원의 지위와 책임
	국내1급	여행실시 전후 및 실시 중(평상시 · 이상 시) 일반교양 · 첨승원의 지위와 책임
	일반2급	평상시 · 이상 시 인솔업무 · 일반교양 · 영어 · 첨승원의 지위와 책임
	국내2급	평상시 · 이상 시 인솔업무 · 일반교양 · 첨승원의 지위와 책임
2차	각 1급 공통	소논문(小論文)

자료 : http://tcsa.or.jp/H13nokaisetsu_index.html (2002. 12. 4에 의거 재구성함).

(2) 기타 민간자격

여행관련 업무자격은 주로 관련협회를 중심으로 이루어지고 있으며, 그 종류에는 여행지리검정시험(국내, 해외) 및 철도여행검정시험, 시각표검정, 역사검정, 상식력 검정, 통역검정 등의 5종류가 있으며, 이들 자격증을 소지함으로써 여행 · 운수 · 관광서비스업계 취직에 유리하며, 또한 총합(總合)여행업무취급관리자가 되기 위한 학습에 효과적이라고 할 수 있다.

기타 검정으로는 실무기능검정협회에서 주관하는 각종 실무능력검정시험이 있다. 실무능력검정시험은 크게 비즈니스문서검정과 비즈니스 실무매너검정, 서비스접대검정시험으로 구분된다. 기타 검정으로는 비서검정 등이 있다.

2) 미국

(1) 여행상담사(CTC : Certified Travel Counselor)

ICTA(Institute of Certified Travel Agents : 관광산업의 전문인 양성을 위해 교육을 담당해 온 비영리단체로서 1964년 설립)에서 주관하는 자격증으로 미국 내에서뿐만 아니라 세계적으로 권위를 인정받고 있다.

(2) 여행상담사(CTC)의 자격기준

여행상담사는 여행사를 전업으로 하면서 적어도 실무경험 5년 이상을 유지하여야 하거나, CTA시험에 합격하여야 한다. 또한 CTC의 지위를 유지하기 위해서는 ICTA에서 실시하는 계속교육 프로그램 중 10강좌를 이수하도록 요구하고 있다.

(3) 여행상담사(CTC)의 교육과정

CTC의 교육과정은 3개의 핵심영역 즉 업무 개발(Business Development)분야와 전문적 개발(Professional Development)분야, 그리고 시사문제(Contemporary Issues)에 관한 분야로 나누어지며 각각 필수코스와 선택코스로 분류되어 있다. 필수코스를 보면, 여행실무의 기본적 사항과 관련된 것으로 업무계획, 재무계획, 기술의 영향, 마케팅전략 등이 있는 점이 특기할 만하다.

3) 영국

(1) 자격증의 개요

자격증 명칭으로는 Blue Badge Guide이고, 자격시험의 시행은 1950년으로 우리나라보다 11년이나 앞서 시작되었다. 시험시행기관은 런던관광국(London Tourist Board)이다. 국외여행인솔자에 대한 특별자격증은 없다.

(2) 시험시행방법

필기시험으로는 역사, 지리, 건축, 예술, 문학, 시사로 단답형이 200문항이고, 서술형 에세이로 구성되었다. 실기시험은 관광지 현장실습으로 Bus Tour 시험을 50회 시행한다.

합격자 대상 교육 및 자격증 갱신제도는 없다. 시험면제조항은 없으나 특별심사를 통과한 일부 여행업 종사자에 한해 시험대비 교육과정은 6개월 또는 2년으로 면제가 가능하다.

(3) 근무조건

근무형태로는 비상근이며, 단 가이드조합 및 가이드 에이전트를 통해 수배하여야 한다. 보수수준은 1일당 117파운드로 약 230,000원이다. 고용의무규정은 없으며, 단 상근근무자에 대한 의무고용규정은 없으나 반드시 등록된 안내원을 고용하도록 법적으로 규정하고 있다.

9.4.4 여행관련 새로운 자격증의 신설

여행업무는 국제회의 이벤트 등 폭넓은 분야와 연계되어 있어 각 분야의 인력육성방안과 함께 새로운 자격제도의 도입이 요구된다. 여기에는 여행업무관리사, 여행상담사, 여행상품기획사, 여행전산사 인터넷여행정보사 등의 자격제도 도입이 필요하며 이를 표로 제시하면 다음과 같다.[23)]

23) JHRS, 旅行業プロのためのインターネネットト活用術, 2003, 172~173쪽.

〈표 9-4〉 여행관련 신규 자격제도

자격 명칭	업무범위	시험과목
여행업무관리사	여행업무 전반에 대해 통괄	관광법규-여행사경영론-여행사실무-여행자료의 판독-일반상식-영어
여행상담사	여행상담업무	관광법규-여행사경영론-여행사실무-여행자료의 판독-일반상식-대인관계기법
여행상품기획사	패키지상품 등 기획	관광법규-여행사경영론-여행사실무-상품학개론-일반상식-여행지리
여행전산사	여행전산업무 (항공사, 코레일 등 전산업무)	항공사예약 · 발권업무-철도업무예약 · 발권업무-여행사실무-일반상식-영어
인터넷여행정보사	인터넷에서의 정보검색, 여행사에서의 IT화 추진	인터넷용어-인터넷용기능-여행사실무-여행지리

외국어시험은 외국어 전문기관에서 실시하는 외국어능력 검정시험점수를 인정하여 일정 수준 이상인 자를 선발토록 한다. 또한 시험실시방법을 변경하여 1차 필기시험, 2차 면접시험방식을 택함으로써 자격이 안되는 사람들까지 면접시험을 치르는 불합리성을 배제하도록 한다.

국외여행인솔자의 경우 무시험으로 자격증을 주어서는 곤란하며 또한 형평성에도 맞지 않으므로 시험 합격자에 한해 자격증을 주도록 하여야 한다.

특히 여행사에 6개월 이상 재직한 자가 15시간만 교육을 이수하면 자격증이 주어지는 것은 자격증의 본래 취지에도 맞지 않는다.

국내여행안내사의 경우 관광관련 학과를 졸업하고 면접만 통과하면 자격증이 주어지는 제도로는 실제로 안내를 담당할 수 없다. 그러므로 어떤 형태로든지 시험에 합격한 자들을 그 대상으로 해야 한다.

또한 여행사와 관련한 자격증인데도 불구하고 어느 자격증에도 여행사와 관련된 과목이 들어 있지 않은 모순을 가지고 있으므로 모든 자격증 시험에는 여행사경영론과 여행사실무과목을 필수적으로 포함시켜야 하며, 이를 표로 제시하면 다음과 같다.

〈표 9-5〉 여행관련 자격시험제도 개선 및 시험과목의 조정

자격 명칭	기존 시험과목	개선 시험과목
관광통역안내사	해당 외국어-관광법규-관광사업개론-국사-한국지리	해당 외국어-관광법규-여행사경영론-여행사실무-일반상식-한국지리
국내여행안내사	국사-한국지리-관광법규-관광자원론	문화재해설-한국지리-관광법규-여행사경영론-여행사실무
국외여행인솔자	무시험(각 교육기관별 자체평가)	세계사-세계관광지리-영어-출입국관계법규-해외여행안전관리-일반상식-여행사경영론-여행사실무

여기에 더하여 자격증 취득 후 일정기간이 경과하면 보수교육이 의무화되어야 하며, 분야별 전문성을 강화할 수 있는 교육훈련과정이 개발·제공되어야 한다. 또한 표준화된 교과과정 및 교육훈련 매뉴얼의 개발·지원이 필요하다.

9.5 기업가정신의 확립

기업가정신이라는 용어는 약 200년 전 기업가들의 위험감수를 강조한 리차드 드 칸틸런(Richard de Cantillon)이 최초로 사용한 이래 널리 사용되어 왔으나, 하나의 학문분야로 발전된 것은 비교적 최근의 일이다. 즉 기업가정신이란 새로운 가치를 창출하기 위해 모험정신과 도전의식, 열정을 가지고 위험을 감수하며 진취적인 자세로 신사업을 개척하고 혁신을 주도하는 정신이라고 할 수 있다.

기업가 정신의 첫 번째 핵심요소는 바로 혁신(innovation)이며, 기업가정신을 지닌 기업가들은 일반적으로 무(無)에서 유(有)를 창조하는 개방적 사고(open-mind)와 도전 정신을 지니고 있으며, 이는 신사업을 개척하거나 새로운 조직을 세우고 이끄는 혁신의 자세를 의미한다. 혁신은 창업시뿐만 아니라 기존 조직구조에도 적용될 수 있으며, 창조적 파괴를 통하여 지속적으로 더 나은 조직으로 탈바꿈할 수 있다. 즉 혁신은 기술혁신과 경영혁신이라는 상호촉진적·상호제약적 관계에 의해 이루어짐을 알 수 있다.

두 번째 요소는 바로 리더십(leadership)이며, 이는 자기 자신을 관리하고 절제하는 셀프 리더십에서부터 타인을 독려하고 꿈과 비전을 제시하며 동기 부여할 수 있는 역량을 포함한다. 성공적인 기업가들에게서는 공통적으로 강한 리더십을 발견할 수 있으며, 그들은 진취적이고 열정이 있으며 긍정적인 영향력을 행사하는 기업가정신을 발휘한다. 리더십을 발휘하기 위해서는 리더에게 통찰력과 적응성이 요구되며, 리더가 갖추어야 할 요건으로는 용기 · 의지력 · 마음의 유연성 · 지식 · 고결한 성품과 특히 공정과 성실함을 끊임없이 간직함으로써 부하에게 신뢰받는 일이 중요하다고 하였다.

세 번째 요소는 책임의식(responsibility)이며, 이는 새로운 사업을 시작하거나 혁신을 주도할 때 위험을 감수하고 자신의 책임감을 다하여 임하는 것이 기업가정신의 핵심 요소이다. 사업의 결과에 대한 책임감과 사업에 대한 전반적인 문제를 주도적으로 해결하기 위한 주도성을 지니고 있으며, 자신을 비롯한 조직구성원들에 대한 강한 책임의식이 필요하다.

책임의식에는 ① 도덕적 책임과 ② 법률적 책임이 있다. 전자는 사람이 자기의 행위에 관해, 자타의 평가를 받아들이고, 그것에 근거하여 자책이라든가 다른 사람들로부터의 비난이라든가 하는 갖가지 형태의 도덕상의 제재를 받지 않으면 안되는 사정에 있는 것을 말하며, 후자는 타인에게 준 손해에 대해 법률에 따라 배상한다든가, 범죄 때문에 형벌을 받지 않으면 안되는 처지에 있는 것이다. 도덕적 책임과 다른 것은 법적 강제력으로 책임을 지우는 점에 있다.

그러나 일반적으로 업무상 맡고 있는 임무 및 그것을 게을리하는 경우 어떤 제재를 받지 않으면 안되는 사정에 놓여 있는 경우도 있으나 이 경우에는, 동시에 도덕적 책임과 법률적 책임을 지지 않으면 안되는 경우와 그렇지 않은 경우가 있다.

1986년 미국기업가협회의 기업가 신조를 소개한다. 여행업을 경영하는 기업가들이 참고할 만한 좋은 자료라고 생각한다.

① 나는 평범한 사람이 되는 것을 거부한다.
② 나의 능력에 따라 비범한 사람이 되는 것은 나의 권리이다.
③ 나는 안정보다는 기회를 택한다.
④ 나는 계산된 위험을 단행할 것이고 꿈꾸는 것을 실천하고 건설하며, 또 실패하고

성공하기를 원한다.

⑤ 나는 보장된 삶보다는 삶에 대한 도전을 선택한다.

⑥ 나는 유토피아의 생기 없는 고요함이 아니라 성취의 전율을 원한다.

⑦ 나는 어떠한 권력자 앞에서도 굴복하지 않을 것이며, 어떠한 위협 앞에서도 굽히지 않을 것이다. 자랑스럽고, 두려움 없이 꿋꿋하게 몸을 세우고 서는 것, 스스로 생각하고 행동하는 것, 내가 창조한 것의 결과를 만끽하는 것, 그리고 세계를 향해 '신(神)의 도움'으로 내가 이 일을 달성한다.

⑧ "이것이 기업가가 된다는 의미이다"라고 힘차게 말할 수 있는 것이 바로 신(神)이 내게 주신 자랑스런 유산이다.[24)]

기업은 사풍(社風)이라는 눈에는 보이지 않는 문화와 같은 것이 존재한다. 잘 관찰하면 사풍은 조직의 '공통가치전략'으로서 한 사람 한 사람의 멤버나 사고의 버릇이나 행동특성을 형성 · 규제하고 있다.[25)] 삼성은 국내 최고의 대우, 능력 · 실력 위주의 경영, 무노조경영 등이 사풍이다. 여행업 또한 자기만의 독창적인 상품을 만들 필요가 있다.

9.6 여행관련 산업의 발전방향

여행서비스 산업의 성장을 위해서는 무엇보다도 관광산업에 대한 신규투자를 확대하는 것이 필요하다. 관광부문 신규 투자유치를 위해 각종 규제완화 및 인센티브 제공방안이 지속적으로 발굴되어야 한다. 관광산업에 대한 민간부문의 투자유인책이 효과로 이어지기 위해서는 구체적인 후속대책이 시급히 마련되어야 하며 창업환경 개선 및 지원정책, 인센티브 제공, 규제완화 등의 지원정책이 지속적으로 발굴되어야 한다.[26)]

관광산업의 글로벌 경쟁을 위해서 규제개혁을 추진해야 한다. 현재 관광산업의 규제

24) 송영수, 지식정보화 시대가 요구하는 기업가 정신, CFE Report, 제119호, 2012, 9쪽.

25) 福山健現 · 代情報工学研究会, サービスをつくりだす人びと, ダイヤモンド社, 1998, 61~62쪽.

26) 김안국 외, 서비스 일자리 창출전략 연구, 한국직업능력개발원, 2008, 135~142쪽.

문제는 과거와 같은 규제완화 차원을 넘어 전면적인 규제개혁을 추진하여 글로벌 경쟁체제에 부합하는 신산업환경 조성이 요구되고 있다.

규제개혁(regulatory reform)은 규제체제 혹은 규제제도 전체의 전면적 교체, 더 나아가 각종 규제가 도입되고 개혁되는 과정 전반의 변화를 의미한다. 이에 비해 규제완화·탈규제(deregulation)는 경제적 성과를 높이기 위해 특정 분야의 규제를 완전히 혹은 부분적으로 철폐하는 것을 의미한다.

국민의 국내여행수요의 증대를 위해서는 국민여가로서 관광의 의의를 폭넓게 홍보하고 올바른 여가관광을 정착시키기 위한 대국민 홍보서비스가 적극적으로 개선되어야 한다. 국민여가수요의 증대는 국내여행 진흥을 위한 기반임과 동시에 관광산업 선진화를 위한 기초수요이다.

정책적으로 증가하는 수요에 대응하는 국내여행 진흥을 위한 제도적 공급망 확충과 국민들의 올바른 여가활용방안에 대한 적극적 홍보를 추진하여야 한다. 이를 통해 국가가 보유한 관광자원의 가치를 증대시키고 새로운 가치를 생산할 수 있는 순환적 구조와 국민여가정책 수립이 필요하다. 동시에 문화관광, 의료관광, 웰빙관광 등 신관광산업의 육성이 필요하다.

세계적으로 관광산업은 지역, 문화, 역사, 기술, 체험, 교육, 의료, 모험, 여성, 노인, 교육 등 각종 사회적 요소와 결합하여 새로운 관광수요를 창출하고 있다. 복합관광은 기존 관광에 새로운 체험이나 프로그램이 중심이 되어 그 활동이 상품의 대표성을 부여받아 브랜드화되는 것을 의미하며, 대표적인 것이 의료관광과 미용관광이다.

융합관광은 기존의 관광상품에 기술적 요소나 역사적 의미 등 새로운 사회적 이슈가 결합되어 새로운 여행상품을 만들어내는 것이다. 대표적인 것이 뉴질랜드 영화관광과 우리나라의 한류관광이다.

우리나라의 우수한 의료기술, 역사문화를 바탕으로 한 문화콘텐츠, 지역의 자연과 특정 장소를 소재로 한 웰빙 등 융·복합 관광의 상품개발에 대한 정부의 지원이 필요하다. 특히 우리나라의 첨단의료기술을 활용한 한국형 의료관광상품의 개발을 지원할 필요가 있다.

참고문헌

〈국내문헌〉

강남국, 호텔서비스상품이 경영성과에 미치는 영향에 관한 연구, 경기대학교 대학원 박사학위논문, 1993.

고용노동부, 2013 한국직업전망, 2013.

관광 · 레저산업 인적자원개발위원회, 관광 · 레저분야 산업인력현황 보고서, 2017.

국제관광공사, 여행상품과 유통구조, 1979.

권오철, 현대경제학입문, 삼영사, 1997.

김근수, 여행업 · 호텔업 · 골프장업 · 외식업의 경영매뉴얼, (주)영화조세통람, 2006.

김덕기, 관광산업 인력 전문화방안, 한국관광연구원, 2001.

김성혁, 서비스경영론, 대왕사, 1992.

김안국 외, 서비스 일자리 창출전략 연구, 한국직업능력개발원, 2008.

김윤영, 관광개발 전문자격제도 도입 타당성 연구, 한국관광연구원, 2010.

김준영 외, 여행업 및 관광숙박업 인력수요전망, 한국고용정보원, 2011.

김철환, 성공적인 소셜커머스를 위한 10단계전략, 블로터앤미디어소셜커머스랩, 발행연도불명.

김태호, 소자본점포 마케팅전략, 익산소상공인지원센터, 발행연도불명.

김향자, 관광종사원자격제도 개선방안, 한국관광연구원, 1998.

김현수 외, 국가자격시험 관리체계 개선을 위한 법제도 개선방안, 한국직업능력개발원, 2007.

김홍철, 관광마케팅관리, 도서출판 두남, 1997.

남덕우, 가격론, 박영사, 1983.

남서울대학교 디지털경영학과, 경영전략과 상품계획, 2002.

노동부 · 한국고용정보원 직업연구센터, 성공적 이직 및 재취업을 위한 가이드, 2009.

도미경, 웰빙시대의 관광마케팅, 기문사, 2010.

문화체육관광부 예술경영지원센터, 마케팅전략-기업의 성공사례에서 배운다, 2010.

문화체육관광부, 2013년 기준 관광동향에 관한 연차보고서, 2014.

문화체육관광부, 외래관광객 실태조사 보고서, 2016.

문화체육관광부, 여가백서, 2013.

문화체육관광부, 여행사업체 기초통계조사, 2012.

문화체육관광부, 외래관광객 실태조사, 2013.

박영숙, 한국사회의 미래예측과 교육의 대응전략 모색에 관한 연구, 교육인적자원부, 2006.

박태준, 미래지향적 직업교육 패러다임 구축방안 연구, 한국직업능력개발원, 2008.

백석현, 현대경영학원론, 법문사, 1988.

서선, 항공권 발권수수료 효율화 방안 및 서비스수수료 타당성 연구, 한국일반여행업협회, 2009.

서성한 · 최덕철 · 이신모, 관광마케팅론, 법경사, 1993.

서울대학교 경영대학 경영연구소 편, 경영학핸드북, 서울대학교출판부, 1983.

세계여행신문, 2013. 3. 31. 2014. 4. 1. 2014. 1. 6.

손대현, 관광마케팅론, 일신사, 1985.

송영수, 지식정보화 시대가 요구하는 기업가 정신, CFE Report, 제119호, 2012.

신동숙, 여행계약을 규율하는 여행법리에 관한 연구, 경기대학교 대학원 박사학위논문, 1997.

안태호 · 임상희, 경영학원론, 삼영사, 1990.

오상락, 마케팅원론, 박영사, 1983, 16쪽.

월간산업교육, 핵심역량의 개발전략, 발행연도불명.

유동근, 전문성과 수익성 갖춰야 미래 여행사로 남는다, 제726호, 세계여행신문, 2013.

유동근, 여행시장변천사, 제726호, 세계여행신문, 2013.

윤대순, 여행사마케팅, 대왕사, 1999.

윤대순, 여행업정책의 현황 및 향후 방향, 한국관광연구원, 한국관광정책, 제8호, 2001.

이건희, 현대경영학의 이해, 학문사, 1997.

이광희, 체험관광상품 개발 활성화방안, 한국문화관광연구원, 1999.

이선희, 관광마케팅론, 대왕사, 1993.

이연택, 관광기업환경론, 법문사, 1993.

이유재, 서비스마케팅, 학현사, 1994.

이휘영 · 윤문길, 항공사 발권수수료 폐지에 따른 대책연구, 한국항공경영학회 추계학술대회 발표자료집, 2008.

장구슬, 2013 주요여행사 규모 리스트, 제726호, 세계여행신문, 2013.

장창원 · 홍광표 · 이용환 · 조영기, 서비스산업 선진화를 위한 인재정책 과제, 한국직업능력개발원, 2010.

전효재 · 이기동, 국민생활관광시대의 국내여행업 발전방안, 한국문화관광정책연구원, 2006.

정연비, 10년간 여행사 수 변화, 세계여행신문, 2013.

정익준, 관광마케팅관리론, 형설출판사, 1995.

정찬종, 새여행사경영론, 백산출판사, 2014.

정찬종, 관광마케팅믹스요인이 여행사의 이미지 형성에 미치는 영향요인에 관한 연구, 경기대학교 대학원 박사학위논문, 1992.

정찬종, 여행사경영원론, 백산출판사, 1993.

정찬종, 여행상품기획판매실무, 백산출판사, 2006.

정찬종, 여행업무관리론, 백산출판사, 1991.

정찬종, 최신여행사실무, 백산출판사, 2013.

정찬종, 항공사 발권수수료 폐지에 따른 여행업의 대응방안, 계명춘추, 제286호, 계명문화대학, 2010.

정찬종 · 김정옥, 여행업무 자격제도 개선방안에 관한 연구, 관광경영연구 관광경영학회, 제19호, 2003.

조서환, 성공적인 브랜딩 전략에 관한 연구, 경영연구, 제5호, 발행연도불명.

(주)리더스컨설팅그룹 · (사)한국경영컨설팅산업협회, 마케팅전략계획 수립을 위한 표준 매뉴얼, 2003.

(주)휴넷사이버경영연구소, STP 분석 방법과 마케팅믹스전략, 2011.

중소기업청 비즈니스지원단, 천 번의 두드림-기업 성공 안내서, 2014.

중소기업청 · 소상공인진흥원, 업종별 점포운영 매뉴얼(소매업), 2009.

중소기업청 · 중소업진흥공단, 초보기업 유통채널 진출하기, 2013.

지정주, 여행사 패키지상품의 가격결정에 관한 연구, 세종대학교 경영대학원 석사학위 논문, 1986.

차길수, 인터넷과 여행산업의 유통구조 재편, 관광경영학연구, 제12호, 2001.

채서묵, 관광서비스개론, 대왕사, 1995.

최기탁, 관광경영전략, 한올출판사, 2005.

최승담 · 한정헌 · 김상열, 컨벤션센터 건립방안, 교통개발연구원, 1994.

최종필, 마케팅, 학문사, 1995.

최태광, 관광마케팅론, 백산출판사, 1987.

한국고용정보원, 관광분야 직업전망, 2007.

한국고용정보원, 직종별 직업사전, 2013.

한국관광공사, 국제회의 운영편람, 1986.

한국관광공사, 인트라바운드 마케팅전략, IV, 발행연도불명.

한국관광공사, 통합마케팅전략보고서, 발행연도불명.

한국관광공사, 환경적으로 지속 가능한 관광개발, 1997.

한국문화관광연구원, 관광산업경기 · 관광지출 전망조사, 2014.

한국문화관광연구원, 2016년 4/4분기 관광산업 경기 및 관광지출 전망조사, 2016.

한국여행업협회, 여행산업보고서 제13호, 2017.

한국소비자원, 해외여행과 쇼핑, 2012.

한국직업능력개발원, 학습모듈의개요_행사지시서, 2015.

한희영, 마케팅관리론, 다산출판사, 1982.

한희영, 매가전략론, 무역경영사, 1978.

현대경제연구원, VIP Report 여행업의 선진화, 시스템의 정비가 필요하다, 2009.

현대경제연구원, VIP Report, 통권508호, 2012.

현대경제연구원, VIP Report, 통권555호, 2014.

현대경제연구원, VIP Report, 통권386호, 2009.

현대경제연구원, 관광산업 경쟁력 강화방안 연구, 2009.

호텔신라, 서비스산업의 경영관리, 1989.
홍성태, 21세기마케팅의 새로운 이해, 현대그룹 월례동향보고회의, 2006.

〈일본문헌〉
浅井慶三郎, サービス業のマーケティング管理, 同文舘, 1999.
秋場良宣, 旅行業未来戦略, 日本能率協会マネジメントセンター, 1992.
妹尾晶夫, 目で見て進める新商品・新事業開拓, 日刊工業新聞社, 1992.
伊東光晴, サービス産業論, 社団法人放送教育振興会, 1998.
池田輝雄, 観光経済学の課題, 文化書房博文社, 1997.
井原哲夫, サ-ビス経済学入門, 東洋経済新報社, 1979.
上村忠, 心理市場論, 中央経済社, 1983.
宇野政雄, 総合マ-ケティング・ハンドブック, ビジネス社, 1985.
岡本義温・小林弘二・広岡裕一, 変化する旅行ビジネス, 文理閣, 2003.
大野和雄, 現代観光マ-ケティング論, 函館大学北海道産業開発研究所, 1986.
太田久雄, 売れる旅行商品の作り方, 同友館, 2004.
刀根武晴・日本アプタセ-ルス研究委員会, アプタセ-ルス戦略, プレジデント社, 1983.
大橋昭一・渡邊朗・竹林浩志, 観光経営戦略, センゲ-ジラ-ニング株式会社, 2007.
高橋秀夫, 理想の旅行業クラブツリズムの秘密, 毎日新聞社, 2008.
勝岡只, 旅行業入門③, 中央書院, 1997.
香川昭彦, 添乗人間学, トラベルジャナル, 1988.
河原茂太朗・長谷政弘・佐藤念, 今日のマーケティング, 白鳥書房, 1986.
川井十朗, ソプトサービス化戦略, 海南書房, 1987.
小島郁夫, よくわかる旅行業界, 日本実業出版社, 1997.
小田毅, 旅行マ-ケティング入門, 1994.
小林天心, 旅行企劃のつくり方, 虹有社, 2011.
小林宏, サービス学, 産業能率大学出版部, 1984.
小林宏, サービスで勝負だ, 日本経営協会, 1984.
国際観光振興会, 観光振興おける流通機構の研究 国際観光情報, 第251号, 1980.

津山雅一・太田久雄, 海外旅行マケティング, 同友館, 2000.

同文舘, マーケティング用語辞典, 1988.

トラベルジヤーナル, 海外旅行ビジネス入門, 1983.

トラベルジャーナル, 海外旅行ビジネス入門, 1990.

トラベルジャーナル, 海外旅行の業務知識, 1991.

トラベルジャーナル, 1984. 3. 5.

陶山計介・高橋秀雄, マーケティング・チャネル, 中央経済社, 1990.

長谷政弘, 観光マーケティング, 同門館, 1996.

長沼石根, 旅行業界ハンドブック, 東洋経済, 1997.

中瀬昭, 観光産業のこころみ, 南窓社, 2003.

日本観光協会, 21世紀コンベンション戦略, 観光産業連絡会議コンベンション分科会報告書, 1986.

日本ツアー-オベレタ-協会監修, 海外ツアー-オペレタ-ガイド'96, トラベルジャ-ナル, 1996.

日本交通公社, 観光の現状と課題, 財団法人日本交通公社, 1979.

日本労働協会, サービス経済化と新就業形態, 日本労働協会, 1988.

日本興業銀行東京支店・日本経営システム株式会社編著, ヒット商品のマ-ケティングプロセス, ダイヤモンド社, 1984.

日本観光協会, 21世紀コンベンション戦略, 観光産業連絡会議コンベンション分科会報告書, 1986.

日本観光協会, PRの研究, 1981.

中野順一, 等価変換マ-ケティング, プレジデント社, 1981.

野中郁次郎・北洞忠宏, 嶋口充輝・石井淳蔵訳, 戦略市場経営, ダイヤモンド社, 1989.

野田一夫・八木甫, サービスマネジメントの革命, HBJ出版局, 1985.

野中郁次朗・北洞忠宏・嶋口忠輝・石井淳蔵, 戦略市場経営, ダイヤモンド社, 1989.

野村清, サ-ビス産業の発想と戦略, 株式会社電通, 1983.

長谷川巌, 旅行業通論, 東京観光専門学校出版局, 1986.

羽田昇史, サービス経営の研究, 学文社, 1997.

疋田聡・塚田朋子, サービスマ-ケティングの新展開, 同文館, 1993.

平島廉久, ヒット商品開発の発想法, 日本実業出版社, 1983.

平田真幸, 国際観光マ-ケティングの理論と実践, 国際観光サービスセンター, 2006.

福山健現・代情報工学研究会, サービスをつくりだす人びと, ダイヤモンド社, 1998.

藤本幸男・森下晶美, 旅行商品企劃の理論と実際, 同友館, 2011.

蛇口健一, 戦略ニューサビスビジネス戦略, ビジネス社, 1983.

星満, 商品開発100のアドバイス, 日刊工業新聞社, 1984.

前田勇, サ-ビスマネジメント, 日本能率協会, 1987.

宮本裕, セ-ルスの基礎知識, 産業能率大学出版部, 1983.

村田昭治, マーケティングの原理, ダイヤモンド社, 1988.

森谷トラベルエンタプライズ, 海外旅行ビジネス入門, 1983.

村田昭治・小坂恕・疋田総, 三村優美子, マーケティングマネジメント, ダイヤモンド社, 1984.

森下晶美・島川崇・新井秀之・宮崎裕二, 観光マ-ケティング入門, 同友館, 2008.

毛利好彰, 旅の仕事, 実務教育出版, 1990.

諸江哲男・古岡秀輝・菊地均・小沢健市・原田房信・池田輝雄・和久井昭仁, 旅行観光経済学, 文化書房博文社, 1998.

山上徹, 国際観光マ-ケティング, 白桃書房, 1997.

山上徹, 観光リーゾトのマ-ケティング, 白鳥書房, 1989.

山崎光博・小山善彦・大島順子, グリン・ツ-リズム, 家の光協会, 1994.

山田桂男, 感覚戦略, 同友館, 1983.

吉田春生, マ-ケテティングの現場, 大學教育出版, 2010.

和田正春, 顧客がサービスを決める時, ダイヤモンド社, 1997.

和田充夫・上原征彦, マ-ケティング原理, ダイヤモンド社, 1985.

雄沢孝, 雄沢孝, マーケティングミステイクス, ダイヤモンド社, 1986.

横田澄司, 効率的マーケティング活動の分析, 同文舘, 1985.

JHRS, 海外旅行実務, 2008.

〈영미문헌〉

Ansoff Roger H., "Strategies for Diversification," Harvard Business Review, Sep-Oct., 1957.

Peter Thomas J., and Waterman Robert H., Jr., In Search of Excellence, New York : Warner Books, 1992.

Philip Kotler · John Bowen James Makens, Marketing for Hospitality & Tourism, Prentice-Hall Inc., 1996.

Philip, Kotler, Marketing Management, Englewood Cliffs : Prentice-Hall Inc., 1984.

Philip Kotler · John Bowen James Makens, Marketing for Hospitality & Tourism, Prentice-Hall Inc., 1996.

Regen W. J., "The Service Revolution," Journal of Marketing, July 1963.

Schanlensee Diane, Bernhardt Kenneth L., and Nancy Gust, "Keys to Successful Service Marketing : Customer Orientation, Greed, Consistency," in Service Marketing in a Changing Environment, Thomas Bloch et al., eds., Chicago : American Marketing Association, 1985.

Sim Michael P., and Burritt Chase M., "Enhancing Resort Profitability with Membership Programs," Cornell Hotel and Restaurant Administration Quarterly, Vol. 34, No. 4, Aug., 1993.

Stern Gray A., "Tables for One," Restaurant USA, Mar., 1990.

UNWTO World Tourism Barometer, Vol. 12, Interim update, June 2014.

Vellas F., and Bécherel L., International Tourism, MacMillan Business, 1995.

Wahab Salah, Tourism Marketing, London : Tourism International Press, 1976.

West Joseph J., and Olson Michael D., "Grand Strategy : Making Your Restaurant Journal Winner," Cornell Hotel and Restaurant Administration Quarterly, Vol. 31, No. 2, Aug., 1990.

Zeithaml Valarie A., "How Consumer Evaluation Processes Differ between Goods and Service," in Marketing of Services, James H. Donnely, and William George, eds., Chicago : American Marketing Association, 1981.

Zeithaml V. A. Parasuraman A., and Berry L. L., "Problems and Strategies in Service Marketing," Journal of Marketing, Vol. 49, Spr., 1985.

〈기타 자료〉

http://www. tour.daegu.go.kr

http://terms.naver.com/entry.nhn?docId=300471&cid=43665&categoryId=43665

http ://100.empas.com/dicsearch/psearch.html

저자 소개

■ **정찬종(鄭粲鍾)**

- 경기대학교 관광대학 관광경영학과 졸업(경영학사)
- 경희대학교 경영대학원 관광경영학과 졸업(경영학석사)
- 경기대학교 대학원 관광경영학과 졸업(경영학박사)
- (주)동서여행사 국제여행부 총괄이사
- (사)관광경영학회 및 (사)대한관광경영학회 회장
- 국외여행인솔자교육기관협의회 초대회장
- 대구광역시교육청 현장체험학습지원단 위원
- 한나라관광(주) 경영자문위원
- 현) 한국관광공사 관광품질인증평가요원
  계명문화대학교 호텔항공외식관광학부 명예교수

여행 · 관광마케팅

2015년 3월 7일 초 판 1쇄 발행
2018년 2월 20일 개정판 1쇄 발행

지은이 정찬종
펴낸이 진욱상
펴낸곳 백산출판사
교 정 편집부
본문디자인 오행복
표지디자인 오정은

저자와의 합의하에 인지첩부 생략

등 록 1974년 1월 9일 제406-1974-000001호
주 소 경기도 파주시 회동길 370(백산빌딩 3층)
전 화 02-914-1621(代)
팩 스 031-955-9911
이메일 edit@ibaeksan.kr
홈페이지 www.ibaeksan.kr

ISBN 979-11-5763-451-4
값 25,000원